Engelhard
Interkulturelles Management

Johann Engelhard (Hrsg.)

Interkulturelles Management

Theoretische Fundierung und funktionsbereichsspezifische Konzepte

GABLER

Professor Dr. Johann Engelhard ist Inhaber des Lehrstuhls für Betriebswirtschaftslehre, insbesondere Europäisches Management, der Otto-Friedrich-Universität Bamberg.

Die Deutsche Bibliothek - CIP-Einheitsaufnahme

Interkulturelles Management:
Theoretische Fundierung und funktionsbereichsspezifische Konzepte / Johann Engelhard (Hrsg.) . - Wiesbaden : Gabler, 1997
ISBN 3-409-12233-8
NE: Engelhard, Johann [Hrsg.]

Der Gabler Verlag ist ein Unternehmen der Bertelsmann Fachinformation.

Lektorat: Barabara Roscher / Annegret Heckmann

Druck und Buchbinder: Lengericher Handelsdruckerei, Lengerich/Westf.
Printed in Germany

ISBN 3-409-12233-8

Vorwort

"There are friends and enemies. And there are also strangers" (Baumann).

Hofstedes programmatischer Satz: "The business of international business is culture" (Hofstede 1995, S. 150) beleuchtet zweifellos ein besonders großes und wichtiges Feld im Analyseuniversum des Internationalen Managements. Eben dieses Feld der von einer/mehreren Kulturen ausgehenden Einflüsse auf das Management grenzüberschreitend tätiger Unternehmen kann mit den euphorischen Anfängen der (Länder-)Vergleichenden Betriebswirtschaftslehre in Deutschland (vgl. bspw. Perridon 1981) auch als Quellbereich ernsthafter Nachdenklichkeit darüber verstanden werden, daß die vorwiegend von amerikanischen Fachvertretern verfochtene Culture free-These des Managements eben nur die amerikanische Selbstwahrnehmung widerspiegelt und sich somit einer hemmungslosen Verallgemeinerung entzieht.

Entgegen dieser Einsicht gingen wenigstens eineinhalb Jahrzehnte ins Wissenschaftsland, bis die Bejahung der Kultur und ihrer Relevanz für Managementprozesse trotz Levitts standardisierungs- und vereinheitlichungsstimulierender "Globalisierungsthese" (Levitt 1986) die Oberhand gewann. Die Folge dieses Pendelrückschwungs ist eine seit Ende der 80er Jahre sich zunehmend mächtiger auftürmende Literaturwelle zur Inter-, Multi-, Cross- oder Transkulturalität von Unternehmen (vgl. bspw. Keller 1982, Kumar 1988, Macharzina 1994, Earley/Singh 1995, Dülfer 1996). Angesichts deren schwieriger gewordener Über- und Durchschaubarkeit taucht verschiedentlich das Verdikt auf, es würde sich auch hier nur um eine der sattsam bekannten betriebswirtschaftlichen Modeerscheinungen handeln. Manch einer mag deshalb auch der Neigung nachgeben, es einer der unrühmlichen Attitüden Görings gleichzutun. Angeblich soll dieser beim Aussprechen des Wortes "Kultur" stets in Versuchung gewesen sein, zur Pistole zu greifen (o.V. 1996, S. 25). Beides, die Erschießung von Angehörigen einer anderen Kultur wie von Kultur-Theorien ist allerdings ein ebenso untauglicher wie verwerflicher Versuch, gedankliche Klarheit in den Dschungel (Redding 1994) von Kultur-Konstrukten und -Konzepten zu bringen.

Die Weichheit und Unverbindlichkeit des Räsonnierens mit und über "Kultur" dürfte vielmehr dann systematischer Argumentationsstrenge weichen, wenn der Fülle an Texten eine entsprechend tiefgründige Auseinandersetzung mit dem Untersuchungsphänomen folgt. Diese hätte die Konturen des Kulturverständnisses zu schärfen, die Besinnung auf dessen anthropologische, philosophische und soziologische Grundlagen zu stärken, die Diskussion um die angemessene Methodik zur Erfassung und Konkretisierung von Kultur zu befruchten und den Erklärungszusammenhang von Länder- und Unternehmenskultur(en), Strategien, Strukturen und Technologien angemessen zu erweitern.

Einen Beitrag zur Voranbringung solcher Wissenschaftsbemühungen sollte die **Jahrestagung der wissenschaftlichen Kommission "Internationales Management" im Verband der Hochschullehrer für Betriebswirtschaft e. V. leisten, die am 15. und 16. März 1996 in Bamberg** stattfand. Die in diesem Sammelband vereinigten Beiträge entstammen dieser Tagung. Zwecks Abrundung der fachlichen Einschlägigkeit wurden zusätzlich die Aufsätze von Steinmann/Scherer, Thomas, Wolf und Kumar/Studnicka aufgenommen.

Unter dem **Rahmenthema "Interkulturelles Management"** wurden betriebswirtschaftliche Fragestellungen thematisiert, die im Spektrum von Vielfalt an (Länder-)Kulturen und Einheit der Führung eines über Ländergrenzen hinweg geographisch gestreuten Unternehmens angesiedelt sind. Dabei wurde von Veranstalterseite bewußt darauf verzichtet, den Referenten ein vorab festgelegtes Inter-Kultur-Verständnis aufzuzwingen. Trotz des nach wie vor in der Literatur zu verzeichnenden Wirrwarrs im Gebrauch des Kulturgebriffs ist erkennbar, daß sich in den vorliegenden Beiträgen eine funktional orientierte Verwendung (vgl. Bolten 1995, S. 28) des Kulturkonstrukts herausschält. Nach dieser ist "Kultur" ein kommunikativ vermitteltes, dynamisches Orientierungssystem, das im Sinne einer "konzeptionellen Realität" Grundannahmen über die menschliche Existenz, Werte, Normen und Symbole bereithält, deren Gesamtheit als interpretativ relevanter Informationspool das konkrete Verhalten der Mitglieder einer Nation, Gesellschaft, Organisation oder Gruppe prägt (zu zusammenfassenden Darstellungen hierzu vgl. bspw. Fischer 1996, Mauritz 1996 oder Schmid 1996). Mit einem solchen Verständnis von Kultur als einem kollektiven, d. h. an abgrenzbare soziale Organisationsformen (bspw. Länder) gebundenen Phänomen ist implizit mitgedacht, daß die jeweiligen Organisationsformen über eine für sie charakteristische Kultur verfügen und sich (auch) dadurch voneinander unterscheiden. Die Leistung von cross cultural studies liegt darin, derartige kulturspezifische Differenzen entlang gemeinsamer Untersuchungsdimensionen komparativ darzustellen. Hofstedes IBM-Studie kann als Musterbeispiel hierfür verstanden werden (Hofstede 1982). "Interkulturalität" bezieht sich demgegenüber auf das "Dazwischen", auf die Beziehung zwischen Kulturen, also auf kulturelle Überschneidungssituationen, in denen "gewohnte, eigenkulturell geprägte Verhaltensweisen, Denkmuster und Emotionen mit fremden, ungewohnten Verhaltensweisen, Denkmustern und Emotionen fremdkulturell geprägter Interaktionspartner zusamentreffen" (Thomas/Hagemann 1992, S.175) und aus denen heraus zum Zweck der angemessenen Situationsbewältigung eine Inter-Kultur auf einer Metaebene entsteht.

Da Inter-Kultur eine Interaktion von Personen mit unterschiedlicher Kulturprägung voraussetzt, lag es nahe, die Überschneidungssituation als Kommunikationsprozeß theoretisch zu konzeptualisieren und innerhalb eines solchen Bezugsrahmens zu analysieren. Die Blüte von Arbeiten zur interkulturellen Wirtschaftskommunikation und einschlägige Studienangebote belegt diese Behauptung ebenso wie die wissenschaftliche Nützlichkeit eines solchen Tuns.

Gleichwohl erscheint dieser kommunikationsprozeßorientierte Ansatz mit seiner Fokussierung auf interkulturelle Begegnungen, bspw. in Geschäftsverhandlungen oder in hierarchiebetonten Vorgesetzten-Mitarbeiter-Beziehungen bei Auslandseinsätzen, für ein interkulturelles Management als zu eng. Im Unterschied zu rein exportierenden Unternehmen inkorporieren "Internationale Unternehmen" über Auslandsdirektinvestitionen entstandene und in mindestens zwei Ländern domizilierende Unternehmenseinheiten. Internationale Unternehmen sind damit per se multikulturelle Entitäten, da sie Mitarbeiter mit unterschiedlicher (landes-)kultureller Prägung in sich vereinigen und sie sich zudem in mehreren ebenfalls (landes-)kulturell geprägten Produkt-, Finanz- oder Informationsmärkten betätigen. Entscheidend ist dabei, daß Mitarbeiterbeschäftigung und Marktbetätigung nicht streng kulturell isoliert vonstatten gehen, sondern - im Gegenteil - auf der Gesamt-Unternehmensebene versucht wird, die Diversität der jeweiligen Standorte durch Differenzierungs-/Standardisierungs- und Integrationsstrategien (Kutschker 1995) synergetisch so zu nutzen, daß relative und absolute Kostenvorteile gegenüber rein national tätigen Unternehmen entstehen. Internationale Unternehmen (im obigen Sinne) befinden sich damit stets in kulturellen Überschneidungssituationen mit der sich daraus ergebenden Notwendigkeit, für alle Funktionsbereiche (und nicht nur die personelle Dimension der Begegnung) eine Inter-Kultur-Lösung entwickeln zu müssen. Auch die Frage der Ausgestaltung der Kapitalstruktur der einzelnen Unternehmenseinheiten ist insofern ein Beispiel für die Inter-Kultur-Thematik des Managements, obwohl Sozialwissenschaftler derartige Fragen gängigerweise nicht zu ihrem Forschungsobjekt zählen würden.

Das Beispiel "Kapitalstrukturgestaltung" macht aber auch zugleich die Grenzen zwischen inter**kulturellem** und inter**nationalem** Management deutlich. Die Inter-Kultur-Thematik endet - in Abhängigkeit des Bedeutungsgehaltes von Kultur - dort, wo andere, z. B. ökonomische oder rechtliche, Einflußfaktoren neben der kulturellen Dimension ihre Wirkungen auf Managemententscheidungen entfalten. Die Neigung, in Umwelt-Unternehmens-Modellen Kultur als Residualgröße in Form einer Mülleimer-Variable für alle sonst nicht weiter zu präzisierenden Wirkungsaspekte zu mißbrauchen, hat zweifellos der oben beklagten Weichheit der Diskussion unnötig Vorschub geleistet. Eine "harte" Operationalisierung des Kulturphänomens, die durchaus interpretativ erfolgen könnte, wäre insoweit die Basis für einen Quantensprung in der betriebswirtschaftlichen Inter-Kultur-Forschung.

Die nachfolgenden Beiträge nehmen aus unterschiedlichen Funktionsbereichen eines Unternehmens auf interkulturell bedeutsame Fragestellungen und ansatzweise auch auf deren kulturvergleichendes Vorfeld Bezug.

Meissner thematisiert eine tiefgreifende Um- bzw. Neuorientierung der Betriebswirtschaftslehre: Die Ablösung der kulturfreien - gekennzeichnet durch eine Negierung kultureller Umfeldeinflüsse - durch eine kulturbewußte Ausrichtung. Die Reaktion auf die Wahrnehmung kultureller Andersartigkeit und die daraus erwachsende Notwendigkeit einer Kulturintegration sowohl in das betriebswirtschaftliche Theoriegerüst als auch in die einzelnen betrieblichen Funktionsbereiche beschreibt Meissner als einen Kulturschock.

Von Pierer beleuchtet die Erfolgsfaktoren für einen global player. Ausgehend von einer Vorstellung des Siemens-Konzerns analysiert er in prägnanter Weise den sich im Spannungsfeld gewandelter Wettbewerbskräfte befindlichen Standort Deutschland. Hieraus leitet er betriebswirtschaftliche Anpassungsnotwendigkeiten ab und stellt mit TOP-Siemens ein strategisches Programm zur Sicherung der internationalen Wettbewerbsfähigkeit des Unternehmens vor.

Steinmann/Scherer betrachten die multinationale Unternehmung als moralischen Aktor und greifen damit eine häufig vernachlässigte Facette der internationalen Unternehmenstätigkeit heraus. Die mit der zunehmenden Globalisierung gesteigerte kulturelle Diversität induziert ein kulturelles Konfliktpotential, welchem nationale Regelungsmechanismen nicht mehr gerecht werden (können). Steinmann/Scherer gehen der Frage nach, inwieweit das Vakuum, das die abnehmende Bedeutung des Nationalstaates als Regelungsort hinterläßt, durch den moralischen Aktor „multinationale Unternehmung" - etwa auf Grundlage der US-Model Business Principles - geschlossen werden kann.

Holzmüller widmet sich der Diskrepanz zwischen der großen Bedeutung der internationalen Unternehmenstätigkeit und dem geringen verfügbaren Wissen über interkulturelles Management. Zur Überwindung dieses Dilemmas schlägt er das aus der interkulturellen Psychologie stammende Konzept der Kulturstandards vor und prüft dessen Tauglichkeit zur Anwendung in international tätigen Unternehmen.

Schuh weist in seinem Beitrag auf die starke kulturelle Prägung des Konsum(enten)verhaltens und somit auch internationaler Marketing-Mix-Entscheidungen hin. In den Mittelpunkt seiner Ausführungen stellt er das Problem einer möglichen Vernachlässigung nationaler bzw. regionaler Kulturdimensionen im Rahmen standardisierungsgeprägter Global-Marketing-Konzeptionen. Als erfolgversprechender Lösungsansatz wird ein Bezugsrahmen zur Analyse der Kulturgebundenheit präsentiert, der ein vertieftes Verständnis des Zusammenspiels von kulturellen Einflußfaktoren, individuellem Konsumverhalten und Marketingaktivitäten ermöglicht.

Urban befaßt sich mit der Bedeutung von Verhandlungen als Instrument zur Bewältigung kulturinduzierter Konflikte. Den Ausgangspunkt bildet dabei die Erkenntnis, daß in internationalen Joint Ventures kulturelle Differenzen eine potentielle Konfliktgröße seien und ein „Kultur-fit" einen Erfolgsfaktor für das Management bzw. für die langfristige Existenz von internationalen Joint Ventures selbst darstellt.

Die psychologischen Bedingungen und Wirkungen des interkulturellen Managements beleuchtet **Thomas** und geht dabei insbesondere auf die Schwierigkeiten effektiven Handelns unter fremdkulturellen Bedingungen ein. Anhand zweier Fallbeispiele analysiert er die diesbezüglichen Probleme und zeigt Lösungsmöglichkeiten auf. Einen weiteren Schwerpunkt legt er auf die Erörterung qualifizierender Trainingsmaßnahmen im interkulturellen Kontext und hebt hier besonders den Culture Assimilator hervor.

Kumar/Studnicka vergleichen die Eigentumsstrategien deutscher und amerikanischer Unternehmen in der Tschechischen Republik. Die Autoren legen der Analyse ihrer empirisch gewonnenen Daten das Eklektische Paradigma von Dunning als Bezugsrahmen zugrunde und ergänzen diesen Erklärungsansatz um die Berücksichtigung auch kultureller Einflußfaktoren. Auf Grundlage dieser kombiniert ökonomisch-kulturellen Betrachtung gelingt es ihnen, Unterschiede in den Eigentumsstrategien offenzulegen.

Unter Rückgriff auf die Globalisierungsthese von Levitt hinterfragt **Wolf** das Aufkommen globaler Kultursegmente. Er eruiert am Beispiel Polens Werthaltungen von Bürgern bzw. Arbeitnehmern und stellt diese inhaltlich und strukturell denen westlicher Kulturen gegenüber. Ferner geht Wolf - im Hinblick auf ein werteorientiertes Personalmanagement - auf den Wirkungszusammenhang zwischen allgemeinen Werthaltungen und arbeitsplatzbezogenen Bedürfnissen ein.

Dufey/Hommel greifen mit dem Shareholder Value-Ansatz ein kontrovers diskutiertes Thema auf. Im Zentrum ihrer Ausführungen steht die Frage, welche institutionellen und juristischen Grenzen der Übertragbarkeit des in den USA verwurzelten Shareholder Value-Ansatzes auf deutsche Unternehmen gesetzt sind. Dufey/Hommel kommen zu dem Fazit, daß länderspezifische Faktoren - etwa kulturelle Einflüsse - langfristig im Zuge der Globalisierung der Finanzmärkte an Gewicht verlieren werden und der Shareholder Value-Ansatz mithin Eingang in die deutsche Unternehmenskultur finden kann.

Eckert analysiert die Strategien internationaler Unternehmen hinsichtlich der Kapitalstrukturgestaltung von Auslandsgesellschaften. Anhand empirischer Fallstudien bei US-amerikanischen und deutschen Unternehmen werden nachhaltige stammlandspezifische Unterschiede bezüglich dieser Strategien aufgezeigt; im Hinblick auf die den Strategien zugrunde liegenden unternehmenspolitischen Zielpräferenzen läßt sich feststellen, daß die untersuchten deutschen Unternehmen als tendenziell stärker risikoavers zu charakterisieren sind. Der Verfasser begründet diese Unterschiede insbesondere mit den Einflüssen spezifischer Interessengruppen auf die Unternehmenspolitik und formuliert abschließend die Hypothese, daß aufgrund von Konvergenztendenzen im Bereich der Corporate Governance auch die Strategien internationaler Unternehmen hinsichtlich der Kapitalstrukturgestaltung von Auslandsgesellschaften konvergieren.

Ordelheide beleuchtet vergleichend die Regulierung der Rechnungslegung in Deutschland und den USA. In den Vordergrund seiner Untersuchung stellt der Autor Regulierungsprozesse und generiert bei deren vertiefter Analyse unter Einbeziehung der Neuen Institutionenökonomik Hypothesen über die an den Regulierungsprozessen beteiligten Interessengruppen, das Ausmaß ihres Engagements und ihren jeweiligen Einfluß auf die Rechnungslegungsregeln sowie die Bedeutung von Experten.

Pfohl/Buse gehen der Frage nach, ob das Führungsverhalten in kleinen/mittleren Unternehmen vorwiegend durch die nationale bzw. regionale Kultur oder durch die Persönlichkeit des Unternehmensleiters, insbesondere dessen Werthaltungen und Ziele, beeinflußt wird. Konzeptionell setzen sie dieses Anliegen mit Hilfe des Positionierungsansatzes um.

Die Ausrichtung der Jahrestagung und die Zusammenfassung der Diskussionsergebnisse in diesem Sammelband wären ohne Hilfestellung und finanzielle Unterstützung nicht zu realisieren gewesen. Mein besonderer Dank gilt daher

- der Siemens AG, München, vertreten durch Herrn Dr. Heinrich von Pierer, Vorsitzender des Vorstandes
- der Dr. Robert Pfleger Chemische Fabrik GmbH, Bamberg, vertreten durch Herrn Dr. Peter Topfmeier, Mitglied der Geschäftsführung
- der Otto-Friedrich-Universität Bamberg, vertreten durch ihren Rektor, Herrn Prof. Dr. Alfred Hierold
- dem Gabler Verlag, Wiesbaden, insbesondere Herrn Dr. Reinhold Roski und Frau Annegret Heckmann für die reibungslose Zusammenarbeit
- den Referenten und Mitgliedern der Kommission für die engagierte Beteiligung und die konstruktive Diskussion sowie - last but not least -
- meinen wissenschaftlichen und studentischen Mitarbeitern für ihre behutsame und umsichtige Organisationsleistung, insbesondere jedoch Herrn Dipl.-Kfm. Knut Saslona, dessen Erfahrung und Einsatz es erst ermöglicht hat, das sanfte Chaos in der redaktionellen Auslegung der Manuskripte in eine durchgängige Ordnung der Druckvorlage umzuformen.

Der Herausgeber

Literaturverzeichnis

Bolten, J., Grenzen der Internationalisierungsfähigkeit. Interkulturelles Handeln aus interaktionstheoretischer Perspektive, in: Bolten, J. (Hrsg.), Cross Culture - Interkulturelles Handeln in der Wirtschaft, Sternenfels - Berlin 1995, S. 24-42.

Dülfer, E., Internationales Management in unterschiedlichen Kulturbereichen, 4. Aufl., München - Wien 1996.

Earley, Ch. P./Singh, H., International and intercultural management research: what's next?, in: Academy of Management Journal, Vol. 38, 2/1995, S. 327-340.

Fischer, M., Interkulturelle Herausforderungen im Frankreichgeschäft, Wiesbaden 1996.

Hofstede, G., Culture's consequences. International differences in work-related values, Newbury Park et al. 1982.

Hofstede, G., The business of international business is culture, in: Jackson, T. (ed.), Cross-cultural management, Oxford 1995, S. 150-165.

Keller, E. v., Management in fremden Kulturen. Ziele, Ergebnisse und methodische Probleme der kulturvergleichenden Managementforschung, Bern-Stuttgart 1982.

Kumar, B. N., Interkulturelle Managementforschung. Ein Überblick über Ansätze und Probleme, in: WiSt-Wirtschaftswissenschaftliches Studium, 17. Jg., 8/1988, S. 389-394.

Kutschker, M., Konzepte und Strategien der Internationalisierung, in: Corsten, H./Reiß, M. (Hrsg.), Handbuch Unternehmensführung, Wiesbaden 1995, S. 647-660.

Levitt, Th., The globalization of markets, in: Jain, S. C./Tucker, L. R. (eds.), International marketing, 2nd ed., Boston 1986, S. 72-89.

Macharzina, K., Interkulturelle Perspektiven einer management- und führungsorientierten Betriebswirtschaftslehre, in: Wunderer, R. (Hrsg.), Betriebswirtschaftslehre als Management- und Führungslehre, 3. Aufl., Stuttgart 1994, S. 265-283.

Mauritz, H., Interkulturelle Geschäftsbeziehungen, Wiesbaden 1996.

o. V., Cultural explanations - The man in the Baghdad café, in: Economist, Nov. 9th 1996, S. 25-32.

Perridon, L., Bedeutung der Vergleichenden Betriebswirtschaftslehre für die Führung internationaler Unternehmen, in: Wacker, W. H./Haussmann, H./Kumar, B. (Hrsg.), Internationale Unternehmensführung, Berlin 1981, S. 157-169.

Redding, S. G., Comparative management theory: jungle, zoo or fossil bed?, in: Organization Studies, Vol. 15, 3/1994, S. 323-359.

Schmid, St., Multikulturalität in der internationalen Unternehmung, Wiesbaden 1996.

Thomas, A./Hagemann, K., Training interkultureller Kompetenz, in: Bergemann, N./Sourisseaux, A. L. J. (Hrsg.), Interkulturelles Management, Heidelberg 1992, S. 174-199.

Inhaltsverzeichnis

Der Kulturschock in der Betriebswirtschaftslehre

Prof. Dr. Hans G. Meissner

Lehrstuhl für Marketing,
Universität Dortmund

1 Kulturfreie und kulturbewußte Unternehmensführung

Die Entfaltung des betriebswirtschaftlichen Denkens und damit die Entwicklung betriebswirtschaftlicher Theorien erfolgte in der historischen Perspektive in einem im wesentlichen kulturfreien, systemindifferenten Raum, d.h. es wurde weder die Kultur der einzelnen Unternehmen reflektiert, noch wurden die kulturbezogenen Einflüsse des Umfeldes, z.B. bei den Verbrauchern, den Mitarbeitern, den Lieferanten oder im weiteren Raum der politischen und sozialen Öffentlichkeit berücksichtigt. Diese kulturfreie Betriebswirtschaftslehre war und ist in ihrem primären Selbstverständnis eine quasi Naturwissenschaft, die nicht abhängig von den kulturellen Determinanten des Umfeldes ist, sondern die universell und global gültig bleibt und die sich mit ihrer Zentrierung auf den **Shareholder Value** und auf die Begriffe der Kosten und der Erträge organisiert. Allerdings wurde bereits in dieser Phase ausgeklammert, daß Kosten keine absoluten, naturgesetzlichen Phänomene sind, sondern daß sie vielmehr auf sozialen und politischen Konventionen beruhen. Eine Betrachtungsweise, die bereits Rummel[1] in den dreißiger Jahren seiner Kostenlehre zugrunde gelegt hat. Dieses politisch-soziale Kostenverständnis wird zur Zeit deutlich an der Diskussion um die Umweltkosten, die mit Produktion und Logistik notwendig verbunden sind, oder auch an den Werbekosten, die vom ZAW[2] konsequenterweise als Werbeinvestionen bezeichnet werden. Auch die Erträge, die in Geldwerten ausgedrückt werden, sind Ausdruck bestimmter Konventionen und Normen, die sich in den jeweiligen Gesellschaften in unterschiedlicher Weise durchgesetzt haben und die damit nicht naturgesetzliche Größen oder Konstanten sind. Auch die in den letzten Jahren vielbemühten Transaktionskosten sind weit entfernt davon, objektive, kulturfreie Meßgrößen zu sein, sondern sie sind eingebettet in Prozesse der kulturellen Anpassung und des kulturellen Wandels. Dies verdeutlicht beispielsweise die Berücksichtigung der „nützlichen Abgaben" bei der Auftragsakquisition in Südostasien sowie in Mittel- und Osteuropa.

Mit der Dynamik und Komplexität des **Umfeldes**, insbesondere auch mit der Globalisierung der Märkte und der internationalen Verflechtung des gesamten wirtschaftlichen Geschehens[3], hat das Thema und die Auseinandersetzung mit einer kulturbewußten Unternehmensführung in den letzten Jahren zunehmend an Bedeutung gewonnen.[4] Das mehrdimensionale **Stakeholder Konzept**[5] tritt dabei an die Stelle der eindimensionalen Shareholder Orientierung. Dies spiegelt sich beispielsweise in einer wachsenden Zahl von Veröffentlichungen über die herausragende Bedeutung der Unternehmenskultur bei der Erklärung von Erfolgen bzw. Mißerfolgen einer Unternehmung wider.[6] Im Zusammenhang mit dieser theoretischen Neu- und Umorientierung hat sich in der Betriebswirtschaftslehre ein **Kulturschock** ereignet, der inzwischen weite Teile des betriebswirtschaftlichen Denkens beeinflußt und zu einer veränderten Architektur des betriebswirtschaftlichen Theorien-Gebäudes geführt hat.

1 vgl. Rummel (1967).

2 vgl. ZAW (Hrsg., 1995), S. 5.

3 vgl. hierzu auch Meissner (1995a), S. 20ff.

4 Für den deutschsprachigen Raum kann beispielsweise auf die Arbeiten von Dill (1986) und Heinen (1987) zur Begriffsbestimmung von Unternehmenskultur verwiesen werden. Für die anglo-amerikanische Theoriebildung sind die Arbeiten von Smircich und Allaire/Firsirotu (1984) hervorzuheben sowie Byars (1991).

5 vgl. hierzu insbesondere Freeman (1984).

6 vgl. bspw. Ouchi (1981) sowie Peters/Waterman (1982).

Der Begriff und die Bedeutung der Kultur ist ein Musterbeispiel für die wissenschaftstheoretische Bedeutung der sogenannten „weichen" Phänomene, die dazu zwingen, auf klare Begriffsbestimmungen zu verzichten, um dafür eine Vielzahl von Definitionen zu entwickeln.[1] Dennoch läßt die Vielzahl von Definitionen eine gemeinsame Grundstruktur erkennen:

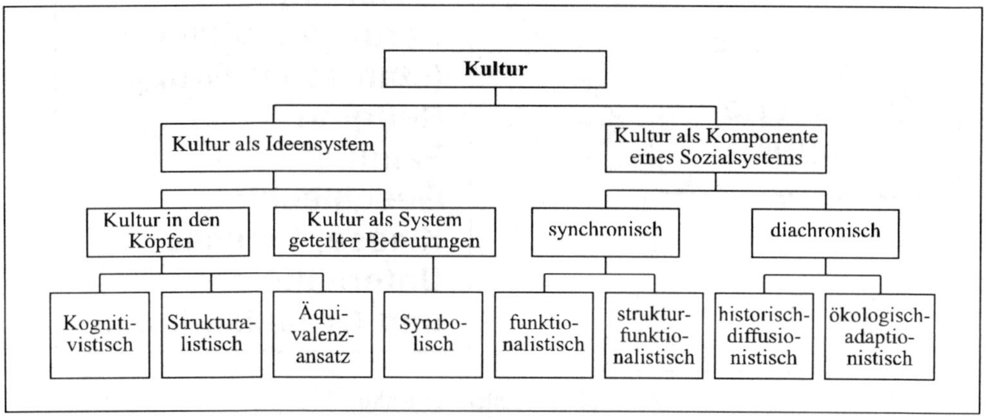

Abb. 1: Typologisierung von Kulturkonzepten
Quelle: In Anlehnung an Allaire/Firsirotu (1984), S. 193-226

Unter Kultur verstehen wir die Gesamtheit der Normen und der Verhaltensweisen, die sich in einer Gesellschaft - aber auch in einer einzelnen Unternehmung - durchsetzen und die die selbstverständlichen Bedingungen darstellen, nach denen Informationssuche, Entscheidungsprozesse und Gestaltungsformen ablaufen.[2] Die Kultur ist Ausdruck einer gemeinsam erlebten und erfahrenen Tradition, die sich in einer gemeinsamen Sprache, in Kommunikationsmustern und Verhaltensweisen niederschlägt, gleichzeitig aber auch selbstreferentiell durch diese Quellen geprägt wird.[3] Oder um es mit Niklas Luhmann zu sagen: „Kultur ist der Themenvorrat, über den eine bestimmte Gesellschaft verfügt."[4]

Eine jeweilige Kultur ist dabei abzugrenzen von anderen existierenden oder möglichen Kulturen, z.B. durch Sprache, Symbole oder Verhaltensweisen, die durch unterschiedliche Prozesse der Sozialisation zustande gekommen sind. Obwohl sich unter dem Einfluß der Medien und durch die Vernetzung mit neuen Informationstechnologien Ansätze zu einer weltweit vereinheitlichten Kultur abzeichnen, besteht die politische, soziale und ökonomische Realität für die Unternehmen darin, daß durch die Existenz von nationalen - bzw. von regionalen, ethnischen und religiösen Divergenzen[5] einzelne Kulturen voneinander deutlich unterschieden werden, und daß sie jeweils eine bewußtseinsbildende und identitätstiftende Funktion für die spezifischen gesellschaftlichen Gruppen und Konstellationen besitzen und insoweit auf die unternehmerischen Entscheidungs-, Gestaltungs- und Informationsprozesse einwirken.

---

1 Die Vielzahl unterschiedlicher Kultur-Definitionen wurde bereits im Jahre 1952 von Kroeber und Kluckholm herausgestellt, die in ihrer Arbeit 164 Definitionen von Kultur aufführten.

2 vgl. Meissner (1995a), S. 66.

3 vgl. Usunier/Walliser (1993), S. 30.

4 Luhmann (1984).

5 vgl. Hofstede (1993), S. 30f.

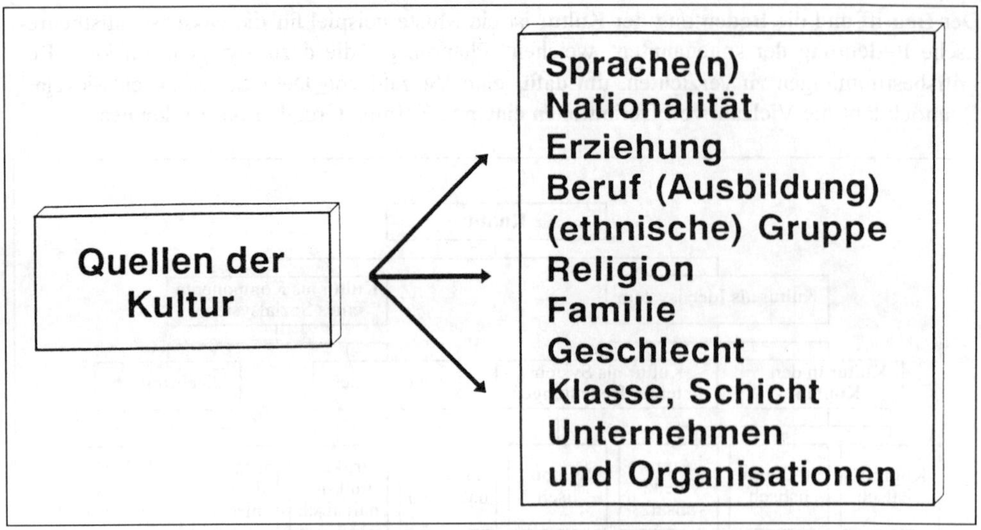

Abb.2: Die Quellen der Kultur
Quelle: Usunier/Walliser (1993), S. 30

Typisch für die Dynamik von Kulturen ist es, daß es immer wieder zu einem deutlichen und massiven **Kulturschock** kommt[1], wie dies die folgende Abbildung verdeutlicht. Das Phänomen des Kulturschocks stellt dabei eine Reaktion auf die Wahrnehmung eines Unterschiedes zwischen dem Ich und dem Fremden dar und bildet sich regelmäßig im Anschluß an eine erlebte Euphorie über das kulturell Fremde aus. Ein solcher Kulturschock wird regelmäßig durch eine spürbar erlebte **Informationsüberlastung** ausgelöst.

Ein Kulturschock ist z.B. typisch für europäische Unternehmen, die sich in Japan niederlassen und die mit der andersartigen und für sie fremden japanischen Kultur[2] konfrontiert werden, die in großen Teilen nicht nachvollziehbar, deren Inhalte nicht decodierbar und deren sprachlicher Ausdruck nicht zu verarbeiten ist.[3] Insofern entsteht eine Informationsüberlastung, so daß z.B. die deutsche Kultur, die ein Unternehmen prägt, in einem Land wie Japan überlagert und konfrontiert wird mit einer sehr fremdartigen Kultur. Ausdruck eines solchen Kulturschocks ist dann eine charakteristische Desorientierung in den Informations- und Entscheidungsprozessen, die auch zu einer Verunsicherung und Relativierung des bestehenden betriebswirtschaftlich tradierten Wertesystems führt.

Ein weiteres Beispiel für einen solchen Kulturschock finden wir in dem **Praxisschock**, den eine Reihe unserer Studierenden erfahren, wenn sie aus der Universität in die Praxis überwechseln, der sich nach anfänglicher Euphorie oftmals einstellt. Auch die Studenten erleben die Konfrontation zweier unterschiedlicher Kulturen, d.h. der universitären Kultur, in der sie über eine Reihe von Jahren sozialisiert worden sind mit der Kultur des Unternehmens, in dem

1 vgl. hierzu beispielsweise Hofstede (1993), S. 235 sowie Usunier/Walliser (1993), S. 75.

2 vgl. bspw. Axel (1995), S. 57-73.

3 Scholz spricht im Zusammenhang mit der Konfrontation mit ausländischen Kulturen von der Landeskultur als Barriere, vgl. Scholz, Ch. (1995), S. 39f.

sie mitarbeiten wollen und sollen und in dem sie Verantwortung für Entscheidungsprozesse übernehmen müssen.

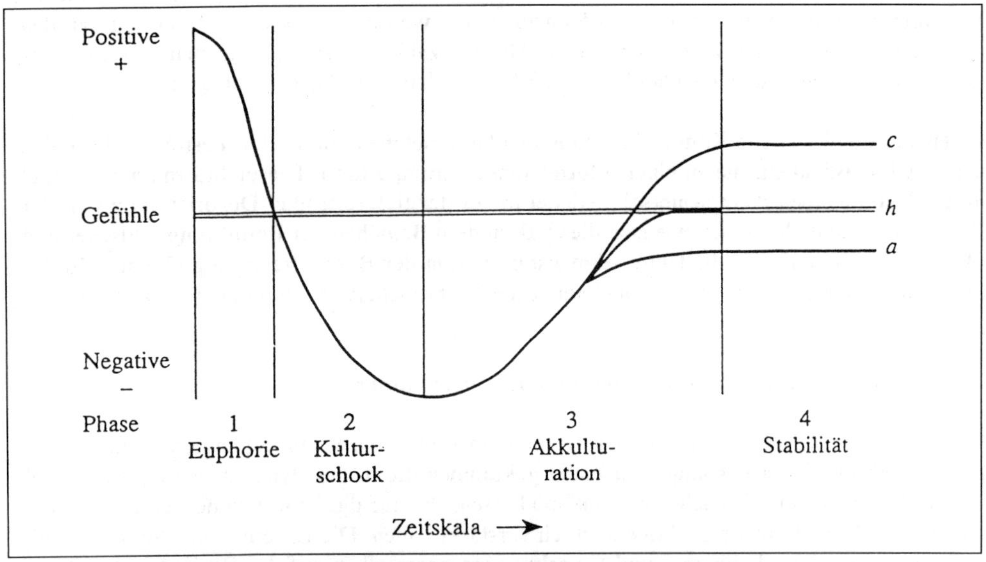

Abb. 3: Kurve der kulturellen Anpassung
Quelle: Hofstede (1993), S. 236

Ein anderer typischer Kulturschock entsteht bei bestimmten **Auslandstätigkeiten**. So ist die Erfahrung des Auswärtigen Amtes, daß viele der Mitarbeiter einen mehr oder weniger ausgeprägten Kulturschock erleiden. Die Konsequenz besteht darin, daß sich die Mitarbeiter des Auswärtigen Amtes in ihren gesellschaftlichen Kontakten auf ihre Kollegen in der Auslandsvertretung und aus den Botschaften anderer Länder konzentrieren und die Kontakte zu den wirtschaftlichen, kulturellen und sozialen Institutionen und Entscheidungsträgern des Gastlandes auf formale Begegnungen beschränkt bleiben. Hierdurch erfahren die Mitarbeiter insoweit eine Verengung ihrer Wahrnehmung in dem betreffenden Land und sie reduzieren auf diese Weise die irritierende und beängstigende Informationsüberlastung.

Ein anderes Beispiel für einen massiven Kulturschock stellen regelmäßig die Werke moderner **Kunst** dar, die eine veränderte Bilder- und Zeichensprache nutzen und damit neue Sichtweisen eröffnen, die wiederum eine typische Informationsüberlastung und Desorientierung und auch die Relativierung des bestehenden kunsthistorisch festgelegten Wertesystems zufolge haben. Moderne Kunst hat regelmäßig zu Beginn größte Schwierigkeiten, sich durchzusetzen und findet erst dann einen Markt, wenn sich ein kulturelles Grundverständnis durch zusätzliche Informationen über die Gestaltungstechniken und Intentionen im Rahmen von Ausstellungen, Katalogen und von wissenschaftlicher Literatur ausgebildet hat.[1]

1 vgl. hierzu auch Meissner, (1995b), S. 91.

Nicht nur in der Praxis der Unternehmen, sondern gerade auch in der Betriebswirtschaftslehre selbst wird heute sehr deutlich, daß auch die BWL-Theorie einen solchen Kulturschock erfahren hat. Moderne, neuartige Sichtweisen und Theoriebildungen, z.B. im Hinblick auf die Verhaltensweisen von Investoren und Konsumenten, werden gemessen und bewertet an den tradierten ökonomischen Zeitvorstellungen. Die Vielzahl zusätzlicher und neuer Informationen kann nicht mehr in eine einheitliche betriebswirtschaftliche Theorie integriert werden.

Im Hinblick auf die neue Kultur, die sich in den Unternehmen durchsetzt, besteht in der BWL eine gewisse Blindheit, die zu einer Informationsverarmung führt. Dieser Informationsmangel in den Unternehmen trägt seinerseits wiederum zu der tiefgreifenden Desorientierung in der Betriebswirtschaftslehre bei, wie sich dies z.B. in dem Bemühen zur Einführung ethischer und ökologischer Kriterien in die Unternehmensführung, in der Berücksichtigung globaler Strategien und auch in der Akzeptanz von chaotischen Verbrauchervorstellungen niederschlägt.

2 Vordringen von Kulturkonzepten in den Unternehmen

Die wachsende Sensibilisierung in den Unternehmen über die Kulturabhängigkeit der Unternehmensführung ist insbesondere zustande gekommen durch die Dynamik, Komplexität und das stärker werdende Gewicht der Umfeldfaktoren, die auf die Unternehmen einwirken und insofern die Outside/In-Perspektive deutlich verstärkt haben. Die Unternehmen können damit nicht mehr ihre Entscheidungs- und Gestaltungsprozesse allein auf der Basis der von ihnen selbst geprägten Kultur treffen, sondern müssen bei ihren Entscheidungs- und Gestaltungsprozessen die Kultur des jeweiligen Umfeldes, in dem sie operieren, mit einbeziehen. Dies ist eine Erfahrung, die die Firma Shell z.B. im Zusammenhang mit der „Brent Spar"-Aktion machen mußte. Die Entscheidung konnte nicht mehr isoliert auf der Grundlage einer kostengünstigen Entsorgung der Bohrinsel getroffen und durchgehalten werden, sondern sie mußte vor dem Hintergrund der sich verändernden und artikulierten Einstellungen und Verhaltensweisen der Verbraucher und der breiten Öffentlichkeit revidiert werden. Auch die Politik der französischen Regierung im Zusammenhang mit den atomaren Testversuchen im Muroroa Atoll ist gekennzeichnet durch einen solchen Kulturkonflikt zwischen einer verantwortbaren, atomaren Verteidigungspolitik einerseits und den Veränderungen im Bewußtsein der Anliegerstaaten, aber auch darüber hinaus in der gesamten Weltöffentlichkeit andererseits.

Die Kulturkonzepte in den Unternehmen haben einen besonderen Stellenwert im Zusammenhang mit der zunehmenden Internationalisierung erlangt. Dabei nahm die Kulturorientierung anfangs eine ethnozentrische Position ein, d.h., Vergleichsmaßstab war die eigene, positiv eingeschätzte Kultur, an der sich Vergleichskulturen zu messen und zu orientieren hatten.[1] Erst in jüngerer Zeit ist nicht zuletzt aufgrund des wirtschaftlichen Erfolgs von Unternehmen und von ganzen Volkswirtschaften mit „fremden" Kulturen ein Perspektivenwandel in der Betriebswirtschaftslehre hin zu einer offeneren, vorurteilsfreieren Herangehensweise anderen Kulturen gegenüber festzustellen. Diese Entwicklung spiegelt sich z.B. in der von Perlmutter[2] entwickelten Klassifizierung der Einstellungen des Top-Managements gegenüber auslän-

1 Typisch ist diese Position insbesondere für die kolonialistische und die imperialistische Periode der weltwirtschaftlichen Entwicklung.

2 Perlmutter (1969), S. 9-18.

dischen Töchtern wider.[1] Im Rahmen einer kulturvergleichenden Managementforschung (Comparative Management) werden darüber hinaus Ähnlichkeiten und Unterschiede des Managements in verschiedenen Kulturen identifiziert, gemessen und interpretiert und Vergleiche zwischen einzelnen Organisationen werden durchgeführt.[2]

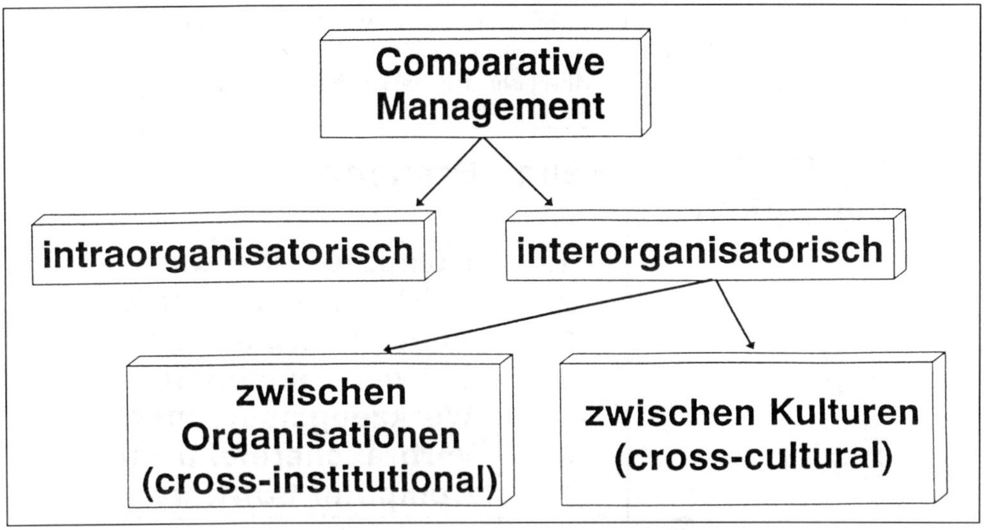

Abb. 4: Objektbereiche des Comparative Management
Quelle: Staehle (1994)

Vor dem Hintergrund der Internationalisierungstendenzen ist es im historischen Prozeß insbesondere die schon erwähnte Konfrontierung mit dem spezifischen Normen- und Kultursystem in Japan gewesen, die ein Umdenken und einen Kulturschock in den westlichen Unternehmen ausgelöst hat, die schließlich zur Übernahme einzelner japanischer Managementkonzepte in westliche Unternehmen führte.[3]

Internationales Management ist heute weitgehend identisch geworden mit kulturbezogenem Management, worauf Herr Kollege Dülfer in so nachhaltiger und eindrücklicher Weise in der deutschen Betriebswirtschaftslehre aufmerksam gemacht hat,[4] ohne daß dieser Ansatz bisher zur herrschenden Lehre geworden ist. Statt dessen wird immer noch versucht, das naturwissenschafliche, kulturfreie Theoriekonzept in der Betriebswirtschaftlehre durchzusetzen, um die Theorie gegen die bedrängenden Umfeldfaktoren zu immunisieren.

So gibt es die Versuche gerade von amerikanischen Unternehmen und Konzernen, die kulturellen Unterschiede in der Welt nicht zur Kenntnis zu nehmen und dafür die Entscheidungs-

1 vgl. Staehle (1994), S. 467.

2 vgl. hierzu bspw. Kast/Rosenzweig (1970).

3 Eine umfassende Darstellung japanischer Unternehmen aus betriebswirtschaftlicher Sicht findet sich in: Schneidewind (1991).

4 vgl. insbesondere Dülfer (1996).

prozesse nach dem eigenen kulturellen Muster weltweit standardisiert zu gestalten.[1] Solche Bemühungen sind nur dann noch erfolgreich, wenn es sich um Monopolsituationen handelt und die Macht des Monopols stärker ist als der Einfluß kulturell unterschiedlicher Konzepte, bzw. wenn es sich um die wenigen Culture-Free-Produkte[2] handelt oder um Produkte, die vornehmlich durch das Image des Herkunftslandes (Mode aus Italien, Parfum aus Frankreich) geprägt werden. Aber auch bei kulturfreien Produkten wie Whiskey oder Kraftfahrzeugen treten Kulturprobleme z.B. bei der Namensgebung auf, wie das Beispiel von „Irish Mist“ auf dem deutschen oder das Beipiel des Mitsubishi „Pajero“ auf dem spanischen Markt zeigt.

Kulturabhängigkeit		Rang	Branche
culture-free high-tech	high-touch high-interest	1.	Computer Hardware
		2.	Luftfahrtgesellschaften
		3.	Photo Ausrüstungen
		4.	Schwermaschinen
		5.	Werkzeugmaschinen
		6.	Verbraucherelektronik
		7.	Computer Software
		8.	Langl. Haushaltsgüter
		9.	Eisenwaren
		10.	Weine, Spirituosen
		11.	Soft Drinks
		12.	Tabakwaren
		13.	Papierwaren
		14.	Kosmetika
		15.	Bier
		16.	Haushaltsreiniger
		17.	Toilettenartikel
		18.	Verlagsprodukte
		19.	Food-Produkte
		20.	Süßigkeiten, Konfekt
		21.	Textilien

Abb. 5: Standardisierbarkeit verschiedener Produktkategorien
Quelle: Meffert/Bolz (1994), S. 174

1 Vor diesem Hintergrund stellt Hermanns heraus, daß amerikanische Unternehmen ein eher reduktionistisches Weltbild besitzen. Vgl. Hermanns (1995), S. 43.

2 vgl. Meffert/Bolz (1994), S. 173f.

Ein anderer Bereich, der insbesondere in Deutschland, aber z.B. auch in Spanien, worauf Santiago García Echevarría[1] gerade kürzlich auf der Basis von empirischen Erhebungen aufmerksam gemacht hat, zu einer Konfrontation der Unternehmen mit unterschiedlichen Kulturen geführt hat und damit ein anderes Merkmal des Kulturschocks in der Betriebswirtschaftslehre bildet, liegt in der Entwicklung der Unternehmensverfassung begründet. Hierbei ist der Weg von der Eigentümerunternehmung zu einer auf vielfältige Weise mitbestimmten Unternehmung vollzogen worden. In Deutschland wurde die Kultur des Eigentumunternehmens, des Patriarchats, konfrontiert mit der Kultur von Gewerkschaften und Betriebsräten. Dies ist eine Entwicklung, die sehr typisch für Deutschland ist, während es vergleichbare Entwicklungen z.B. in Frankreich, in Japan und in den USA nicht gibt. Durch diesen Faktor wird deutlich, daß eine Vielzahl deutscher Unternehmen eine spezifische kulturelle Erfahrung durchlaufen hat, die für Unternehmen aus anderen Ländern weitgehend fremd ist und regelmässig zu einem Kulturschock in Deutschland führt, wenn Unternehmen aus diesen Ländern hier investieren.

Das Vordringen von Kulturkonzepten in der Unternehmensführung ist zudem gefördert und bewirkt worden, durch die zunehmende **Akademisierung**, die nicht nur in den Unternehmen und bei deren Mitarbeitern, sondern auch bei den Kunden, Lieferanten, bei den Banken sowie bei den Unternehmensberatern erfolgt ist. Diese zunehmende Akademisierung hat eine neue Unternehmenskultur geschaffen, die häufig genug im Widerspruch und im Konflikt zu den tradierten Formen von kulturell nicht aufgeschlossenen und deshalb naiven Managementprozessen steht.

3 Kulturbeeinflußte betriebliche Funktionsbereiche

Das prägende Gewicht und der bestimmende Einfluß von kulturellen Faktoren schlägt sich besonders deutlich im Bereich des **Marketing** nieder, wo der wirtschaftliche Erfolg längerfristig davon abhängt, daß die Unternehmen auf die unterschiedlichen kulturellen Wertvorstellungen der Kunden in den vielen Teilen und Regionen der Welt in differenzierter Weise eingehen.[2] Große Teile der Marktentscheidungen werden durch kulturelle Faktoren überlagert und beeinflußt, so z.B. die Produktentscheidungen, die Preisentscheidungen innerhalb Europas, die Entscheidungen über die Entwicklung und Ausgestaltung der Corporate Identity, über Werbung und Öffentlichkeitsarbeit und auch hinsichtlich der Marktforschung[3], worauf Holzmüller[4] und Simmet-Blomberg[5] aufmerksam gemacht haben. Schließlich sind auch die Verhandlungsstile zwischen den Geschäftspartnern nachhaltig durch kulturelle Verhaltensmuster geprägt.[6]

Einen besonderen Stellenwert im kulturbezogenen Marketing hat inzwischen das Ethno-Marketing[7] erreicht, das sich inzwischen gerade wegen der differenzierenden Tendenzen in den

1 García Echevarría/del Val Nuñez (1996).
2 vgl. Auerbach/Meissner (1995), S. 289.
3 vgl. hierzu bspw. Usunier/Walliser (1993).
4 Holzmüller (1995).
5 Simmet-Blomberg (1995).
6 Campbell/Graham/Jolibert/Meissner (1988), S. 49ff.
7 vgl. Meissner (1995c), S. 15-19.

USA sehr viel stärker durchgesetzt hat als bisher in Europa. Das Ziel des Ethno-Marketing besteht darin, die einzelnen ethnischen Zielgruppen in einer differenzierten Weise so anzusprechen, daß sie sich in ihrer jeweiligen kulturellen Identität mit den Produkten und dem Unternehmen identifizieren können, um so Umsatz und Rentabilität zu optimieren.

Ein anderer Funktionsbereich, bei dem die Berücksichtigung kultureller Besonderheiten von zentraler Bedeutung für eine erfolgreiche Unternehmensführung geworden ist, ergibt sich in wachsendem Umfang im Bereich der **Auslandsinvestitionen**.[1] Hier spielt das Gewicht und die Bedeutung von Joint Ventures eine besondere Rolle, da durch die Struktur der Joint Ventures unterschiedliche Kulturen aufeinander stoßen.[2] Diese Kulturen müssen jeweils relativiert werden, um dafür per Konsens eine neue Unternehmenskultur des Joint Ventures herbeizuführen. Deutsch-polnische Joint Ventures stehen z.B. nicht mehr allein in der Tradition deutscher Unternehmen, auch nicht mehr isoliert in der Tradition polnischer Unternehmen, sondern es entwickelt sich im positiven Fall eine neue deutsch-polnische Unternehmenskultur, die nur dann betriebswirtschaftlich erfolgreich werden kann, wenn beide Partner durch einen bestimmten Kulturschock hindurch gegangen sind und ihn im Rahmen von Lernprozessen kreativ umgesetzt haben. Gleiches gilt z.B. auch für die Entwicklung deutsch-chinesischer Joint Ventures.

Eine weitere Disziplin, in der kulturelle Faktoren auch in die Betriebswirtschaftslehre eingedrungen sind, besteht in dem Bereich der Organisation und der **Führung**.[3] An die Stelle von patriarchalen und hierarchischen Konzepten sind inzwischen Managementkonzepte im Zusammenhang mit der Gruppenbildung oder der Teambildung von Qualitätszirkeln entstanden. In diesen Konzepten drückt sich eine ganz andere Unternehmenskultur aus als dies in der Zeit der frühen Industrialisierung und in der Gründergeneration der Unternehmen der Fall gewesen ist. Gerade auch die Entwicklungen zum Total Quality Management (TQM) markieren einen deutlichen Übergang zu diesem neuen Verständnis der Unternehmenskultur.

Bei genauerer Betrachtung gibt es sicher noch eine ganze Reihe von anderen betrieblichen Entscheidungs- und Informationsbereichen, in denen solche kulturellen Faktoren ein sehr viel stärkeres Gewicht erlangt haben, als dies in der betriebswirtschaftlichen Theoriebildung berücksichtigt wird. Hierbei handelt es sich insbesondere um den Bereich der Finanzierung, bei dem inzwischen durch die Vielzahl der Instrumente eine neue Kultur der Unternehmensfinanzierung entstanden ist oder um den Bereich der **Steuern**, der beispielsweise durch die unterschiedlichen Ausprägungen der Steuermentalität deutlich kulturell geprägt wird, worauf Günter Schmölders[4] bereits in den 60er Jahren nachdrücklich hingewiesen hat.

4 Kultur als Schock für die Betriebswirtschaftslehre

Die zunehmende Bedeutung von Outside/In-Perspektiven für die Informations-, Entscheidungs- und Gestaltungsprozesse in den Unternehmen führt somit zu der Notwendigkeit einer

1 vgl. Meissner (1980), S. 217-228.

2 vgl. Meissner (1995d), S. 115-133.

3 vgl. hierzu beispielsweise Jelinek/Smircich/Hirsch (1983) oder Schein (1985).

4 Schmölders (1966), S. 82 ff.

stärkeren Berücksichtigung und Integration kulturspezifischer Inhalte in das betriebswirtschaftliche Theoriengerüst.

Der Kulturschock hat nicht nur die Unternehmen getroffen, sondern auch die traditionelle Betriebswirtschaftslehre in ihrer Gesamtheit. Die traditionelle Entscheidungstheorie klammert kulturbezogene Anteile aus und konzentriert sich auf Kosten- und Ertragsverläufe, die unabhängig von kulturellen Einflußfaktoren meßbar und optimierbar sind. Solche formalen, quantitativen Entscheidungsmodelle sind unter dem Eindruck der Europäisierung und Globalisierung, zunehmender Outside/In-Orientierung, des wechselnden Wertesystems der Verbraucher, der zunehmenden Sensibilisierung der Mitarbeiter sowie vor dem Hintergrund des Trends zu mehr Kooperation und Zusammenarbeit bei den Unternehmen zu eng und nicht hinreichend komplex, um die nachhaltigen Auswirkungen auf die betrieblichen Entscheidungsprozesse angemessen abbilden und damit gestalten zu können. An die Stelle einer eindimensionalen ökonomischen Rationalität muß eine **kulturbewußte vieldimensionale Rationalität** von Entscheidungsprozessen treten, wie dies z.B. bei der Deutschen Lufthansa in der Zusammenarbeit mit United Airlines und anderen Partnern erfolgt ist oder bei Daimler Benz im Hinblick auf die veränderten Einstellungen der Verbraucher bei der Entwicklung eines unkonventionellen Kleinfahrzeuges oder bei den Banken durch die vermehrte Nutzung der Telekommunikation, beispielsweise in Form des Telebanking. Die Kultur muß als ein notwendiger Systembestandteil in den Informations-, Entscheidungs- und Gestaltungsprozessen der Unternehmen berücksichtigt und integriert werden.

Mit dieser Einbeziehung der Kultur in die Betriebswirtschaftslehre entsteht ein deutlicher Paradigmawechsel, der die Betriebswirtschaftslehre aus ihrer reduktionistischen, quasi naturwissenschaftlichen Orientierung herausholt, um sie stattdessen einzubinden in die Komplexität, Vielfalt und auch in das Konfliktpotential unterschiedlicher Kultursysteme. Schließlich verändert sich auch die Forschungskultur in den Unternehmen selbst, z.B. im Hinblick auf die Genforschung, auf die Informatik oder im Hinblick auf die Anwendungsbereiche von Verkehrssystemen, von Umweltschutztechnologien, von pharmazeutischen Produkten, bis hin zur Erforschung von organisatorischen Gestaltungsoptimierungen. Besondere Bedeutung erlangt vor dem Hintergrund dieser Entwicklung die Marktforschung in unterschiedlichen Kulturbereichen als strategische Informationsgrundlage. Die qualitativen Faktoren gewinnen gerade für Prognoseaufgaben damit ein größeres, bestimmendes Gewicht gegenüber einer allein quantitativ ausgerichteten Marktforschung.

5 Perspektiven für die Betriebswirtschaftslehre

Der hier angesprochene Kulturkonflikt oder auch der Kulturschock werden innerhalb der Betriebswirtschaftslehre dazu führen, daß sich aus dem skizzierten Spannungsfeld neue Normen und Verhaltensweisen ergeben, die ihrerseits wiederum neue Formen der Unternehmenskultur hervorbringen werden. Man kann davon ausgehen, daß auch diese neuen Formen der Unternehmenskultur auf längere Sicht gesehen wieder in Konflikt mit den sich verändernden externen Einflüssen geraten werden. Deshalb ist es unbedingt erforderlich, daß die Betriebswirtschaftslehre eine sehr viel höhere Sensibilität gegenüber kulturellen Einflußfaktoren entwickelt und daß in die Informations-, Entscheidungs- und Gestaltungskonzepte sowie in der betriebswirtschaftlichen Theorienbildung kulturelle Aspekte miteinbezogen und reflektiert werden, ja zum beherrschenden Theorieansatz in der BWL werden. Der Kulturschock bewirkt, daß sich in der Betriebswirtschaftslehre verstärkt der Prozeß zur Psychologisierung und zur Soziologisierung durchsetzen wird, ob dies den Betriebswirten passen wird oder nicht. Die Betriebswirtschaftslehre wird sich vor dem Hintergrund dieser Entwicklung insoweit verändern, daß sie in ihrem theoretischen Selbstverständnis nicht mehr eine angewandte Naturwissenschaft darstellt, sondern daß sie eine spezialisierte Kulturwissenschaft wird, die gerade in dieser Ausformung ein wichtiges Zukunftspotential sowohl für das Fach, aber darüber hinaus auch für die Unternehmen und für die Gesellschaft insgesamt bildet.

Die Bedeutung des Kulturschocks für die Praxis der Unternehmen wurde kürzlich in einem Interview verdeutlicht, das Gunnar P. Wilmot, der amerikanische Deutschland Direktor der Werbeagentur McCann-Erikson, über die spezifischen Probleme des deutschen Werbemarktes und einer deutschen Werbeagentur dem „Spiegel" gegeben hat: „Das war ein Schock für mich. Ich hatte mich nicht genügend schlau gemacht über die kulturellen Eigenarten des Landes. Es war mein schwerster Fehler."[1]

1 o.V. (1996), S. 124-128.

Literaturverzeichnis

Allaire, Y./Firsirotu, M. E. (1984): Theories of Organizational Culture, in: Organization Studies, No. 3, S. 193-226.

Auerbach, H./Meissner, H. G. (1995): Controlling im internationalen Marketing-Management, in: Hermanns, A./Wissmeier, U. K. (Hrsg.): Internationales Marketing-Management, München 1995, S. 281-308.

Axel, M. (1995): Toward an Analysis of Japanese-style Management, in: Management International Review, Vol. 35, 1995, H. 2, S. 57-73.

Byars, L. L. (1991): Strategic Management: Formulation and Implementation, Concepts and Cases, 3rd ed., New York 1991.

Campbell, N./Graham, J./Jolibert, A./Meissner, H. G. (1988): Marketing Negotiations in France, Germany, the United States, in: Journal of Marketing, Vol. 52, April 1988, No. 2, S. 49-62.

Dill, P. (1986): Unternehmenskultur: Grundlagen und Anknüpfungspunkte für ein Kulturmanagement, Bonn 1986.

Dülfer, E. (1996): Internationales Management in unterschiedlichen Kulturbereichen, 4. Aufl., München-Wien 1996.

Freeman, C. (1984): Strategic Management: A Stakeholder Approach, Boston/Mass. 1984.

García Echevarría, S./del Val Nuñez, M. (1996): Los Recursos Humanos en la Empresa Española, Madrid 1996.

Heinen, E. (1987): Unternehmenskultur, München 1987.

Hermanns, A. (1995): Aufgaben des internationalen Marketing-Management, in: Hermanns, A./Wissmeier, U. K. (Hrsg.): Internationales Marketing-Management, München 1995, S. 23-68.

Hofstede, G. (1993): Interkulturelle Zusammenarbeit: Kulturen - Organisationen - Management, Wiesbaden 1993.

Holzmüller, H. H. (1995): Konzeptionelle und methodische Probleme in der interkulturellen Management- und Marketingforschung, Wien 1995.

Jelinek, M./Smircich, L./Hirsch, P. (1983): Organizational Culture, ASQ-Sonderheft, 4/28, o. O. 1983.

Kast, F. E./Rosenzweig, J. E. (1970): Organization and Management, a Systems and Contingency Approach, Tokyo et al. 1970.

Kroeber, A. L./Kluckhohn, C. (1967): Culture: A Critical Review of Concepts and Definitions, Anthropological Papers, Peabody Museum, No. 4, New York 1967.

Luhmann, N. (1984): Soziale Systeme: Grundriß einer allgemeinen Theorie, Frankfurt/Main 1984.

Meffert, H./Bolz, J. (1994): Internationales Marketing-Management, 2. Aufl., Stuttgart-Berlin-Köln 1994.

Meissner, H. G. (1995a): Strategisches Internationales Marketing, 2. Aufl., München-Wien, 1995.

Meissner, H. G. (1995b): Der Kunstmarkt zwischen Kreativität und Kommerz, in: Rapp, F. (Hrsg.): Die organisierte Welt. Utopie und Realität., Schriftenreihe der Universität Dortmund, Nr. 35, S. 79-94.

Meissner, H. G. (1995c): Ethnisches Marketing als strategische Herausforderung, in: UniReport, H. 21, Dortmund 1995, S. 15-19.

Meissner, H. G. (1995d): Eintrittsstrategien auf west- und osteuropäischen Märkten, in: Scholz, Ch./Zentes, J. (Hrsg.): Strategisches Euro-Management, Stuttgart 1995, S. 115-133.

Meissner, H. G. (1980): Die Auslandsinvestition als Entscheidungsproblem, in: Betriebswirtschaftliche Forschung und Praxis, 1980, S. 217-228.

Ouchi, W. G. (1981): Theory Z, Reading/Mass. et al. 1981.

o. V. (1996): Biedere Tante, in: Der Spiegel, Nr. 10, 1996, S. 124-128.

Perlmutter, H. V. (1969): The Tortuous Evolution of the Multinational Corporation, in: Columbia Journal of World Business, Jan./Feb. 1969, S. 9-18.

Peters, T. J./Waterman, R. H. (1982): In Search of Excellence, New York 1982.

Rummel, K. (1967): Einheitliche Kostenrechnung auf der Grundlage einer vorausgesetzten Proportionalität der Kosten zu betrieblichen Größen, 3. Aufl., Düsseldorf 1967.

Schein, E. (1985): Organizational Culture and Leadership: A Dynamic View, San Francisco et al. 1985.

Schneidewind, D. (1991): Das japanische Unternehmen, Berlin et al. 1991.

Scholz, Ch. (1995): Strategisches Euro-Management, in: Scholz, Ch./Zentes, J. (Hrsg.): Strategisches Euro-Management, Stuttgart 1995.

Schmölders, G. (1966): Psychologie des Geldes, Reinbek 1966.

Simmet-Blomberg, H. (1995): Integrative Ansätze der interkulturellen Marktforschung im europäischen Transformationsprozess, unveröff. Habil.schr., Dortmund 1995.

Staehle, W. H. (1994): Management: eine verhaltenswissenschaftliche Perspektive, 7. Aufl., München 1994.

Usunier, J.-C./Walliser, B. (1993): Interkulturelles Marketing, Wiesbaden 1993.

ZAW (Hrsg., 1995): Werbung in Deutschland 1995, Bonn 1995.

Erfolgsfaktoren für einen global player

Dr. Heinrich von Pierer
Vorsitzender des Vorstands der Siemens AG, München

1 Eckzahlen des Siemens-Konzerns

Die „**Erfolgsfaktoren für einen global player**" sind heute mehr denn je unverzichtbare Bestandteile unternehmerischen Denkens und Handelns, gleichzeitig jedoch nicht minder vielschichtig und komplex. Es freut mich daher besonders, dieses facettenreiche Thema an dieser Stelle näher beleuchten zu können. Auch auf die Gefahr hin, daß es für Sie nicht neu ist, möchte ich Ihnen vorab einige Daten zu Siemens nennen:

- Unser Umsatz liegt bei 90 Mrd. DM, davon etwa 60 % außerhalb Deutschlands.
- Im vergangenen Geschäftsjahr haben wir einen Nettogewinn von 2,1 Mrd. DM erzielt. In absoluten Zahlen klingt das hoch. Bezogen auf den Umsatz oder unser Eigenkapital liegen wir im Vergleich zu unseren internationalen Wettbewerbern damit aber nur im Mittelfeld. Unsere 600.000 Aktionäre jedenfalls erwarten von uns weitere Verbesserungen unseres Ergebnis.
- Insgesamt betreiben wir rund 400 Fertigungen in 40 Ländern. In den USA z.B. beschäftigen wir 50.000 eigene Mitarbeiter, erzielen eine Umsatz von knapp 9 Mrd. US-Dollar und sind dort der drittgrößte ausländische Arbeitgeber.
- Pro Arbeitstag brauchen wir einen durchschnittlichen Auftragseingang von 400 Mio. DM, um den Lebensunterhalt für unsere 370.000 Mitarbeiter bestreiten zu können.
- 370.000 Mitarbeiter also, davon mehr als 200.000 in Deutschland, davon wiederum die Hälfte in Bayern.
- Wenn man - für Deutschland betrachtet - unsere Mitarbeiterzahlen mit dem üblichen Familienfaktor multipliziert, unsere Pensionäre hinzuzieht und auch die direkt mit uns verbundenen Zulieferer einbezieht, dann dürfte Siemens hierzulande für die Einkommen von deutlich mehr als einer ¾ Mio. Menschen Verantwortung tragen.
- Insgesamt also 60 % unseres Geschäfts außerhalb Deutschlands, 60 % unserer Mitarbeiter aber in Deutschland. Daß dies eine durchaus schwierige Konstellation ist, ergibt sich schon aus den in unserem Land bekanntlich ja besonders hohen Arbeitskosten.
- Betrachtet man die Interessen unserer Arbeitnehmer, die Interessenlage aus dem Blickwinkel des Standort Deutschland und die Interessen unserer Aktionäre, dann ist z.B. die Diskussion um eine Steigerung des Shareholder Value schon spannungsreich.
- Unser Produktspektrum reicht vom Mikrochip bis zum Kraftwerk, von Elektromotoren über Telefonanlagen bis zur Medizintechnik und vom Kühlschrank über Energiesparlampen bis zu Airbag-Steuerungen für Kraftfahrzeuge. Verbindendes Element ist der elektrische Strom. Vom gesamten Spektrum der Elektrotechnik decken wir immerhin rund 80 % ab.

Mit solchen Dimensionen erfolgreich zu wirtschaften, ist eine intellektuelle und physische Herausforderung. Zwingende Voraussetzungen für Erfolg sind eine dezentrale Organisation und effizientes Teamwork.

2 Der Standort Deutschland im Spannungsfeld sich wandelnder Wettbewerbskräfte

Tagtäglich wird uns vor Augen geführt, daß wir in den Unternehmen und vor allem am Standort Deutschland massiv unter Druck geraten sind. Ich sehe hierfür vier Hauptursachen:

1. Deregulierung und Liberalisierung,
2. Die neuen Standortkonkurrenten aus Südostasien und aus Mittel- und Osteuropa,
3. Hausgemachte Standortschwächen in Deutschland
4. und den rasanten Wandel der Technik.

Einige Bemerkungen zu jedem dieser Punkte:

Erstens, also Deregulierung und Liberalisierung: Auf den Infrastrukturgebieten gibt es radikale Veränderungen der Märkte und Marktstrukturen. In Deutschland z.B. haben die Telekom, die Deutsche Bahn und auch die Energieversorgungsunternehmen ihr Beschaffungsverhalten vollständig geändert. Monopole fallen, es weht ein zunehmend scharfer Wettbewerbswind. Für die industriellen Zulieferer bedeutet das hohen Preisdruck und einen Preisverfall in der Größenordnung von einem Drittel binnen weniger Jahre.

Zweitens zur neuen Konkurrenz aus Südostasien und aus Mittel- und Osteuropa: Dort entstehen - lassen Sie mich das hier zunächst nur in einer Nebenbemerkung erwähnen - natürlich neue, große und sehr attraktive Märkte. Vor dort kommt aber eben auch scharfe Konkurrenz.

Besonders eindrucksvoll ist ein Vergleich der Arbeitskosten. Bei uns kostet eine gewerbliche Arbeitsstunde inzwischen 46 bis 47 DM. In der tschechischen Republik liegen die Vergleichswerte bei 4 bis 5 DM, in Malaysia bei 3 DM, in Litauen bei 1 DM und in China ebenfalls bei rund 1 DM.

Bei Ingenieurstunden sieht es nicht grundsätzlich anders aus: Deutschland 120 DM, Singapur 60 DM, Indien 30 DM.

Diese Konkurrenzsituation ist übrigens in gar keiner Weise für alle westlichen Industrieländer gleich. Denn am Standort Deutschland sind die Arbeitskosten auch weitaus höher als in anderen Industrieländern. In den USA kostet eine Ingenieurstunde z.B. auch nur etwa 100 DM und in England kostet sie sogar nur rund halb so viel wie in Deutschland. Eine höhere Produktivität bei uns reicht da zum Ausgleich nicht aus.

Drittens zu den hausgemachten Standortnachteilen in Deutschland: Ich will nicht das wiederholen, was an vielen Stellen hierzu in den vergangenen Wochen und Monaten gesagt worden ist. Nur drei Bemerkungen:

1. Der Tarifabschluß in der Metallindustrie im vergangenen Jahr bedeutet für uns innerhalb von 12 Monaten - einschließlich der Arbeitszeitverkürzung auf 35 Stunden - eine Lohnkostensteigerung von über 10 %. Diese Lohnkostensteigerung bei uns entspricht der Hälfte der gesamten Arbeitskosten - Arbeitskosten wohlgemerkt, nicht nur der Lohnkosten (!) - in der tschechischen Republik.

2. Die gesetzlichen Lohnzusatzkosten: Sie sind zu Jahresbeginn wiederum gestiegen, und die Erhöhung der Pflegeversicherung zum 1. Juli steht bevor. Allein durch die Anhebung der Sozialversicherung wird Siemens 1996 in Deutschland um 130 Mio. DM zusätzlich belastet. Rein rechnerisch entspricht das dem Personalaufwand für 1.300 Arbeitsplätze.
3. Zum Bündnis für Arbeit: Der Tarifabschluß des vergangenen Jahres gilt für 2 Jahre, also bis Ende 1996. Im sogenannten Bündnis für Arbeit stellt die IG-Metall zusätzlich für 1996 die Forderung auf, die Unternehmen müßten 110.000 neue Arbeitsplätze schaffen. Auf Siemens bezogen fielen davon 6.600 auf uns. 6.600 zusätzliche Arbeitsplätze, das bedeutete einen Kostenschub von nochmals 660 Mio. DM gleich einer Kostensteigerung von 3,3 %. Das ist es also ganz konkret, was die IG-Metall bei laufendem Tarifvertrag für 1996 zusätzlich fordert.

Ich komme zu dem vierten Punkt an Veränderungen für den Standort Deutschland und die deutsche Industrie, zu den rasanten Veränderungen der Technik.

Treibende Kraft für unsere Aktivitäten ist die Elektronik und vor allem die Mikroelektronik. Sie wird immer leistungsfähiger, immer kleiner und immer kostengünstiger.

Ein Beispiel: In der öffentlichen Nachrichtentechnik hat es zu Zeiten der Elektromechanik, also noch vor 15 Jahren, rund 30 Stunden gedauert, eine Anschlußeinheit - vereinfacht ausgedrückt also die Vermittlungstechnik für einen Telefonanschluß - herzustellen. Heute, zu Zeiten der Elektronik benötigen wir für dasselbe Ergebnis, nämlich eine Anschlußeinheit, knapp 20 Minuten.

Das bedeutet natürlich den Verlust von Arbeitsplätzen in klassischen Fertigungen. Das bedeutet aber nicht im selben Umfang einen Verlust von Arbeitsplätzen überhaupt. Denn zunehmend in den Vordergrund rücken Software und Engineering. Bei uns tragen sie bereits zu über 50 % zur Wertschöpfung bei. Das ist auch ein Beitrag - unser Beitrag - zur sogenannten Dienstleistungsgesellschaft.

Die Auswirkungen dieses Wandels gehen aber weiter. Sie betreffen z.B. auch die Ausbildungstätigkeit. Es gibt ein geringeres Angebot an Ausbildungsplätzen in klassischen Berufen. Und es gibt einen wachsenden Bedarf der Unternehmen auf neuen Feldern, die zum Teil aber noch gar nicht in konkreten Berufsbildern und Ausbildungsgängen formuliert sind. Den Rückgang des Lehrstellenangebots muß man auch vor diesem Hintergrund sehen.

Ich kann im übrigen nur vor falschen Schlüssen aus dieser Entwicklung warnen. Der Anteil industrieller Fertigung an der Wertschöpfung geht zwar zurück. Aber die industrielle Basis behält eine Schlüsselbedeutung. Ein Abwandern von Fertigungen im großen Stil würde den Standort Deutschland empfindlich treffen. Denn wer die industrielle Basis verliert, der verliert über kurz oder lang auch Forschung und Entwicklung, Engineering und Software.

Wie läßt sich der hohe Wettbewerbsdruck bewältigen und abmildern? Sicher nicht dadurch, daß jeder auf andere zeigt. Deshalb will ich jetzt nicht über die Aufgaben des Staates und nicht über die Aufgaben der Tarifpartner sprechen, sondern über das, was die Unternehmen selber leisten müssen.

3 „Top-Siemens“ - Ein strategisches Programm zur Steigerung der Wettbewerbsfähigkeit

Wir bei Siemens haben ein Programm zur Erneuerung des Unternehmens gestartet, das wir unter den Titel **top-Siemens** gestellt haben: **top** als Abkürzung für time optimized process, **top** aber auch als Ausdruck unseres Anspruches, Weltspitze zu sein, bzw. dort zu werden, wo wir es momentan nicht sind.

Unser **top-Programm** ist kein herkömmliches Restrukturierungsprogramm. Es ist vielmehr umfassender angelegt. Es geht um vier Ziele:

1. Produktivität steigern,
2. Innovationen beschleunigen,
3. Wachstum erhöhen
4. und cultural change auslösen.

Beim ersten Punkt, der Steigerung der Produktivität im Unternehmen, will ich mich nicht lange aufhalten. Professor Prahalad, einer der bekanntesten US-Management-Forscher, pflegt zu sagen, wer das nicht tue, sei ohnehin bald tot. Und damit hat er zweifellos recht.

Wir haben die Produktivität des Unternehmens innerhalb von drei Jahren um immerhin 23 % gesteigert. Leider war damit auch ein deutlicher Personalabbau verbunden, betroffen waren insgesamt rund 50 000 Arbeitsplätze.

Der eigentliche Zweck **unseres top-Programms** besteht aber nicht im Arbeitsplatzabbau und der Produktivitätssteigerung, sondern geht weit darüber hinaus. Das kommt besonders deutlich zum Ausdruck in den weiteren Punkten, der Beschleunigung von Innovationen und Wachstum.

Und mit diesen Schwerpunkten auf der Zukunftsperspektive des Unternehmens haben wir auch unseren Betriebsrat dafür gewonnen, das **top**-Programm grundsätzlich mitzutragen.

Wir haben im Unternehmen im vergangenen Geschäftsjahr 7,3 Mrd. DM für Forschung und Entwicklung aufgewendet. Das sind immerhin 10 % der gesamten privaten und öffentlichen Aufwendungen für F&E in Deutschland. Von unseren F&E-Aufwendungen stammen im übrigen nur 2 % aus öffentlichen Kassen, davon etwa gleiche Teile aus dem Bundeshaushalt und von der Europäischen Union.

Im Unternehmen - auch daran können Sie sehen, daß wir ein innovatives Unternehmen sind - machen wir 70 % unseres Umsatzes mit Produkten, die jünger sind als fünf Jahre. Vor einigen Jahre galt das erst für 50 % unseres Umsatzes. Produktlebenszyklus und Umsatzstruktur haben sich also deutlich Richtung Innovationen verschoben.

Unternehmensintern haben wir in diesem Jahr erstmals einen Innovationswettbewerb gestartet. Auch damit wollen wir die Bedeutung von Innovationen für die Zukunft des Unternehmens hervorheben. Und die Feiern zum 150jährigen Bestehen von Siemens im kommenden Jahr wollen wir unter das Motto stellen: **„Siemens, das innovative Unternehmen“**. Auch damit weisen wir darauf hin: Ohne Innovationen wären wir keine 150 Jahre alt geworden, ohne Innovationen hätten wir aber auch keine Zukunft!

Innovationen erschließen Zukunft und damit führen sie zu Wachstum. Und das ist der dritte Punkt unseres **top**-Programms.

- Einerseits neue Wachstumsfelder wie Multimedia oder auch Aktivitäten im sogenannten Dienstleistungssektor.
- Andererseits aber auch Wachstum auf geographisch neuen Märkten, vor allem eine stärkere Präsenz in Asien-Pazifik.

Die Potentiale - gerade in Südostasien - sind enorm - z. B. China:

- Dort kommen auf 100 Einwohner heute erst 4 Telefonanschlüsse. In Deutschland sind es fast 50 pro 100 Einwohner. Für die kommenden Jahre sind in China jährlich 10 bis 15 Mio. zusätzlicher Anschlüsse geplant. Nur zum Vergleich: Mit einer großen Kraftanstrengung ist es der Telekom gelungen, in den neuen Bundesländern seit 1990 insgesamt 4 ½ Mio. neuer Anschlüsse zu installieren.
- Bei Kraftwerken sind die Ausbaupläne in China ebenso ehrgeizig: 12 bis 15.000 MW jährlich, und im Zusammenhang damit eine Steigerung der Kohleförderung von einer auf 1,5 Mrd. to.
- Oder U-Bahnen: Schanghai und Kanton haben deutsche Unternehmen mit dem Bau von U-Bahnen beauftragt. Und allein in China verfolgen weitere 30 Millionenstädte ähnliche Pläne.

Die Liste von Ländern, in denen der Nachholbedarf und auch die Dynamik der Wirtschaftsentwicklung ähnlich hoch sind, ist lang: Indonesien, Vietnam, Malaysia und eine ganze Reihe weiterer Länder.

Insgesamt - auch das muß man sich klar machen - leben in Asien-Pazifik bereits heute 2,8 Mrd. Menschen, rund die Hälfte der Weltbevölkerung. Und bis zum Ende des Jahrhunderts wird die Bevölkerung in dieser Region weiter zunehmen auf 3 Mrd. Menschen, darunter eine Mittelschicht von einigen hundert Mio. Menschen mit durchaus bereits beachtlicher Kaufkraft.

Erfolg in dieser Region ist nur dann von Dauer, wenn man über eine reine Exportstrategie hinaus Investitionen vor Ort in Angriff nimmt. Die Gründe dafür sind zahlreich:

1. Einmal die Kosten: Rein deutsche Wertschöpfung wäre auf vielen Gebieten nicht konkurrenzfähig. Übrigens wäre sie nicht nur in Asien-Pazifik nicht konkurrenzfähig, sondern auch in anderen Regionen, selbst auf unserem europäischen Heimatmarkt. Denn dem Wettbewerb mit Weltmarktkonkurrenten müssen wir uns natürlich auch auf unserem eigenen home market stellen. Anzustreben ist deshalb ein Kostenmix aus hiesiger und dortiger Wertschöpfung.
2. Dann wegen der Forderungen nach „local content". Sie werden immer deutlicher erhoben, gerade von staatlichen Auftraggebern, die im Infrastrukturbereich ja nach wie vor eine wichtige Rolle spielen.

3. Und zum dritten wegen der Forderung nach Technologietransfer: Man will in den aufstrebenden Ländern Asien-Pazifiks nicht nur unsere Lieferungen und Leistungen, sondern man will Know How ins eigene Land holen.

Das Reizwort in allen Diskussionen über das Engagement der deutschen Wirtschaft in Asien-Pazifik heißt „Arbeitsplatzverlagerung". Tatsächlich liegen die Dinge allerdings anders: Ein Engagement in dieser Region sichert in viel stärkerem Maße Arbeitsplätze in Deutschland, als daß es Verlagerungen auslöste. Denn die Alternative dazu heißt nicht, diese Märkte von hier aus zu bearbeiten, sondern dort außen vor zu bleiben und zusätzlich Konkurrenten von dort auf unserem europäischen Heimatmarkt im Nacken zu haben.

Im Idealfall schaffen wir es, eine Arbeitsteilung innerhalb des Unternehmens zu erreichen, bei der wir große Teile der besonders qualifizierten Tätigkeiten in Deutschland und Europa belassen und einen Teil der arbeitsintensiven Tätigkeiten an besonders kostengünstigen Standorten ansiedeln.

Was haben wir, was hat Siemens nun in Asien-Pazifik bereits erreicht?

- Wir sind dort an 160 Standorten aktiv und beschäftigen insgesamt 35.000 Menschen in der Region.
- In China betreiben wir 30 Joint Venture mit 8.000 Mitarbeitern. Insgesamt liegt unser Umsatz dort bei rund einer Mrd. US-Dollar.
- Bis zum Jahr 2000 planen wir jährliche Investitionen in Asien-Pazifik von je einer Mrd. DM und wollen dort dann 50.000 bis 60.000 Mitarbeiter beschäftigen.
- Wir weichen auch keiner Diskussion über das Thema „Menschenrechte" aus. Ich bin überzeugt davon: Wandel durch Handel ist mehr als eine Formel. Es ist eine belegte Erfahrung, daß dies ein Weg zu mehr Freiheit und mehr Offenheit ist. Dazu leisten wir Beiträge, nicht zuletzt durch die Schulung und Prägung von Mitarbeitern aus den Ländern Asien-Pazifiks in Europa und vor Ort.

Der vierte Punkt unseres TOP-Programms, Wandel der Unternehmenskultur, hat besondere Bedeutung. Er ist sozusagen die Basis für die drei anderen Punkte, also für Produktivität, Innovationen und Wachstum.

Auf den Punkt gebracht geht es darum, die Vorteile des Großunternehmens - seine Finanzkraft, seine technische Leistungsfähigkeit, seine Fähigkeit zur Generierung von Querschnittswissen und anderen Synergien - zu verbinden mit den Vorteilen kleiner Unternehmen - also Flexibilität, Schnelligkeit, geringe Overheads, unmittelbare Kommunikation.
Kein Ozeandampfer, sondern viele kleine wendige Boote, das ist die Orientierung für uns.

Ein politischer Führer an der Spitze eines erfolgreichen Landes in Südostasien hat einmal mit Blick auf Europa und insbesondere auch auf Deutschland von **den „Newly Decaying Countries"** gesprochen - also von den Ländern, die langsam verrotten. Ein hartes Wort, nahe an Arroganz.

Ich glaube nicht, daß diese Aussage sich bewahrheiten wird. Zumindest liegt es an uns selbst.

Ganz sicher bin ich aber, daß Siemens nicht verrotten, sondern sich behaupten wird: in Deutschland, in Europa, in den USA und ganz Amerika, in Asien-Pazifik und überall auf der Welt.

Der Standort Deutschland - ein Standort, der verrottet? - Auch hier gibt es keinen Grund zum Fatalismus. Aber es gibt Warnungen, und man muß Konsequenzen ziehen. Entschlossener als das bisher der Fall war. Wie gesagt: Eine Unabänderlichkeit der Lage gibt es nicht - aber Bedarf für Veränderungen, dem entsprochen werden muß!

Die multinationale Unternehmung als moralischer Aktor - Bemerkungen zu einigen normativen Grundlagenproblemen des interkulturellen Managements

Prof. Dr. Horst Steinmann/Dr. Andreas G. Scherer
Lehrstuhl für Allgemeine BWL und Unternehmensführung,
Universität Erlangen-Nürnberg

1 Die Ausgangslage: Die multinationale Unternehmung im Spannungsfeld von struktureller Globalisierung und kultureller Fragmentation

Im Zuge der Globalisierung der Wirtschaft und der damit einhergehenden Internationalisierung der Unternehmenstätigkeit sieht sich das Management multinationaler Unternehmen neuen Aufgaben und Herausforderungen gegenüber (vgl. z.B. Bartlett/Ghoshal 1989, Ohmae 1989, Porter 1989, ders. 1990, Yip 1992). Einerseits muß es sich auf die neuen Strukturen einer globalen Wirtschaft einstellen (vgl. z.B. Birkinshaw et al. 1995), andererseits muß es mit der zunehmenden kulturellen Diversität umzugehen lernen (vgl. z.B. Dülfer 1995, Harris/ Moran 1996). Besondere Schwierigkeiten bereitet dabei die Bearbeitung von **kulturellen Konflikten**, die im Zuge der vielfältigen internationalen Unternehmensaktivitäten auftreten können. Dieses Konfliktpotential betrifft alle Tätigkeiten und Bereiche betrieblichen Wirtschaftens: angefangen bei der Beschaffung von Rohstoffen oder Materialien über die Produktion von Gütern und Dienstleistungen bis hin zu Marketing und Absatz. Innerhalb von **Nationalstaaten** stehen mit dem geltenden Recht und der Unternehmensethik geeignete Mittel zur Verfügung, auftretende Konflikte friedlich beizulegen (vgl. z.B. Steinmann/Löhr 1994, dies. 1995). Hier liefern die rechtssetzenden und rechtsdurchsetzenden Institutionen sowie die gemeinsame kulturelle Basis mit einem praktisch (zumindest ansatzweise) erfolgreich gelebten Konzept vom „guten und gerechten Leben" das notwendige Fundament zur Konfliktbearbeitung (vgl. Gergen 1995, S. 520 f.).

Durch die zunehmende Globalisierung wirtschaftlicher Aktivitäten wird diesem Regelungsmechanismus aber mehr und mehr das Fundament entzogen. Die Mobilität des Kapitals und der Informationen führt dazu, daß die Aktivitäten multinationaler Unternehmen netzwerkartig auf immer mehr Länder und Kulturbereiche verteilt werden und sich so zunehmend der Kontrolle einzelner Staaten entziehen (vgl. Drucker 1993, S. 205 ff., Ohmae 1995, Reich 1991). Das Kapital folgt der marktwirtschaftlichen Logik und sucht sich die günstigsten Anbieter von Arbeitskraft, Know-how und materiellen Ressourcen. Dieser Prozeß wird durch die Verbesserung der Informationsverarbeitung und die Verbilligung der Transportwege nachhaltig unterstützt.

Durch alle diese Entwicklungen wird die Rolle und Bedeutung des Nationalstaates als Regelungsort wirtschaftlichen Handelns nachhaltig in Frage gestellt (vgl. Drucker 1993, Ohmae 1995, Reich 1991), ohne daß bislang ein geeignetes, funktionsfähiges Substitut ausgebildet wäre. Multinationale Organisationen wie die Vereinten Nationen (UN), die Organization for Economic Cooperation and Development (OECD) und andere Institutionen arbeiten bereits seit Jahrzehnten an einer neuen, tragfähigen Regelungsbasis, ohne allerdings bislang zu einer befriedigenden Lösung gekommen zu sein (vgl. Gergen 1995, S. 522). Die Verhandlungen innerhalb dieser Organisationen sind vielmehr oft noch stark von nationalen Egoismen geprägt, die den neuen Gegebenheiten der globalen Wirtschaft zu wenig Rechnung tragen (vgl. Ohmae 1995, S. 117 ff.).

Der freie Fluß von Geld, Gütern, Technologien und Informationen hat zur Folge, und dies wurde schon länger erkannt (vgl. z.B. Levitt 1983, Ohmae 1989), daß sich das Konsumverhalten unterschiedlicher Völker zumindest in Teilen einander angleicht. Ohmae (1995, S. 28 ff.) vertritt in seinem neuesten Buch die These, daß im Zuge dieser Entwicklung auch die kulturellen Wertvorstellungen und Lebensweisen konvergieren. Wäre das der Fall, so könnte an die Stelle der nationalstaatlichen Integration die kulturelle Integration auf der Basis der **überall** gemeinsam geteilten Wertvorstellungen über das gute und gerechte Leben treten. Es mag dahingestellt bleiben, ob dieser Zustand am Ende eines langen Entwicklungsprozesses tatsächlich eintreten wird. In der gegenwärtigen Übergangsphase läßt sich jedenfalls ein **gegenteiliger Effekt** beobachten. Die strukturelle Globalisierung im Bereich der Ökonomie, der Kommunikation und des Transports wird gegenwärtig nämlich von einer **kulturellen Fragmentation** begleitet, und dies umso mehr, je stärker die Bedeutung des Nationalstaates als Integrationsinstrument abnimmt (vgl. Huntington 1993a, ders. 1993b, Tibi 1992, S. 16 ff., ders. 1995, S. 67 ff.). An die Stelle des Nationalstaates tritt das Bewußtsein der Menschen von ihrer Zugehörigkeit zu einer Kultur, das sie von anderen Kulturen abgrenzt: „In unserem Zeitalter kommen die Menschen durch die Globalisierung einander näher, aber das neue Bewußtsein von der eigenen Zivilisation schafft gleichzeitig Barrieren zwischen ihnen und trennt sie wieder. Somit werden die vereinheitlichenden Tendenzen der Gobalisierung kulturell unterbunden, weil Menschen aus unterschiedlichen Zivilisationen einander ablehnen." (Tibi 1995, S. 41). Dieser Konflikt – so Tibi – bestünde insbesondere zwischen dem Islam und dem Westen, da beide je eigene Werte mit universellem Anspruch vertreten, die die Werte des jeweils anderen grundsätzlich in Frage stellen.

Die ökonomischen Imperative der Globalisierung zwingen so einerseits immer mehr Unternehmen dazu, ihre Tätigkeiten global auszuweiten. Andererseits werden die Unternehmen dabei aber immer stärker den kulturellen Differenzen und ihren konfliktträchtigen Konsequenzen ausgesetzt, ohne daß für die Konfliktlösung ausreichende nationalstaatliche oder multinationale Regelungsmechanismen zur Verfügung stünden. Vielmehr sehen sich die Unternehmen immer wieder veranlaßt, selbst das kulturelle Terrain zu erkunden und Normen zu konstituieren, die ein friedliches Wirtschaften in fremden Kulturbereichen ermöglichen. Die multinationale Unternehmung muß also selbst als **moralischer Aktor** tätig werden. Viele Unternehmen bedienen sich (wie z.B. in den USA Levi Strauss & Co., Reebok, Nike u.a.) hierfür eigener Verhaltenskodizes (vgl. Beaver 1995, Engelhard 1989, Haas 1995, Rosenzweig 1995) oder orientieren sich erklärtermaßen an Richtlinien zur internationalen Unternehmenstätigkeit, wie sie z.B. – wie nachfolgend erläutert – vom US-amerikanischen Präsidenten vorgeschlagen wurden. Diese Richtlinien geben eine **inhaltliche Verhaltensorientierung** zur Konfliktvermeidung bzw. Konfliktverarbeitung im Umgang mit fremden Kulturen und unterstützen so die multinationale Unternehmung auf der Suche nach einem ethisch gerechtfertigten Handeln. Falsch verstanden können diese Richtlinien u.E. aber zu einer neuerlichen Quelle von Konflikten werden, nämlich dann, wenn sie mit fundamentalen Wertvorstellungen fremder Kulturen konfligieren (vgl. Steinmann/Scherer 1996, S. 5): „the problem is that of multiple and competing constructions of the good" (Gergen 1995, S. 521). Eine Lösung dieser Probleme kann nicht mehr über die schlichte Anwendung formaler oder materieller Normen erfolgen, vielmehr muß die Lösung im konkreten Handeln selbst gesucht und versucht werden.

Diese These werden wir am Beispiel der „US-Model Business Principles" erörtern (Abschnitt 2) und in den nachfolgenden Bemerkungen näher diskutieren. An diesem Beispiel werden wir ein grundlegendes Begründungsproblem markieren und nach einem kurzen Blick auf betriebswirtschaftliche Theorien (Abschnitt 3) an zwei philosophischen Positionen aufzeigen, wie diese Problematik in der neueren deutschen Philosophie diskutiert wird (Abschnitt 4). Abschließend werden die Konsequenzen für die Rolle multinationaler Unternehmen kurz skizziert (Abschnitt 5).

2 Die „US-Model Business Principles" – Ein Lösungsversuch und seine Probleme

2.1 Die „US-Model Business Principles"

Im Mai 1995 hat das US-amerikanische Handelsministerium sogenannte **„Model Business Principles"** publiziert. Der amerikanische Präsident fordert darin die US-amerikanischen Unternehmen auf, sich freiwillig an gewisse Prinzipien zu halten, die im nationalen und internationalen Rahmen der Aufrechterhaltung und Förderung der Menschenrechte dienen sollen. In diesem Kodex werden in fünf Statements unter anderem folgende Forderungen an die Unternehmensführung formuliert (vgl. o.V. 1995, United States Department of Commerce 1995): die Schaffung sicherer und gesundheitsförderlicher Arbeitsplätze, der verantwortungsvolle Umgang mit der Umwelt, die Unterlassung jeder Art von Diskriminierung, Kinderarbeit und Zwangsarbeit, sowie die Respektierung zur gewerkschaftlichen Organisierung. Die Unternehmen werden außerdem aufgerufen, geeignete Vorkehrungen zu treffen, damit in den Ländern, in denen sie operieren, die Gesetze geachtet, jede Art der Korruption und die Zahlung von Schmiergeldern unterlassen und faire Wettbewerbsregeln eingehalten werden. Die Unternehmen sollen darüber hinaus eine Unternehmenskultur entwickeln, die die freie Meinungsäußerung nicht behindert, politischen Druck am Arbeitsplatz vermeidet, eine „good corporate citizenship" befördert und in einer positiven Weise dazu beiträgt, die Kommunen zu unterstützen, in denen die Unternehmen operieren. Eine solche Unternehmenskultur soll Vorsorge dafür treffen, daß ethisches Verhalten als solches wahrgenommen, honoriert und von allen Mitarbeitern gelebt wird. In unserem Zusammenhang ist besonders zu betonen, daß mit den „Model Business Principles" die Vorreiterrolle der US-Unternehmen bei der Durchsetzung moralischer Standards hervorgehoben wird:

> „Recognizing the positive role of U.S. business in upholding and promoting adherence to universal standards of human rights, the Administration encourages all business to adopt and implement voluntary codes of conduct for doing business around the world ...". (United States Department of Commerce 1995).

In der Verlautbarung des US-Handelsministeriums wird zugleich betont, daß die Administration sich bemühen wird, auch **andere Länder** für diese Initiative zu gewinnen.

2.2 Die US-Initiative vor dem Hintergrund der globalen kulturellen und ökonomischen Konfliktsituation

Diese Initiative der US-Politik läßt sich als Versuch deuten, die seit vielen Jahren laufenden politischen Bemühungen zur Vereinheitlichung der normativen Grundlagen der internationalen Wirtschaft schneller voranzutreiben. Für die in den „Model Business Principles" angesprochenen Konfliktfelder (wie auch für viele andere konfliktäre Bereiche) sind ja bis heute auf politischer Ebene noch keine verbindlichen und ausreichend wirksamen Regelungen geschaffen worden. Die hier seit langem laufenden Initiativen wurden im wesentlichen von intergouvernementalen Organisationen getragen, etwa der International Labour Organization (ILO), der International Chamber of Commerce (ICC), der United Nations Commission on Transnational Corporations (CTC), der United Nations Conference on Trade and Development (UNCTAD) und in Zukunft der World Trade Organization (WTO) (vgl. hierzu im Überblick z. B. W. C. Frederick 1991, Getz 1995). Trotz z.T. jahrzehntelanger Bemühungen ist es auf diesem Wege aber noch nicht gelungen, ein ausreichend tragfähiges Netz generell anerkannter Standards zu schaffen. Zwar sind eine ganze Reihe von Grundsätzen formuliert und verabschiedet worden, jedoch haben sich zum einen viele Staaten bisher der Zustimmung zu einigen der Regelwerke enthalten, zum anderen mangelt es an der konkreten Umsetzung und der Überwachung der Einhaltung dieser Grundsätze (vgl. Gergen 1995, S. 522, UNCTAD 1994).

Diese Situation wird umso dramatischer, je mehr im Zuge der Globalisierung der Wirtschaft die unterschiedlichen Wertvorstellungen der Nationalstaaten und Kulturkreise aufeinanderprallen. Es ist insbesondere die Auseinandersetzung zwischen den alten hochentwickelten Industriestaaten einerseits und den industrialisierten Schwellenländern und den Entwicklungsländern andererseits, die die aktuelle Problemsituation bestimmt. Im Zuge der Globalisierung treffen unterschiedliche Moral- und Wertvorstellungen aufeinander, die über Kosten- und Erlöswirkungen unmittelbar wettbewerbsrelevant werden. Vorschläge aus den westlichen Industriestaaten zielen darauf ab, diese dramatische Konfliktlage durch die Entwicklung und Durchsetzung **genereller** Regelungen zu entschärfen, die von allen Ländern anerkannt werden sollen. Die Initiative des US-Handelsministeriums läßt sich in diesem Rahmen als Versuch verstehen, auf der Ebene der multinationalen Unternehmung, d.h. also auf „privatwirtschaftlicher" Ebene, den Prozeß der weltweiten Vereinheitlichung normativer Standards des Wirtschaftens voranzutreiben. Weil einerseits Industriestaaten nicht direkt auf die Gesetzgebungspaxis in den Schwellen- und den Entwicklungsländern Einfluß nehmen können und andererseits die Bemühungen der nicht-gouvernementalen Organisationen (noch) nicht weit genug tragen, soll das Beziehungs- und Machtpotential weltweit tätiger Unternehmen dazu genutzt werden, humanen Grundsätzen Geltung zu verschaffen.

Von den Schwellen- und Entwicklungsländern werden insbesondere zwei Argumente gegen die Universalisierungsbestrebungen westlicher Industriestaaten vorgebracht. Das **ökonomische** Argument betrifft die komparativen Wettbewerbsvorteile, die sich aus unterschiedlichen normativen Standards (zum Schutz der Arbeit, der Umwelt, der Konsumenten etc.) ergeben. Diese Länder interpretieren derartige Bestrebungen der entwickelten Industrieländer als protektionistische Maßnahmen, die ihnen den Zugang zu den großen Märkten der Welt solange verschließen sollen, wie sie sich nicht den expliziten moralischen Anforderungen der Industriestaaten beugen (vgl. UNCTAD 1994, S. 245 ff., International Labour Conference 1994). Darüber hinaus machen die Schwellen- und Entwicklungsländer mit ihrem **kulturellen** Argument geltend, daß mit der Entwicklung und Durchsetzung allgemeiner Prinzipien seitens der entwickelten Industrieländer versucht würde, anderen Ländern westliche Kulturvorstellungen aufzuoktroyieren. Auf diese Weise würden lokale Kulturen in ihrer je spezifischen Eigenständigkeit verletzt und untergraben (vgl. Lee 1994, Mahathir 1995, sowie im kritischen Überblick Tibi 1991, ders. 1995).

Die entwickelten Industrieländer verweisen dagegen auf den **moralischen Impetus** ihrer Initiative mit dem Argument, daß es hier nicht um Protektionismus, um den Schutz des Handels, sondern um den Schutz von Menschen ginge und daß es nicht ihre Absicht sei, weltweite Mindestlöhne zu etablieren (vgl. UNCTAD 1994, S. 247). Hier werden also explizit moralische Gesichtspunkte zur Rechtfertigung des eigenen Standpunktes in Anspruch genommen und den ökonomischen Überlegungen vorgeordnet.

Es mag diese Verschärfung der Konfliktlage auf der politischen Ebene gewesen sein, die die Motivation für die US-amerikanische Initiative (mit) abgegeben hat. In dem Maße, wie die

Konflikte auf politischer Ebene sich verstärken und auf längere Zeit hin keine realistische Lösungschance haben, soll die **multinationale Unternehmung** selbst als **moralischer Aktor** ins Spiel gebracht werden. Multinationale Unternehmen sind ja in vielfältiger Weise mit den verschiedenen Ländern, in denen sie operieren, verflochten. Sie werden deshalb auch unmittelbar mit den angesprochenen Konfliktlagen konfrontiert und müssen auf die eine oder andere Weise damit umgehen. Auch auf dieser neuen Aktionsebene stellt sich aber natürlich die Grundsatzfrage, ob universalistisch inspirierte Strategien im Sinne der US-Initiative überhaupt legitimierbar sind und wenn ja, ob sie einen geeigneten Weg zum Erfolg weisen. Eine Beantwortung dieser Fragen setzt ein tieferes Verständnis des Problems voraus, um das es letztlich geht.

Ist es richtig, den hier formulierten moralischen Anspruch an die multinationalen Unternehmen als eine Aufgabe zu verstehen, bereits endgültig legitimierte Wertvorstellungen schlicht durchzusetzen? Das wäre ein bloß **technologisches Verständnis** der Aufgabe. Oder ist die Legitimationsleistung selbst untrennbar mit der Frage der Durchsetzung von Wertvorstellungen verknüpft, so daß der moralische Auftrag an die multinationalen Unternehmen zugleich als Aufforderung verstanden werden muß, sich auf einen **Begründungsprozeß** mit den jeweiligen Kulturen einzulassen? In diesem Falle wäre die Legitimation der US-Initiative erst einmal selbst zu hinterfragen. Die US-Initiative ist u.E. wohl eher im ersteren Sinn zu interpretieren. Sie scheint schon implizit vorauszusetzen, daß es universell gültige Standards gibt, deren Realisierung zurecht in allen Kulturen gefordert werden kann. Die Initiative wäre aus dieser Sicht dann gleichsam als ein **emanzipatorischer Vorgriff** zu verstehen, als Versuch, der westlichen Vernunft mit strategischen Mitteln zum Erfolg zu verhelfen (vgl. Apel 1988, S. 247 ff., ders. 1992, S. 35 ff., Böhler 1995, S. 242 f.). So verstanden kommt damit aber in den „Model Business Principles" eine Vorstellung zum Ausdruck, die gegenwärtig nicht bloß in der weltpolitischen Diskussion (vgl. z.B. Tibi 1995, S. 127 ff.), sondern auch in der philosophischen Grundlagenreflektion strittig ist (vgl. Gergen 1995, S. 521 f., Habermas 1988, Nemetz/Christensen 1996).

2.3 Die philosophischen Grundlagenprobleme der US-Initiative

Die philosophische Grundlagenfrage, um die es hier geht, ist die nach der prinzipiellen **Begründbarkeit universalistischer Positionen**. Nur dann, wenn eine solche Begründung tatsächlich möglich und dann auch gelungen ist, läßt sich die US-amerikanische Initiative legitimieren; andernfalls wäre sie Ausdruck eines schlichten Machtgebrauchs, sie wäre Ausdruck der bestehenden Machtverhältnisse, in deren Dienst die multinationale Unternehmung gestellt werden soll (vgl. Steinmann/Scherer 1996, S. 12 ff.). Gegen die Begründbarkeitsthese wenden sich heute in der Tat mit allem Nachdruck Vertreter **relativistischer Positionen** (vgl. zum Überblick Harré/Krausz 1996, Hatch 1983). So hat sich zum Beispiel in Teilen der Anthropologie die Auffassung durchgesetzt, daß es keine absoluten, kulturunabhängigen Wertestandards gäbe, vielmehr seien moralische Urteile immer von ihrem kulturellen Hintergrund abhängig (vgl. Hatch 1983, S. 1 ff.). Eine Kritik fremder Kulturen wäre damit gar nicht mehr möglich, sie wäre aus dieser Sicht durch ein totales Toleranzgebot zu ersetzen: „we ought to be completely tolerant of other ways of life" (Hatch 1983, S. 2). Im Ergebnis würde dies implizieren, daß eine rationale Kritik der lokalen Verhältnisse in fremden Kulturen genauso wenig möglich wäre, wie umgekehrt die Vertreter fremder Kulturen die Tätigkeit internationaler Unternehmen rational kritisieren könnten. Jeder hätte die Akteure wechselseitig so hinzunehmen, wie sie eben sind.

Auf den ersten Blick scheint es, daß gegen eine solche Form faktischer Koexistenz unterschiedlicher Kulturen nichts einzuwenden wäre. Dort, wo es in konkreten Situationen zu Konflikten zwischen den unterschiedlichen Wertvorstellungen kommt, stellt sich aber natürlich unvermeidlicherweise die Frage, wie diese Konflikte denn nun beigelegt werden sollen (vgl. Freeman/Gilbert 1988, S. 37 ff., Nill 1994, S. 30 ff.). Dem Relativisten, der die Möglichkeit einer vernünftigen Konfliktlösung von vornherein negiert, bliebe hier nichts anderes übrig, als die konkrete Machtverteilung so zu akzeptieren, wie sie gerade ist, was schlußendlich auf eine Lösung durch „Assimilation“ hinausliefe und damit zur Dominanz der mächtigeren Kultur über die Minderheitenkultur führen würde.

Relativistische Positionen werden im Internationalen Management derzeit häufig faktisch (implizit) gelebt, ohne die normative Begründungsfrage überhaupt aufzuwerfen. Sie werden teilweise aber auch explizit verteidigt, so im Zusammenhang mit Bestechungspraktiken, wie sie in vielen Ländern der Erde gang und gebe sind (vgl. hierzu z.B. Lane/Simpson 1984, Lay 1995, Pastin/Hooker 1990). So stellen Pastin und Hooker (1990, S. 353) in einer kritischen Auseinandersetzung mit dem Foreign Corrupt Practices Act (FCPA), der US-amerikanischen Unternehmen die Zahlung von Bestechungsgeldern bei internationalen Geschäften verbietet, fest: „bribes paid to foreign officials may not involve deception when they accord with recognized local practices“. Dabei wagen die Autoren sogar die Behauptung, daß der FCPA zur Gänze einer ethischen Grundlage entbehren würde (kritisch hierzu vgl. R. E. Frederick 1990).

Auch was die Menschenrechte anbetrifft, wird in der aktuellen politischen Diskussion deren universelle Geltung bestritten. Zum einen wird eingewendet, daß die UN-Menschenrechtskonvention von 1948 auf europäischen und US-amerikanischen Wertvorstellungen beruhe, die in anderen Kulturen nicht geteilt, ja nicht einmal verstanden werden würden (vgl. Lee 1994, Mahathir 1995, sowie kritisch Tibi 1991, ders. 1992, insbes. S. 60 ff., ders. 1995, S. 125 ff.). Dies betrifft insbesondere solche Kulturen, die Individualrechte nicht kennen, weil dort von Anfang an die Gemeinschaft und die durch sie auferlegten Pflichten den entscheidenden Bezugspunkt für die Ordnung des Ganzen darstellen (vgl. Tibi 1992, S. 31). Zum zweiten werden Versuche, den Menschenrechten universelle Geltung zu verschaffen, als Kulturimperialismus diskreditiert, der sich über die lokalen Besonderheiten anderer Kulturen ungerechtfertigterweise hinwegsetze. Mit derartigen Äußerungen haben in jüngster Zeit bekanntermaßen der Premierminister von Malaysia, Mohamád Mahathir (1995), sowie der ehemalige Premierminister von Singapur, Lee Kuan Yew (1994), Aufsehen erregt. Nun könnten solche Einwände natürlich wiederum selbst einfach übergangen werden. Damit ist aber das Problem der Begründung der Menschenrechte noch lange nicht vom Tisch: „Daß etwas als universal ausgegeben wird, heißt nicht, daß es deshalb schon in irgendeiner operationalen oder sinnvollen Weise universal ist.“ (Galtung 1994, S. 10)

3 Reaktionen der betriebswirtschaftlichen Theorie

Die betriebswirtschaftliche Theorie, auch soweit sie sich explizit um Fragen der Unternehmensethik kümmert, hat bisher kaum versucht, sich mit der angedeuteten praktischen Problemlage auseinanderzusetzen (vgl. hierzu im Überblick Jöstingmeier 1994, Steinmann/Scherer 1996, S. 14 ff.). Der Grund dafür ist unter anderem darin zu sehen, daß in der **Theorie**

der Internationalen Unternehmung bislang eher **ökonomische** Erklärungsansätze vorherrschen, die a priori kulturinvariante Geltung beanspruchen (vgl. zum Überblick z.B. Stein 1994, sowie kritisch Jones 1995, S. 159 ff., Osterloh 1994). Sie blenden deshalb das hier angesprochene Problem der Bedeutung lokaler Kulturen im Kontext globaler Unternehmensstrategien schlicht aus. In der **interkulturellen Managementforschung** finden sich zwar Ansätze, die gerade die Unterschiede zwischen den verschiedenen Kulturkreisen erforschen und in ihren Konsequenzen für das Management internationaler Unternehmen diskutieren (vgl. z.B. Hofstede 1980). Diese Ansätze basieren allerdings größtenteils auf einer bloß deskriptiven Betrachtungsweise und vermögen daher allein keine ausreichende normative Orientierung zur Lösung interkultureller Konflikte zu stiften.

Unternehmensethische Ansätze haben sich bislang eher mit intrakulturellen Konflikten westlicher Wirtschaftssysteme beschäftigt und beginnen erst in jüngster Zeit, die interkulturelle Dimension in ihre Überlegungen einzubeziehen (vgl. z.B. Brodel 1996, S. 229, DeGeorge 1993, Donaldson 1989, Gilbert/Würthner 1995, Jöstingmeier 1994, Kumar 1989, Kumar/Sjurts 1991, Steinmann/Olbrich 1994). Relevant ist hier insbesondere die Arbeit von Donaldson und Dunfee (1994), die explizit beansprucht, einen allgemeinen Bezugsrahmen zur Behandlung interkultureller Konflikte anzubieten, die aber schlußendlich relativ vage und unklar bleibt, was das angedeutete philosophische Begründungsproblem anbetrifft (vgl. Steinmann/Scherer 1996, S. 18 ff.).

Donaldson und Dunfee (1994) konstruieren in ihrer **„Integrative Social Contracts Theory"** in einem Gedankenexperiment zwei Stufen eines Gesellschaftsvertrages: die Wirtschaftssubjekte schlössen einerseits einen Makrovertrag ab, der die Regeln für Verträge auf der Mikroebene zur Verfügung stellt. Auf der Mikroebene gingen die Individuen dann andererseits Verträge ein, deren Bedingungen sie an ihre jeweils konkrete Situation anpassen. Das Begründungsproblem taucht in der Konzeption von Donaldson und Dunfee nun dort auf, wo sie nach den von ihnen so genannten „Hypernormen" als Bestandteil eines „Makrovertrages" fragen. Den Hypernormen muß gegenüber bloß lokalen (sog. „authentischen") Normen eine übergeordnete Geltung zukommen; mit ihnen soll ja das Zustandekommen von Mikroverträgen innerhalb und zwischen allen Kulturen ermöglicht werden. Damit dieser Anspruch aber zurecht erhoben werden kann, müßten natürlich die Hypernormen selbst in interkulturell konsensfähiger Weise begründet werden. Genau dieses Begründungsproblem wird aber von den Verfassern nicht vertieft diskutiert. Sie wenden sich im Gegenteil explizit gegen Vorgehensweisen, die hier fundamentale epistemologische Fragen vermuten, deren Beantwortung einer besonderen philosophischen Reflexion bedürfe (Donaldson/Dunfee 1994, S. 265). Erste Anhaltspunkte („clues") für die Auszeichnung von Hypernormen könne man vielmehr aus der **Existenz** der Konvergenz religiöser, kultureller und philosophischer Auffassungen bezüglich gewisser Kernprinzipien gewinnen (vgl. Donaldson/Dunfee 1994, S. 265).

> „For even if hypernorms could be certified solely through the light of reason, we should expect to encounter patterns of the acceptance of hypernorms among people around the world. Hence, patterns of religious, cultural, and philosophical belief can serve as a clue, even if not as total validation, for the identification of hypernorms" (Donaldson/Dunfee 1994, S. 265).

Und in der Tat glauben die Verfasser, auch bereits einen gewissen Konsens über solche Kernprinzipien im Bereich der Anthropologie, der politischen Wissenschaften, des Rechts und der

Betriebswirtschaftslehre erkennen zu können. Insbesondere dort, wo heute schon fundamentale Prinzipien für das menschliche Zusammenleben in der „Sprache des Rechts" formuliert seien, lägen Kandidaten für Hypernormen vor. Die Verfasser knüpfen hier an die Grundrechtediskussion an, verweisen auf die Erklärung der Menschenrechte von 1948 oder den Vorschlag der UNO im Verhaltenskodex für transnationale Unternehmen, der in § 14 vorschreibt: „Transnationale Unternehmen sollen die Menschenrechte und fundamentalen Freiheiten in den Ländern respektieren, in denen sie operieren. In ihren gesellschaftlichen und industriellen Beziehungen sollen transnationale Unternehmen jede Diskriminierung nach Rasse, Farbe, Geschlecht, Religion usw. unterlassen."

Es ist offensichtlich, daß mit diesen Hinweisen keine befriedigende Antwort im Grundlagenstreit zwischen Universalisten und Relativisten gefunden ist. Zum einen werden unter Zurückweisung philosophischer Vorgehensweisen bloß empirische Evidenzen zur Absicherung der Behauptungen ins Feld geführt (vgl. dazu auch W. C. Frederick 1991, S. 174, Getz 1995, Gilbert/Würthner 1995, S. 21), wobei die Argumentation schon fast einem naturalistischen Fehlschluß nahezukommen scheint. Zum anderen läßt sich ja gerade bestreiten, ob die von Donaldson und Dunfee (1994) behaupteten Konvergenzen kultureller Wertvorstellungen tatsächlich vorliegen (vgl. z.B. French/Granrose 1995, S. 168 f., Huntington 1993a, ders. 1993b, Tibi 1995). Unsere einleitende Skizze der Problematik dürfte gezeigt haben, daß eher das Gegenteil der Fall ist. Weder ist bisher eine rechtlich kodifizierte Lösung für die meisten strittigen Normenfragen gefunden noch haben die in der Sprache des Rechts formulierten Grundsätze, z.B. der ILO, bereits eine generelle Anerkennung erfahren (vgl. UNCTAD 1994). Und selbst wenn sich ein gemeinsamer „Kern" der verschiedenen Kodizes „non-gouvernementaler Organisationen" ausmachen ließe (vgl. Getz 1995), müßte immer noch gezeigt werden, daß diese Organisationen nicht bloß von den Wertvorstellungen der Industrieländer beherrscht sind (vgl. Steinmann/Scherer 1996, S. 25).

Im Ergebnis tragen also die Vorschläge von Donaldson und Dunfee zu dem hier interessierenden Grundlagenstreit zwischen Universalisten und Relativisten wenig bei. Es besteht deshalb hinreichend Veranlassung, dieser Frage noch einmal genauer nachzugehen im Versuch, die Rolle der multinationalen Unternehmung als moralischen Aktor besser zu fundieren.

4 Philosphische Perspektiven: Universalismus und Kulturalismus

4.1 Die Problemlage

Beim philosophischen Grundlagenstreit zwischen Universalisten und Relativisten geht es um die Frage, ob und wie angesichts der **Vielfalt** spezifischer Normen und Wertvorstellungen noch eine **einheitliche** Auffassung von Vernunft gefunden werden kann (vgl. Habermas 1988). Diese Frage wird insbesondere dort relevant, wo Kulturen mit unterschiedlichen Bedeutungsmustern und Normenvorstellungen aufeinandertreffen. Innerhalb von Kulturen verfügen die Individuen zwar immer schon über gemeinsame Wortbedeutungs- und Normenvorräte, die sich über das gemeinsame Handeln konstituiert haben und die im großen und ganzen eine Koordination sozialen Handelns in der Familie, der Politik und der wirtschaftlichen Sphäre sicherstellen. Angesichts der beschriebenen Globalisierung der Wirtschaft entsteht aber nun das Problem, daß Kulturen mit unterschiedlichen Wertvorstellungen aufeinandertreffen, so daß die Gefahr wächst, daß die (notwendigen) Koordinationsleistungen durch Mißverständnisse und Wertkonflikte gravierend gestört werden (vgl. Gergen 1995, S. 520 f.). Normen, die ein vernünftiges Handeln ermöglichen würden, stehen dabei nicht ohne weiteres zur Verfügung, da die Akteure nicht auf eine schon gelungene Interaktionspraxis zurückgreifen können (vgl. Wohlrapp 1995).

Zur Bearbeitung dieser Problematik werden in der Philosophie derzeit verschiedene Positionen diskutiert (vgl. Habermas 1988, ders. 1995). In der hier gebotenen Kürze kann diese Diskussion nur anhand von zwei unterschiedlichen Positionen aus der deutschen Philosophie nachgezeichnet werden (vgl. Steinmann/Scherer 1996, S. 26 ff.): der Transzendentalpragmatik und dem methodischen Konstruktivismus.

Die **Transzendentalpragmatik** verficht eine universalistische Position und sucht den „Ort der Einheit“ in **kulturinvarianten** Bedingungen der Möglichkeit von Verständigung. Der **methodische Konstruktivismus** entwickelt dagegen eine viel stärkere Sensibilität für die Kulturgebundenheit von Sprachregeln und Wertvorstellungen, ohne dabei einem Kulturrelativismus zu verfallen. Vielmehr wird hier die Möglichkeit mitgedacht, Bemühungen zur Universalisierung auf der Ebene gemeinsam zu gewinnender lebenspraktischer Orientierungen in Gang zu setzen. Im Unterschied zur Transzendentalpragmatik wird das Universalisierungsproblem nicht im Modus des **„Aufsuchens“** von auf der **Sprachebene** schon vorausgesetzten Gemeinsamkeiten konzeptionalisiert, sondern im Modus der **„Herstellung“** einer Wortgemeinsamkeit, die an eine (potentielle) gemeinsame Lebenspraxis anknüpfen soll, die allerdings ggf. selbst erst zu etablieren wäre.

4.2 Der transzendentalpragmatische Lösungsvorschlag

Die Transzendentalpragmatik zielt auf die Begründung und Entwicklung einer prinzipienorientierten Diskursethik ab, die die **formalen Regeln** bereitstellt, mit deren Hilfe sich theoretische und praktische Probleme lösen lassen sollen. Sie fragt nach solchen Regeln, die jeden Argumentierenden unbedingt verpflichten, weil sie von niemandem in sinnvoller Argumentation bestritten werden können. Dazu werden im wesentlichen zwei Grundsätze formuliert (vgl. Apel 1973, Böhler 1992, ders. 1995, Habermas 1983): Zum ersten der **Diskursgrundsatz**, demzufolge jeder Argumentierende „das unbegrenzte Diskursuniversum ..., in dem sich ein idealer argumentativer Konsens einstellen würde“, als letzte Geltungsinstanz zur Prüfung der Richtigkeit von Handlungen und Normen bzw. der Wahrheit theoretischer und empirischer Aussagen kontrafaktisch schon anerkannt hat. Dieser Grundsatz beansprucht „absolute Geltung“ (Böhler 1992, S. 203). Er fungiert als regulative Idee des „eigentlich und letztlich Richtigen bzw. Wahren“ (Böhler 1995, S. 241), an dem die Akteure ihre faktischen Aussagen und Handlungen messen können. Zum zweiten formuliert die Diskursethik einen **Universalisierungsgrundsatz**, wonach jeder Argumentierende mit seinen Argumenten Geltung gegenüber **allen** beanspruche und daher verpflichtet sei, sie gegen jede sinnvolle Kritik zu verteidigen. Demzufolge haben sich die Argumentierenden um einen argumentativen Konsens und um die Herstellung der idealen Bedingungen, d.h. der Strukturen und Institutionen, die einen solchen Konsens ermöglichen, zu bemühen.

Aus dieser Art der Problemkonstitution läßt sich bereits erkennen, daß der **Argumentationsbegriff** zentraler Bestandteil dieser Konzeption ist. Es geht darum, die Alternativenlosigkeit von formalen Regeln für die Argumentationspraxis zu beweisen. Die Möglichkeit der Existenz alternativer Konzepte des Argumentierens wird dabei dezidiert ausgeschlossen. Zwar ist es möglich, im sprachlichen Handeln diese Regeln, etwa in strategischer Absicht, zu verletzen, aber dann handelt es sich jedenfalls nicht mehr um argumentatives Handeln im Sinne dieser Regeln. Die Transzendentalpragmatik beansprucht also zu zeigen – und das ist hier von entscheidender Bedeutung – daß das von ihr rekonstruierte Regelset des Argumentierens auch über radikal verschiedene Kulturen und inkommensurable Lebensformen hinweg Gültigkeit besitzt (vgl. Apel 1986, S. 6). Für die Lösung interkultureller Konflikte bedeutet dies, daß die formalen Voraussetzungen einer aussichtsreichen Konfliktlösung bereits in den **notwendigen** Bedingungen des Argumentierens angelegt sind. Sie existieren gleichsam hinter dem Rücken der Akteure, gleich welcher Kultur und Lebensform, und sind gegebenenfalls im emanzipatorischen Vorgriff gegen die faktischen Verhältnisse durchzusetzen. Da die (idealen) Anwendungsbedingungen einer universalistischen Prinzipienethik in der sozialen Welt, insbesondere im interkulturellen Kontext, in der Regel nicht schon gegeben sind, wäre dann der Versuch einer vorbehaltlosen Verständigung u.U. naiv und dysfunktional. Es kommt – vielmehr – auf eine situationsgerechte Vermittlung zwischen vorbehaltloser Verständigung und einem „legitimen Interesse" an Selbstbehauptung an, das mit einem „strategischen" Vorgriff auf die notwendigen Verhältnisse des Vernunftgebrauchs rational zur Geltung gebracht werden könnte (vgl. Apel 1988, S. 247 ff., ders. 1992, S. 35 ff., Böhler 1995, S. 242 f.). Auf diese Weise wäre dann aber die Herstellung einer „idealen Kommunikationsgemeinschaft" oder „idealen Sprechsituation" als solcher ein für allemal legitimiert. Es ginge also bloß noch um die **Durchsetzung** der entsprechenden Regeln.

Gemäß dieser transzendentalpragmatischen Konzeption soll man andere Argumentierende zwar als gleichberechtigte Partner anerkennen, jedoch „nur Argumente gelten lassen, aber keine argumentationsfremden Gesichtspunkte" (Böhler 1991, S. 161). Nun wissen wir aus unserer Erfahrung, daß es in unseren Gesprächen aber oftmals gerade strittig ist, was als Argument zugelassen wird oder nicht, was überhaupt als ein Argument gelten soll. In solchen Situationen wird also der Argumentationsbegriff selbst zum Streitgegenstand erhoben, ohne daß zur Beilegung dieses Streites auf ein unhintergehbares Verständnis von Argumentation zurückgegriffen werden könnte (vgl. Gethmann 1987, Lueken 1992). Eine solche Situation dürfte im interkulturellen Kontext besonders dort auftreten, wo die Akteure ein unterschiedliches Verständnis von Argumentation **erlernt** haben. Neuerdings wird ja explizit geltend gemacht, daß Menschen zum Argumentieren nicht schon geboren werden, sondern das Argumentieren erst in ihrem Sozialisationsprozeß erlernen (vgl. z.B. Cohen/Arato 1995, S. 376 ff., Kambartel 1989, S. 34 ff., Schneider 1994, S. 22 ff.). Die Beschäftigung mit der spezifischen Problematik interkultureller Konflikte im Rahmen des internationalen Managements hat daher einige Zweifel an der Tragfähigkeit transzendentalpragmatischer Konzeptionen zur erfolgreichen Bearbeitung solcher Konflikte aufkommen lassen. Diese Zweifel betreffen insbesondere den vorgeschlagenen regelorientierten Argumentationsbegriff einerseits und das – nach Auffassung einiger Kritiker – verkürzte Pragmatikverständnis andererseits. Diese Zweifel werden wir im folgenden kurz referieren.

Bei der Suche nach den konstituierenden Regeln des Sprachspiels „Argumentieren" macht die Transzendentalpragmatik drei Voraussetzungen (vgl. Böhler 1991, S. 156 f.): Erstens unterstellt sie, daß es nicht bloß deduktive Formen des Begründens gibt, sondern auch andere Argumentationsweisen, denen man zurecht den Prädikator „Begründung" zusprechen darf.

Zweitens unterstellt sie, daß das vom kritischen Rationalismus propagierte Fallibilismusprinzip für die formalen Regeln des Bezweifelns und Argumentierens selbst nicht gelte (vgl. Apel 1973, S. 405 ff., ders. 1987, S. 172 ff.). Die von ihr rekonstruierten Regeln des Argumentierens sind damit weder hintergehbar noch bezweifelbar. Drittens macht die Transzendentalphilosophie geltend, daß die konstitutiven Regeln des Argumentierens nicht als bloß technische Regeln zu verstehen sind, sondern als „Sozialregeln“ mit normativer Kraft: „Denn von ihrer Einhaltung hängt es ab, ob eine Argumentation als diskussionswürdig ernst genommen oder als gescheiterter Argumentationsversuch aus der Diskussion ausgeschieden wird, u.d.h. ob der betreffende Sprecher mit seiner Rede in der Argumentationsgemeinschaft anerkannt wird oder nicht.“ (Böhler 1991, S. 157).

Hierzu läßt sich kritisch anmerken, daß mit diesem dritten Aspekt nur die eine Seite der Medaille erfaßt wird, nämlich die der **Regelanwendung**. Die Frage nach der **Entstehung** der Regeln bleibt unberücksichtigt. Nun hat aber Böhler (1991, S. 152) selbst darauf hingewiesen, daß ein syntaktisch-semantisches Verständnis von Argumentation zu kurz greife, da auf diese Weise die Pragmatik als vorrangiger Ort der Bedeutungskonstitution, als „Fundamentalbereich menschlichen Zeichengebrauchs“, ausgeblendet werde. Nicht ohne Grund nenne sich der hier behandelte Ansatz schließlich transzendentalpragmatisch. Ein Verständnis einer Anordnung von Zeichen (Syntax) zum Zwecke des Verweises auf einen Referenzgegenstand in einer Proposition (Semantik) sei nämlich, so Böhler, nur möglich, „wenn sie auf der Grundlage der Wortverwendungsregeln einer geschichtlichen Sprachgemeinschaft und der darin sedimentierten „Weltansicht“ (...) bzw. „Erschlossenheit“ einer Welt (...) erfolgt“ (Böhler 1991, S. 152 f., vgl. auch Apel 1987, S. 164 und S. 184). Wenn man dem zustimmt, dann müßte dies letztlich auch für das Verständnis des Wortes „Argumentieren“ und die vorgeschlagenen formalen Regeln gelten. Dies wäre aber dann ein Widerspruch zu der oben hervorgehobenen zweiten Vorentscheidung der Transzendentalpragmatik.

Die Frage nach der Zulässigkeit eines Arguments wird zwar immer (auch) von der Einhaltung gewisser impliziter oder expliziter Regeln abhängen. Die Bedeutung des Wortes „Argumentieren“ und die damit zugrunde gelegten Regeln werden aber erst durch die **Praxis des Argumentierens** selbst konstituiert. So gesehen dreht sich dann das von der Transzendentalpragmatik propagierte Verhältnis von Argumentationspraxis und Argumentationsregeln um. Wenn man mit Kambartel (1980, 1989, 1991) und H. J. Schneider (1980, 1992a, 1992b, 1994), die hier erklärtermaßen an den späten Wittgenstein (1952) anschließen, die pragmatische Wende in der Sprachphilosophie konsequent zu Ende denkt, so zeigt sich nämlich, daß man sinnvoll über die Bedeutung von „Argumentation“ (ebenso wie über die Bedeutung der Worte „Vernunft“ oder „Rationalität“) erst dann reden kann, wenn sich ein entsprechender Gebrauch des Wortes in der diesen Gebrauch begleitenden Handlungspraxis bereits etabliert hat. Das, was Argumentieren heißt, wird also nicht durch die Einhaltung irgendwelcher Regeln festgelegt, die **vor** jeder Praxis schon feststehen, sondern konstituiert sich erst aufgrund des Gebrauchs dieses Wortes in einer Handlungspraxis. Seine Bedeutung (und damit auch die daraus resultierenden Regeln) hängt also primär von der zugrunde liegenden Handlungspraxis ab, erhält von dort her gleichsam seine Prägung und nicht umgekehrt.

Vor diesem Hintergrund wird von einigen Autoren die These vertreten, daß der transzendentalpragmatische Ansatz letztlich mit einem verkürzten Pragmatikverständnis operierte (vgl. Gethmann 1987, S. 271, Kambartel 1992, Lueken 1992, S. 223 ff., Schneider 1994). Von

Lueken (1992) stammt hierzu die Unterscheidung zwischen einer fundamentalpragmatischen und einer partialpragmatischen Vorgehensweise. Die **Fundamentalpragmatik** bezeichnet eine Vorgehensweise, die „von unproblematischen Fähigkeiten und konkreten Handlungszusammenhängen ausgehend und den adäquaten Bezug zu dieser konkreten Ebene ständig im Auge behaltend, schrittweise theoretische Gegenstände, Beschreibungen und Erklärungen zu praktischen Problemlösungszwecken herausbildet, wobei dann abstraktiv die jeweils relevanten oder interessanten Aspekte hervorgehoben werden können“ (Lueken 1992, S. 223). Eine **partialpragmatische** Vorgehensweise versteht unter einer Pragmatik dagegen eine sprachphilosophische Teildisziplin, die – neben der Syntax und der Semantik stehend – sich „mit der Frage befaßt, was wir beim Sprechen oder allgemeiner bei Verwendung und Verstehen von Zeichen tun und welchen Regeln wir dabei folgen. Zeichen oder ähnliche Gegenstände werden dabei als gegeben vorausgesetzt; das Forschungsinteresse gilt dann den regelhaften Verwendungen dieser Gegenstände im Handeln“ (Lueken 1992, S. 224). Während also die Fundamentalpragmatik gleichsam **von unten nach oben**, vom konkreten Handeln her zu theoretischen Gegenständen vordringt, schaut die Partialpragmatik aus der Perspektive entwickelter Theorien, also gleichsam **von oben nach unten**, auf ihren Untersuchungsgegenstand. Aufbauend auf dieser Unterscheidung hat Lueken (1992, S. 223 ff.) den Verdacht geäußert, daß die Diskurstheorie Habermasscher und auch Apelscher Prägung und die ihr zugrundeliegende Formalpragmatik von theoretischen Vorgaben aus der Sprachphilosophie (z.B. Chomsky, Morris, Searl) her dem Handeln Formen aufzwingt, anstatt sie reflexiv aus dem konkreten Handeln zu gewinnen. Wenn dem so wäre, so hätte dies natürlich Konsequenzen für den von der Transzendentalphilosophie erhobenen universellen Geltungsanspruch.

Wie wir oben gesehen haben, hat Böhler (1991, S. 152 f.) selbst darauf hingewiesen, daß das Verständnis eines sprachlichen Ausdrucks wesentlich von den „Wortverwendungsregeln einer geschichtlichen Sprachgemeinschaft“ abhänge; gleichwohl hat er die Geltung dieses Satzes für den Argumentationsbegriff selbst ausgenommen. Wenn wir diese Setzung nun aufheben und den pragmatischen Ansatz konsequent zu Ende denken, dann hängt – wie oben schon hervorgehoben – auch die Bedeutung des Wortes „Argumentieren“ wesentlich von der zugrunde liegenden Praxis ab. Dies hat Konsequenzen für den **universellen Geltungsanspruch**, der sich in der Transzendentalpragmatik mit dem Argumentationsbegriff verbindet. Dieser Geltungsanspruch würde dann ja von der Existenz einer universellen geschichtlichen Sprachgemeinschaft abhängen. Die Reichweite des propagierten Argumentationsbegriffs wird damit gleichsam ein Stück weit zu einer empirischen Frage. Nun brauchen wir hier keine empirische Untersuchung über die Beschaffenheit unserer Sprachgemeinschaften durchzuführen. Ein paar geläufige Hinweise mögen genügen, um Zweifel an der Annahme einer universellen geschichtlichen Sprachgemeinschaft zu wecken. Die aktuellen Diskussionen um den wachsenden Pluralismus an Lebensformen, Individualisierungstendenzen in der Gesellschaft, das Wiedererstarken der verschiedenen Spielarten des Fundamentalismus, auch des religiösen, das Ausbrechen ethnischer Konflikte, die Aktualität postmodernen Denkens, dies alles sind zumindest Anzeichen, die auf die Berechtigung solcher Zweifel hindeuten können. Habermas (1991, S. 202) selbst liefert den folgenden Hinweis: „Wir können immer seltener auf Erfahrungen und einleuchtende Beispiele rekurrieren, die für verschiedene Gruppen und Individuen dieselbe Bedeutung haben. Wir dürfen immer weniger damit rechnen, daß dieselben Gründe im Lichte verschiedener Relevanzsysteme für verschiedene Individuen und Gruppen dasselbe Gewicht haben“.

Sind wir aber nicht beim vernünftigen Argumentieren auf solche gemeinsamen Erfahrungen notwendig angewiesen? Ist es nicht gerade der Witz der pragmatischen Wende der Philosophie, daß wir zum Argumentieren überhaupt erst fähig werden, weil dies auf einer gemeinsamen Praxis beruht, in die wir hineingeboren werden und in der wir in unserem Sozialisationsprozeß erst erlernen, was es heißt, vernünftig zu argumentieren? Ist es nicht gleichsam ein rationalistischer Irrtum der Transzendentalpragmatik zu glauben, man könne universelle Regeln des Argumentierens analytisch gewinnen, ohne auf die praktische Kultur des Argumentierens einen, wie Kambartel (1982) es nennt, „strengen Bezug" zu nehmen? Es scheint so, als hätten die Transzendentalpragmatik und auch Habermas (1983, S. 113) bei ihrer Konzentration auf die **formalen Aspekte des Argumentierens** übersehen, daß mit der Formulierung sogenannter „formaler" Grundsätze zugleich auch eine bestimmte praktische **inhaltliche** Lebenserfahrung artikuliert wird (vgl. Schneider 1994, S. 41 ff.). Andernfalls ließe sich nämlich gar nicht verstehen, was es heißt, „zwanglos", „unvoreingenommen", „machtfrei" etc. zu argumentieren (vgl. Kambartel 1989a, S. 49).

4.3 Der kulturalistische Vorschlag des methodischen Konstruktivismus

Der methodische Konstruktivismus (Erlanger Schule) bemüht sich in Beantwortung der Frage nach der **Möglichkeit von Wissenschaft** um die **Begründung** derselben und versucht dabei, einen geeigneten Rationalitäts- bzw. Vernunftbegriff aufzuweisen. Er sucht im praktischen Handeln selbst den Anlaß und methodischen Ausgangspunkt der Entwicklung von Theorien. Vor jeder Wissenschaft verfügen die Menschen bereits über ein **Können** zur mehr oder minder erfolgreichen Lebensbewältigung. Weil das Handeln der Menschen aber **nicht immer gelingt**, ist es nötig, Theorien zur Stützung der jeweils zugrunde liegenden Praxis zu entwickeln. Da umgekehrt das Handeln der Menschen aber auch **nicht immer völlig mißlingt**, ist es zugleich möglich, am ansatzweise gelungenen Können als der unterhintergehbaren Voraussetzung für die Möglichkeit von Wissenschaft anzusetzen (Mittelstraß 1974, 1989, 1991). In diesem Sinne ist methodisches Denken „eine Hochstilisierung dessen, was man im praktischen Leben immer schon tut" (Lorenzen 1968, S. 26). Die neueren Entwicklungen im Umkreis des methodischen Konstruktivismus zeigen eine größere Sensibilität gegenüber der kulturellen Bedingtheit von Geltungsansprüchen (vgl. im Überblick Gethmann 1992, Scherer 1995, S. 345 ff.), so daß von dieser philosophischen Perspektive ein wichtiger Beitrag für die hier behandelte Problematik zu erwarten ist.

4.3.1 Die ethisch-politische Konzeption von Lorenzen

In den 60er Jahren versuchten die Vertreter der konstruktiven Philosophie noch, eine Ethik für das vorpolitische Zusammenleben der Menschen zu begründen und gingen hierzu, ähnlich wie bei den technischen Wissenschaften, von der Annahme einer universell geteilten Lebenspraxis aus, die das Fundament für die Formulierung kulturinvarianter Vernunftprinzipien bilden könnte (vgl. zum Überblick Gethmann 1992, Scherer 1993, ders. 1995, S. 345 ff.). Die neue von Lorenzen in seinem „Lehrbuch der konstruktiven Wissenschaftstheorie" (1987) entwickelte Konzeption läßt diesen Anspruch nun fallen. Statt dessen formuliert er die Grundzüge einer **Theorie des politischen Wissens**, die in **posttraditionalen Gesellschaften** dazu dienen solle, den Frieden stabiler zu machen. Lorenzen schlägt einen Weg vor zur „lückenlosen" Begründung ethisch-politischen Wissens auf der Basis **praktischer Bemühungen** um des Friedens willen, die in posttraditionalen Gesellschaften im Rahmen der Gesetzgebungspraxis schon (lange) in Gang gekommen seien. In posttraditionalen Gesellschaften habe sich mit der immer weiteren Vermittlung von Handlungsvollzügen heute eine Vielfalt an Lebensformen entwickelt, die miteinander in (potentiellem) Konflikt stünden. Die Aufgabe ethischer Politik sei es, die Vielfalt der Lebensformen durch Gesetzgebung und Verwaltung verträglicher zu machen. Der „Pluralismus unverträglicher Zwecke" soll in eine „Pluralität miteinander verträglicher Lebensformen" überführt und so der Frieden stabiler gemacht werden (Lorenzen 1987, S. 232 f.). Anders als bei der handwerklichen Praxis der technischen Wissenschaften handelt es sich bei der gesetzgeberischen Beratung um eine **verbale Praxis des Argumentierens**.

Aus unserer Erfahrung wissen wir, daß es nicht immer ohne weiteres gelingt, die konkurrierenden Zwecke der Bürger miteinander verträglich zu machen. Aus dieser „Not der politischen Praxis" (Lorenzen 1987, S. 239), entsteht der Anlaß für ihre theoretische Stützung durch ethisch-politische Wissenschaften. Sie zielen ab auf die **Verbesserung der Argumentationspraxis**, die Erziehung zu einer politischen Argumentationskultur, die den Frieden, der auf der allgemeinen und freiwilligen Anerkennung der Gesetze beruht, stabiler macht. Dabei liefert der „Wille der Bürger zum Frieden" (Gethmann 1992, S. 151) erst die historisch kulturelle Voraussetzung, ohne die nicht zwischen Vernunft und Unvernunft in der Praxis unterschieden werden kann. Die Ziele der Wissenschaften müssen nämlich, das weiß man seit der praktizistischen Wende der Wissenschaftstheorie, „aus der vorwissenschaftlichen Praxis der Menschen bestimmt werden" (Lorenzen 1989, S. 32). Wie läßt sich nun eine Verbesserung der Argumentationspraxis erzielen? Lorenzen (1987, S. 249 ff.) führt hierzu den Begriff des **vernünftigen Argumentierens** ein, der durch die **Transsubjektivität** der Argumentierenden bestimmt sei. In vielen Fällen sei ein stabiler Friede ohne **Änderung der unverträglichen Zwecke** nicht zu erzielen. Ein allgemeiner freier Konsens sei nicht erreichbar, wenn jeder an seinen Eigenheiten und partikularen Bindungen festhalte. Statt dessen sei es erforderlich, daß die Argumentierenden sich aufeinander einlassen und sich ein Stück weit von sich selbst in Distanz bringen, um ein wechselseitiges Verständnis und ein freies Einverständnis (Konsens) zu erzielen. Der Begriff des vernünftigen Argumentierens sei allerdings nicht über ein formales Kriterium bestimmt, vielmehr lasse sich im praktischen Argumentieren selbst erst **erlernen**, was es heißt, transsubjektiv, d.h. „ohne Ansehen der Person" zu argumentieren (vgl. Lorenzen 1989, S. 50).

Diese Überlegungen von Lorenzen richten sich zunächst an den politischen Gesetzgeber. Hierin liegt eine gewisse Beschränkung, die angesichts der bekannten Steuerungsgrenzen des Rechts problematisch ist. Darauf hat Gethmann (1992, S. 158 f.) hingewiesen. Gleichwohl lassen sich die Grundgedanken transsubjektiver Beratung aber als Orientierungshilfe für alle gesellschaftlichen Bereiche verstehen, wo es um die friedliche Lösung von Konflikten geht (z.B. Familie, Unternehmen, Verbände, Politik); das hat Lorenzen (1987, S. 248 f.) selbst angedeutet. So verstanden lassen sich die Überlegungen von Lorenzen an die ebenfalls kulturalistisch ausgerichtete Konzeption von Kambartel (1989a, 1989b, 1991, 1992, 1995) anschließen.

4.3.2 Der kulturalistische Ansatz von Kambartel

In seinem bekannten Aufsatz „Vernunft – Kriterium oder Kultur?" macht Kambartel (1989a) darauf aufmerksam, daß, wenn uns die Vernunft leitet, wir als Teilnehmer in einer konkreten

Situation ein angemessenes Urteil fällen und Orientierungen gewinnen, ohne hierzu jedesmal einem allgemeinen theoretischen Kriterium oder Prinzip des Vernunftgebrauchs folgen zu können. Wir lernen, unsere Vernunft auszuüben und hierbei jeweils verschiedene Maßstäbe angemessen zu verwenden, um schließlich vernünftige Orientierungen zu gewinnen. Dies ist möglich, weil wir in eine **gemeinsame Kultur** eingebettet sind, in der wir in praktischer Teilnahme am sozialen Leben beginnend vom Kindesalter an lernen, uns in unserer Gemeinschaft zu bewegen. Auf diese Weise werden wir erfahren im Umgang mit Problemsituationen und deren vernünftiger Bewältigung: „Wir werden nicht als vernünftige Wesen geboren, ... zur Vernunft bilden wir uns, werden durch Bildung dazu geführt; und mögen dann selbst dazu beitragen“ (Kambartel 1989a, S. 36). Philosophische und wissenschaftliche Abhandlungen zur Vernunft sollen sich auf diese Kultur beziehen, weil sonst die Rede über Vernunft bloß „verbal wäre“, es fehlt ihr, wie Kambartel (1982) es ausdrückt, die „Strenge“ und damit letztlich auch ein Verständnis dessen, was Vernunft überhaupt heißt. Ein solches Verständnis kann nämlich nicht über eine bloß verbale Definition gleichsam am Schreibtisch des Philosophen gewonnen werden, sondern ist angewiesen auf die **praktische Einbettung** des Wortes „Vernunft“ in eine konkrete Lebenssituation. Dies nennt Kambartel (1991) die „dialogisch-praktische Basis“ des Verstehens.

Bei dem, was Kambartel (1989a) „Kultur der Vernunft“ nennt, handelt es sich um eine bereits etablierte Beurteilungspraxis. Wenn wir unsere (okzidentale) Kultur näher besehen, so enthält diese schon universalistische Züge, die bloß partikularen Orientierungen und Lebensweisen entgegenwirken (vgl. Kambartel 1992). Das Normative ist insofern in diese Kultur bereits eingelassen. Wenn wir diese universalistischen Züge erläutern wollten, so könnten wir etwa Kambartels (1989a, S. 42) Versuch folgen und feststellen,

> „– daß wir uns in bestimmten Situationen auf (in verschiedener Hinsicht) generell formulierte (und adressierte) Orientierungen stützen;
> – daß die vernünftige Erwägung grammatisch keine privilegierten Positionen, weder auf der Ebene der Partizipation noch auf der Ebene der Argumente, kennt;
> – daß wir die Interessen anderer anerkennen, die Einbeziehung aller Betroffenen als eine Perspektive unserer Erwägungen betrachten;
> – daß wir die begrenzte Perspektive unserer eigenen Lebens- und Interessensituationen zugunsten derjenigen einer unparteilichen Überlegung verlassen;
> – daß wir uns im Blick auf eine frei geteilte menschliche Gemeinsamkeit orientieren;
> – im Zusammenhang damit auch die reziproke moralische Anerkennung der anderen Person“.

Diese Gesichtspunkte sind offensichtlich kompatibel mit den begrifflichen Erörterungen, wie sie auch im Rahmen der Diskursethik vorgetragen werden (vgl. Habermas 1983 sowie früher Kambartel 1974, S. 54 ff.). Dort spielen Begriffe wie „Unvoreingenommenheit“, „Nicht-Persuasivität“ und „Zwanglosigkeit“ die Rolle konstitutiver Merkmale vernünftigen Argumentierens. Gleichwohl haben diese Gesichtspunkte in der fundamentalpragmatischen Konzeption Kambartels einen anderen Stellenwert. Sie sind nämlich nicht als Kriterien zu verstehen, die durch Reflektion auf die Bedingungen der Möglichkeit des Argumentierens gewonnen werden. Sie sind vielmehr als **Erläuterungen** unserer kulturellen Praxis zu begreifen, mit denen Kambartel (1989a, 1992, 1995) zeigen will, daß unsere Kultur bereits Elemente zur **Überwindung von Partikularität** enthält. Aber die hier gebrauchten Worte dürfen nicht vortäuschen, daß es ein allgemeines Kriterium des Vernünftigen gäbe, mit dem sich Vernunft ohne die sie tragende Praxis bestimmen lassen könnte: „Die begriffliche Ausdifferenzierung praktischer Vernunft, welche uns unter Überschriften wie Selbstbestimmung, Anerkennung, Gleichheit, Gerechtigkeit usf. entgegentritt, läßt sich im Kern nur gleichsam von innen her, d.h. nur begleitend zu unserem praktischen Eintritt in die Praxis und Erfahrung eines bestimmten Lebensverhältnisses entfalten. Die auf diese begriffliche Landschaft bezogenen Begründungen und Urteile sind daher nicht einmal angemessen zu verstehen, ohne daß wir bereits ein Stück weit an der Lebensform teilnehmen, in welche diese Urteile orientierend eingreifen“ (Kambartel 1995, Ms. 20).

4.3.3 Die Konzeption von Wohlrapp

Um diese Überlegungen auf unser vorliegendes Problem der Konfliktbewältigung zwischen unterschiedlichen Kulturen anzuwenden, muß man sich vergegenwärtigen, daß sich die Konzeptionen von Lorenzen und Kambartel zunächst einmal (explizit bzw. implizit) auf die Konfliktregulierung **innerhalb** posttraditionaler Gesellschaften beziehen. Wohlrapp (1995) knüpft nun zwar an diese Überlegungen an, hebt dabei aber zwei Voraussetzungen auf, um die Konzeption auf Fälle **interkultureller** Konfliktlagen zu erweitern. Diese Voraussetzungen betreffen die **Bedingung der Posttraditionalität** und die Annahme einer bereits in Gang gekommenen Gesetzgebungspraxis. Erstens geht es beim globalen Wirtschaften ja gerade um Konflikte, die zwischen Vertretern posttraditionaler und traditionaler Kulturen auftreten können. Zweitens gibt es derzeit noch gar **keine institutionell verfaßte weltweite Gesetzgebungspraxis**, die die Verhältnisse zwischen (radikal) unterschiedlichen Kulturen regeln könnte. Dies haben unsere einleitenden Ausführungen gezeigt. Aber auch unterhalb der Gesetzgebungsebene sind, so Wohlrapp (1995, S. 155), „keine oder zu wenige unproblematische Interaktionen ausgebildet, die die praktische Basis für eine gemeinsame normative Ordnung abgeben könnten“. Stattdessen begegnen sich Kulturen oftmals im Kampf oder in einseitiger Ausbeutung, so daß die Akteure das Fremde zugleich auch als das Feindselige erleben. Diese Erfahrung mag dort am stärksten sein, wo die kulturellen Differenzen besonders groß sind, insbesondere also im Verhältnis zwischen posttraditionalen und traditionalen Kulturen. Einem fundamentalpragmatischen Zugriff fehlt insofern also (zunächst einmal) die praktische Basis gelungener Konflikthandhabung. „Etwas vergröbert gesagt, können wir uns dafür nicht auf Praxen beziehen, in denen interkulturelle Kommunikation und Interaktion halbwegs ‘richtig’ im Gang wäre, sondern stehen gegenüber den Angehörigen einer fremden Kultur vor der Frage, ob und wie wir überhaupt das kulturelle Territorium der anderen ein Stück weit betreten können.“ (Wohlrapp 1995, S. 156)

Gleichwohl liefert der Lorenzensche Vorschlag für Wohlrapp einen Ansatzpunkt insofern als er die „Herstellung von Verträglichkeit“ zur Grundlage hat. Da eine gemeinsame praktische Basis, die einen theoretischen Ansatz tragen könnte, im interkulturellen globalen Kontext noch gar nicht vorhanden ist, kommt es darauf an, eine solche Basis erst **zu schaffen** (vgl. Lueken 1992, Wohlrapp 1995). Dies entspricht im übrigen der Auffassung der konstruktiven Wissenschaftstheorie, die Gethmann (1987, S. 269) mit dem Satz markant umschrieben hat: „Wenn wir nicht haben, was wir dringend brauchen, dann müssen wir es uns machen.“

Zur **Herstellung** einer solchen Basis schlägt Wohlrapp (1995, S. 156) einen Prozeß vor, „in dem Interaktion mit Angehörigen fremder Kulturen aufgenommen und die Form dieser Interaktion zugleich erkundet und gestaltet wird; und zwar daraufhin, daß dabei getrennte Lebensformen verträglich werden.“ Dabei wäre besonders zu berücksichtigen, daß sich die Entwicklung **technischer** Wissenschaften auf technische Praxen und die Wiederholbarkeit eines Handlungserfolges im Hantieren mit unbelebten Gegenständen stützen kann, während die **kulturwissenschaftliche** Theoriebildung von vornherein soziale Interaktion zwischen dem Forscher und seinem „Gegenstand“ voraussetzt, der ja eigentlich gar kein Gegenstand, sondern selber Subjekt ist (vgl. Scherer 1995, S. 345 ff.).

Wohlrapp (1995, S. 159 ff.) skizziert hierzu **drei Schritte kommunikativer Kulturintegration**. Im ersten Schritt geht es zunächst darum, das „Erlebnis des Fremden“ überhaupt einzugehen. In vielen Fällen wird den Akteuren dieses **Erlebnis** eher widerfahren, sie werden es oftmals gar nicht bewußt gesucht haben. Im zweiten Schritt werden die Fremdheitserlebnisse reflektiert. Eine solche Reflektion basiert zunächst auf einer Identifikationsfolie im eigenen Handeln. Relativ zu eigenen Erfahrungen und Sinngehalten können Differenzen bestimmt und kann das Fremde als solches, als Variante der eigenen Möglichkeiten, erkannt werden. Um ein solches **Verständnis** herzustellen, bedarf es in der Regel einer nicht bloß sprachlichen, sondern auch handlungspraktischen Interaktion, in der eine pragmatische Handlungssituation entsteht, an der das erzielte Verständnis kontrolliert werden kann (vgl. Kambartel 1991). Dort, wo Konflikte auftreten, reicht das Erleben und Verstehen des Fremden allerdings nicht aus, um eine friedliche Koordination sicherzustellen. Es muß vielmehr in einem dritten Schritt erst versucht werden, **Verträglichkeit herzustellen**. Wohlrapp schließt hierzu wieder an die Überlegungen Lorenzens an: „Vernünftig ist es, die eingelebten Eigenarten, soweit sie Unverträglichkeit generieren, in der Argumentation zur Disposition zu stellen, also sich um des Friedens willen in Distanz dazu zu bringen“(Wohlrapp 1995, S. 161). Allerdings ist mit der Artikulation eines solchen Prinzips allein noch kein Konflikt behoben. Es kommt darauf an, daß die Distanzierung vom je Eigenen auch **tatsächlich** vollzogen wird, und hierzu ist, so Wohlrapp, die Einsicht der Betroffenen notwendig, daß es sich im Zweifel „auch ohne die umstrittenen Eigenarten leben läßt“ (Wohlrapp 1995, S. 161). Ohne eine solche Einsicht läßt sich der Friede nicht stabiler machen. Ob die Herstellung von Verträglichkeit gelingt, das läßt sich gerade nicht mit theoretischen Mitteln antizipieren oder gar sicherstellen, vielmehr ist es **Sache der Betroffenen** eines Konflikts, dies gemeinsam zu versuchen (zu der hier zugrunde liegenden Teilnehmerperspektive vgl. auch Lueken 1992, Scherer 1995, Scherer/Dowling 1995, Steinmann/Scherer 1994).

In der Konsequenz bedeutet dies, daß wir uns in der Interaktion mit radikal verschiedenen Kulturen nicht auf universelle Kriterien des Vernunftgebrauchs berufen können, im Zweifel auch nicht auf „Freiheit“, „unverbrüchliche Menschen- oder Individualrechte“. Am Maßstab westlicher Gesellschaften gemessen erscheinen nämlich traditionelle Kulturen und deren Wertvorstellungen (so Wohlrapp) tendentiell immer defizitär. Anstatt also „achselzuckend und eifernd“ unsere Diskursbereitschaft davon abhängig zu machen, daß auch andere Kulturen und Ethnien „ihre Aufklärung nachholen“ (Wohlrapp 1995, S. 154), sollten wir uns „lieber nach einem Standpunkt umsehen, auf dem wir auch den Angehörigen traditionaler Kulturen vernünftig begegnen können. Natürlich soll der nicht über einen Rückschritt in das religiöse Mittelalter zustande kommen und ebensowenig durch einen Überflug zu einer Position oberhalb oder außerhalb aller Kulturgebundenheit“ (Wohlrapp 1995, S. 155). Statt dessen hätten wir nach einem Modus der Interaktion zu suchen, der das wechselseitige Verstehen der Sinngehalte des anderen vor dem Hintergrund des je eigenen Erfahrungshorizonts ermöglicht. Dieser Modus ist dann aber nicht mehr der Modus der **Verkündigung**, wie er der europäischen „Belehrungskultur" zu eigen ist, sondern eher ein Modus wechselseitigen **Lernens**, bei dem letztlich offen ist, wer von wem zu lernen hat (vgl. Lepenies 1995).

Dort also, und hier schließen wir wieder an Kambartel (1989b, S. 87) an, wo „eine vernünftige Gemeinsamkeit noch nicht bereits gesicherte Praxis ist", oder dort, wo sich in Konflikten zeigt, daß inkommensurable Vorstellungen davon vorherrschen, was es heißt, vernünftig zu sein, fehlt zunächst einmal die praktische Instanz, auf die sich ein einheitlicher Vernunftgebrauch bzw. die Rede über Vernunft überhaupt stützen könnte. Ein Verständnis des oder gar ein Einverständnis mit dem Fremden kann nicht erzielt werden, solange es nicht gelingt, ein Stück gemeinsamer Praxis erst **herzustellen** (vgl. Lueken 1992, Scherer 1995, Scherer/Dowling 1995, Steinmann/Scherer 1994). Gleichwohl kann die eigene Vernunftintention des Posttraditionalisten dazu dienen, „die nicht ausgeschlossene Alternative vernünftiger Gemeinsamkeit zu eröffnen oder offen zu halten" (Kambartel 1989b, S. 87). Das heißt nun aber nicht, daß der Posttraditionalist gleichsam bloß verkündet, was die richtige Vorstellung von Vernunft ist. Seine Vorstellung von Universalisierung muß sich auch auf die Überwindung der eigenen partikularen kulturgebundenen Perspektive beziehen; er muß sich damit auch auf die Kultur des Fremden einlassen. Dies ist freilich immer mit Risiken verbunden, und sei es das Risiko, die eigene Position ändern zu müssen. Gleichwohl: dort, wo eine gemeinsame Kultur der Vernunft noch nicht vorhanden ist, müssen Risiken eingegangen werden; denn, so Kambartel (1989b, S. 87), ein „gemeinsames vernünftiges Leben kann in diesem Falle nicht erreicht werden, ohne daß einige sich zunächst unabgesichert auf den Weg begeben".

5 Konsequenzen für das Management internationaler Unternehmen

Aus diesen philosophischen Überlegungen ergibt sich offensichtlich die Notwendigkeit, die eingangs angesprochene Initiative des amerikanischen Präsidenten und die „Model Business Principles" **neu** zu interpretieren. Ihr Zweck, die schon laufenden politischen Prozesse einer friedlichen Konfliktlösung im Bereich des internationalen Wirtschaftens zu unterstützen und den Prozeß zur Schaffung gemeinsamer normativer Grundlagen zu beschleunigen, läßt sich, so unsere These, nur dann erreichen, wenn man den damit (wohl) verbundenen universalistischen Verkündigungsanspruch aufgibt. Eine solcher Anspruch trägt eher den Keim zu einer Verschärfung der Konflikte in sich, weil er die spezifische Problemlage bei der Bearbeitung interkultureller Konflikte negiert. Die universalistische Position hat sich ja schon a priori der Richtigkeit des vernünftigen Standpunktes versichert und läßt sich auf fremde Kulturen nur mit einer strategischen Einstellung ein, diese schrittweise und situationsgerecht zur Vernunft zu bringen. Von fremden Kulturen zu lernen ist nur insoweit notwendig, wie das erworbene Wissen für den Prozeß der Belehrung fremder Kulturen dienlich ist. Dagegen muß man im Lichte unserer philosophischen Erläuterungen die „Model Business Principles" vielmehr als eine Aufforderung zur Initiierung gemeinsamer **Lernprozesse** begreifen und eine Perspektive entwickeln, die von vornherein keinen exklusiven Richtigkeitsanspruch für bestimmte inhaltliche und formale Normenbestände erhebt, sondern auf einen offenen Verständigungsprozeß zwischen Kulturen angelegt ist. Der von uns skizzierte Kulturalismus geht von den konkreten Bedingungen lokaler Problembereiche aus und versucht, weniger in der schlichten Anwendung allgemeiner Regeln, sondern vielmehr im konkreten praktischen Handeln selbst, zunächst problemorientierte lokale Lösungen zu entwickeln (vgl. hierzu auch Gergen 1995, S. 526 ff.). Diese lokalen Lösungen können aber gleichwohl auf ihre Eignung für eine weitere

Universalisierung geprüft werden, sofern die Situation dies erfordert. Kambartel (1991) operiert hier etwa mit dem Begriff der „dialogischen Netze“, mit deren Hilfe lokal erzielte Verständnisse oder Einverständnisse auch auf andere Situationen übertragen werden können.

Der Vorschlag, die US-Model Business Principles als Aufforderung zu verstehen, einen gemeinsamen Lernprozeß einzuleiten und nicht als Versuch, bestimmte Grundsätze einfach durchzusetzen, hat eine Reihe von pragmatischen Konsequenzen für das **Management multinationaler Unternehmen**. In ihrer Grundorientierung laufen sie auf einen **Bottom-up-Approach** hinaus im Unterschied zum Top-down-Approach einer universalistischen Strategie. Dies soll im folgenden an einigen zentralen Problemfeldern des internationalen Managements aufgezeigt werden.

Ein erstes Problemfeld betrifft die **Anerkennung und Durchsetzung von Menschenrechten** und die Rolle der Unternehmung dabei (vgl. z.B. Enderle 1995, Galtung 1994, S. 200, Smith 1994). Die universalistisch inspirierte Initiative der US-Model Business Principles führt zu einer Entweder-oder-Politik. In seiner radikalsten Form würde die Rolle der Unternehmung dabei zu einer Verweigerung der wirtschaftlichen Kooperation führen. In diesem Sinne etwa hat sich die Firma Levi Strauss aus China zurückgezogen, weil sie auf absehbare Zeit keine Aussicht auf eine Verbesserung der Menschenrechtssituation in China sah (vgl. Beaver 1995). Das Management wird dabei zum Gefangenen rigoroser moralischer Prinzipien (vgl. Gergen 1995). Die Möglichkeit, Veränderungsprozesse mitzugestalten und an der Herstellung einer gemeinsamen normativen Basis teilzunehmen, ist damit verschlossen. Diese eröffnet sich aber aus der kulturalistischen Perspektive. Sie würde zwar nicht die vollständige Aufgabe der eigenen Unternehmensleitsätze bzw. der Model Business Principles verlangen. Es wäre allerdings erforderlich, die unternehmenspolitische Verbindlichkeit dieser Grundsätze in der konkreten Handlungssituation in einer angemessenen Weise zunächst zurückzustellen, um einen wechselseitigen Lernprozeß, etwa im Sinne des von Wohlrapp (1995) vorgeschlagenen Dreischrittverfahrens, zu ermöglichen. Einen solchen Lernprozeß dann aber auch tatsächlich in Gang zu setzen, dies wäre allerdings eine unverzichtbare Konsequenz des kulturalistischen Standpunktes und würde diesen von der Beliebigkeit des kulturellen Relativismus unterscheiden. Auch Gergen weist (1995, S. 526 ff.) in seiner relativistischen, postmodernen Konzeption auf die normengenerierende Kraft lokaler Praktiken hin, ohne allerdings ein einheitsstiftendes Konzept, wie z.B. den Friedensbegriff (Lorenzen) oder das Konzept der Verträglichkeit (Wohlrapp), aufbieten zu können.

Um einen solchen Lernprozeß müßte sich das Management der multinationalen Unternehmung nach innen und außen bemühen. Nach innen hätte dies z.B. Konsequenzen für das Vorgesetztenverhalten und die Aus- und Weiterbildung von Mitarbeitern. Hier gälte es, ein Bewußtsein für die Verschiedenartigkeit der Kulturen zu wecken und die Fähigkeit zum Umgang mit denselben zu schaffen (vgl. z. B. Arredondo 1996, Cox 1991, Dülfer 1995, Elashmawi/Harris 1993). Kulturelle Differenzen wären nicht mehr ausschließlich über die Dominanz des Wertsystems der entsandten westlichen Vorgesetzten abzuarbeiten, vielmehr müßte die Möglichkeit einer wechselseitigen Adaption der Wertsysteme eröffnet werden. In diesem Sinne wäre eine multikulturelle Organisation vorstellbar, die das Miteinander (und Gegeneinander) von verschiedenen Kulturen nicht bloß als eine Bedrohung sondern auch als eine Chance begreift, neue Formen der Problemhandhabung zu schaffen (vgl. Cox 1991, Fine 1995, Thomas 1996). Nach außen – z.B. gegenüber dem politischen System – würde die Unternehmung nicht als Verkünder westlicher Werte auftreten, sondern versuchen, sich – soweit wie möglich – an öffentlichen Diskursprozessen zu beteiligen. Sie würde sich als Change-agent eines Prozesses verstehen, dessen Ergebnisse im Unterschied zu universalistischen Strategien noch nicht a priori feststehen.

Schließlich tendiert der universalistische Ansatz dazu, die interkulturelle Geltung der Menschenrechte schlichtweg zu propagieren (vgl. Tibi 1995, S. 126 ff.) und büßt damit an Überzeugungskraft ein. Ein kulturalistischer Ansatz versteht das derzeit vorherrschende westliche Verständnis von Menschenrechten dagegen bloß als das (offenbar) derzeit einzig verfügbare Modell, das die Frage nach dem friedlichen Zusammenleben unterschiedlicher Kulturen überhaupt stellt und dafür eine Lösungsmöglichkeit entwickelt hat. In gleichsam „negativer Begründung" wird somit geltend gemacht, daß wir **derzeit** eben nichts besseres haben oder kennen; insoweit beansprucht der kulturalistische im Unterschied zum universalistischen Ansatz keine überzeitliche Geltung (vgl. Welsch 1995, S. 739 ff.).

Ein zweiter Bereich der Unternehmensführung, wo die beiden philosophischen Standpunkte unterschiedliche Implikationen haben, betrifft das **Verhältnis von Effizienz und Ethik** im internationalen Management. Die These wäre hier, daß ein universalistischer Standpunkt dieses Spannungsverhältnis wesentlich konfliktträchtiger gestalten wird als eine kulturalistische Strategie. Dies gilt jedenfalls für die Fälle, wo die Durchsetzung unternehmensethischer Positionen Geld kostet. Aufgrund der Rigorosität der universalistischen Position werden in konkreten Handlungssituationen mehr Handlungsalternativen von vornherein als ethisch unzulässig eliminiert als bei einer kulturalistischen Vorgehensweise. Der wechselseitige innovative Lernprozeß einer kulturalistischen Strategie könnte ja neue Möglichkeiten schaffen, Verträglichkeit in Konfliktfällen wieder herzustellen, die aus der begrenzten Perspektive eines prinzipienorientierten Universalismus gar nicht in den Blick geraten. Eine kulturalistische Perspektive wird zum Beispiel das Problem der Belohnung bzw. der Bezahlung von Schmiergeldern anders abarbeiten als ein prinzipienorientierter Universalismus. So kann die Gewährung eines kleinen „Bakschisch" möglicherweise ein wichtiger Bestandteil einer Kultur sein, der wegen der im Augenblick nicht unmittelbar veränderbaren gesellschaftlichen Rahmenbindungen zunächst einmal akzeptiert werden muß (vgl. Steinmann/Olbrich 1994, S. 131).

Ein dritter Bereich, wo die Differenzen zwischen den beiden philosophischen Positionen unmittelbar handlungsrelevant werden können, ist das **Personalmanagement**. In der Managementlehre wird bekanntlich schon lange über die Frage zwischen einer kulturunabhängigen und einer kulturgebundenen Anwendung von Managementprinzipien und -praktiken diskutiert (vgl. z.B. Dülfer 1995, S. 178 ff., Kammel/Teichmann 1994, S. 37 ff., Keller 1982, S. 539 ff., Kumar 1988, ders. 1991, Schreyögg 1976, ders. 1990, Wolf 1994). Während die „Universalisten" hier für eine kulturunabhängige Anwendung allgemeiner Prinzipien eintreten (vgl. z.B. Koontz 1969, Ouchi 1981), werden in jüngster Zeit mehr und mehr Zweifel an einer solchen Position formuliert. Stattdessen wird eine kulturabhängige Ausgestaltung des Personalmanagements gefordert, so daß ein kultureller „Fit" entsteht (vgl. Medonca/Kanungo 1994, Scherm 1995, S. 63 ff.). Wie die Streitfrage zwischen Universalismus und Kulturalismus entschieden wird, hat jedenfalls Auswirkungen auf das Personalmanagement; von ihm wird ja sogar behauptet, es sei „the most local of all management functions" (vgl. Evans 1995, S. 651). Alle personalpolitischen Instrumente (Entlohnungspolitik, Gestaltung von Anreizsystemen, Personalselektion und Personalentwicklungsmaßnahmen) würden dann auch hiervon betroffen (vgl. Dülfer 1995, S. 397 ff., Wolf 1994). So werden z. B. die Vorbereitung der Mitarbeiter auf einen Auslandseinsatz und entsprechende Weiterbildungsprogramme natürlich unterschiedliche Inhalte haben, je nachdem, welche Rolle den entsandten Mitarbeitern bei der Begegnung mit fremden Kulturen zugedacht wird: sollen sie als Repräsentanten universeller westlicher Werte diese gleichsam missionarisch verkünden und mehr oder weniger kompromisslos vorleben, oder sollen sie daraufhin geschult werden, die Fremdheit anderer Kulturen zunächst einmal ohne Vorbehalte zu akzeptieren, zu verstehen, und dort, wo Konflikte auftreten, im Sinne eines Lernprozesses mit den Betroffenen zu entscheiden, welche kulturellen Eigenheiten verzichtbar sind, um Verträglichkeit (wieder) herzustellen (vgl. Cox 1991, Wohlrapp 1995, S. 161)?

Ein viertes Beispiel betrifft die **Planungs-, Entscheidungs- und Informationsprozesse** im internationalen Unternehmen (vgl. z.B. Knyphausen-Aufsess 1995, S. 267 ff.). Eine kulturalistische Vorgehensweise muß aus einer größeren Sensibilität heraus für die normativen lokalen Besonderheiten mehr als ein universalistischer Ansatz versuchen, diese Besonderheiten so früh und so umfassend wie nötig über geeignete Informationskanäle und Partizipationsformen in die Planungs- und Entscheidungsprozesse einzubringen. Diese sind daher notwendigerweise stärker bottom-up als top-down anzulegen. Die internationale Unternehmung läßt sich aus kulturalistischer Sicht so gewissermaßen als eine kulturelle Lernstatt begreifen. Dort dagegen, wo die Unternehmensführung im Sinne universalistischer Orientierungen schon glaubt, über richtige allgemeine normative Standards gegenüber allen Kulturen zu verfügen, wird sich eine derartige Entwicklung der Unternehmenskultur schwerlich einstellen. Im Gegenteil spricht viel dafür, daß die universalistische Programmierung der Köpfe eher eine Kultur befördert, die verkündigungs- statt lernorientiert ist.

Dies betrifft fünftens schließlich auch die **Gestaltung von Organisationsstrukturen** (vgl. z.B. Kieser 1989, Macharzina 1992, Pausenberger 1992) und die Wahl eines angemessenen **Führungsstils** (vgl. Dülfer 1981, S. 455 f., Kanungo/Mendonca 1996, Keller 1995, Rosenstiel 1992). In der Managementlehre werden hierzu unterschiedliche Modelle diskutiert, von denen postuliert wird, daß ihre Erfolgsträchtigkeit in Abhängigkeit von den je verschiedenen kulturellen Rahmenbedingungen variiert. Man denke etwa an die aktuelle Diskussion um das amerikanische, europäische, japanische, koreanische oder arabische Unternehmensführungsmodell, die je unterschiedliche Anforderungen an Organisationsstrukturen formulieren bzw. spezifische Führungsstile propagieren (vgl. Macharzina 1995, S. 769 ff., sowie Evans 1995, S. 655 ff. und Knyphausen-Aufsess 1995, S. 235 ff.). Ein kulturalistischer Ansatz im hier diskutierten Sinne würde einen neuen Weg jenseits der Alternative zwischen kulturabhängiger und kulturungebundener Anwendung von Managementmodellen gehen. Einerseits entwickelt ein solcher Ansatz eine viel stärkere Sensibilität gegenüber den lokalen Bedingungen, in denen multinationale Unternehmen agieren. Dies im Unterschied zu einem „universalistischen" Ansatz, der, selbst wenn er als Kontingenzmodell die lokale Kultur als besondere Variable berücksichtigt, gleichwohl die kulturspezifische Ausgestaltung der Managementfunktionen funktionalisiert zur Erreichung einseitig im vorhinein bestimmter Erfolgskriterien. Ein kulturalistischer Ansatz ermöglicht dagegen nicht nur eine größtmögliche Offenheit in der inhaltlichen Bestimmung der Ziele, sondern auch in der Art und Weise der Zielfestlegung und der dabei erforderlichen Konflikthandhabung. Dies heißt allerdings wiederum nicht, daß alles beliebig möglich wäre. Vielmehr verfolgt dieser Ansatz die zentrale Idee einer Lernkultur, die natürlich Auswirkungen auf die Gestaltung aller Managementfunktionen hat. Auf der Grundlage dieser Idee ließe sich eine multikulturelle Organisation konzipieren, in der das Potential zur vernünftigen Bearbeitung interorganisatorischer Diversität und der damit verbundenen inner- und interkulturellen Konflikte angelegt ist (vgl. Cox 1991, Fine 1995, Larkey 1996, S. 457 ff.).

6 Schlußbemerkung

Diese wenigen Hinweise dürften hinreichend deutlich gemacht haben, wie konsequenzenträchtig die unterschiedliche Interpretation der US-Model Business Principles für Theorie und Praxis des interkulturellen Managements ist. Angesichts der zunehmenden Heterogenität kultureller Wertvorstellungen dürften sich die Lösungen interkultureller Problemlagen und Konflikte immer weniger von vornherein mit Hilfe allgemeiner Prinzipien erzielen lassen (vgl. Gergen 1995). Vielmehr scheint es erforderlich, an den konkreten Problemen selbst anzusetzen und zu versuchen, von hier aus transsubjektiv orientierte Lösungen zu erarbeiten. Die Behandlung solcher Probleme müßte also in diesem Sinne zunächst mit der Orientierung an **lokalen Geltungsansprüchen** beginnen, sich von dort aus den Partikularitäten herausarbeiten und zu einer **Verträglichkeit** gelangen, soweit die aktuellen Konfliktlagen dies erfordern. In diesem Sinne kann man Stephen Toulmin (1994) zustimmen, wenn er in seinem neuesten Buch „Kosmopolis“ davon spricht, daß die Bewältigung der aktuellen Probleme der Moderne einen solchen Übergang hin zum mehr „Mündlichen“, „Besonderen“, „Lokalen“ und „Zeitgebundenen“ erfordern würde (vgl. Toulmin 1994, S. 281 ff.). Die Lehre vom Interkulturellen Management steht hier vor ganz neuen Aufgaben, um das Spannungsfeld von struktureller Globalisierung und kultureller Fragmentation in angemessener Weise zu bearbeiten.

Literaturverzeichnis

Apel, K.-O. (1973): Transformation der Philosophie, Band II - Das Apriori der Kommunikationsgemeinschaft, Frankfurt/M.

Apel, K.-O. (1986): Grenzen der Diskursethik? Versuch einer Zwischenbilanz, in: Zeitschrift für philosophische Forschung, 40. Jg., S. 3-31.

Apel, K.-O. (1987): Fallibilismus, Konsenstheorie der Wahrheit und Letztbegründung, in: Forum für Philosophie Bad Homburg (Hrsg.): Philosophie und Begründung, Frankfurt/M., S. 116-211.

Apel, K.-O. (1988): Diskurs und Verantwortung. Das Problem des Übergangs zur postkonventionellen Moral, Frankfurt/M.

Apel, K.-O. (1992): Diskursethik vor der Problematik von Recht und Politik: Können die Rationalitätsdifferenzen zwischen Moralität, Recht und Politik selbst noch durch die Diskursethik normativ-rational gerechtfertigt werden?, in: Apel, K.-O./Kettner, M. (Hrsg.): Zur Anwendung der Diskursethik in Politik, Recht und Wissenschaft, Frankfurt/M., S. 29-61.

Arredondo, P. (1996): Successful Diversity Management Initiatives, Thousand Oaks (Calif.).

Bartlett, C./Ghoshal, S. (1989): Managing Across Borders: The Transnational Solution, Boston (Mass.).

Beaver, W. (1995): Levi's Is Leaving China, in: Business Horizons (March/April), S. 35-40.

Birkinshaw, J./Morrison, A./Hulland, J. (1995): Structural and Competitive Determinants of a Global Integration Strategy, in: Strategic Management Journal, Vol. 16, S. 637-655.

Böhler, D. (1991): Philosophische Meta–Normenbegründung durch Argumentationsreflexion. Über die Möglichkeit einer praktisch relevanten Vernunft in der technisch-wissenschaftlichen Zivilisation, in: Ollig, H.-L. (Hrsg.): Philosophie als Zeitdiagnose. Ansätze der deutschen Gegenwartsphilosophie, Darmstadt, S. 147-168.

Böhler, D. (1992): Diskursethik und Menschenwürdegrundsatz zwischen Idealisierung und Erfolgsverantwortung, in: Apel, K.-O./Kettner, M. (Hrsg.): Zur Anwendung der Diskursethik in Politik, Recht und Wissenschaft, Frankfurt/M., S. 201-231.

Böhler, D. (1995): Ethik für die Zukunft erfordert Institutionalisierung von Diskurs und Verantwortung, in: Jänicke, M./Bolle, H.-J./Carius, A. (Hrsg.): Umwelt Global. Veränderungen, Probleme, Lösungsansätze, Berlin 1995, S. 239-248.

Brodel, D. (1996): Internationales Umweltmanagement. Gestaltungsfelder - Determinanten - Ausprägungen, Wiesbaden 1996.

Cohen, J. L./Arato, A. (1995): Civil Society and Political Theory, Cambridge (Mass.).

Cox, T. Jr. (1991): The Multicultural Organization, in: Academy of Management Executive, Vol. 5, S. 34-47.

DeGeorge, R. T. (1993): Competing with Integrity in International Business, New York.

Donaldson, T. (1989): The Ethics of International Business, New York.

Donaldson, T./Dunfee, T. W. (1994): Toward a Unified Conception of Business Ethics: Integrative Social Contracts Theory, in: Academy of Management Review, Vol. 19, S. 252-284.

Drucker, P. F. (1993): Die postkapitalistische Gesellschaft. Übersetzung aus dem Englischen, Düsseldorf

Dülfer, E. (1981): Auslandsmanagement in Schwellenländern, in: Wacker, W. H./Haussmann, H. /Kumar, B. (Hrsg.): Internationale Unternehmensführung, Festschrift für Eugen H. Sieber, S. 437-458.

Dülfer, E. (1995): Internationales Management in unterschiedlichen Kulturbereichen, 3. Aufl., München.

Elashmawi, F./Harris Ph. R. (1993): Multicultural Management. New Skills for Global Success, Houston (Tex.).

Enderle, G. (1995): Unternehmensverantwortung für menschliche Entwicklung in China, Manuskript, Notre Dame (Indiana).

Engelhard, J. (1989): Verhaltenscodices, in: Handwörterbuch Export und Internationale Unternehmung, hrsg. von K. Macharzina und M. K. Welge, Stuttgart, Sp. 2155-2168.

Evans, P. A. L. (1995): Managing Human Resources in the International Firm, in: Bartlett, Ch. A./Ghoshal, S. (Eds.): Transnational Management, 2nd ed., Chicago, S. 649-666.

Fine, M. G. (1995): Building Successful Multicultural Organizations, Westport (Conn.).

Freeman, R. E./Gilbert, D. R. Jr. (1988): Corporate Strategy and the Search for Ethics, Englewood Cliffs (N.J.).

Frederick, R. E. (1990): Bribary and Ethics: A Reply to Pastin and Hooker, in: Hoffman, W. M./Moore, J. M. (Eds.): Business Ethics. Readings and Cases in Corporate Morality, 2nd ed., New York, S. 554-559.

Frederick, W. C. (1991): The Moral Authority of Transnational Corporate Ethics, in: Journal of Business Ethics, Vol. 10, S. 165-177.

French, W. A./Granrose, J. (1995): Practical Business Ethics, Englewood Cliffs (N.J.).

Galtung, J. (1994): Menschenrechte - anders gesehen, Frankfurt/M.

Gergen, K. J. (1995): Global Organization: From Imperialism to Ethical Vision, in: Organization, Vol. 2, S. 519-532.

Gethmann, C. F. (1987): Letztbegründung vs. lebensweltliche Begründung des Wissens und Handelns, in: Forum für Philosophie Bad Homburg (Hrsg.): Philosophie und Begründung, Frankfurt/M., S. 268-302.

Gethmann, C. F. (1992): Universelle praktische Geltungsansprüche. Zur philosophischen Bedeutung der kulturellen Genese moralischer Überzeugungen, in: Janich, P. (Hrsg.): Entwicklungen der methodischen Philosophie, Frankfurt/M., S. 148-175.

Getz, K. A. (1995): Trans-ideological Business Values in International Codes of Conduct, in: International Journal of Value-Based Management, Vol. 8, S. 117-134.

Gilbert, D. U./Würthner, Ch. (1995): Die Eignung der Diskursethik zur Handhabung von Konflikten in international tätigen Unternehmen, Arbeitspapier Nr. 02/1995 des Lehrstuhls für Internationales Management der European Business-School, Oestrich-Winkel.

Haas, R. D. (1995): Ethics - A Global Business Challenge, in: Vital Speeches, Vol. LX, No. 16, S. 506-509.

Habermas, J. (1983): Diskursethik - Notizen zu einem Begründungsprogramm, in: ders. (Hrsg.): Moralbewußtsein und kommunikatives Handeln, Frankfurt/M., S. 53-125.

Habermas, J. (1988): Die Einheit der Vernunft in der Vielfalt ihrer Stimmen, in: ders.: Nachmetaphysisches Denken, Frankfurt/M., S. 153-186.

Habermas, J. (1991): Erläuterungen zur Diskursethik, in: ders.: Erläuterungen zur Diskursethik, Frankfurt/M., S. 119-226.

Habermas, J. (1995): Wahrheit und Wahrhaftigkeit. Die Freiheit der Selbstvergewisserung und des Selbstseinkönnens, in: DIE ZEIT, 50. Jg., Nr. 50 v. 8.12.1995, S. 59-60.

Harré, R./Krausz, M. (1996): Varieties of Relativism, Oxford (UK).

Harris, Ph. R./Moran, R. T. (1996): Managing Cultural Differencies. Leadership Strategies for a New World of Business, 4th ed., Houston (Tex.).

Hatch, E. (1983): Culture and Morality. The Relativity of Values in Anthropology, New York.

Hofstede, G. (1980): Culture's Consequences: International Differences in Work-Related Values, Beverly Hills (Calif.).

Huntington, S. P. (1993b): The Clash of Civilization?, in: Foreign Affairs ,Vol. 72, No. 3, S. 22-49.

Huntington, S. P. (1993b): If not Civilization, What? Paradigm of the Post-Cold War World, in: Foreign Affairs, Vol. 72, No. 5, S. 2-10.

International Labour Conference (1993): Resolution calling upon the ILO to resist the introduction of the social clause in international trade and to review ILO standards, submitted by the Government delegation of Indonesia, Malaysia, Philippines, Singapore and Thailand, in: International Labour Conference Provisional Record 1, Eighty-first Session, Geneva, 1994, S. 1/4-1/5.

Jöstingmeier, B. (1994): Zur Unternehmensethik international tätiger Unternehmen, Göttingen.

Jones, M. T. (1995): Mainstream and Radical Theories of the Multinational Enterprise: A Critical Review and Synthesis, in: Advances in Strategic Management, Vol. 12 A, ed. by P. Shrivastava/Ch. Stubbart, Greenwich (Conn.), S. 155-185.

Kambartel, F. (1974): Moralisches Argumentieren - Methodische Analysen zur Ethik, in: ders. (Hrsg.): Praktische Philosophie und konstruktive Wissenschaftstheorie, Frankfurt/ M., S. 54-72.

Kambartel, F. (1980): Pragmatische Grundlagen der Semantik, in: Gethmann, C. F. (Hrsg.): Theorie des wissenschaftlichen Argumentierens, Frankfurt/M., S. 95-113.

Kambartel, F. (1982): Bemerkungen zur Bestimmung des Philosophen, in: Archiv für Begriffsgeschichte, Vol. XXVI, Heft 2, S. 214-217.

Kambartel, F. (1989a): Vernunft: Kriterium oder Kultur? - Zur Definierbarkeit des Vernünftigen, in: ders.: Philosophie der humanen Welt, Frankfurt/M., S. 27-43.

Kambartel, F. (1989b): Friede und Konfliktbewältigung, handlungstheoretisch und ethisch betrachtet, in: ders.: Philosophie der humanen Welt, Frankfurt/M., S. 79-89.

Kambartel, F. (1991): Versuch über das Verstehen, in: "Der Löwe spricht ... und wir können ihn nicht verstehen". Ein Symposium an der Universität Frankfurt anläßlich des hundertsten Geburtstags von Ludwig Wittgenstein. Mit Beiträgen von Brian McGuiness u.a., Frankfurt/M., S. 121-137.

Kambartel, F. (1992): Die Vernunft und das Allgemeine. Zum Verständnis rationaler Sprache und Praxis, in: Gerhard, V./Herold, N. (Hrsg.): Perspektiven des Perspektivismus. Gedenkschrift zum Tode Friedrich Kaulbachs, Würzburg, S. 265-277.

Kambartel, F. (1995): Zur Grammatik von Wahrheit und Begründung, unveröffentlichtes Manuskript, Frankfurt/M.

Kammel, A./Teichelmann, D. (1994): Internationaler Personaleinsatz. Konzeptionelle und instrumentelle Grundlagen, München.

Kanungo, R. N./Mendonca, M. (1996): Ethical Dimensions of Leadership, Thousand Oaks (Calif.).

Keller, E. v. (1982): Management in fremden Kulturen. Ziele, Ergebnisse und methodische Probleme der kulturvergleichenden Managementforschung, Bern.

Keller, E. v. (1995): Kulturabhängigkeit der Führung, in: Handwörterbuch der Führung, hrsg. von A. Kieser/G. Reber/R. Wunderer, 2. Auflage, Stuttgart, Sp. 1397-1406.

Kieser, A. (1989): Organisationsstruktur, empirische Befunde, in: Handwörterbuch Export und Internationale Unternehmung, hrsg. von F. Macharzina und M. K. Welge, Stuttgart, Sp. 1574-1590.

Knyphausen-Aufsess, D. zu (1995). Theorie der strategischen Unternehmensführung. State of the Art und neue Perspektiven, Wiesbaden.

Koontz, H. (1969): A Model for Analyzing the Universality and Transferability of Management, in: Academy of Management Journal, Vol. 12, S. 415-430.

Kumar, B. N. (1988): Interkulturelle Managementforschung. Ein Überblick über Ansätze und Probleme, in: Wirtschaftswissenschaftliches Studium (WiSt), 17. Jg., S. 389-394.

Kumar, B. N. (1989): Unternehmensethik im Kontext internationaler Unternehmensführung, in: Steinmann, H. /Löhr, A. (Hrsg.): Unternehmensethik, Stuttgart, S. 215-231.

Kumar, B. N. (1991): Kulturabhängigkeit von Anreizsystemen, in: Schanz, G. (Hrsg.): Handbuch Anreizsysteme, Stuttgart, S. 129-147.

Kumar, B. N./Sjurts, I. (1991): Multinationale Unternehmen und Ethik, in: Dierkes, U./Zimmermann, K. (Hrsg.): Ethik und Geschäft. Dimensionen und Grenzen unternehmerischer Verantwortung, Wiesbaden, S. 159-186.

Lane, H. W./Simpson, D. G. (1984): Bribery in International Business: Whose Problem is it?, in: Journal of Business Ethics, Vol. 3, S. 35-43.

Larkey, L. K. (1996): Toward a Theory of Communicative Interactions in Culturally Diverse Workgroups, in: Academy of Management Review, Vol. 21, S. 463-491.

Lay, R. (1995): Einem Stern folgen, in: Deutsches Sonntagsblatt vom 17.02.1995.

Lee Kuan Yew (1994): „Ich sage: Wir hängen sie auf". Lee Kuan Yew hat Singapur dreißig Jahre hart regiert. Er steht für das neue, auftrumpfende Asien. Matthias Naß sprach mit ihm über Todesstrafe, Stockhiebe, Demokratie, in: DIE ZEIT, 49. Jg., Nr. 49 v. 2.12.1994, S. 7.

Lepenies, W. (1995): Das Ende der Überheblichkeit. Wir brauchen eine neue auswärtige Kulturpolitik: Statt fremde Gesellschaften zu belehren, müssen wir bereit sein, von ihnen zu lernen, in: DIE ZEIT, 50. Jg. Nr. 48, v. 28.11.1995, S. 62.

Levitt, Th. (1983): The Globalization of Markets, in: Harvard Business Review, Vol. 61, May-June 1983, S. 92-102.

Lorenzen, P. (1968): Methodisches Denken, in: ders. Methodisches Denken, Frankfurt/M., S. 24-59.

Lorenzen, P. (1987): Lehrbuch der konstruktiven Wissenschaftstheorie, Mannheim.

Lorenzen, P. (1989): Philosophische Fundierungsprobleme einer Wirtschafts- und Unternehmensethik, in: Steinmann, H./Löhr, A. (Hrsg.): Unternehmensethik, Stuttgart, S. 25-57.

Lueken, G.-L. (1992): Inkommensurabilität als Problem rationalen Argumentierens, Stuttgart-Bad Cannstatt.

Macharzina, K. (1992): Organisation der internationalen Unternehmensaktivität, in: Kumar, B. N./Haussmann, H. (Hrsg.): Handbuch der Internationalen Unternehmenstätigkeit, München, S. 591-607.

Macharzina, K. (1995): Unternehmensführung. Das internationale Managementwissen, 2. Aufl., Wiesbaden.

Mahathir, M. (1995): „Sie zelebrieren das Chaos". Malaysias Premier Mahathir über asiatische Werte und den Niedergang des Westens. Mahathir Mohamad im Gespräch mit Erich Follath und Birgit Schwarz, in: DER SPIEGEL 34/1995, S. 136-139.

Mendonca, M./Kanungo, R. N. (1994): Managing Human Resources. The Issue of Cultural Fit, in: Journal of Management Inquiry, Vol. 3, S. 189-205.

Mittelstraß, J. (1974): Erfahrung und Begründung, in: ders.: Die Möglichkeit von Wissenschaft, Frankfurt/M., S. 56-83.

Mittelstraß, J. (1989): Forschung, Begründung und Rekonstruktion - Wege aus dem Begründungsstreit, in: ders.: Der Flug der Eule. Von der Vernunft der Wissenschaft und der Aufgabe der Philosophie, Frankfurt/M., S. 257-280.

Mittelstraß, J. (1991): Das lebensweltliche Apriori, in: Gethmann, C. F. (Hrsg.): Lebenswelt und Wissenschaft, Bonn, S. 114-142.

Nemetz, P. L./Christensen, S. L. (1996): The Challenge of Cultural Diversity: Harnessing a Diversity of Views to Understand Multiculturalism, in: Academy of Management Review, Vol. 21, S. 434-462.

Nill, A. F. L. (1994): Strategische Unternehmensführung aus ethischer Perspektive, Münster.

o. V. (1995): Verhaltensregeln für Amerikas Unternehmen, FAZ vom 31.05.1995.

Ohmae, K. (1989): Managing in a Borderless World, in: Harvard Business Review, Vol. 67, May-June 1989, S. 152-161.

Ohmae, K. (1995): The End of the Nation State. The Rise of Regional Economics, New York.

Osterloh, M. (1994): Kulturalismus versus Universalismus. Reflektionen zu einem Grundlagenproblem des Interkulturellen Managements, in: Schiemenz, B./Wurl, H.-J. (Hrsg.): Internationales Management: Beiträge zur Zusammenarbeit. Eberhard Dülfer zum 70. Geburtstag, Wiesbaden 1994, S. 95-116.

Ouchi, W. G. (1981): Theory Z. How American Business Can Meet the Japanese Challenge, Reading (Mass.).

Pastin, M./Hooker, M. (1990): Ethics and the Foreign Corrupt Practices Act, in: Hoffmann, W. M./Moore, J. M. (Eds.): Business Ethics. Readings and Cases in Corporate Morality, 2nd ed., New York, S. 550-554.

Pausenberger, E. (1992): Organisation der Internationalen Unternehmung, in: Handwörterbuch der Organisation, hrsg. von E. Frese, 3. Auflage, Stuttgart, Sp. 1052-1066.

Porter, M. E. (Hrsg.) (1989): Globaler Wettbewerb. Strategien der neuen Internationalisierung, Übersetzung aus dem Amerikanischen, Wiesbaden.

Porter, M. E. (1990): The Competitive Advantage of Nations, New York.

Reich, R. B. (1991): The Work of Nations. Preparing Ourselves for 21st-Century Capitalism, New York.

Rosenstiel, L. v. (1992): Menschenführung im Ausland: Motivation und Führungsstil in Auslandsniederlassungen, in: Kumar, B. N./Haussmann, H. (Hrsg.): Handbuch der Internationalen Unternehmenstätigkeit, München, S. 825-837.

Rosenzweig, Ph. M. (1995): International Sourcing in Athletic Fortwear: Nike and Reebok, in: Bartlett, Ch. A./Ghoshal, S. (Eds.): Transnational Management, 2nd ed., Chicago, S. 170-182.

Scherer, A. G. (1993): Rationalität und Begründung – Antworten auf Stephan Zelewski, in: Betriebswirtschaftliche Forschung und Praxis, 45. Jg., S. 207-227.

Scherer, A. G. (1995): Pluralismus im Strategischen Management. Der Beitrag der Teilnehmerperspektive zur Lösung von Inkommensurabilitätsproblemen in Forschung und Praxis, Wiesbaden.

Scherer, A. G./Dowling, M. J. (1995): Towards a Reconciliation of the Theory Pluralism in Strategic Management - Incommensurability and the Constructivist Approach of the Erlangen School, in: Advances in Strategic Management Vol. 12 A, ed. by P. Shrivastava/Ch. Stubbart, Greenwich (Conn.), S. 195-248.

Scherm, E. (1995): Internationales Personalmanagement, München 1995.

Schneider, H. J. (1980): Bedeutung, in: Mittelstraß, J. (Hrsg.): Enzyklopädie Philosophie und Wissenschaftstheorie, Band 1, Mannheim, S. 259-260.

Schneider, H. J. (1992a): Phantasie und Kalkül. Über die Polarität von Handlung und Struktur in der Sprache, Frankfurt/M.

Schneider, H. J. (1992b): Kann und soll die Sprachphilosophie methodisch vorgehen?, in: Janich, P. (Hrsg.): Entwicklungen in der methodischen Philosophie, Frankfurt/M., S. 17-33.

Schneider, H. J. (1994): Ethisches Argumentieren, in: Hastedt, H./Martens, E. (Hrsg.): Ethik. Ein Grundkurs, Reinbeck, S. 13-47.

Schreyögg, G. (1976): Zur Transferierbarkeit von Management-Know-How, in: Management International Review, Vol. 16, Nr. 3, S. 79-87.

Schreyögg, G. (1990): Unternehmenskultur in multinationalen Unternehmen, in: Betriebswirtschaftliche Forschung und Praxis, 42. Jg., S. 379-390.

Smith, T. (1994): The Power of Business for Human Rights, in: Business and Society Review (Winter 1994), S. 36-38.

Stein, I. (1994): Die Theorien der Multinationalen Unternehmung, in: Schoppe, S. G. (Hrsg.): Kompendium der Internationalen Betriebswirtschaftslehre, 3. Auflage, München, S. 49-151.

Steinmann, H./Löhr, A. (1994): Grundlagen der Unternehmensethik, 2. Auflage, Stuttgart.

Steinmann, H./Löhr, A. (1995): Unternehmensethik als Ordnungselement in der Marktwirtschaft, in: Zeitschrift für betriebswirtschaftliche Forschung, 47. Jg., S. 143-174.

Steinmann, H./Olbrich, Th. (1994): Unternehmensethik und internationales Management. Implementationsprobleme einer Unternehmensethik der internationalen Unternehmung, in: Schiemenz, B./Wurl, H.-J. (Hrsg.): Internationales Management: Beiträge zur Zusammenarbeit. Eberhard Dülfer zum 70. Geburtstag, Wiesbaden, S. 117-144.

Steinmann, H./Scherer, A. G. (1994): Lernen durch Argumentieren: Theoretische Probleme konsensorientierten Handelns, in: Albach, H. (Hrsg.): Globale Soziale Marktwirtschaft, Festschrift für Santiago Garcia Echevaria, Wiesbaden, S. 263-285.

Steinmann, H./Scherer, A. G. (1996): Interkulturelles Management zwischen Universalismus und Relativismus. Kritische Anfragen der Betriebswirtschaftslehre an die Philosophie, Diskussionsbeitrag Nr. 88 des Lehrstuhls für Allgemeine Betriebswirtschaftslehre und Unternehmensführung der Universität Erlangen-Nürnberg, Nürnberg.

Thomas, R. R. Jr. (1996): Redefining Diversity, New York.

Tibi, B. (1991): Islamischer Fundamentalismus als Antwort auf die doppelte Krise. Der Islam, das Projekt der kulturellen Moderne und seine institutionelle Dimension, die Menschenrechte und die Verheißung einer Postmoderne, in: Tibi, B.: Die Krise des modernen Islam, 2. Auflage, Frankfurt/M., S. 202-279.

Tibi, B. (1992): Die fundamentalistische Herausforderung. Der Islam und die Weltpolitik, München.

Tibi, B. (1995): Krieg der Zivilisationen. Politik und Religion zwischen Vernunft und Fundamentalismus, Hamburg.

Toulmin, St. (1994): Kosmopolis. Die unerkannten Aufgaben der Moderne. Frankfurt/M.

United Nations Conference on Trade and Development (UNCTAD) (1994): Relationship Between the Trading System and Internationally Recongnized Labour Standards, in: United Nations Conference on Trade and Development: The Outcome of The Uruguay Round: An Initial Assessment, Supporting Papers to the Trade and Development Report, Annex 4, S. 245-247.

United States Department of Commerce (1995): Model Business Principles, Washington, D. C., abgedruckt in: The New York Times vom 27. Mai 1995, S. 17.

Welsch, W. (1995): Vernunft. Die zeitgenössische Vernunftkritik und das Konzept der transversalen Vernunft, Frankfurt/M.

Wittgenstein, L. (1952): Philosophische Untersuchungen, Werkausgabe Band 1, Frankfurt/ M. 1984, S. 225-577.

Wohlrapp, H. (1995): Konstruktive Anthropologie als Basis eines Konzepts von Kulturpluralismus?, in: Jelden, E. (Hrsg.): Prototheorien – Praxis und Erkenntnis?, Leipzig, S. 149-163.

Wolf, J. (1994): Internationales Personalmanagement. Kontext, Koordinationen, Erfolg, Wiesbaden.

Yip, G. S. (1992): Total Global Strategy: Managing For Worldwide Competitive Advantage, Englewood Cliffs (N.J.).

Kulturstandards - ein operationales Konzept zur Entwicklung kultursensitiven Managements

Ass. Prof. Dr. Hartmut H. Holzmüller

Institut für Absatzwirtschaft,
Wirtschaftsuniversität Wien

1 Problemstellung

Der gegenständliche Beitrag basiert auf dem wahrgenommenen Mißverhältnis der Internationalisierung der Unternehmenstätigkeit und dem verfügbaren Wissen über interkulturelles Management. Die aktuelle und künftig vermutlich weiter steigende Bedeutung der internationalen Unternehmenstätigkeit (vgl. Mendenhall et al. 1995, 17) steht in deutlichem Widerspruch zum Erkenntnisstand bezüglich des Umgangs mit Personen, die aus anderen Kulturen stammen. Sowohl von Seiten der Praxis als auch im wissenschaftlichen Bereich können kaum befriedigende Antworten auf Fragen nach dem Verhalten gegenüber fremdkulturellen Kunden, Lieferanten, Mitarbeitern, Personen in der öffentlichen Verwaltung etc. gegeben werden. Manager, die im Rahmen ihrer internationalen Tätigkeit Verhandlungen zu führen haben, Verantwortung für Mitarbeiter tragen, Organisations- und Planungsaufgaben in Zusammenarbeit mit fremdkulturellen Partnern realisieren, in multikulturell besetzten Teams arbeiten etc. sind in diesen aus verhaltenswissenschaftlicher Sicht 'delikaten' kulturellen Überschneidungssituationen vielfach auf sich allein gestellt.

Erst in Ansätzen finden sich in der betrieblichen Aus- und Weiterbildung und in den Studienplänen der Universitäten Lehrinhalte, die auf die Steigerung der interkulturellen Handlungskompetenz von Managern abstellen. Typischer ist hingegen mangelndes Problembewußtsein, das sich in stereotypen Meinungen zeigt, die (a) Kulturunterschiede als nicht relevant für entsprechende Geschäftsfelder einstufen, (b) Kulturunterschiede zwar akzeptieren, aber davon ausgehen, daß Führungskräfte entsprechendes Fingerspitzengefühl aufweisen müssen, sonst fehlt es ihnen an 'charakterlichen Voraussetzungen' für den internationalen Geschäftserfolg, oder (c) die zur Berücksichtigung von Kulturunterschieden das Studium von Knigge-Büchern und Reiseführern zur Vermeidung 'kulturell bedingter Hoppalas' als ausreichend erachten.

Aus betriebswirtschaftlicher Sicht ist der angesprochene, wenig professionelle Umgang mit fremdkulturellen Bedingungen auf der Verhaltensebene als überaus problematisch einzustufen, da sich beispielsweise fehlgeschlagene Auslandsentsendungen von Führungskräften als sehr kostenintensiv herausstellen können. Ähnliches gilt für absatz- oder beschaffungsseitig tätige Verhandlungsteams, die hohe Opportunitätskosten durch ungünstige oder gescheiterte Vereinbarungen verursachen. Offensichtlich wäre es ratsam, in diesem Problemfeld mehr Professionalität zu entwickeln. Die Vorurteilsfreiheit und Offenheit gegenüber anderen Kulturen, in denen man beabsichtigt, geschäftliche Aktivitäten zu setzen, reichen - so diese überhaupt gegeben sind - für zielbezogenes wirtschaftliches Handeln nicht aus. Vielmehr scheint es notwendig zu sein, Führungskräften und Führungskräftenachwuchs wissens- und erfahrungsbasierte Handlungskompetenz in kulturellen Überschneidungssituationen zu vermitteln, die im Rahmen internationaler Aufgaben nutzbringend umgesetzt werden kann. Damit ist kultursensitives Management angesprochen, unter dem wir hier einfühlendes Handeln in Beziehung zu fremdkulturellen Personen im betrieblichen Kontext verstehen.

Neben dem mangelnden Problembewußtsein in Praxis und Wissenschaft stellt die Komplexität des Phänomens Kultur ein besonderes Hemmnis für die Beschäftigung mit Fragen eines kultursensitiven internationalen Managements dar. Zielsetzung dieses Beitrags ist es, ein vergleichsweise neues Kulturkonzept, das in der interkulturellen Psychologie entwickelt und in der Betriebswirtschaftslehre bislang wenig rezipiert wurde, vorzustellen und auf seine Tauglichkeit zur Anwendung in international tätigen Unternehmen zu prüfen.

2 Im 'Dschungel' der Kulturkonzepte

Die in der Literatur identifizierbaren Kulturbegriffe und -konzepte sind mittlerweile unüberschaubar. Selbst einzelne Systematisierungsversuche, die auf unterschiedliche 'Schulen' der Auseinandersetzung mit dem Kulturellen zielen, geraten zu komplexen Differenzierungen (vgl. Allaire/Firsirotu 1984). Dem Befund von Ajiferuke/Boddewyn (1970), daß Kultur ein Allzweckbegriff ist, der so viele Bedeutungen hat wie die Anzahl der Personen, die ihn verwenden, ist nach wie vor beizupflichten.

Aus dem Blickwinkel einer pragmatisch ausgerichteten internationalen Managementforschung gilt es, unterschiedliche Kulturauffassungen hinsichtlich ihrer Handhabbarkeit zu beurteilen. D.h., daß insbesondere der Erhebungsaufwand, die Komplexität einer Kulturkonzeption, welche die Verwendbarkeit in Alltagssituationen bestimmt, und die tatsächliche Handlungsrelevanz zu bewerten sind. Ein entsprechender Systematisierungsversuch stellt einerseits auf die methodologische Position ab, auf der das jeweilige Kulturkonzept beruht, und andererseits auf den Facettenreichtum, mit dem das Kulturelle abgebildet werden soll (Abb. 1). Die methodologische Ausrichtung läßt sich zwischen extrem positivistischen Zugängen, die beispielsweise ausschließlich auf die Erfassung von kulturellen Aspekten mittels Fragebögen abstellen (z.B. Hofstede 1980), und extrem interpretativen Ansätzen, wie sie etwa in der 'objektiven Hermeneutik' vorliegen (vgl. Oevermann et al. 1979), aufspannen. Hinsichtlich der Anzahl von berücksichtigten Kulturaspekten lassen sich Konzeptionen identifizieren, die auf wenige Facetten fokussiert sind, also Kulturdimensionen zu erheben versuchen, die möglichst tragfähig und für viele Kulturen kennzeichnend sind (universalistische Ausrichtung). Während Konzepte, die auf eine große Zahl einzelner Kulturaspekte abstellen, Kultur als Kontext begreifen, innerhalb dessen Verhalten zu analysieren ist und Handlungen erst bedeutsam werden (kulturrelativistische Ausrichtung).

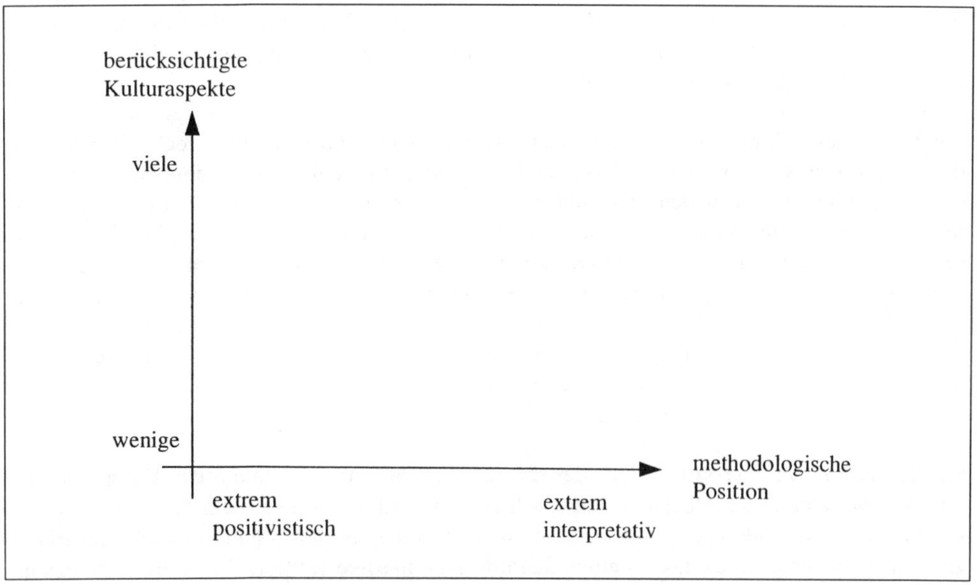

Abb. 1: Systematisierung von Kulturkonzepten

Zwar wird dieser Systematisierungsvorschlag einzelnen spezifischen Aspekten unterschiedlicher Kulturkonzeptionen nicht gerecht, dennoch scheint eine entsprechende Positionierung und in der Folge eine Bewertung einzelner Ansätze hinsichtlich deren Tauglichkeit im Management möglich zu sein. Die auf Werthaltungen basierenden Kulturkonzepte von Hofstede (1980 und 1991) oder von Troppenaars (1993) sind typische Arbeiten, die in Abb. 1 im Quadranten positivistisch und wenige berücksichtigte Kulturaspekte einzuordnen sind. Während die weit verbreitete Kulturauffassung nach Hall (1966), die u.a. auf den Kontext verbaler Kommunikation sowie den Umgang mit Raum und Zeit abstellt, exemplarisch für interpretative Kulturkonzeptionen ist, die sich auf wenige Aspekte beschränken. Das Kulturverständnis von Geertz (1983), das kontextbezogen und kulturrelativistisch ist, kann als typisches Beipiel für einen auf viele Kulturaspekte abstellenden interpretativen Ansatz gewertet werden. Die Konzeption der 'subjektiven' Kultur nach Triandis et al. (1972) kann hingegen als Beispiel für positivistische und kontextbezogene Ansätze genannt werden.

Zur Bewertung aus betriebswirtschaftlicher Sicht wird auf die Kriterien (a) Handlungsrelevanz für Personen in kulturellen Überschneidungssituationen, (b) Abdeckung des Phänomens 'Kultur', (c) länderübergreifende Erklärungskraft und (d) die Ökonomität in der Erhebung konzeptentsprechender Daten zurückgegriffen. Kulturkonzepte sind für den Einsatz im interkulturellen Management dann besonders geeignet, wenn sich daraus tatsächliche Maßnahmen für das Verhalten in kulturüberschneidenden Situationen ableiten lassen. Des weiteren scheint es wesentlich zu sein, daß nicht nur einzelne Aspekte des Kulturellen in einer Konzeption inkludiert werden, sondern daß eine möglichst umfassende Abdeckung erfahrbarer Kulturunterschiede und -gemeinsamkeiten erfolgt. Aus dem Blickwinkel international, also über mehrere Länder hinweg, disponierender Unternehmenseinheiten ist zudem Konzeptionen der Vorzug zu geben, welche eine höhere universelle Gültigkeit anstreben. Die demnach einer Forschungsposition entsprechen, welche auf über einzelne kulturelle Einheiten hinaus verallgemeinerbare Erkenntisse abstellt und damit im Gegensatz zu einer auf Idiosynkrasien ausgerichtete Denk- bzw. Forschungstradition steht. Schließlich kommt der Wirtschaftlichkeit bei der Erhebung von Daten sowie deren Interpretation und Verdichtung aus betriebswirtschaftlicher Sicht eine maßgebliche Rolle zu.

Folgt man dieser Argumentationslinie, dann wird deutlich, daß keine der idealtypischen Kulturkonzeptionen aus Abb. 1 (Positionen in den jeweiligen Ecken des Koordinatensystems) für den Einsatz im internationalen Management optimal geeignet ist. So steigt mit dem Facettenreichtum einer Kulturkonzeption zwar deren Handlungsrelevanz in interkulturellen Überschneidungssituationen sowie die Abdeckung des Kulturellen, zugleich nimmt aber die universelle Gültigkeit solcher Ansätze und die Ökonomität in der Erfassung ab. Ähnlich widersprüchlich stellt sich die Bewertung entlang der methodologischen Dimension dar. Je stärker die interpretative Ausrichtung einer Kulturkonzeption, desto höher ist vermutlich die Handlungsrelevanz und die Abdeckung des Phänomens Kultur. Konträr dazu fällt aber die kulturübergreifende Erklärungskraft sowie die Ökonomität aus.

Für den Einsatz im interkulturellen Management, der auf eine Erhöhung der Kompetenz im Umgang mit kulturellen Überschneidungssituationen abstellt, ist keine der Extrempositionen im Rahmen des Strukturierungsansatzes besonders gut geeignet. Vielmehr sind Kulturkonzeptionen, die hinsichtlich des Facettenreichtums eine mittlere Komplexität aufweisen, besonders tauglich, weil damit für zu schulende Personen kulturelle Bedingungen noch einigermaßen handhabbar sind. Auch hinsichtlich der methodologischen Position scheint ein Mix aus positivistischen und interpretativen Elementen besonders vorteilhaft zu sein, weil damit eine zu starke Reduktion auf 'objektive' Kulturaspekte vermieden wird und zugleich ein Mittelmaß hinsichtlich der geforderten Universalität und Ökonomität erreichbar scheint. Das Konzept der Kulturstandards nach Thomas (1991 und 1996) ist ein Ansatz, der unseres Erachtens einer solchen mittleren Position im Strukturierungsansatz (vgl. Abb. 2) entspricht und ist damit für Aufgabenstellungen im interkulturellen Management besonders geeignet.

3 Das Konzept der Kulturstandards

In der Folge sollen hier die Grundzüge der angesprochenen Konzeption vorgestellt werden, die aus der interkulturellen Psychologie stammt und auf Erkenntnissen aus der interkulturellen Kommunikationsforschung, der internationalen Austauschforschung sowie der sozialpsychologischen Attributionsforschung basiert.

3.1 Problemsicht und Kulturbegriff

Ausgehend von der Überlegung, daß die Handlungsfähigkeit von Menschen eine ausreichende Orientierung in ihrer Umwelt erfordert, konstatiert Thomas (1996), daß dies in kulturellen Überschneidungssituationen nicht immer der Fall ist. Personen gehen üblicherweise mit Information und Erfahrungen, die aus dem eigenen kulturellen Umfeld stammen, in interkulturelle Interaktionssituationen und verursachen damit oftmals konflikthaft verlaufende und als belastend empfundene Begegnungen. Zentral geprägt sind solche unbefriedigenden Erlebnisse durch die mangelnde Übereinstimmung der jeweiligen Orientierungssysteme der beteiligten Personen, welche durch den Prozeß der individuellen Sozialisation in einem spezifischen kulturellen Umfeld erworben wurden. Das Verhalten fremdkultureller Interaktionspartner kann in vielen Fällen nur sehr vage antizipiert werden und es ergeben sich somit bei den Akteuren Fehlreaktionen und -aktionen, Mißverständnisse, mehrdeutige Situationsgestaltungen, Verunsicherungen und im Extremfall Handlungsunfähigkeit (vgl. Thomas 1996, 115).

Kultur wird demnach in diesem Kontext als ein spezifisches Orientierungssystem aufgefaßt. Thomas (1996, 112) definiert Kultur als "ein universelles, für eine Gesellschaft, Organisation und Gruppe aber sehr typisches Orientierungssystem. Dieses Orientierungssystem wird aus spezifischen Symbolen gebildet und in der jeweiligen Gesellschaft usw. tradiert. Es beeinflußt das Wahrnehmen, Denken, Werten und Handeln aller ihrer Mitglieder und definiert somit deren Zugehörigkeit zur Gesellschaft. Kultur als Orientierungssystem strukturiert ein für die sich der Gesellschaft zugehörig fühlenden Individuen spezifisches Handlungsfeld und schafft damit die Voraussetzungen zur Entwicklung eigenständiger Formen der Umweltbewältigung".

3.2 Kulturstandards

Kulturelle Orientierungssysteme lassen sich in der Form sogenannter 'Kulturstandards' operational fassen. Darunter werden alle Arten des Wahrnehmens, Denkens, Wertens und Handelns verstanden, die innerhalb einer Kultur als normal, selbstverständlich, typisch und verbindlich angesehen werden. Eigenes und fremdes Verhalten wird auf der Grundlage dieser Kulturstandards beurteilt und reguliert (vgl. Thomas 1996, 112). Von zentraler Bedeutung sind jene Kulturstandards, die für viele unterschiedliche Situationen bedeutsam sind und eine große Bandbreite des Verhaltens betreffen. Besonders relevant sind sie im Zusammenhang mit Interaktionssituationen zwischen Menschen, da sie dort Wahrnehmungs-, Beurteilungs- und Handlungsprozesse prägen.

Kulturstandards können unterschiedliches Abstraktionsniveau aufweisen. In der allgemeinsten Form kann es sich um generelle Wertvorstellungen oder Normen handeln, es können aber auch spezielle Verhaltensvorschriften sein. Abweichungen von den Standards über gewisse Toleranzgrenzen hinaus werden abgelehnt und sanktioniert. Zentrale Kulturstandards sind in einzelnen Kulturen von gleicher oder unterschiedlicher Bedeutung oder fehlen in einem Umfeld völlig. Ähnlichen Kulturstandards kann in unterschiedlichen Kulturen aber auch eine gänzlich unterschiedliche Rolle zukommen, die Bedeutsamkeit kann bezüglich einzelner Handlungsfelder variieren und die entsprechenden Toleranzgrenzen können verschieden sein (vgl. Thomas 1996, 112). Innerhalb des eigenkulturellen Kontexts werden Kulturstandards und ihre handlungsregulierende Funktion nicht bewußt erlebt. Erst im Umgang mit fremdkulturellen Personen können Kulturstandards und ihre Wirkung bemerkt werden.

3.3 Ermittlung von Kulturstandards

Die empirische Ermittlung von Kulturstandards kann an Hand interkultureller Überschneidungssituationen, die zwei interessierende Kulturen betreffen, erfolgen. Interaktionspartner aus verschiedenen Kulturen generieren aufgrund ihres unterschiedlichen Orientierungssystems in solchen Situationen zwangsläufig 'kritische' Ereignisse, welche für die Betroffenen unangenehm, ärgerlich und belastend sein können. Situationen dieser Art sind nicht leicht zu verarbeiten und beschäftigen Personen oftmals über längere Zeiträume. So wird es möglich, im Rahmen von Interviews ('Critical Incident Analysis' nach Flanagan 1954) Personen, die Kontakt mit Personen aus einer Zielkultur hatten, über entsprechende kritische Erlebnisse bzw. Situationen zu befragen.

Die Ergebnisse werden über alle Auskunftspersonen verdichtet und in der Folge aus den hervorstechenden, kritisch verlaufenen Interaktionssituationen auf handlungstheoretischer Basis die auslösenden Differenzen in den Kulturstandards erschlossen. Aufgrund unterschiedlicher geisteswissenschaftlicher Erkenntnisse z.B. aus der Philosophie, den Religionswissenschaften und der Linguistik, wird die horizontale und vertikale Beziehung einzelner ermittelter Kulturstandards zueinander erarbeitet (vgl. Thomas 1991, 66).

3.4 Beispiele für Kulturstandards

Am Institut für Psychologie der Universität Regensburg hat man sich in den letzten Jahren vor allem mit der Erfassung von Kulturstandards in den USA, China und Südkorea in der Gegenüberstellung zu deutschen Kulturstandards befaßt. Besonders gut dokumentiert sind die unterschiedlichen Kulturstandards bezüglich der 'interpersonellen Distanzregulierung' in den USA und Deutschland, die in interkulturellen Überschneidungssituationen zu beträchtlichen Mißverständnissen führen können (vgl. Müller/Thomas 1991, Markowsky/Thomas 1995). Deutsche berichten über US-Amerikaner, daß diese freundlich, offen, zugänglich aber oberflächlich und als Freunde unzuverlässig sind. Umgekehrt sehen Amerikaner, die Kontakt mit Deutschen haben bzw. hatten, diese als eher zurückhaltend, verschlossen, gehemmt und stur an (vgl. Thomas 1991, 58). Es wird deutlich, daß sich aus den genannten Sichtweisen in interkulturellen Überschneidungssituationen ein wesentliches Potential an Mißverständnissen, Kränkungen und emotionalen Belastungen ergeben kann, das in der Folge den Erfolg z. B. eines Geschäftskontakts in Frage stellt.

Erklärbar sind die jeweiligen Zuschreibungen aus unterschiedlichen Kulturstandards bezüglich der Distanzüberwindung zu anderen Personen. Im amerikanischen Umfeld gilt es, Distanz zu minimieren. Es wird gleichsam als Pflicht erachtet, auf jede ins Blickfeld kommende Personen zu reagieren und Kontakt aufzunehmen. Ganz generell ist die Zugänglichkeit peripherer Persönlichkeitsbereiche (z.B. allgemeine Information zur Person, Hilfsbereitschaft, Gastfreundschaft) groß, jene hinsichtlich zentraler Persönlichkeitsbereiche (z. B. Aussagen über persönliche Probleme, Gefühle und Einstellungen) vergleichsweise gering. Im deutschen Umfeld sind äußere Persönlichkeitsbereiche schwer zugänglich (typische Norm: "Sich nicht aufdrängen!") und erst nach einer längeren Kennenlernphase weicht die Verschlossenheit, dann aber ergibt sich eine vergleichsweise große Offenheit bezüglich zentraler Persönlichkeitsbereiche (vgl. Müller/Thomas 1991, Markowsky/Thomas 1995).

Bei der Identifikation zentraler Kulturstandards in China und Südkorea ist eine bereits bekannte Norm des zwischenmenschlichen Umgangs neuerlich belegt und deren Bedeutung in Alltagssituationen erhellt worden. Der Kulturstandard 'Gesicht wahren' bezeichnet ein Phänomen in der chinesischen Kultur, das es zwar in der deutschen Kultur auch gibt, aber hier eine weitaus geringere und differenziertere Rolle spielt. Im Mittelpunkt dieses aus europäischer Sicht sehr vielfältigen und in seinen Konsequenzen schwer durchschaubaren Standards steht die Wahrung eines bestimmten Status einer Person im zwischenmenschlichen Kontakt. Wird dieser Status durch eigenes Fehlverhalten oder durch andere Personen verletzt oder nicht respektiert, so büßt die betroffene Person ihr Gesicht ein, was in letzter Konsequenz Scham oder Schande bedeutet (vgl. Brück/Thomas 1995, 55).

Typische Verhaltensweisen die sich aus der Beachtung dieses Kulturstandards ergeben, sind die Tendenz potentiell peinliche Situationen zu meiden, sich bei kritischen Situationen sehr rasch zurückzuziehen und die Interaktionssituation zu beenden, Wahrung der Selbstbeherrschung, Vermeidung von öffentlicher Kritik bzw. Konfrontationen sowie das Bestreben, in sozialen Situationen Harmonie herzustellen (vgl. Thomas 1989, 286). Thomas (1996, 129) faßt die Konsequenzen, die sich aus den Unterschieden bezüglich dieses Kulturstandards für deutsch-chinesische Beziehungen so zusammen, "daß die Sachorientierung und die Beziehungsorientierung gegensätzlich kausal determiniert sind: Für den Deutschen erfolgt aus der Sachorientierung die Gestaltung des interpersonalen Beziehungsgefüges und für den Chinesen erfolgt aus der Gestaltung des interpersonalen Beziehungsgefüges die Regelung der Sachaufgaben".

An Hand der zwei angesprochenen Kulturstandards wird ersichtlich, daß entsprechendes Wissen über eigen- und fremdkulturelle Orientierungssysteme und eine daraus resultierende emotionale Aufarbeitung von kulturellen Unterschieden ganz wesentlich zur Bewältigung spezifischer Anforderungen an die Akteure in interkulturellen Überschneidungssituationen beiträgt. Basierend auf dieser Überlegung ist einschlägiges Material zum interkulturellen Orientierungstraining auf der Basis des Konzepts der Kulturstandards entwickelt worden.

3.5 Umsetzung in der Aus- und Weiterbildung

Das Textmaterial, das im Rahmen der Identifikation zentraler Kulturstandards in einer Zielkultur erhoben wird, beinhaltet eine Fülle exemplarischer Situationsbeschreibungen, die als Basis für die Entwicklung einschlägiger Trainingsprogramme herangezogen werden kann. Sogenannte 'Cultural Assimilator Programme' gehen von der Vorstellung aus, daß für Akteure Handlungsprozesse besser zu verstehen und gestalten sind, wenn für sie erklärbar ist, warum bestimmte Ereignisse und Verhaltensweisen im sozialen Umfeld so und nicht anders stattfinden und warum Interaktionspartner bestimmte Ziele verfolgen (vgl. Triandis 1984, Thomas 1996, 117). Cultural Assimilator Programme ermöglichen die Simulation von kritischen Interaktionssituationen zwischen Menschen aus unterschiedlichen Kulturen und machen damit Differenzen in den jeweiligen Kulturstandards für Trainingsteilnehmer erfahrbar.

Im deutschsprachigen Bereich liegen bereits einige Assimilator-Programme vor. So berichtet Thomas (1989) von der Entwicklung eines Programms für den Umgang mit Chinesen im Rahmen von Wirtschaftskontakten und von der Entwicklung entsprechender Verfahren für deutsche Studenten und Praktikanten in den USA (Müller/Thomas 1991). Des weiteren sind Cultural Assimilator Programme für Amerikaner in Deutschland (Markowsky/Thomas 1995) sowie China und Südkorea (Brück/Thomas 1995) erschienen. Es sind Lernprogramme, die Beschreibungen interkultureller Interaktionssituationen vorgeben, bei denen nur die Kenntnis der zugrundeliegenden Kulturstandards zu einer kulturadäquaten Erklärung des Verhaltens führt. Die Programme geben nach jeder Situationsschilderung dem Lernenden verschiedene Erklärungsmöglichkeiten vor, von denen nur eine dem tatsächlichen fremdkulturellen Orientierungssystem entspricht. Zu jeder vorgegebenen Erklärungsalternative werden Erläuterungen angeboten, warum es sich um die richtige oder falsche Interpretation handelt. Der Lernende hat damit die Möglichkeit, sich in Lernschleifen an Hand repräsentativer und illustrativer Beispiele Wissen über die Kulturstandards und deren Implikationen für Alltagssituationen in interkulturellen Überschneidungssituationen anzueignen (siehe zum Ablauf Abb. 2).

Die Cultural Assimilator Programme zielen nicht auf die Einübung kulturtypischer Verhaltensformen (z.B. Begrüßungsrituale, rollenspezifische Verhaltensreaktionen), sondern auf die kognitive Verankerung zentraler Kulturstandards beim Lernenden ab. Niemand erwartet von Fremden, daß sie sich wie Einheimische verhalten. Es werden Abweichungen von den Kulturstandards durchaus erwartet und zugelassen. Fremdkulturelle Personen werden als Repräsentanten ihrer Kultur gesehen. Dennoch sind Handlungsziele wie sie in der internationalen Unternehmensführung typisch sind (z.B. Verhandlungs-, Führungs- und Motivationsziele) sicherer, schneller, mit weniger Aufwand, weniger konfliktbehaftet und mit weniger Mißverständnissen belastet zu erreichen, wenn der Fremde die in der Handlungsorientierung und Handlungsregulation im Gastland gebräuchlichen zentralen Kulturstandards kennt und damit umzugehen weiß (vgl. Thomas 1989, 286).

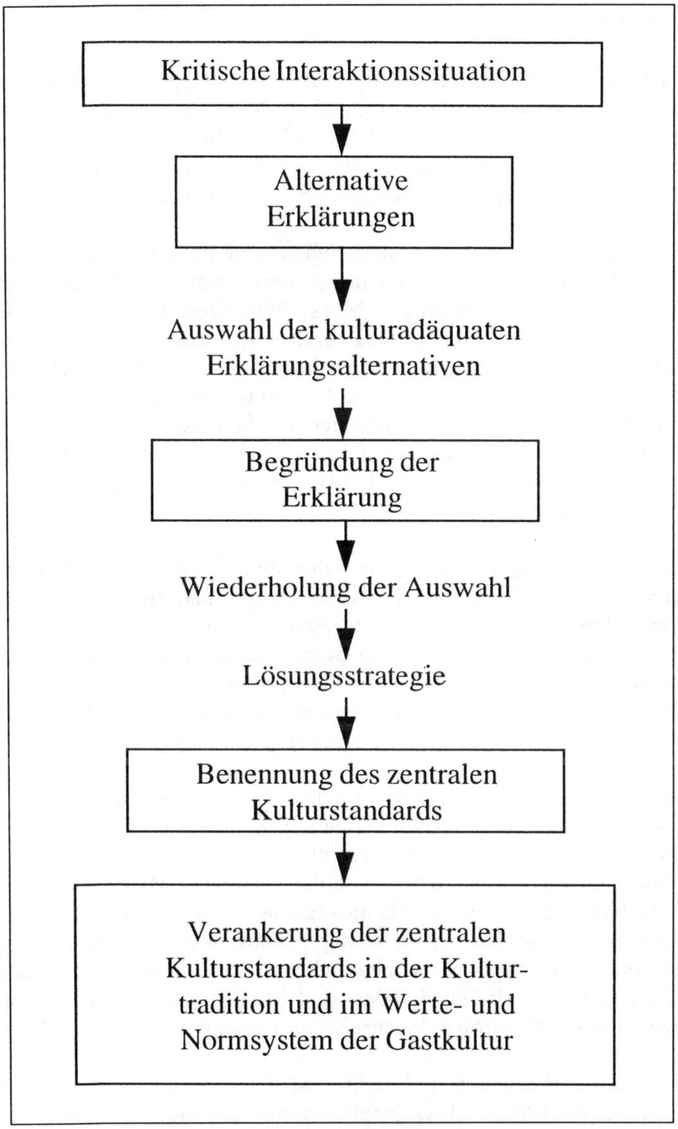

Abb. 2: Ablauf des Culture Assimilator Trainings
Quelle: Thomas (1996), S. 118

In weiterer Folge ermöglicht das Trainingsmaterial aufgrund der nachvollziehbaren, dem zu trainierenden Personenkreis durchaus vertrauten Interaktionssituationen (z.B. Verhandlungs-, Führungs- und allgemeine Handlungssituationen), aber auch eine über kognitive Fähigkeiten hinausgehende emotionale Auseinandersetzung mit einer Zielkultur, die möglicherweise zu positiven Werthaltungen gegenüber einer Kultur und zur gesteigerten Akzeptanz lokaler Normen und dem Abbau von Berührungsängsten führt (vgl. Lange 1994, 37).

3.6 Grenzen des Ansatzes

Hier soll nicht der Eindruck vermittelt werden, daß das Konzept der Kulturstandards der einzig gangbare Weg zur Entwicklung kultursensitiven Managements darstellt. Der Ansatz ist eine von vielen Möglichkeiten, sich mit der kulturellen Problematik in der internationalen Unternehmensführung zu befassen und zudem eine vergleichsweise neue Form der Auseinandersetzung. Dies führt zwangsläufig zu Schwachstellen der Konzeption.

Im Gegensatz zur augenscheinlichen Praktikabilität und unmittelbaren Relevanz für Trainingsteilnehmer ist die Konzeption in der kulturtheoretischen Grundlagenforschung noch relativ wenig verankert (vgl. dazu Demorgon/Molz 1996, Krewer 1996). Das Konzept wurde aus der praktischen Erfahrung in der interkulturellen Kommunikationsforschung entwickelt und ist aufgrund der sozialpsychologischen und kommunikationswissenschaftlichen Ausrichtung nicht atheoretisch, aber beispielsweise ist die Fundierung des sehr umfassenden zugrundeliegenden Kulturbegriffs aus anthropologischer und kultursoziologischer Sicht unbefriedigend. Zudem ist festzuhalten, daß wir es mit einem eher traditionalistischen Kulturverständnis zu tun haben, welches wenige konstruktivistische und systemische Aspekte (vgl. Allaire/ Firsirotu 1984) berücksichtigt.

Kulturstandards sind Momentaufnahmen, die daher dem dynamischen Charakter von Kultur nur bedingt gerecht werden. Ferner ist die Gewichtungs- und Hierarchisierungsproblematik bezüglich des Verhältnisses einzelner Kulturstandards zueinander bisher nicht geklärt. D.h., es sind zur Zeit keine definitiven Aussagen bezüglich der singulären Bedeutsamkeit, dem Ausmaß an Überlappungen und der Zentralität einzelner Kulturstandards möglich. Das Basiskonzept legt aber nahe, daß zukünftige Forschungsbemühungen sowohl in Richtung Dynamisierung und Relationalität brauchbare Ergebnisse bringen werden.

Grenzen hinsichtlich des tatsächlichen betrieblichen Einsatzes ergeben sich aus dem bikulturellen Fokus des Kulturstandardkonzepts. Da nationale Kulturstandards nur in Relation zwischen einer Ausgangs- und einer Zielkultur ermittelt werden können, ist die Verallgemeinerbarkeit eingeschränkt und es gilt, länder- bzw. kulturbezogenes Material zu entwickeln. Auch die Handlungsfeldabhängigkeit von Forschungsergebnissen stellt eine Beschränkung der Einsatzmöglichkeiten dar. Es ist bislang zu wenig geklärt, inwieweit in der angesprochenen Form ermittelte Kulturstandards über einzelne Lebenswelten hinweg generalisierbar sind, also ob beispielsweise Ergebnisse, die im Schüler- und Studentenaustausch, bei Managern oder Entwicklungshelfern ermittelt wurden, wechselweise relevant und gültig sind.

Ungeachtet dieser Einschränkungen und nicht zuletzt wegen des vermuteten Potentials der Konzeption, die angesprochenen Schwachstellen mittels künftiger Forschungsarbeit zu überwinden, erachten wir den Ansatz in Relation zu anderen Kulturkonzeptionen als überaus tauglich zur Entwicklung kultursensitiven Managements. Unsere Einschätzung wird vor allem durch Eigenerfahrung mit spezifischem Trainingsmaterial und die Reaktion von Studenten, die damit gearbeitet haben, gestützt.

4 Kulturstandards und die Entwicklung kultursensitiven Managements

Bei der Entwicklung kultursensitiven Managements im Kontext der internationalen Unternehmensführung stellt sich die Aufgabe, Personen, die im Rahmen der Unternehmenstätigkeit mit interkulturellen Überschneidungssituationen konfrontiert sind, so vorzubereiten, daß sie (1) handlungswirksame Merkmale des jeweiligen fremdkulturellen Orientierungssystems identifizieren sowie (2) diese in das eigene Handlungsschema übernehmen, um spezifische Managementaufgaben unter für sie fremden Kulturbedingungen und in Interaktion mit fremdkulturell geprägten Partnern erfüllen zu können.

4.1 Felder kultursensitiven Managements

Generell stellt sich die Frage, in welchen Bereichen eines internationalen Unternehmensverbunds die angesprochenen Fähigkeiten zum Tragen kommen. Wird einerseits nach der Position einzelner Anspruchsgruppen eines Unternehmens (vgl. zum Stakeholder-Konzept Ward 1992, S. 5) und andererseits hinsichtlich der kulturellen Komplexität der Überschneidungssituation (vgl. Kopper 1996) differenziert, so lassen sich vier typische Fälle unterscheiden (Abbildung 3).

kulturelle Komplexität	Stakeholderposition	
	innen	außen
bikulturell		
multikulturell		

Abb. 3: Typologie interkultureller Überschneidungssituationen

Die Standardsituation für bikulturelle Überschneidungssituationen mit internen Stakeholdern liegt in der Regel bei der Auslandsentsendung von Personal vor, das im Zielland Führungsaufgaben bei fremdkulturellen Mitarbeitern übernimmt (siehe exemplarisch Kühlmann 1995). Bikulturelle und außenbezogene Überschneidungssituationen betreffen beispielsweise den Umgang mit Kunden in direkten Verkaufsgesprächen oder die Gestaltung von Maßnahmen zur Öffentlichkeitsarbeit und Werbung, die an fremdkulturelle Zielgruppen in einem Auslandsmarkt gerichtet sind (vgl. Usunier 1993). Deutlich höher sind die Anforderungen an das Management in multikulturellen Situationen, wenn also zumindest drei kulturelle Entitäten in einer Überschneidungssituation zusammentreffen (vgl. Soraya 1994). Typische Beispiele für interne multikulturelle Kontaktsituationen ergeben sich bei der Zusammenarbeit in multikulturell besetzten Arbeitsteams und Projektgruppen (vgl. Kopper 1996) sowie Arbeitssitzungen von Managern, die aus mehreren Landesgesellschaften stammen (z.B. internationale Koordinationsmeetings und Planungsrunden). Marketingmaßnahmen, die länderübergreifend geplant werden (z.B. eine europaweite Produktneueinführung, internationale Verkaufsorganisation) zielen auf externe Stakeholder ab und weisen zudem multikulturellen Charakter auf, da Zielgruppen aus einer Fülle unterschiedlicher Kulturen angesprochen werden.

Die Typologie in Abbildung 3 läßt erkennen, daß im Rahmen der internationalen Unternehmenstätigkeit eine Fülle von sehr differenten Situationen identifiziert werden kann, in deren Verlauf für das Unternehmen tätige Personen interkulturelle Handlungskompetenz aufweisen sollten. Dennoch findet sich in vielen Unternehmensbereichen - insbesondere in einzelnen Abteilungen in Stammhäusern bzw. Muttergesellschaften mit geringer internationaler Exponiertheit - die Auffassung, daß der Umgang mit fremdkulturellen Gruppen Aufgabe von ins Ausland entsandten Managern und der Verkaufs- bzw. Vertriebseinheiten ist. Haltungen dieser Art stehen einerseits im deutlichen Widerspruch zur realen Bedeutung der internationalen Vernetztheit in der Praxis der Unternehmensführung (siehe exemplarisch: Pohl/Springinsfeld 1993, Rieker/Wirth 1996) und entsprechen andererseits kaum weithin akzeptierten wissenschaftlichen Konzepten, welche als zentrale Schubkraft für den Wettbewerbsvorteil von Unternehmen internationale Koordination, integrierte Netzwerke sowie länderübergreifende Entwicklung und Nutzung von Wissen sehen (vgl. Bartlett/Ghoshal 1989).

Aus der von Bartlett/Ghoshal entworfenen 'Transnational Solution' für die Gestaltung der Unternehmenstätigkeit läßt sich folgern, daß alle Unternehmensbereiche unabhängig von der Zugehörigkeit zum Stammhaus, einem regionalen Headquarters oder einer Landesniederlassung und von den spezifischen funktionalen Aufgaben, die sie erfüllen, in Zukunft vermehrt mit interkulturellen Überschneidungssituationen konfrontiert sein werden. Die Entwicklung spezifischer interkultureller Basisfähigkeiten wird damit unternehmensumspannend notwendig (siehe Abbildung 4).

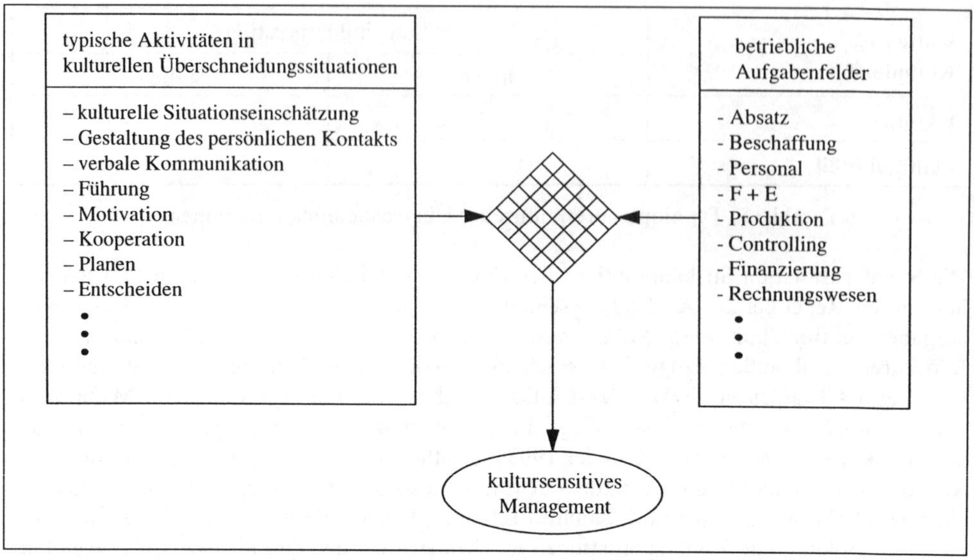

Abb. 4: Felder des kultursensitiven Managements

Steigende internationale Vernetztheit innerhalb des Unternehmensverbunds wird dazu führen, daß Personen in bislang eher national ausgerichteten Organisationseinheiten wie Produktion, Forschung und Entwicklung, Rechnungswesen etc. interkulturelle Kompetenz in einer Art benötigen werden, wie dies in Beschaffungs-, Marketing- und Personalabteilungen schon heute der Fall ist. Es gilt, Fähigkeiten zu entwickeln, welche die Identifikation von Kulturunterschieden in Überschneidungssituationen erlauben (Cultural Assessment), reibungsfreie interkulturelle Kommunikation ermöglichen, kultursensitiven Umgang mit Mitarbeitern bzw. Kollegen (Führung, Motivation etc.) gewährleisten und schließlich die zielentsprechende Aufgabenerfüllung in einem interkulturellen Kontext (Planung, Entscheidung etc.) garantieren.

4.2 Entwicklung kultursensitiven Managements

In diesem Zusammenhang steht eine Fülle an Instrumenten zur Verfügung, die insbesondere im Bereich der Aus- und Weiterbildung, der international ausgerichteten Personalentwicklung und schließlich in der strategischen Unternehmensführung angesiedelt sind (vgl. Holzmüller 1997). Aufgrund des individuellen Fokus, auf den dieser Beitrag abstellt, beschränken wir uns hier auf Maßnahmen, die im Schulungsbereich zur Entwicklung kultursensitiven Managements ergriffen werden können.

4.2.1 Trainingsinhalte

Interkulturelle Trainings, welche auf überwiegend monokulturell sozialisierte Personen mit geringer Auslandserfahrung abstellen, sind dadurch gekennzeichnet, daß die Trainingsteilnehmer ein sehr geringes Problembewußtsein aufweisen. In der Regel erwarten Teilnehmer keine größeren Schwierigkeiten bezüglich ihrer Handlungskompetenz in interkulturellen Überschneidungssituationen und haben kaum Vorstellungen darüber, wie sich Kulturunterschiede auf den beruflichen wie privaten Alltag in fremden Kulturen auswirken können. Bittner (1996) skizziert daher folgende Abfolge von Trainingsinhalten für interkulturelle Vorbereitungsprogramme:

(a) Lernbedarf schaffen

In einem ersten Schritt eines 'Kulturtrainings' gilt es, den Teilnehmern vor Augen zu führen, daß das Aufeinandertreffen unterschiedlicher kultureller Orientierungstrainings geradezu zwangsläufig zu Interaktionsproblemen führt. Entsprechende Visualisierungen, z.B. mittels Rollenspielen mit fremdkulturellen Trainern, sind so zu gestalten, daß von Seiten der Teilnehmer keine Lernblockaden aufgebaut werden und deutlich wird, daß entstandene Mißverständnisse nicht auf in der Persönlichkeit begründeten Merkmalen beruhen, sondern auf die Generalisierung in der heimischen Kultur üblichen Muster zurückzuführen sind. In dieser Phase ist es auch notwendig, eine Reflexion der eigenen Kultur und in der Folge der eigenen Person soweit handhabbar zu gestalten, daß tatsächliche Lernerfolge erzielt und nicht Lernbarrieren provoziert werden. Das Konzept der Kulturstandards und darauf basierendes Trainingsmaterial scheint unseres Erachtens sehr gut geeignet zu sein, in einer sehr komplexen und vielschichtigen Problemkonstellation den Fokus auf zentrale Aspekte zu lenken und damit die Bewältigbarkeit interkultureller Überschneidungssituationen für Lernende zu demonstrieren.

(b) Gewohnte Bewertungen relativieren

In diesem Trainingsschritt geht es um die Vermittlung von Akzeptanz und Verständnis für unterschiedliche Kulturstandards in einzelnen Ländern. Es wird versucht, deutlich zu machen, daß entsprechendes Wissen um eine Kultur nicht unmittelbar in die Bereitschaft mündet, diese Bedingungen hinzunehmen und sich auf diese einzustellen. Damit wird die Problematik der 'Wertigkeiten' von Kulturen angesprochen, die gerade aus europäischer Sicht sehr häufig in eine deutlich sichtbare ethnozentrische Überheblichkeit mündet (vgl. Henze/Kammel 1994). Im Kern ist das Anliegen dieser Trainingsphase die Relativierung verinnerlichter Werte, die im eigenkulturellen Umfeld vielfach unreflektiert akzeptiert und als überlegen angesehen werden.

Auch in diesem Kontext erscheint das Konzept der Kulturstandards hilfreich zu sein. Kritische Interaktionssituationen, deren Verlauf aus dem Blickwinkel der Kultur der Trainingsteilnehmer besonders unakzeptabel sind, können unter weitgehender Ausklammerung der Werteproblematik auf der Basis von Kulturstandards, die ein zweckmäßiger Lösungsweg für dort vorhandene Problemstellungen sind, dargelegt werden. Unseres Erachtens fällt damit den Lernenden die Relativierung eigener Wertkategorien und die Akzeptanz fremdkultureller Bedingungen leichter.

(c) Lokale Bewertungen partiell übernehmen

Ziel dieses Schritts ist, den Teilnehmern zu demonstrieren, warum die Mehrzahl der Ansprechpartner in einem Zielland die eigene Kultur schätzten, so wie sie ist, selbst wenn sie diese in einigen Punkten für verbesserungswürdig halten. Dazu ist es erforderlich, daß fremdkulturelle Wertmaßstäbe partiell übernommen werden. Dies ist mental etwas völlig anderes als zu akzeptieren, daß Aspekte des eigenen Orientierungssystems in der Zielkultur (bedauerlicherweise noch) nicht verbreitet sind (vgl. Bittner 1996, 332).

Eine entsprechende Schulung kann an Aspekte aus der Fremdkultur anknüpfen, die von den Trainingsteilnehmern als attraktiv empfunden werden. In einer nächsten Vertiefung kann gezeigt werden, daß sich Kulturen als logische Ganzheit darstellen und sich daher attraktive und unattraktive Aspekte gegenseitig bedingen. Auch in diesem Zusammenhang scheint das Konzept der Kulturstandards geeignet zu sein, in vergleichsweise übersichtlicher Form den ambivalenten Charakter des Kulturellen begreifbar zu machen und damit die Voraussetzungen zu schaffen, daß Personen stärker 'kulturrelativistisch' agieren.

(d) Relativierung der eigenen Einflußmöglichkeiten

Die Ausbildungsabsicht in diesem Schritt könnte unter dem Etikett 'Bescheidenheitstraining' zusammengefaßt werden. Aufgrund der intensiven Auseinandersetzung mit der interkulturellen Thematik wird den Teilnehmern klar, daß die Einflußmöglichkeiten auf die lokale Kultur erheblich geringer sein werden, als vor dem Training angenommen wurde. Damit ergibt sich nicht nur für den generellen Verhaltensbereich eine Fülle an Konsequenzen, sondern auch für berufliche Aufgabenstellungen wird die Zielsetzung oftmals zu revidieren und anzupassen sein. Bittner (1996, 332) spricht in diesem Zusammenhang von der Entwicklung des Selbstverständnisses von einer 'hochkarätigen Fach- oder Führungskraft' hin zu einem 'Mittler zwischen den Welten'. Diese geänderte Sichtweise kann zu massiven Verunsicherungen führen, die es aufzuarbeiten gilt. Reflexion und Beratung erscheinen notwendig, die aber über rezepthafte Positionsbestimmungen hinausgehen und auf einen verstehenden Umgang mit der interkulturellen Problematik abstellen sollte. Im Sinn einer abschließenden integrativen Zusammenführung einzelner Trainingsschritte scheint es wünschenswert zu sein, einen robusten Orientierungsrahmen zu geben. Vergleichsweise abstrakte Kulturkonzepte, wie jene von Hofstede (1980 und 1991) und Tropenaars (1993) sind unseres Erachtens zu wenig unmittelbar handlungsrelevant. Auch hier halten wir eine synoptische Darstellung der zentralen Kulturstandards, die in einer Kultur gegeben sind, für überlegen.

4.2.2 Trainingsformen

Folgt man einer in der Literatur gebräuchlichen Differenzierung der Mitarbeitervorbereitung auf interkulturelle Überschneidungssituationen in (a) informationsorientierte, (b) kulturorientierte, (c) interaktionsorientierte und (d) verstehensorientierte Trainings (vgl. Thomas/Hagemann 1996, Thomas 1995), dann eignet sich das Konzept der Kulturstandards vor allem für den Einsatz in jenen Formen, die auf eine eher analytische Heranführung zur interkulturellen Problematik setzen. Im Rahmen kulturorientierter Trainings, die auf eine generelle 'Culture-Awareness' der Teilnehmer abstellen, und in verstehensorientierten Trainings, die auf die Vermittlung von fremdkulturellen Orientierungssystemen zielen, sind Culture-Assimilator-Programme, welche auf der Konzeption der Kulturstandards beruhen, besonders gut einsetzbar.

Vermutlich eignet sich das Konzept der Kulturstandards aber auch zum Einsatz bei interaktionsorientierten Trainingsprogrammen, also beispielsweise zur Entwicklung von Rollenspielmaterial oder als Ausgangsbasis für die Gestaltung von Arbeitsaufträgen, die im Rahmen von Field Trips von Trainingsteilnehmern zu bearbeiten sind. Diesbezügliche Bemühungen sind in der Literatur noch nicht dokumentiert, es ist jedoch zu erwarten, daß mit zunehmender Verbreitung des Konzepts der Kulturstandards eine größere Vielfalt an darauf basierenden Trainingsmaterialien und -konzepten entwickelt werden wird. Aufgrund der klaren Struktur einschlägig entwickelter Culture-Assimilator-Programme (vgl. exemplarisch Müller/Thomas 1991) sind diese auch besonders gut zur Vorgabe über Computer geeignet. Über den Einbau spielerischer Komponenten bzw. multimedialer Elemente (z.B. Ton, Bilder und Videosequenzen) könnte der Aufforderungscharakter solcher Programme weiter gesteigert und die Einsetzbarkeit erhöht werden.

4.2.3 Bedarfsfelder für interkulturelle Kompetenz

Grundsätzlich ist der Bedarf an interkultureller Kompetenz vom Internationalisierungsgrad des jeweiligen Unternehmens abhängig. Es sind jedoch kaum mehr Firmen vorstellbar, die nicht in irgendeiner Weise mit interkulturellen Überschneidungssituationen konfrontiert sind. Es lassen sich sowohl außenorientierte als auch innerorganisatorische Aufgabenbereiche identifizieren, die typischerweise spezifisches Know-how im Umgang mit fremdkulturellen Personen erfordern (vgl. Holzmüller 1997).

(a) Marktbezogene Aufgabenbereiche und Situationen

Unter marktbezogenen Aufgaben sind Unternehmensaktivitäten gemeint, die auf externe Stakeholder bzw. Austauschpartner abstellen. Damit sind in funktionaler Sichtweise insbesondere Aufgaben der Beschaffung, des Marketing und Vertriebs, der Finanzierung sowie von der Gesamtunternehmung ausgehende Aktivitäten, wie Maßnahmen der Öffentlichkeitsarbeit, Corporate Communications etc., angesprochen.

Aufgaben, die in diesem Zusammenhang eine besondere kulturelle Sensitivität erfordern, sind beispielsweise Marktforschungsmaßnahmen, da bei der Datensammlung und -interpretation in anderen Kulturen eine Fülle an Fehlerquellen vorhanden ist, deren Nicht-Beachtung zu unbrauchbaren Resultaten führen (vgl. Bauer 1995, Holzmüller 1995). Ebenso bedeutsam sind alle Situationen in denen ein direkter Kontakt mit fremdkulturellen Geschäftspartnern erfolgt, wie beispielsweise Verhandlungssituationen, Repräsentationsauftritte von Unternehmensvertretern und die Gästebetreuung (vgl. Bittner/Reisch 1994, 28). Fehlende interkulturelle Handlungskompetenz kann hier extrem negative Folgen für Unternehmen nach sich ziehen.

Entsprechend ausgebildetes Personal stellt im internationalen Geschäft einen zentralen Erfolgsfaktor dar.

Vor allem für internationale Beschaffungs- und Marketingaufgaben sind entsprechende Fähigkeiten bedeutsam. Der internationale Einkauf ist in vielen Bereichen geprägt von Aufgaben wie der Suche nach verläßlichen und qualitativ entsprechenden Lieferanten, Sondierungsgesprächen, Verhandlungen, Planung unter Einbeziehung von potentiellen und tatsächlichen Lieferanten, Vertragsabschlüssen, Reklamationen, Kontaktpflege etc. Damit wird deutlich, daß von Einkäufern oft mindestens eine ebenso große interkulturelle Kompetenz gefordert wird wie von Vertriebsspezialisten (vgl. Punnet/Ricks 1992, 365). Die Entwicklung von Marketing- und Vertriebskonzepten erfordert auf vielfältige Weise die Berücksichtigung interkultureller Differenzen. Die zentrale Frage im internationalen Marketing, nämlich ob Vermarktungsstrategien standardisiert, also über Landesgrenzen hinweg einheitlich, oder differenziert nach den jeweiligen Marktbedingungen gestaltet werden sollen, kann zufriedenstellend nur auf der Basis kultureller Kenntnisse erfolgen (vgl. Usunier 1993).

(b) Organisationsbezogene Aufgabenbereiche und Situationen

Hier wird auf innengerichtete Aktivitäten in der Unternehmensführung Bezug genommen, die in besonderem Maß interkulturelle Kompetenz erfordern, wie beispielsweise organisatorische Aufgaben, Führung, Planung, Personalwesen, Produktion und Logistik. Im Gegensatz zu den bereits angesprochenen marktbezogenen Aktivitäten, die auf eine kultursensitive Gestaltung von Außenbeziehungen abstellen, steht hier die Handhabung interkultureller Heterogenität in den internen Unternehmensprozessen im Vordergrund.

Typische Situationen, die entsprechende kulturelle Sensitivität erfordern, um erfolgreiche internationale Unternehmenstätigkeit zu gewährleisten, sind die Rekrutierung und Integration fremdkulturellen Personals, das Arbeiten mit fremdkulturellen Mitarbeitern bzw. in multikulturell besetzten Teams (vgl. Bittner/Reisch 1994, 103; Kopper 1996). So brauchen beispielsweise multikulturelle Arbeitsgruppen zur Entscheidungsfindung mehr Zeit und es treten häufiger Konflikte auf als in vergleichbaren homogenen Gruppen. Unter anderem führen jeweils unterschiedliche verbale und non-verbale Kommunikationsmuster, Stereotypen, der Umgang mit Information und Differenzen in den arbeitsbezogenen Werthaltungen zu Mißverständnissen, Mißtrauen und erhöhtem Streß am Arbeitsplatz (vgl. Thomas/Hagemann 1996, 194). Andererseits resultiert aus der besonderen Gruppenstruktur eine große Wahrscheinlichkeit für kreative und innovative Problemlösungen.

Auch im Rahmen überbetrieblicher Kooperationen und/oder anderer internationaler Integrationsformen stellt die Handlungskompetenz des Managements in kulturellen Überschneidungssituationen einen zentralen Erfolgsfaktor dar. Internationale Joint Ventures, strategische Allianzen, internationale 'Mergers and Acquisitions' führen zu Problemstellungen, die einen hohen Anspruch an Unternehmen bzw. deren Mitarbeiter stellen. Die Spezifika in solchen Aufgabenfeldern ergeben sich aus dem zusätzlichen Einfluß der Unterschiede in den Unternehmenskulturen der beteiligten Einheiten und der typischen interkulturellen Problematik im Rahmen organisationaler Kooperation. Mangels genauer Kenntnis der Unternehmenskultur und allgemeiner kultureller Rahmenbedingungen fällt es in vielen Fällen schwer, die Absichten und Verhaltensweisen der Partnerorganisation einzuschätzen, Führungskompetenz zu übernehmen oder die Zuschreibung von Erfolg und die entsprechende Ergebnisverteilung vorzunehmen (vgl. Schnapper 1996, 270).

5 Ausblick und Entwicklungsperspektiven

Das Konzept der Kulturstandards ist erst kürzlich entwickelt worden und daher stellen sich eine Fülle von künftigen Forschungsaufgaben bzw. es ergeben sich viele Möglichkeiten zur Nutzung im betriebswirtschaftlichen Kontext. Aus derzeitiger Sicht wäre wünschenswert, wenn im Grundlagenbereich eine über die bereits vorliegenden Arbeiten (vgl. Krewer 1996, Eckensberger 1996) hinausgehende Aufarbeitung der theoretischen Fundierung des Konzepts in der Anthropologie und Psychologie geleistet wird, welche insbesondere zur Erhöhung der Spezifität des Konzepts beiträgt.

Da vergleichsweise wenige Länder bzw. Kulturen hinsichtlich der vorherrschenden zentralen Kulturstandards untersucht wurden, gilt es in nächster Zeit, die Forschungsbemühungen auf weitere für den Welthandel relevante Regionen auszuweiten. Besonders wünschenswert wären Untersuchungen in Japan, in islamisch beeinflußten Gebieten, in Zentral- und Südamerika sowie in Südafrika. In diesem Kontext sollte auch der Frage nachgegangen werden, inwieweit es möglich ist, für größere Regionen länderübergreifende Standards zu identifizieren, die einen größeren Geltungsbereich umfassen.

Aufgrund der unseres Erachtens hohen Relevanz der Konzeption der Kulturstandards für die internationale Unternehmenstätigkeit sollte verstärkt im Bereich der Entwicklung von entsprechendem Trainingsmaterial gearbeitet werden. Das bisher vorliegende Papier- und Bleistift-Material für Cultural Assimilator Trainings könnte zu computergestützten Lernprogrammen weiterentwickelt werden. Darüber hinaus sollte geprüft werden, inwieweit eine multimediale Gestaltung des Materials die didaktische Eignung erhöht. Besonders bedeutsam erscheint auch die Entwicklung anderer Trainingsmaterialien, die auf der Konzeption der Kulturstandards basieren, wie beispielsweise Rollenspiele, Kommunikationsübungen, Arbeitsaufgaben im kulturellen Feld und filmisches Demonstrationsmaterial.

Literaturverzeichnis

Ajiferuke, M./Boddewyn, J. (1970): Culture and Other Explanatory Variables in Comparative Management Studies, in: Academy of Management Journal, 1970, S. 453 - 458.

Allaire, Y./Firsirotu, M. (1984): Theories of Organizational Culture, in: Organization Studies, No. 3, S. 193-226.

Bartlett, C. A./Ghoshal, S. (1989): Managing Across Borders. The Transnational Solution, Boston/MA 1989.

Bauer, E. (1995): Internationale Marketingforschung, München 1993.

Bittner, A. (1996): Psychologische Aspekte der Vorbereitung und des Trainings von Fach- und Führungskräften auf einen Auslandseinsatz, in: Thomas, A. (Hrsg.): Psychologie interkulturellen Handelns, Göttingen 1996, S. 317-339.

Bittner, A./Reisch, B. (1994): Interkulturelles Personalmanagement. Internationale Personalentwicklung, Auslandsentsendungen, interkulturelles Training, Wiesbaden 1994.

Brück, A./Thomas, A. (1995): Interkulturelles Orientierungstraining für Südkorea, Heidelberg 1995.

Demorgon, J./Molz, M. (1996): Bedingungen und Auswirkungen der Analyse von Kultur(en) und interkulturellen Interaktionen, in: Thomas, A. (Hrsg.): Psychologie interkulturellen Handelns, Göttingen 1996, S. 43-85.

Eckensberger, L. H. (1996): Auf der Suche nach den (verlorenen?) Universalien hinter den Kulturstandards, in: Thomas, A. (Hrsg.): Psychologie interkulturellen Handelns, Göttingen 1996, S. 165-197.

Flanagan, J. C. (1954): The Critical Incident Technique, in: Psychological BULLETIN; Vol. 51, S. 327-358.

Geerz, C. (1983): Local Knowledge, New York 1983.

Hall, E. (1966): The Hidden Dimension, New York 1966.

Hentze, J./Kammel, A. (1994): Erfolgsfaktoren im internationalen Management: Zur Bedeutung der interkulturellen Personalführung in der multinationalen Unternehmung, in: Die Unternehmung, 48. Jg., Nr. 4, S. 265-275.

Hofstede, G. (1980): Culture's Consequences, International Differences in Work-Related Values, Newbury Park/CA 1980.

Hofstede, G. (1991): Cultures and Organizations., Software of the Mind, London et al. 1991.

Holzmüller, H.H. (1995): Konzeptionelle und methodische Probleme in der interkulturellen Management- und Marketingforschung, Stuttgart 1995.

Holzmüller, H.H. (1997): Bedeutung und Instrumente zur Handhabung der kulturellen Heterogenität im internationalen Unternehmensverbund, in: Macharzina, K./Österle, M-J. (Hrsg.): Handbuch Internationales Management, Wiesbaden 1997 (im Druck).

Kopper, E. (1996): Multicultural Workgroups and Project Teams, in: Bergemann, N./Sourisseaux, A.L.J. (Hrsg): Interkulturelles Management, 2. Aufl., Heidelberg 1996, S. 229-254.

Krewer, B. (1996): Kulturstandards als Mittel der Selbst- und Fremdreflexion in interkulturellen Begegnungen, in: Thomas, A. (Hrsg.): Psychologie interkulturellen Handelns, Göttingen 1996, S.147-163.

Kühlmann, T. M. (1995): Die Auslandsentsendung von Fach- und Führungskräften: Eine Einführung in die Schwerpunkte und Ergebnisse der Forschung, in: Kühlmann, T. M. (Hrsg.): Mitarbeiterentsendung ins Ausland, Göttingen 1995, S. 1-30.

Lange, C. (1994): Interkulturelle Orientierung am Beispiel der Trainingsmethode "Cultural Assimilator", Göttingen 1994.

Markowski, R./Thomas, A. (1995): Interkulturelles Orientierungstraining für Deutschland, Übungsmaterial zur Vorbereitung amerikanischer Studenten, Praktikanten und Schüler auf das Studium in Deutschland, Heidelberg 1995.

Mendenhall, M./Punnett, B. J./Ricks, D. (1995): Global Management, Cambridge/MA 1995.

Müller, A./Thomas, A. (1991): Interkulturelles Orientierungstraining für die USA, Saarbrükken 1991.

Oevermann, U. et al. (1979): Die Methodologie einer "objektiven Hermeneutik" und ihre allgemeine forschungslogische Bedeutung in den Sozialwissenschaften, in: Soeffner, H.-G. (Hrsg): Interpretative Verfahren in den Sozial- und Textwissenschaften, Stuttgart 1979.

Pohl, P./Springinsfeld, L. (1993): Henkel: Zehn Sprachen und noch mehr Kulturen, in: Industrie, Nr. 26, 1993, S. 28.

Punnett, B. J./Ricks, D. A. (1992): International Business, Boston/MA 1992.

Rieker, J./Wirth, B. (1996): "I'm a Bavarian". Ausländer in deutschen Vorständen, in: Manager Magazin, Nr. 4, 1996, S. 244-252.

Schnapper, M. (1996): Multicultural/Multinational Teambuilding After International Mergers and Acquisitions, in: Bergemann, N./Sourisseaux, A.L.J. (Hrsg): Interkulturelles Management, 2. Aufl., Heidelberg 1996, S. 269-283.

Soraya, S. (1994): Zum Kulturbegriff in der Multikultur, in: Thomas, A. (Hrsg.): Psychologie und multikulturelle Gesellschaft, Göttingen-Stuttgart 1994, S. 15-22.

Thomas, A. (1989): Interkulturelles Handlungstraining in der Managerausbildung, in: WiSt - Wirtschaftswissenschaftliches Studium, Heft 6, S. 281-287.

Thomas, A. (1991): Psychologische Wirksamkeit von Kulturstandards im interkulturellen Handeln, in: Thomas, A. (Hrsg.): Kulturstandards in der internationalen Begegnung, Saarbrücken 1991, S. 55-70.

Thomas, A. (1995): Die Vorbereitung von Mitarbeitern für den Auslandseinsatz: Wissenschaftliche Grundlagen, in: Kühlmann, T. M. (Hrsg.): Mitarbeiterentsendung ins Ausland, Göttingen 1995, S. 85-117.

Thomas, A. (1996): Analyse der Handlungswirksamkeit von Kulturstandards, in: Thomas, A. (Hrsg.): Psychologie interkulturellen Handelns, Göttingen 1996, S. 107-135.

Thomas, A., Hagemann, K. (1996): Training interkultureller Kompetenz, in: Bergemann, N./ Sourisseaux, A. L. J. (Hrsg.): Interkulturelles Management, 2. Aufl., Heidelberg 1996, S. 173-199.

Triandis, H. C. et al. (Hrsg.) (1972): The Analysis of Subjective Culture, New York/NY 1972.

Tropenaars, F. (1993): Riding the Waves of Culture. Understanding Cultural Diversity in Business, London 1993.

Usunier, J.-C. (1993): International Marketing. A Cultural Approach, New York/NY 1993.

Ward, K. (1992), Strategic Management Accounting, Oxford/MA 1992.

Kulturgebundenheit als Bestimmungsfaktor internationaler Marketingstrategien im Konsumgüterbereich

Univ. Ass. Dr. Arnold Schuh

Institut für Absatzwirtschaft,
Wirtschaftsuniversität Wien

1 Einleitung

Die Vermarktung von Produkten und Leistungen in mehreren Ländern bringt es mit sich, daß Marketing-Manager bei ihren Absatzentscheidungen mit unterschiedlichen Kulturräumen konfrontiert sind. Gerade im Konsumgüterbereich - insbesondere in der Nahrungsmittel-, Bekleidungs- und Möbelbranche - beeinflussen Kulturfaktoren eine Vielzahl von Marketingelementen, die von der Produktpositionierung, über die Produkt-, Verpackungs- und Werbegestaltung bis hin zur Wahl des Distributionsweges reicht. In den frühen Konzeptionen des internationalen Marketing (v.a. Cateora 1966) wurde daher der nationalen bzw. regionalen Kulturdimension eine hohe Aufmerksamkeit bei der Ausgestaltung nationaler Marketingprogramme geschenkt. Die damals vorherrschende Auffassung, daß die Auslandsmarktbearbeitung am besten dem lokalen Management überlassen werden soll, unterstützte noch die Tendenz, im Marketing auf wahrgenommene (und vielfach auch angenommene) Unterschiede in den nationalen Marktgegebenheiten einzugehen.

Mit dem Aufkommen der Globalen-Marketing-Konzeption in den 80er Jahren (vgl. Levitt 1983; Keegan 1989, 10) rückte nun die Suche nach länderübergreifenden Gemeinsamkeiten (statt nach Unterschieden) in den Marktstrukturen und Konsumsituationen in den Vordergrund. Was für den Investitionsgüterbereich nicht neu war, stellte im Konsumgüterbereich eine fast revolutionäre Sichtweise dar. Denn die Identifizierung von weltweit ähnlichen Anwendungssituationen bzw. sich im Beschaffungsprozeß ähnlich verhaltenden Kundengruppen eröffnet die Möglichkeit, bestehende oder neu zu entwickelnde Produktkonzepte in mehreren Ländermärkten standardisiert, also möglichst unverändert, zu offerieren. Für global agierende Unternehmen sind damit Kosteneinsparungen, Zeitvorteile ("Time-to-Market") und Effektivitätssteigerungen verbunden, die wiederum ihre Wettbewerbsfähigkeit stärken. Die Auflösung nationaler Grenzen im wirtschaftlichen Bereich durch die Schaffung von Freihandelszonen und gemeinsamen Binnenmärkten, die Herausbildung internationaler Handels- und Medienstrukturen sowie die Verbesserung der Kommunikations- und Transporttechnologien fördern und erzwingen oftmals die Neuorientierung hin zu einer Globalen-Marketing-Konzeption.

Die Globalisierung des Marketing bringt vordergründig auch einen Bedeutungsverlust der nationalen bzw. regionalen Kulturdimension mit sich. In der Globalen-Marketing-Literatur (z.B. Keegan 1989; Douglas/Craig 1995) werden v.a. die strategischen und anbieterseitigen Aspekte des internationalen Marketing hervorgehoben, die beispielsweise in einer ausgeprägten Konkurrenz- und Kostenorientierung (z.B. Kosteneinsparungen durch Integration und Standardisierung) zum Ausdruck kommen. Kernthesen zur Globalisierung wie jene der international erkennbaren Angleichungstendenzen im Kauf- und Beschaffungsverhalten oder die Preisvorteilsthese (vgl. Levitt 1983) bieten zudem eine gute Rechtfertigung für den zunehmenden Einsatz von internationalen Standardisierungsstrategien. Verstärkend wirkt noch, daß die Globale-Marketing-Auffassung dem im internationalen Marketing-Management vorherrschenden hohen Pragmatismus im Entscheidungsverhalten und der mangelnden Sensitivität gegenüber lokalen Marktgegebenheiten entgegenkommt (vgl. Douglas/Wind 1987).

Vor diesem Hintergrund soll in diesem Beitrag auf konzeptioneller Ebene untersucht werden, wie die nationale bzw. regionale Kulturdimension in die Entwicklung internationaler Marketingstrategien Eingang findet. Dabei wird zunächst ein kurzer Überblick zur Konzeptualisierung der Wirkungsbeziehungen zwischen nationaler Kultur und Konsumverhalten gegeben. Die anschließende Erörterung des Konzepts der Kulturgebundenheit soll dazu dienen, einen

Bezugsrahmen zur Transferierbarkeit von Marketingstrategien über Kulturräume hinweg zu skizzieren. Am Beispiel dreier Entscheidungsfelder - Marktsegmentierung, Produktpositionierung und Kommunikationspolitik - wird der Anwendungsbezug zur internationalen Marketingstrategie dargestellt. Abschließend wird das gegenwärtig eingesetzte Marketinginstrumentarium zur Handhabung des Kultureinflusses kritisch beurteilt und ein marketingbezogenes Modell zur Analyse der Kulturgebundenheit präsentiert.

2 Kultur und Konsumentenverhalten

Für die Untersuchung der Interaktion von Vermarktungs- und Konsumaktivitäten bieten sich mehrere Kulturkonzepte an. Schon Kroeber/Kluckhohn (1952) haben nicht weniger als 170 Ansätze dokumentiert, nach denen sich das Phänomen Kultur konzeptualisieren läßt. Nach der Systematisierung von Allaire/Firsirotu (1984) lassen sich grob zwei große Gruppen unterscheiden: soziokulturelle Ansätze, die Kultur und Sozialsystem als Einheit sehen, sowie Ansätze, die Kultur als Ideensystem begreifen.

In der gängigen Literatur zum internationalen Marketing (z.B. Terpstra 1985; Cateora 1987; Keegan 1989; Jain 1990) wird Kultur überwiegend im Sinne soziokultureller Ansätze interpretiert. Diese Schule steht in der Tradition der kulturanthropologischen Sichtweise. Ihre Vertreter gehen davon aus, daß Kultur und Sozialsystem einen integrierten, untrennbaren Gesamtkomplex bilden und daß sich Kultur in bestimmten sozialen Verhaltensweisen und materiellen Kulturprodukten manifestiert (vgl. Dormayer/Kettern 1987). Die Festlegung des Begriffsumfanges erscheint willkürlich und besteht aus der Aufzählung von sogenannten Kulturelementen. Die dabei am häufigsten vorkommenden Kulturelemente sind Sprache, Ästhetik, Religion, materielle Kultur (Technologie, Wirtschaft) und soziale Institutionen (Familie, Bildungswesen). Es existiert jedoch weder ein theoretisches noch operationales konzeptionelles Kulturmodell. Die Darstellung der Wirkungsbeziehungen zwischen kulturellen Einflußgrößen und Kauf- oder Marketingentscheidungen erschöpft sich hauptsächlich in der Darstellung von Einzelbeispielen, die oft in anektodischer Form gehalten sind.

Auf das geringe forschungsleitende und theoriegenerierende Potential der soziokulturellen Ansätze ist es wahrscheinlich zurückzuführen, daß in letzter Zeit jene Ansätze in der internationalen Marketing- und Managementforschung an Bedeutung gewonnen haben, die Kultur als Ideensystem begreifen (vgl. Überblick bei Holzmüller 1995, 34ff.). Kultur wird dabei als ein System gemeinsamer Ideen aufgefaßt, das den Kulturmitgliedern eine Orientierung in der sozialen und physischen Umwelt ermöglicht und von vielfach unbewußt bleibenden Denkstrukturen geprägt ist. Diesem kognitiven Ansatz folgend ist Kultur als ein System von Wissen und gelernten Standards der Wahrnehmung, Überzeugungen, Bewertungen und des Verhaltens zu begreifen (vgl. Triandis 1972, 10; Bhagat/McQuaid 1982, 655; Holzmüller 1995, 34). Im Unterschied zum materiellen Kulturbegriff stehen die kollektiven Kognitionen, also die gedanklichen Gemeinsamkeiten von Personen im Mittelpunkt des Interesses (siehe Abb. 1). Kultur wird in diesem Kontext sehr treffend als "Hintergrundphänomen" verstanden, welches das Verhalten prägt, ohne daß sich Personen dieses Einflusses bewußt sind. Die kognitiven Ansätze kommen in der Forschung dem Praxisauftrag an das Internationale Marketing stärker entgegen, da sie im besonderen Maße die Forderung nach robusten Operationalisierungen, kostengünstiger Erfaßbarkeit und Entscheidungsrelevanz der Forschungsergebnisse erfüllen (vgl. Wind/Douglas 1982).

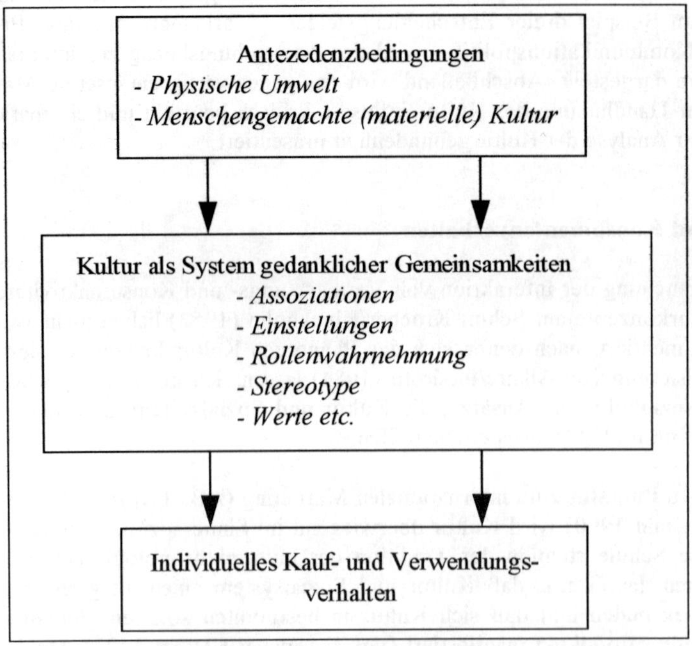

Abb. 1: Einfluß der Kultur auf das Konsumentenverhalten

3 Kulturgebundenheit von Konsummustern

3.1 Konzept der Kulturgebundenheit

Ein Ziel der Marketingwissenschaft und -praxis im gegebenen Zusammenhang ist es, generelle Aussagen zur Kulturgebundenheit von Marketingmaßnahmen zu erhalten. Gerade im Kontext des Globalen Marketing interessiert daher, welche Konsummuster vorliegen müssen, damit beispielsweise Produkt- und Werbekonzepte in verschiedenen Kulturkreisen einheitlich eingesetzt werden können (die Differenzierungsnotwendigkeit aufgrund anderer Einflußgrößen wird hier aus Vereinfachungsgründen aus der Betrachtung ausgeklammert).

Das Konzept der Kulturgebundenheit stellt einen Ansatzpunkt für die Beantwortung dieser Frage dar. Unter kulturgebundenen Konsummustern wird jenes produktbezogene Kauf- und Verwendungsverhalten verstanden, das eng mit tradierten Lebensgewohnheiten und Verhaltensnormen innerhalb einer Gesellschaft verbunden ist. Weicht dieses Verhalten stark von Konsummustern in anderen Ländern ab, dann ist zumindest aus Verhaltenssicht eine eigenständige Marketingstrategie zu verfolgen. Globale Konsummuster sind hingegen in ähnlicher Form in mehreren Kulturkreisen anzutreffen und ermöglichen damit eine kulturübergreifende und im hohen Maße standardisierte internationale Marktbearbeitung.Das internationale Unternehmen wird mit kulturbezogenen Entscheidungsfragen dann konfrontiert, wenn Produkt- bzw. Markenkonzepte, die in und für einen Kulturraum entwickelt wurden, auf neuen Auslandsmärkten eingeführt werden sollen.

Dabei können sich mehrere auf Kulturunterschiede zurückgehende Problemstellungen ergeben:

- die Produktkategorie existiert im neuen Absatzmarkt nicht, weil das vorherrschende gesellschaftliche Normensystem seinen Konsum verbietet (z.B. Konsumverbot aus religiösen Gründen) oder der Produktnutzen nicht erkannt wird,
- die Attraktivität des Produktes ist geringer als im konzeptionellen Ursprungsland, da andere Präferenzen vorliegen (z.B. geringere Akzeptanz von Kunstfasern in Europa als in den USA, da das angenehmere Tragegefühl von Baumwollwäsche von Europäern höher bewertet wird als Pflegeleichtigkeit, Haltbarkeit und niedriger Preis),
- das Produkt paßt nicht in die vorherrschende Konsum- bzw. Verwendungssituation (z.B. Schwierigkeiten bei der Etablierung von Cerealien als Frühstücksgericht in Südeuropa),
- die Umsetzung des Markenkonzepts in Werbung und Produktgestaltung stößt auf Unverständnis oder sogar Ablehnung (z.B. tabuverletzende Werbeinhalte).

Kulturunterschiede im Konsumentenverhalten wirken sich auf die grundlegende Akzeptanz bzw. Übernahmebereitschaft eines Produktkonzeptes aus und natürlich auch auf den Wirkungsgrad der eingesetzten Marketing-Mix-Strategie. Es ist daher zu prüfen, inwieweit eine Vereinbarkeit der Produkteigenschaften bzw. des Nutzenprofils mit den Verhaltensnormen in der neuen Absatzregion gegeben ist. Obwohl meistens über die absatzhindernde Wirkung von kulturellen Einflußgrößen berichtet wird, soll nicht die absatzfördernde Wirkung übersehen werden,wie sie beispielsweise bei Herkunftsland-Effekten auftritt.

Kulturungebundene Konsummuster liegen dann vor, wenn die Wahrnehmung, Beurteilung und Nutzung von Produkten über Kulturräume hinweg hohe Ähnlichkeit aufweist. Berekoven (1978, 16) spricht von extremer internationaler Verbrauchsangleichung, wenn die Einwohner verschiedener Länder "für Essen, Trinken, Kleidung, Wohnung, Bildung, Fortbewegung etc.

- die gleichen Güter (oder sogar dieselben Marken),
- für die gleichen Zwecke (Beruf oder Freizeit),
- in der gleichen Einsatzweise (Menge, Zeit, Dauer, Intensität)
- aus den gleichen Überlegungen und Motiven" ver- und gebrauchen.

In seiner Untersuchung zur Verbrauchsangleichung innerhalb Europas anhand ausgewählter Leitgüter (bestimmte Nahrungsmittel, Getränke, Textilien, Heimelektronik, Haushaltsgeräte, Kraftfahrzeuge, Wohnverhältnisse) konnten unterschiedliche nationale Verbrauchsgewohnheiten festgestellt werden (Berekoven 1978). Auf Basis von amtlichen Statistiken zu Besitz, Konsumausgaben und Verbrauch einzelner Produkte wurden Zeitreihen- und Querschnittsanalysen durchgeführt. Obwohl die absoluten Verbrauchswerte häufig unterschiedlich waren, ließen sich in vielen Kategorien Angleichungstendenzen erkennen. Dabei kommt er zu dem Ergebnis, daß beispielsweise im Bereich Essen und Trinken die Verbrauchsgewohnheiten noch recht traditionell, also ländermäßig verschieden sind. Auch der Bekleidungsbereich tendierte zum kulturgebundenen Gütersegment, während bei Haushaltsgeräten und Personenkraftwagen v.a. das durchschnittliche Einkommensniveau eine große Rolle spielte.

Andererseits zeigen einzelne Beispiele, daß die Klassifikation ganzer Produkt- und Verhaltensbereiche zu weitgehend ist (vgl. Althans, 1982, 129; Kroeber-Riel 1992, 262). Diese grobe Zuteilung mag zwar Signalcharakter haben und den internationalen Marketer vor kulturell bedingten Transferbarrieren warnen, habt jedoch kaum Bedeutung für die konkrete Gestaltung des Marketingprogramms. Auch die Zugehörigkeit zu einer Nation ist kein ausreichendes Trennkriterium, denn in jedem Land existiert ein breites Spektrum an Verbrauchsgewohnheiten, die sich in einer Vielzahl von Subkulturen manifestieren. Hervorzuheben sind dabei das vielfach festgestellte Stadt-Land-Gefälle, regionale Unterschiede (z.B. zwischen neuen und alten Bundesländer in Deutschland, Nord- und Süditalien) und die vergleichsweise hohe internationale Verbrauchsangleichung im urbanen Bereich. Soziale Schicht, Lebensstil und das konkrete Kauf- und Verwendungsverhalten scheinen daher in vielen Bereichen geeignetere Bezugsgrößen für die interkulturelle Analyse von Konsumgewohnheiten zu sein (vgl. Konzept der "Social Milieus", Homma 1991, 256).

3.2 Erklärungsansätze zur Kulturgebundenheit von Konsummustern

Im folgenden werden nun einige Thesen vorgestellt, die zur Erklärung unterschiedlicher Grade der Kulturgebundenheit von Konsummustern beitragen können (vgl. Schuh/Holzmüller 1992, 297). Allen Ansätzen gemeinsam ist die Vorstellung von hierarchisch geordneten Orientierungssystemen, die bei individuellen Kaufentscheidungen zum Tragen kommen. So haben kulturelle Identität repräsentierende Lebensbereiche und Lebensauffassungen für das Individualverhalten eine besondere Leitfunktion, sodaß der Vermarktungserfolg von der Vereinbarkeit des Produktkonzepts mit diesen Normen abhängt. Massenmedial produzierte Markenleitbilder können wiederum in manchen Konsumsituationen zur Überlagerung traditioneller Verhaltensweisen führen, was sie für internationale Standardisierungsstrategien prädestiniert. Gleiches gilt auch für überragende Preis-Leistungs-Verhältnisse und technologiegeprägte Nutzenstiftungen, die kulturelle Präferenzen in den Hintergrund drängen können.

3.2.1 These von der Zentralität der Lebensbereiche

Dieser Erklärungsversuch setzt bei der Bedeutsamkeit von Verhaltensbereichen für die nationale Identität an. Die subjektive Bedeutung, die einzelnen Lebensbereichen oder Lebensauffassungen bei der Abgrenzung von anderen Kulturen zugeschrieben wird, kann als eine Bestimmungsgröße für die Kulturgebundenheit angesehen werden. Diese zentralen Identitätsbereiche einer kulturellen Gruppierung weisen eine stärkere Kulturbindung auf und sind daher schwerer änderbar als jene, denen eine geringere Bedeutung beigemessen wird. So wird beispielsweise in Italien und Frankreich dem Essen eine hohe Bedeutung beigemessen, was in der Zeitwidmung und Beschäftigung mit diesem Thema (Wertschätzung von Kochfertigkeiten in der Bevölkerung, Sorgfalt bei der Auswahl von Zutaten, Existenz einer "Tischkultur" etc.) zum Ausdruck kommt. In Italien kann das Konzept des "Fare una bella figura", nämlich des richtigen öffentlichen Auftretens, als eine solche zentrale Lebensauffassung angesehen werden. Italiener legen daher besonderen Wert auf ein gepflegtes Äußeres und neigen dazu, ihr Auftreten in der Öffentlichkeit zu inszenieren. Das hohe Modebewußtsein der Italiener ist sicherlich durch diese Lebensauffassung erklärbar. Marketingrelevanz ergibt sich im Zusammenhang mit präferierten Produktkategorien in einem Kulturkreis und den Anforderungen, die sich für die Produktgestaltung und ihre kommunikative Umsetzung daraus ableiten lassen.

3.2.2 These von der Hierarchisierung von Orientierungssystemen

Dieser Erklärungsansatz geht von der Vorstellung aus, daß bei der Entscheidungsfindung in bestimmten Konsumsituationen verschiedene Orientierungssysteme wirksam werden. Konsumenten werden in ihrer Kaufentscheidung sowohl von ihren eigenen Vorstellungen und Ansichten als auch von Außeneinflüssen (z.B. Leitbilder aus der Werbung, Meinungsführer) geleitet. Kulturelle Wertvorstellungen stellen in einem derartigen Orientierungssystem eine weitere Bezugsebene im Kaufentscheidungsprozeß dar. In Abb. 2 sind die einzelnen Orientierungssysteme in einem Schichtenmodell wiedergegeben, wobei der Abstand einer Kategorie vom individuellen Kaufakt mit der Einflußstärke korrespondiert. Kulturbedingte Wertvorstellungen werden dabei als zum Großteil unbewußt bleibende Hintergrundvariable angesehen, die das individuelle Kaufverhalten sowohl direkt als auch indirekt bestimmen. Den Erwartungen von Bezugsgruppen (z.B. Familie, Berufsstand), den werblich vermittelten Markenleitbildern und schließlich dem persönlichen Selbstkonzept wird ein stärkere Verhaltensprägung zugeschrieben. Es ist anzunehmen - und wird im Modell durch die Überlappung angedeutet -, daß auch die zuletzt genannten Konstrukte kulturell geprägt sind.

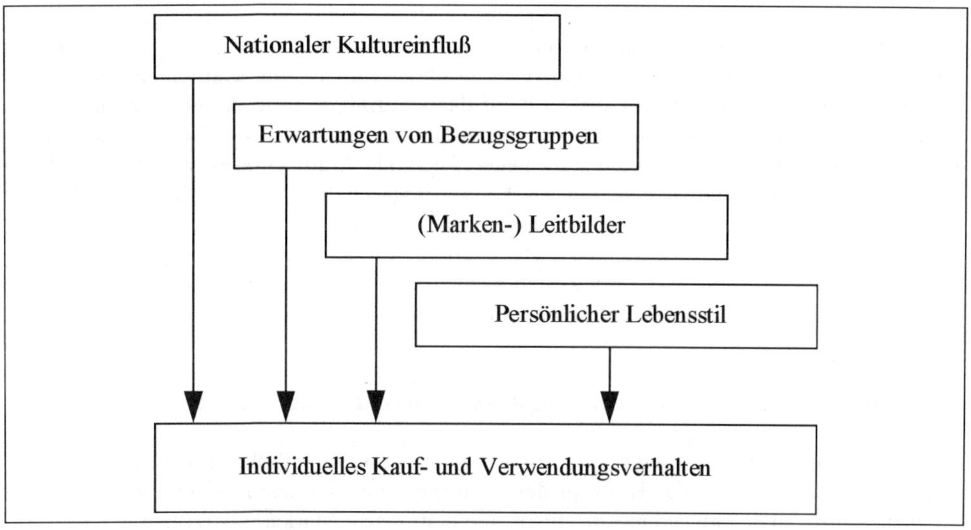

Abb. 2: Hierarchisierung von kaufwirksamen Orientierungssystemen

Übertragen auf das Konstrukt der Kulturgebundenheit würde das bedeuten, daß kulturungebundene Konsummuster dann vorliegen, wenn Konsumenten in verschiedenen Ländern eine ähnlich geartete Rangordnung unter den Orientierungssystemen vornehmen und danach ihre Kaufentscheidung ausrichten. Das heißt, daß es im Fall globaler Konsummuster zu einer Überlagerung national bzw. regional kulturgeprägter Verhaltenskonzepte durch andere Orientierungssysteme kommt. Ein Beispiel dafür sind "Sportkulturen" (z.B. typische Verhaltensweisen bei der Ausübung einer Sportart wie Golf, Tennis, Bodybuilding, Judo), wo sportartbezogene Wert- und Normensysteme das Kaufverhalten sowie die Sportausübung selbst prägen (z.B. Markenpräferenzen, Bekleidungsnormen, Verhaltensregeln am Sportplatz), während landeskulturelle Einflüsse demgegenüber in den Hintergrund gedrängt werden.

Zugleich ist jedoch häufig ein Konnex mit einem Herkunftsland festzustellen (z.B. Golf mit Schottland, Tennis mit England, Judo mit Japan). Verhaltensnormen werden so über den Bezug auf die Geschichte und Tradition der Sportart, die wiederum herkunftslandbezogene Wertvorstellungen umfassen können, produziert und legitimiert (z.B. "englische Fairness"). Ein anderes Beispiel für kulturungebundene Verhaltensformen, die auf die Dominanz von Lebensstilen zurückzuführen sind, sind die Jugendkulturen (z.B. Rave-Szene, Inline-Skating, Snowboarding), die über Imitationsverhalten zu einer länderübergreifenden Angleichung des Freizeit- und Konsumverhaltens bei einzelnen Jugendgruppen führen.

3.3.3 These der Technologiedominanz (bzw. Preisvorteilsthese)

Diese These geht auf Levitt zurück, der in seinem Artikel "The globalization of markets" (1983) eine zunehmende weltweite Vereinheitlichung der (Konsumgüter-) Märkte postuliert. Als treibende Kraft hinter der Globalisierung sieht er den technischen Fortschritt, der neue Produkttechnologien hervorbringt, der im Kommunikations- und Transportbereich den leichteren Zugang und die einfachere Erschließung ausländischer Märkte ermöglicht sowie im Produktionsbereich die Massenproduktion von Qualitätsprodukten zu niedrigen Kosten erlaubt. Das bessere Preis-Leistungs-Verhältnis des international standardisiert angebotenen Produkts gegenüber den lokalen Konkurrenzprodukten wird bei der Kaufentscheidung kulturbedingte Präferenzen, die beispielsweise auf das kulturaffine Produktdesign zurückzuführen ist, in den Hintergrund drängen. Die Kosten-Nutzen-Relation wird damit im steigenden Maße kaufbestimmend. Obwohl die stark generalisierende Argumentationskette zu Recht zu zahlreichen kritischen Einwänden von Marketingwissenschaftern geführt hat (z.B. Meffert 1986; Douglas/Wind 1987), sind eingeschränkt auf bestimmte Produktbereiche (z.B. High-Tech-Produkte, Prestigemarken) und Kundengruppen (sog. Cross-Cultural-Groups) Anknüpfungspunkte erkennbar. Allerdings fehlen auch hier empirische Untersuchungen, die die Gültigkeit der Preisvorteilsthese untermauern könnten.

4 Kulturgebundenheit als Bestimmungsfaktor internationaler Marketingstrategien

Nachdem in den vorigen Kapiteln versucht wurde, den Kultureinfluß auf das Konsumentenverhalten aufzuzeigen und das Konzept der Kulturgebundenheit näher zu erläutern, soll nun versucht werden, den Anwendungsbezug zur internationalen Marketingstrategie herzustellen. Dabei werden drei strategische Entscheidungsfelder herausgegriffen, in denen der internationale Marketer häufig mit Kulturfragen konfrontiert ist. Bei diesen Strategieelementen handelt es sich um die Marktsegmentierung, die Produktpositionierung sowie die Standardisierbarkeit des Marketing-Mix, die am Beispiel der internationalen Kommunikations- und Markenpolitik behandelt wird.

4.1 Internationale Marktsegmentierung

Die Idee ist naheliegend, Kulturdimensionen für die Segmentbildung zu verwenden. Die Klassifikation von Ländern nach Kriterien des nationalen Bedingungsrahmens haben im internationalen Marketing eine lange Tradition. Jain (1990, 358ff) liefert einen Überblick über in der Literatur vorkommende Länderklassifikationen. Die Gruppierungen werden dabei nach

Einzelkriterien (z.B. BSP/Kopf, geographische Lage) oder Kriterienkombinationen vorgenommen. Während Klassifikationen nach wirtschaftlicher Stärke, Entwicklungsstand oder politischen Kriterien beliebt sind, sind rein kulturbezogene Ansätze im Marketingbereich selten. Ein oft erwähnter Segmentierungszutritt ist der nach der vorherrschenden Religion in einem Land.

Die Problematik der Segmentierung nach länderbezogenen Variablen - wie dies auch die Variable "Staatsreligion" darstellt - besteht darin, daß damit das Konsumentenverhalten nur indirekt abgebildet und vollkommene Verhaltenshomogenität innerhalb des Ländersegments angenommen wird. So können zwei Länder in kultureller Hinsicht stark voneinander abweichen, die Kunden einer spezifischen Produktklasse aber in hohem Maße in ihren Einstellungen und Verwendungsverhalten übereinstimmen. Für Gestaltungsentscheidungen im internationalen Marketing ist daher die Aussagekraft von Makrovariablen beschränkt (vgl. Hassan/ Katsanis 1991, S.17). Hingegen wird Segmentierungsmodellen, die beim Konsumentenverhalten (Lebensstil, produktbezogenen Einstellungen und Präferenzen etc.) ansetzen, eine bessere Steuerungsfunktion für die Marktbearbeitung zugeschrieben (vgl. Hassan/Samli 1994, S.80).

Während in der wissenschaftlichen Kulturanalyse die Identifikation von einzelnen Dimensionen, nach denen sich nationale Kulturen unterscheiden lassen, im Vordergrund steht, wird in der Marktforschungspraxis die Bildung von Typologien (z.B. internationale Lebensstiltypen) bevorzugt. Die im internationalen Marketing eingesetzten Ansätze werden meistens aus sozialwissenschaftlichen Nachbardisziplinen (z.B. Anthropologie, interkulturelle Psychologie) oder aus dem internationalen Management (z.B. Hofstede 1984 und 1991; Ronen/Shenkar 1985) übernommen. Derzeit besonderer Beliebtheit in der internationalen Marketingforschung erfreuen sich Hofstedes Kulturdimensionen. Sie wurden im Zuge von kulturvergleichenden Studien im Bereich des internationalen Managements ermittelt, in denen arbeitsbezogene Einstellungen und Wertvorstellungen von Managern und Mitarbeitern untersucht wurden. Dabei wurden fünf Kulturdimensionen identifiziert, anhand derer sich nationalen Kulturen abrenzen lassen: Individualismus vs. Kollektivismus. Machtdistanz, Ungewißheitsvermeidung, Maskulinität vs. Feminität und kurz- vs. langfristige Orientierung.

Die anhand dieser Kulturdimensionen gebildeten "Kultur-Cluster" (= Länder-Cluster) bieten sich auf den ersten Blick als Segmentierungsbasis für internationale Segmentierungsentscheidungen an. Herbig/Kramer (1994) empfehlen in ihrem Segmentierungsansatz die internationale Produkteinführung nach den Kultur-Clustern auszurichten. Abhängig vom Produktcharakter, der nach Kaufrisiko, Statusorientierung, dominantes Geschlecht und nach der Bedeutung sozialer Akzeptanz der Produktverwendung zu ermitteln ist, werden die relevanten Hofstede-Dimensionen ausgewählt. Die Produkteinführung soll dann nach der kulturellen Nähe gesteuert werden, d.h. zuerst werden neue Produkte in den Ländern des Stammland-Cluster eingeführt, dann wird der kulturell nächstgelegene Ländercluster bearbeitet. Die beiden Autoren verweisen darauf, daß damit nicht automatisch eine standardisierte Marktbearbeitung einhergeht. Die kulturellen Ähnlichkeiten innerhalb des Clusters lassen jedoch geringere Abweichungen im Kaufverhalten vermuten als bei der Bearbeitung kulturell-entfernter Ländermärkte.

Auch Müller/Kornmeier (1995) bilden auf Basis der Ergebnisse von Hofstede kulturell homogene Länder-Cluster und zeigen in der Folge auf Basis der vorliegenden Literatur Beziehungen zu segmentbezogenen Marketing-Mix-Entscheidungen auf. Die vier resultierenden Länder-Cluster (Commonwealth-, Mittelmeerländer, nordeuropäische und deutschsprachige Länder) überraschen grundsätzlich nicht (auch Ronen/Shenkar 1985, kamen zu ähnlichen Ergebnissen), jedoch fällt die Zuordnung von Japan und Italien zum deutschsprachigen Cluster, der Niederlande zum skandinavischen Cluster und Belgiens zum Mittelmeer-Cluster auf. Mit dem Verweis auf die schwer nachweisbare direkte Verhaltenswirkung von Kulturfaktoren begnügen sich die Autoren, den Informationsgewinn ihrer Clusteranalyse hervorzuheben, deuten jedoch die Implikationen für Marketingentscheidungen nur an.

Schlußfolgerungen für die Marktbearbeitung sind eher selten zu finden. Folgende Beziehungen zwischen den Kulturdimensionen von Hofstede und Gestaltungsmaßnahmen im Marketing lassen sich erkennen (vgl. Herbig/Kramer 1994; Müller/Kornmeier 1995; Roth 1995):

- für Länder mit starker Ungewißheitsvermeidung wird der Einsatz von Markenstrategien, die das wahrgenommene Kaufrisiko reduzieren helfen sollen, empfohlen
- hohe Machtdistanz begünstigt den Kauf von statusorientierten Produkten
- ein ausgeprägter Individualismus fördert den Verkauf modischer Produkte
- innovative Produkte finden eine schnellere Akzeptanz in Gesellschaften mit geringer Ungewißheitsvermeidung
- die maskuline/feminine Orientierung kann bei der Wahl der Kommunikationsstrategie helfen, indem auf geschlechtsspezifische Rollenmuster stärker eingegangen wird
- die Kollektivismus/Individualismus-Dimension kann Präferenzen für Kommunikationsmedien aufzeigen (z.B. höhere Bedeutung von informellen Kommunikationskanälen in kollektivistisch orientierten Gesellschaften).

Die bei den Autoren anzutreffende Zurückhaltung bei der Herstellung eines Bezuges zwischen den einzelnen Kulturdimensionen und Marketingentscheidungen ist berechtigt. Bei der Verwendung der Kulturdimensionen von Hofstede ist zu bedenken, daß die Studien die Erhebung von arbeitsbezogenen Einstellungen und Wertvorstellungen von Managern zum Ziel hatten. Hier wäre zumindest zu klären, inwieweit eine Übertragung auf das Konsumentenverhalten zulässig ist. Vergleicht man Hofstedes Modell mit dem umfassenderen Ansatz der subjektiven Kultur von Triandis (1972), dann ist fraglich, wie gut fünf einzelne Dimensionen nationale Kulturen repräsentieren. Auch können innerhalb eines Landes vom aggregierten kulturellen Profil stark abweichende Muster bezogen auf einzelne Bevölkerungsgruppen (z.B. Volksgruppen, Generationen, Stadt-Land-Bewohner) bestehen. Der direkte Verhaltensbezug von Kulturfaktoren kann außerdem leicht überschätzt werden. Ähnlich den Werten erlauben sie nur eine "Breitband"-Vorhersage im Verhalten. Um Konsumtenverhalten besser prognostizieren zu können, sind die Kulturdimensionen um Einstellungen und produktkategoriebezogenen Verhaltensvariablen zu ergänzen.

Diese Lücken in der Erklärbarkeit des Konsumentenverhaltens dürften mit ein Grund dafür sein, daß Lebensstiluntersuchungen auf internationaler Ebene an Bedeutung gewinnen. Über internationale Lebenstilvergleiche wird versucht, Lifestyle-Typen zu identifizieren (z.B. Teenager, materialistisch orientierte Konsumeliten), die über Ländergrenzen hinweg ähnliche Verhaltensmuster aufweisen (vgl. exemplarisch die Eurostyles der GfK, Anders 1990, und Everyday-life-research der Sinus GmbH, Homma 1991). Das Interesse für Lebensstile deckt sich mit der Globalen-Marketing-Konzeption, in der es zu einer Aufwertung der abnehmerorientierten gegenüber den bisher dominierenden länderbezogenen Segmentierungsmerkmale kommt und die gezielte Suche nach transnationalen Zielgruppen gefordert wird. Bei der Eurostyle-Untersuchung wurden beispielsweise für 15 westeuropäische Länder anhand von Einstellungen, Verhaltensvariablen und Motivationen 16 europäische Subkulturen (Eurostyles) identifziert (vgl. Anders 1990, 242). Diese Lebensstiltypen lassen sich in einem dreidimensionalen Modell darstellen, das durch die Dimensionen (definiert über die Extremausprägungen) "Bewegung/Beharrung", "Materialismus/Wertorientierung" und "Rationalität/Emotionalität" gebildet wird. Beispiele für Eurostyle-Typen sind die "Euro-Romantiker", denen Harmonie, Heim und Familie wichtig sind, die "Euro-Moralisten", die prinzipientreu, aber auch tolerant sind, und das Segment "Euro-Business", das die jungen Karrieremacher umfaßt (vgl. Anders 1990, 246). Zur direkten Umsetzbarkeit von internationalen Lebensstiluntersuchungen im Marketing liegen bisher kaum Aussagen vor. Basieren sie primär auf Wertvorstellungen, dann ergibt sich ähnlich den Kulturanalysen das Problem der Verhaltensprognose. Die Aggregation in Verhaltenstypen gibt zwar Anregungen für die kreative Umsetzung, eine direkte Verwertbarkeit für einzelne Produktpositionierungen und Werbebotschaften erscheint unwahrscheinlich. Erstens handelt es sich bei den Lebensstiltypen nur um statistische Idealtypen und zweitens birgt die zu starke Ausrichtung an ihnen die Gefahr, triviale Werbekampagnen zu entwickeln. Auch scheint damit die Frage nach der kulturellen Akzeptanz von Produkt- bzw. Markenkonzepten nicht gelöst, da die Vereinbarkeit von Produkten mit dem kulturellen Kontext kein Thema der Untersuchung ist.

4.2 Internationale Produktpositionierung

Der Global-Marketing-Konzeption folgend versuchen internationale Unternehmen verstärkt in ihrer Marktbearbeitung länderübergreifend möglichst einheitlich vorzugehen. Die Vorteile dieser internationalen Standardisierungsstrategie werden in Kosteneinsparungen (Kostendegression, Synergieeffekte), in einer wirkungsvolleren Nutzung von Ausstrahlungseffekten des Produkt- und Firmenimages und in der Vermeidung von unerwünschten Marktauswirkungen einer unkoordinierten internationalen Marktbearbeitung (z.B. Parallelimporte, Kundenirritationen durch unterschiedliche Werbeauftritte) gesehen. Während einfache, generalisierende Globalisierungsstrategien ein hohes Scheiterrisiko aufweisen (vgl. Kashani 1989), ermöglichen konzeptionell und organisatorisch differenzierte Strategieansätze das Eingehen auf lokale Markterfordernisse bei gleichzeitiger Wahrung übergeordneter Zielsetzungen.

Gerade Kulturfaktoren erfordern oft Abänderungen im Marketingprogramm oder zumindest vom Grundkonzept abweichende Einführungsstrategien. Der internationale Marketingmanager ist deshalb - in Ermangelung genereller Aussagen zur Kulturgebundenheit - an Entscheidungsheuristiken interessiert, die ihm bei der Frage der internationalen Transferierbarkeit von Marketingkonzepten und deren inhaltlicher Standardisierbarkeit helfen. Für die Strategiedifferenzierung bei internationalen Marketingstrategien erscheinen die Produktart, die Nutzenpositionierung des Produktes und die anvisierte Kundengruppe geeignete Anknüpfungspunkte zu sein (Jain 1989, 74). In der Literatur finden sich in diesem Zusammenhang Forschungsergebnisse und Erfahrungsberichte, die als grobe Richtlinie für Transferentscheidungen von Marketingkonzepten herangezogen werden können. In Abb. 3 sind jene produkt- und kommunikationsbezogenen Ausgangslagen angeführt, die die Entwicklung von kulturübergreifenden Marketingstrategien begünstigen.

Marketingelemente	*Standardisierungstaugliche Ausprägungen*
Produktart	Hoher Neuigkeitsgrad und verbesserte Leistungsfähigkeit Produkteinführung geht mit der Schaffung neuer Produktmärkte einher Technologieorientierte Produkte (High-Tech-Produkte) Investitions- und Gebrauchsgüter
Nutzen-positionierung	Leitbild- und Life-Style-Orientierung Herkunftsland-Effekt (z.B. landesbezogene Qualitätsanmutung, American Way of Life) Rationale Nutzenargumentation und eindeutige Verwendungssituation Prestige/Status/Exklusivität - Materialismus Preisvorteil oder attraktives Preis-Leistungs-Verhältnis Modernität (im Gegensatz zu Tradition und Establishment) Emotionale Appelle mit interkultureller Verbreitung (z.B. Kindchenschema, Prestige- oder Heldenerlebnisse)
Kundengruppe	Global Elites/Konsum-Eliten Global Teenager Segment/Jugendkultur Geschäftsleute, Musik-Fans, Hobby-Fotografen, Heimwerker, Motorrad-Fans Internationale Lifestyle-Typen: Bargain Hunter, Value Shopper, Homebody etc. "Well-educated and high-income" consumers

Abb. 3: Ansatzpunkte für kulturübergreifende Marketingstrategien
Quelle: Levitt, 1983; Ohmae, 1985, 214; Huszag/Fox/Day, 1986; Mueller, 1990, 120; Hassan/Katsanis, 1991, 20; Kreutzer, 1991, 5; Kroeber-Riel, 1992, 265; Davison/Grab, 1993, 19ff; Hassan/Samli, 1994, 83; Roth, 1995, 172.

Die produktbezogenen Ausprägungen zeigen, daß sich insbesondere innovative Produkte mit hoher Problemlösungs- bzw. Leistungsfähigkeit (z.B. Wegwerfwindel, Schnellkleber) und technologieorientierte Produktentwicklungen (z.B. Autofokuskamera, Digitaltelefon, Computerspiele) über bestehende kulturelle Barrieren leichter hinwegsetzen können. Gleiches gilt für die Schaffung neuer Produktmärkte (z.B. neue Sportartikel wie Inline-Skaters, Energy-Drinks), da dann traditionell geprägte und eingefahrene Kauf- und Nutzungsweisen umgangen werden können. Investitions- und Gebrauchsgütern werden als standardisierungstauglich erachtet, weil sie eher nach sachlichen Gesichtspunkten und rationaler als Verbrauchsgüter gekauft werden.

Die Nutzenpositionierung bietet ebenfalls gute Ansatzpunkte für die Gestaltung einer standardisierungstauglichen Kommunikationspolitik. So sind eine rationale Nutzenargumentation und eine eindeutige Verwendungssituation (z.B. Klebstoff, Treibstoffe) gut für kulturübergreifende Positionierungen geeignet. Herkunftsland-Effekte (z.B. American Way of Life, französische Mode) führen dazu, daß ausländischen Produkten in oft verallgemeinender Weise eine höhere Qualität zugeschrieben wird (z.B. hohe Wertschätzung von Importprodukten in vielen Märkten) und sie durch spezifische Imagedimensionen (z.B. italienisches Design, deutsche Wertarbeit) hervorstechen. Tritt dieser Effekt konsistent in einer Vielzahl von Ländern auf, so bietet er sich als Positionierungsbasis an. Durch die Unterhaltungsindustrie (Spielfilme, Fernsehserien, Musikindustrie etc.) und gezielte Werbung geschaffene Leitbild- oder Life-Style-Orientierungen können ebenfalls Basis für eine kulturungebundene Marketingstrategien darstellen. In diesem Fall dominieren Nachahmungs- und Identifikationseffekte die Kaufentscheidung.

Gleiches gilt von der Grundtendenz her für Prestige- oder Exklusivitätspositionierungen, wie sie auch von einzelnen Anbietern (z.B. Rolex, Cadillac, Designermarken im Modesektor) erfolgreich angewandt werden. Aber auch die Niedrigpreis-Positionierung hat hohes Globalisierungspotential, wie die Verbreitung von Diskont-Konzepten in der internationalen Handelsbranche zeigt. Modernitätsbezogene Werbeinhalte helfen den direkten Vergleich mit Tradition und etablierten Konsummustern zu vermeiden. Interkulturell verbreitete Emotionen wie das Kindchenschema, Prestige- oder Heldenerlebnisse, die auf biologische Prägungen zurückgehen oder durch archetypische Erlebnisse zustandekommen (vgl. Kroeber-Riel 1992, 265; Hofstede 1991, 7), bieten sich zum Einsatz für emotionale Differenzierungsstrategien im internationalen Marketing an.

Transnationale Zielgruppen lassen sich über Einstellungen, Wertvorstellungen, Interessen und soziodemographische Kriterien definieren. In der Literatur oft genannt werden die sogenannten Konsum-Eliten. Sie stammen primär aus urbanen Gebieten, sind mit hoher Kaufkraft ausgestattet und zeigen hohes Interesse an prestigegeladenen Produkten. Jugendliche sind eine beliebte Zielgruppe im internationalen Marketing, da hier eine große Veränderungsbereitschaft anzutreffen ist und daher eine Abwendung von traditionellen, eingefahrenen Konsummustern leichter erreicht werden kann. Eine weiteres gemeinsames Kennzeichen von vielen der angeführten Kundengruppen ist eine ausgeprägte materialistische Orientierung. Interessensgleichklang und hohes Involvement (z.B. Hobbies) sind ebenfalls geeignete Ansatzpunkte für länderübergreifende Harmonisierung in der Marktbearbeitung.

Zusammenfassend gesehen zeigen sich enge Parallelen zu den erwähnten Erklärungsansätzen der Kulturgebundenheit. Tradierte und eingefahrene Konsummuster sind dann leichter änderbar, wenn (überspitzt ausgedrückt)

- innovative Produktkonzepte
- mit hervorragender Leistungsfähigkeit (bei technischen Produkten),
- hoher emotionaler Wertigkeit oder
- hervorstechenden Preis-Leistungsverhältnissen
- an eher jugendliche,
- in Städten wohnenden,
- materialistisch orientierte,
- gut ausgebildete und mit hoher Kaufkraft ausgestattete Konsumenten angeboten werden.

Allerdings muß zugegeben werden, daß sich für strategische Produkt- bzw. Markenpositionierungen leichter Gemeinsamkeiten finden lassen, da sie an "cultural universals", die sich z.T. aus den allgemeinen menschlichen Bedürfnissen ableiten lassen, ausgerichtet sind, und vielfach so abstrakt gehalten sind, daß erst die kommunikative Umsetzung (kommunikative

Positionierung, Zielgruppe, Copy-Strategy) eine Beurteilung der Akzeptanz in verschiedenen Kulturkreisen zuläßt. In stark besetzten Produktmärkten (z.B. Zigaretten, Bier, Kaffee) ist eine allgemein gehaltene Produktpositionierung (z.B. guter Geschmack) nicht mehr ausreichend. Die gestalterische Umsetzung, d.h. die Wahl des Stils, der Tonalität, der Symbolik und die Wortwahl, ist für die emotionale Differenzierung der Marke entscheidend.

Viele Erfolgsbeispiele von internationalen Marken lassen außerdem vermuten, daß diese Marken über ein breiteres akquisitorisches Potential verfügen als vielfach angenommen wird. Die Markenprodukte werden in den einzelnen Ländern oft aus unterschiedlichen Gründen gekauft und decken damit auch unterschiedliche Präferenzstrukturen ab. Obwohl dies im Widerspruch zu normativen Modellen der Markenpolitik stehen mag, die die Konzentration auf den wesentlichen Produktnutzen propagieren (z.B. USP-Modell), scheint eine breitere Positionierung, die komplementäre funktionale und psychologische Nutzenelemente vereinigt (z.B. Levi's Jeans und Nike Sportschuhe werden als amerikanisch, modern, modisch und athletisch wahrgenommen) durchaus erfolgversprechend zu sein (vgl. Roth 1995, 164).

4.3 Internationale Marken- und Kommunikationspolitik

Beispielhaft für Entscheidungen auf der Ebene der Marketinginstrumente soll nun die Handhabung des Kultureinflusses am Fall der internationalen Marken- und Kommunikationspolitik dargestellt werden. Dieser Instrumentalbereich ist dem Kultureinfluß besonders stark ausgesetzt, da sowohl die Werbebotschaft selbst als auch ihre sprachliche und bildliche Umsetzung kulturell geprägten Auslegungen unterliegen. Daher wird in der Literatur (vgl. Sheth 1981; Kroeber-Riel 1992, 262) eine getrennte Beurteilung nach Nutzenpositionierung und werblicher Umsetzungsebene bzw. kulturabhängiger Decodierung der Werbeinhalte vorgeschlagen. In Abb. 4 ist die Entscheidung über die internationale Transferierbarkeit von Werbekampagnen in Anlehnung an das Modell von Sheth (1981, 5) vereinfacht dargestellt. Abhängig von den Unterschieden bei Nutzenerwartung und kulturabhängiger Decodierung wird der Anpassungsbedarf in der Werbegestaltung - von der vollständigen Übertragbarkeit bis hin zur vollständigen Anpassungsnotwendigkeit - eruiert.

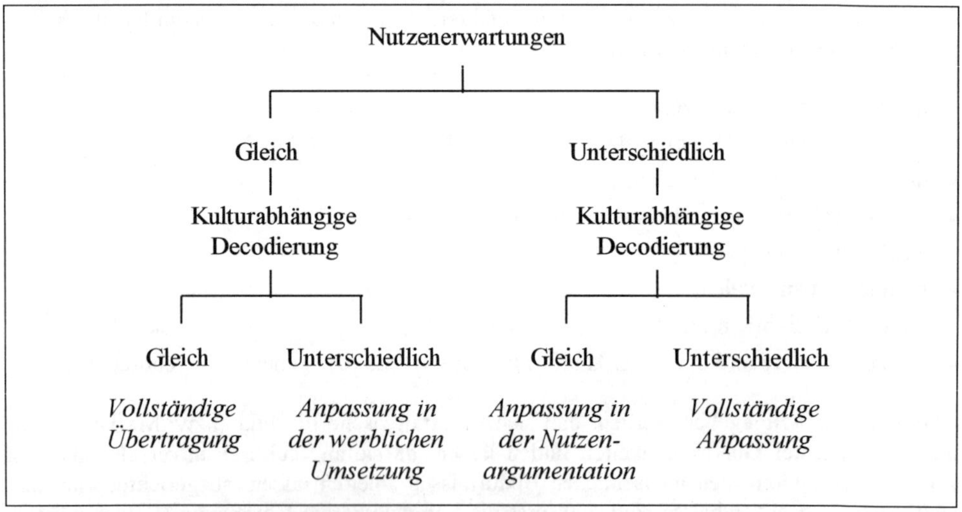

Abb. 4: Beurteilung der Übertragbarkeit von Werbekonzepten

Ausgangspunkt für die Analyse der Transferierbarkeit eines Werbekonzepts auf einen anderen Ländermarkt ist die vorherrschende Nutzenerwartung. Entspricht diese den Nutzenerwartungen im Ursprungsland des Werbekonzepts (z.B. Haarshampoo gegen Schuppen), dann ist die erste Voraussetzung für den Transfer erfüllt. In einem nächsten Schritt ist dann zu prüfen, ob das kulturelle Verständnis von sprachlichen und bildlichen Elementen im Zielmarkt mit der ursprünglichen Encodierungsabsicht übereinstimmt. Gerade der kreative Umsetzungsbereich bietet eine Unzahl von kulturellen "Interpretationsfallen", die die Akzeptanz und Wirksamkeit eines Werbekonzepts beeinträchtigen können. Basiert die Werbebotschaft im Haarshampoo-Fall auf der Idee der "Vermeidung sozialer Mißbilligung", dann können divergierende gesellschaftliche Toleranzniveaus bei der öffentlichen Behandlung von Körperpflegethemen unterschiedliche Umsetzungsvarianten notwendig machen. Während in einer U.S.-amerikanischen Werbefilmversion eine direkte Argumentationslinie gewählt werden kann (z.B. Schuppen als Hindernis bei einem Rendezvous), ist in Lateinamerika einer indirekten Version der Vorzug zu geben (z.B. eine junge Frau mit einem Schuppenproblem fragt ihren Friseur, wie sie auf ihren Freund anziehend wirken kann - er empfiehlt ihr ein Schuppenshampoo). Aufgrund der abweichenden Bedeutung, die Konzepten bzw. Begriffen in einzelnen Kulturen zugeordnet werden (z.B. Konzepten wie Zeit, Freundschaft, Vereinbarungen), hier verstanden als kulturabhängige Decodierung, sind dann Adaptionen in der Werbegestaltung vorzunehmen (vgl. Sheth 1981; Hall 1959).

Die Ausführungen zeigen deutlich, wie bedeutsam die kreative Umsetzung von Werbeinhalten für den internationalen Werbeerfolg ist. Während die internationale Standardisierungseignung von einzelnen Nutzenkomponenten (z.B. Bedeutung von Wirtschaftlichkeit, Langlebigkeit oder Umweltverträglichkeit bei Automarken in verschiedenen Ländermärkten) noch mit vergleichsweise geringem Aufwand ermittelbar ist, ist beim Einsatz identer emotionaler Reize mit einer große Bandbreite kulturell abweichender Interpretationen zu rechnen. Gestaltungselemente wie die Wortwahl, Sprachfärbungen oder Dialekte, werbliche Hintergründe (z.B. Landschaft, Pflanzenwelt, Architektur, Wetterstimmungen) sowie das Erscheinungsbild und Verhalten der im Werbefilm mitwirkenden Schauspieler können unterschiedliche emotionale Assoziationen hervorrufen.

Kulturelle Vorlieben spiegeln sich auch in den Werbestilen wider, die als ein typisches nationales bzw. kulturelles Muster der Umsetzung von Werbebotschaften verstanden werden können. Diese Werbestile sind von Kreativen und Rezipienten eines Kulturkreises bevorzugte Gestaltungtypen und -techniken, die sich durch ihren dramaturgischen Aufbau, Tonalität, inhaltliche Schwerpunkte und Art der Argumentationslinie (z.B. Direktheit im Werbeappell) unterscheiden. So zeichnet sich beispielsweise der japanische gegenüber westlichen Werbestilen durch seine unaufdringliche ("soft-selling advertising"), vor allem die Gefühle des Konsumenten ansprechende und um die Schaffung von Atmosphäre bemühte Konzeption aus. Hard-selling ist selten in Japan, ebenso vergleichende Werbung (um den Mitbewerber vor dem Gesichtsverlust zu bewahren). Naturmotive wie Bilder vom blauen Meer, blauen Himmel, Sonnenauf- und Sonnenuntergänge sowie Blumen sind sehr beliebt (Mueller 1987 und 1992). Ein eigenständiges Profil wird auch dem britischen Werbestil zugeschrieben. Die Anspielungen auf Klassenunterschiede, die häufige Verwendung von Understatement und (britischen) Humor sowie der Hang zur Exzentrik in den Werbefilmen werden auf die nationale Kultur zurückgeführt (Nevett 1992). Eine Übertragung von britischen Werbekonzepten auf Auslandsmärkte ist daher nur in Ausnahmefällen möglich (vgl. dazu die "KitKat"-Schokoladeriegel-Fallstudie, Davidson/Grab 1993). Das bedeutet, daß um das gleiche psychologische

Markenerlebnis zu erreichen, in den betreuten Ländermärkten oft unterschiedlichen Umsetzungsvarianten eingesetzt werden müssen. Eine reele Wirkungsbeurteilung von Werbekampagnen ist deshalb nur in der gemeinsamen Beurteilung von Kernbotschaft und kreativer Umsetzung vor dem kulturellen Hintergrund des Einsatzgebiets möglich.

5 Schlußbetrachtung

Die derzeit im internationalen Marketing vorherrschende Globale-Marketing-Konzeption vermittelt den Eindruck, daß kulturbezogene Unterschiede in der internationalen Marktbearbeitung zu vernachlässigen seien. Dies kann zum einen auf die dem Globalen-Marketing inhärente anbieterbezogene und kostenorientierte Denkweise, zum anderen auf das Fehlen praxisrelevanter Kulturkonzeptionen zurückgeführt werden. Diesem Mangel an theoretischem Wissen wird in der internationalen Marketingpraxis mit dem Rückgriff auf aus der Erfahrung abgeleiteten Entscheidungsheuristiken und auf organisatorische Lösungen (z.B. Einbindung von lokalem Management und Marktforschern als "Kulturfilter") begegnet. So hat sich beim internationalen Markenartikelunternehmen über die Zeit ein Repertoire an Marketingtechniken herausgebildet, über das es - abhängig von der wahrgenommenen Richtung des Kultureinflusses - den Kultureinfluß entweder für sein Vermarktungskonzept ausnützen (z.B. Herkunftsland-Effekt) oder, im negativen Fall, vermindern kann (z.B. Ausrichtung der Einführungskampagne auf Neuerungen gegenüber aufgeschlossenen Kundengruppen; Repositionierung des Produktes, um die Akzeptanz zu erhöhen).

Bei genauerer Betrachtung der Marketingtechniken fällt allerdings auf, daß mit der Identifikation von kulturübergreifend einsetzbaren Produktpositionierungen und transnationalen Zielgruppen oft nur scheinbare Lösungen produziert werden. Da die Angleichung des internationalen Konsumverhaltens meistens über ähnliches produktbezogenes Kaufverhalten argumentiert wird, stellt sich die Frage, ob hier nicht ein Trugschluß vorliegt. Daß Konsumenten aus verschiedenen Kulturkreisen dasselbe Markenprodukt kaufen, dieselben Kino- und Werbefilme sehen und sich in der Freizeit ähnlich verhalten muß nicht bedeuten, daß sie auch in ihren kulturellen Wertvorstellungen übereinstimmen. Auch übt das im Vergleich zu den Bedürfnissen eingeschränkte Produktangebot einen Kanalisierungseffekt aus, sodaß der Kauf desselben Produktes von Konsumenten aus unterschiedlichen Kulturkreisen nicht unbedingt als Kulturangleichung ausgelegt werden kann. Gerade die Beispiele aus der internationalen Werbeforschung zeigen, wie unterschiedlich die Motivationen für den Kauf eines Produkte in verschiedenen Ländern sein können und wie differenziert Werbefilme abhängig vom nationalen Kulturhintergrund interpretiert werden. Die im Rahmen von internationalen Assoziationstests und Inhaltsanalysen ermittelten Ergebnisse geben einen guten Einblick in die kulturellen Unterschiede im Denken und Fühlen (vgl. Kroeber-Riel, 1992).

Überraschend ist auch, daß die Diskussion von Kulturfragen durch eine äußerst statische Sichtweise geprägt ist, in der nationale Kulturen als etwas Unveränderbares angesehen werden und die (kollektiven) Beeinflussungmöglichkeiten der Anbieter, vor allem der global agierenden Markenartikelunternehmen, m.E. unterschätzt werden. Es muß aber davon ausgegangen werden, daß Marketingmaßnahmen kulturelle Verhaltensmuster verändern können (vgl. Hill/Still 1980). Die von multinationalen Unternehmen, insbesondere in kleineren Märkten und Entwicklungsländern, eingesetzten Marktbearbeitungsstrategien sind häufig darauf ausgelegt, bestehendes Konsumentenverhalten zu verändern und schaffen vielfach erst Produktmärkte, wobei die wirtschaftliche Überlegenheit des Unternehmens genutzt wird (z.B. von überdurchschnittlich hohen Marketingaufwendungen unterstützte Produkteinführungen, Aufkauf lokaler Unternehmen).

Ein realitätsnaher Bezugsrahmen zur Analyse der Kulturgebundenheit hat daher die Veränderbarkeit von kulturellen Verhaltensmustern einzubeziehen. In Abb. 5 ist ein einfacher Bezugsrahmen skizziert, der die aktive Beeinflußbarkeit der Konsumsituation in Form der Anbieter-Nachfrager-Interaktion sowie den kulturellen Hintergrund der Entscheidungsträger, nämlich den des Anbieters (Stammland-Kultur) und des Nachfragers (Absatzmarkt-Kultur), berücksichtigt.

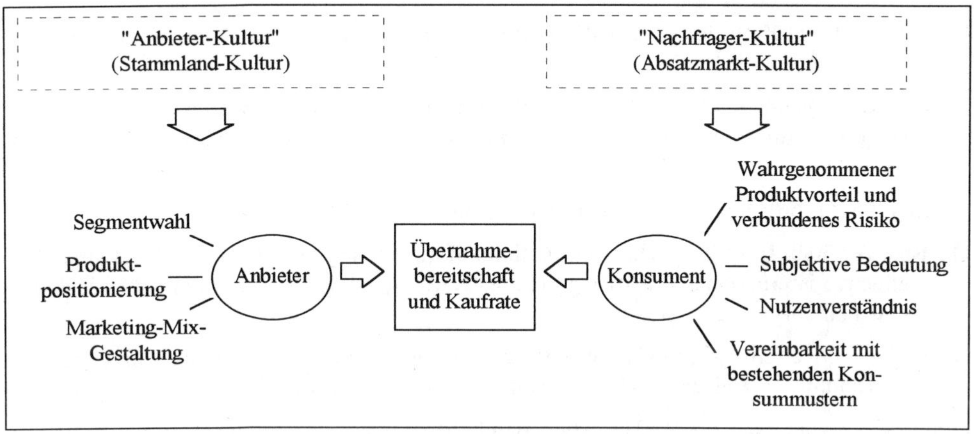

Abb. 5: Bezugsrahmen zur Analyse der Kulturgebundenheit von Konsummustern

Der Kultureinfluß wird dabei indirekt über die Variablen "Übernahmebereitschaft" und "Kaufrate", über die die Ausschöpfung des Marktes gemessen - und mit anderen Märkten verglichen - werden kann, abgebildet und somit analog dem Adoptionsverhalten von Innovationen behandelt (vgl. Sheth/Sheti 1977, 369). Die Differenzierung zwischen dem nationalen Kulturhintergrund auf Anbieter- und Nachfragerseite erlaubt die Beachtung kulturbedingter Wahrnehmungen und Interpretationen im Entscheidungsverhalten der Interaktionspartner, wobei hier Widersprüche Kommunikationsstörungen auslösen können. Das Konzept der Kulturgebundenheit gewinnt unter diesem Blickwinkel an wissenschaftlicher Attraktivität. Die Analyse des Zusammenspiels von kulturellen Einflußfaktoren, individuellem Konsumverhalten und Marketingaktivitäen auf der Ebene von spezifischen Kaufsituationen und unter Beachtung von segmentspezifischen Differenzierungen eröffnet interessante Forschungsaufgaben, die zu einem verbesserten Kulturverständnis beitragen und der Marketingpraxis entscheidungsrelevante Gestaltungsaussagen liefern könnten.

Literaturverzeichnis

Allaire, Y./Firsirotu (1984): Theories of Organizational Culture, in: Organization Studies, No. 3/1984, S. 193-226.

Althans, J. (1982): Die Übertragbarkeit von Werbekonzeptionen auf internationale Märkte, Frankfurt am Main 1982.

Anders, H.-J. (1990), Euro-Verbraucher - Realität oder Fiktion?, in: Szallies, R./Wiswede, G. (Hrsg.): Wertewandel und Konsum: Fakten, Perspektiven und Szenarien für Markt und Marketing, Landsberg/Lech 1990, S.233-256.

Berekoven, L. (1978): Internationale Verbrauchsangleichung: Eine Analyse europäischer Länder, Wiesbaden 1978.

Bhagat, R/McQuaid, S. (1982): Role of Subjective Culture in Organizations: A Review and Directions for Future Research, in: Journal of Applied Psychology, No. 5/1982, S. 653-685.

Cateora, Ph. (1966): International Marketing, Homewood 1966.

Davison, A./Grab, E. (1993): The contributions of advertising testing to the development of effective international advertising: The KitKat case study, in: Marketing Research Today, February 1993, S. 15-24.

Dormayer, H./Kettern, T. (1987): Grundlagen konzeptioneller Überlegungen zur Unternehmenskultur, in: Heinen, E. (Hrsg.): Unternehmenskultur, München 1987, S. 49-66.

Douglas, S./Wind, Y. (1987): The Myth of Globalization, in: Columbia Journal of World Business, Vol. 22, No. 4, Winter 1987, S. 19-29.

Douglas, S./Craig, S. (1995): Global Marketing Strategy, New York 1995.

Hall, E. (1959): The Silent Language, New York 1959.

Hassan, S./Katsanis, L. (1991): Identification of Global Consumer Segments: A Behavioral Framework, in: Journal of International Consumer Marketing, Vol.3(2), 1991, S. 11-28.

Hassan, S./Samli, C. (1994): The new frontiers of intermarket segmentation, in: Hassan, S./ Blackwell, R. (Hrsg.): Global Marketing: Perspectives and Cases, Fort Worth 1994, S. 76-100.

Herbig, P./Kramer, H. (1994): International Product Rollout: A Country Cluster Approach, in: Hassan, S./Kaynak, E. (Hrsg.): Globalization of Consumer Markets - Structures and Strategies, New York 1994, S.63-88.

Hill, J./Still, R. (1980): Cultural Effects of Technology Transfer by Multinational Corporations in Lesser Developed Countries, In: Columbia Journal of World Business, Vol. 15, Summer 1980, S.40-51.

Hofstede, G. (1984): Culture's Consequences: International Differences in Work-Related Values, Newbury Park 1984.

Hofstede, G. (1991): Cultures and Organizations: Software of the Mind, London 1991.

Holzmüller, H. (1995): Konzeptionelle und methodische Probleme in der interkulturellen Management- und Marketingforschung, Stuttgart 1995.

Homma, N. (1991): The continued relevance of cultural diversity, in: Marketing and Research Today, Vol. 19, November 1991, S. 252-259.

Jain, S. (1989): Standardization of International Marketing Strategy: Some Research Hypotheses, in: Journal of Marketing, Vol. 53, January 1989, S.70-79.

Jain, S. (1990): International Marketing Management, 3rd ed., Boston 1990.

Kashani, K. (1989): Beware the Pitfalls of Global Marketing, in: Harvard Business Review, September-October 1989, S. 91-98.

Keegan, W. (1989): Global Marketing Management, 4th ed., Englewood Cliffs 1989.

Kreutzer, R. (1991): Länderübergreifende Segmentierungskonzepte - Antwort auf die Globalisierung der Märkte, in: Jahrbuch der Absatz- und Verbrauchsforschung, 37. Jg., Nr. 1/91, S. 4-27.

Kroeber, A./Kluckhohn, C. (1952): Culture: A Critical Review of Concepts and Definitions, Cambridge 1952.

Kroeber-Riel, W. (1992): Globalisierung der Euro-Werbung: Ein konzeptioneller Ansatz der Konsumentenforschung, in: Marketing - ZFP, Heft 4, IV.Quartal 1992, S.261-267.

Levitt, Th. (1983): The Globalization of Markets, in: Harvard Business Review, May-June 1983, S.92-102.

Meffert, H. (1986): Marketing im Spannungsfeld von weltweitem Wettbewerb und nationalen Bedürfnissen, in: Zeitschrift für Betriebswirtschaft, 56. Jg., Nr. 6/1986, S. 689-712.

Mueller, B. (1987): Reflections of Culture: An Analysis of Japanese and American Advertising Appeals, in: Journal of Advertising Research, June/July 1987, S. 51-59.

Mueller, B. (1992): Standardization vs. Specialization: An Examination of Westernization in Japanese Advertising, in: Journal of Advertising Research, January/February 1992, S.15-24.

Müller, St./Kornmeier, M. (1995): Internationales Marketing im Spannungsfeld kultureller Einflußfaktoren, in: Der Markt - Zeitschrift für Absatzwirtschaft und Marketing, 34. Jg., 1995/3, S. 147-158.

Nevett, T. (1992): Differences between American and British Television Advertising: Explanations and Implications, in: Journal of Advertising, Vol. 22, No.4/1992.

Ohmae, K. (1985): Macht der Triade - Die neue Form weltweiten Wettbewerbs, Wiesbaden 1985.

Ronen, S./Shenkar, O. (1985): Clustering Countries on Attitudinal Dimensions: A Review and Synthesis, in: Academy of Management Review, Vol. 10, No. 3, 1985, S. 435-454.

Roth, M. (1995): The Effects of Culture and Socioeconomics on the Performance of Global Brand Image Strategies, in: Journal of Marketing Research, Vol. 32, May 1995, S. 163-175.

Schuh, A./Holzmüller, H. (1992): Internationales Marketing im Spannungsfeld zwischen kulturgebundenen und globalen Konsummustern, in: Eisendle, R./Miklautz, E. (Hrsg.): Produktkulturen - Dynamik und Bedeutungswandel des Konsums, Frankfurt 1992, S. 289-305.

Sheth, J./Sethi, P. (1977): A Theory of Cross-Cultural Buying Behavior, in: Woodside, A./ Sheth, J./Bennett, P. (Hrsg.): Consumer and Industrial Buying Behavior, New York 1977, S. 369-386.

Sheth, J. (1981): Strategies of Advertising Transferability in Multinational Marketing, in: WWG-Information, Folge 82, Mai 1981, S. 3-7.

Triandis, H. (1972): The Analysis of Subjective Culture, New York 1972.

Wind, Y./Douglas, S. (1982): Comparative Consumer Research: The Next Frontier?, in: Management Decision, No.2/1982, S. 24-35.

Culture as a Relevant Factor in Negotiating Procedures and Management Processes of International Joint Ventures (IJV) for Conflict Avoidance

Prof. Dr. Sabine M.-L. Urban

Centre d'Etude des Sciences Appliquées à la Gestion,
Université Robert Schuman, Strasbourg

0 Introduction

The subject proposed to me by Professor Johann Engelhard, president of this commission on "International Management", emphasizes four key terms: **culture, conflict, international joint venture, and negotiation.**

The issues discussed here aim to link these four terms in order to shed light on the actions of corporations in the international field.

The idea of **"culture"** has received increasing consideration among management concerns in recent decades, corresponding to the period of intense economic globalization. This raises an important question: will this globalization lead to management modes which are more "universal" or instead "cultural"?[1] In the first case, emphasis is placed on the universality of reason and logic - thus on the application of common principles such as the "top down approach" ; in the second case, emphasis is placed on distinctive identity and contextual - situations (often with a strong emotional content) suggesting strategies inspired by a "bottom-up approach".

If we refer to a recent study by Coopers & Lybrand (1995a), it appears that the second point of view is more prevalent.

> "During the postwar years, international business has been dominated by the rise in power of multinational companies whose management has been characterized by self-sufficiency and by the implementation of rigorous control mechanisms. Joint ventures (alliances specific to a given project) were considered a simple means to penetrate difficult foreign markets where commercial legislation and terms called for partnership agreements with local companies. From the point of view of a multinational corporation, the partnership consisted essentially of a strategem enabling the company to break into a foreign market without any major impact on the nature or form of its core activities. The situation has changed considerably over the course of the past few years for a number of reasons:
>
> - the growing globalization of markets
> - the rapid evolution of technology and its growing complexity
> - the increase in the size of investments and of corresponding financing needs".

The extension of open markets (in Eastern Europe and Asia) has generated reinforced needs for local expertise (marketing, distribution networks).

Sophisticated new technologies have obliged companies to invest heavily in research and development and, therefore, to look for international partnerships to share costs linked to innovation or to combine complementary know-how.

Consequently, even the large world-wide industrial groups are no longer able to base their development uniquely on internal growth. They must depend instead more on acquisition strategies or on the creation of **joint ventures**. In either case, the specifics of the local environment and the differences of business cultures play an important role.

1 The debate was analyzed from theoretical, philosophical, and strategic angles by Horst Steinmann and Andreas Georg Scherer in a December 1995 working paper (p. 43) entitled "Kulturkonflikte im Internationalen Management: Universalistiche und Kulturalistische Perspektiven."

Latent or declared **conflicts** occur more and more frequently as the multinationalization[2] of companies - including medium-size companies - becomes more prevalent. The risks of failure of international relations entered into are thus compounded, and this is clearly regrettable. These risks of cultural conflict must be reduced, all the more so since they are added to other existing and growing risks, notably related to currency and technology.

The reduction of risks of a cultural type is possible only by looking reality square in the face, without the arrogance of a more powerful player who always thinks he is right or an older one who readily refers to a colonialist doctrine of earned rights.

The resolution or limitation of cultural conflicts assumes that the partners involved make an effort to **understand what cultural diversity implies and to integrate this understanding into the negotiation process**. After isolating the cultural particularities, it is necessary to manage them; that is, they must be taken into consideration in order to prevent from the outset conflicts that are, after all, foreseeable.

These preliminary considerations lead us to develop three points successively:

1. Cultural differences are **potential** factors of conflict in IJV.
2. Cultural factors are a **real** source of difficulty in IJV.
3. The **integration** of cultural factors in the **negotiation** and management of IJV is necessary in order to limit conflicts.

1 Cultural Differences, Potential Factors of Conflict

1.1 Cultural Differences: an Adopted Definition

Among hundreds of possible definitions offered, we will retain that of Czinkota, Roukainen & Moffett (1994, 264) defining culture "as an integrated system of acquired behavior models which are characteristic of the members of a given society". Included in this system are modes of thought, expression, organization, action, and shared values.

As we have just suggested, culture as it is defined in the management sciences is only partially a patrimonial value identified by the sum of its **elements** ; culture is more of a **process** influencing decisions. Nonetheless, it is the elements of a puzzle which determine its design.

As far as the pieces of a cultural puzzle are concerned, most international projects present roughly the same elements, that is: language, religion, values and behavior, customs, technological and other infrastructures, aesthetic values, educational system, social institutions.

The difficulty in accounting for all of these variables in illustrated by the following chart.

2 For our purposes, the term "multinationalization" designates an **organizational phenomenon**: a company becomes multinational through direct foreign implantation or by the creation of an international joint venture - both involve strategic and operational reorganization, while "internationalization" describes the extension of a firm's **activities abroad** without distinguishing which type of activity: exporting, partnership, direct investment.

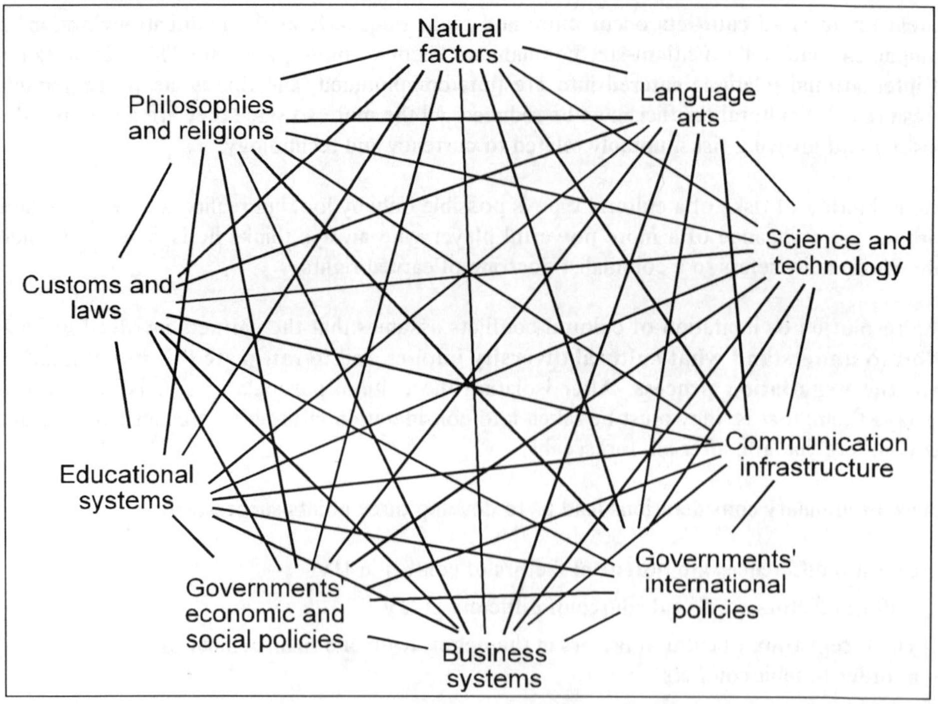

Fig. 1: Political and cultural determinants of management systems
Source: Calori/Seidel (1994, 56)

1.2 Cultural differences are visible on three levels: individual, organizational, and contextual

- On an **individual** level, man is marked by many learned elements: language, religion (we should recall that France remains the "elder daughter" of the centralized Roman Catholic Church, while the Protestant influence in Germany has contributed largely to the development of decentralized, individual initiatives and sense of personal responsibility), symbols (dress, statuaries...), more or less mythical national heroes, national rituals (greetings, meeting styles, report writing, planning systems...), values (moral or aesthetic, classical or heterodox...).

  Professional behavior is, according to G. Hofstede (1991), marked by these values and customs, and it generates reactions related to the distance in the balance of power, individualism or collectivism (as it relates to the integration of individuals into groups), the propensity to get rid of uncertainty, or a long-term or short-term orientation. A comparable analysis is presented by Lodge & Vogel (1987).

  It goes without saying that educational systems, institutional traditions (centralization or decentralization), and social stratification also constitute important distinguishing factors in an individual's behavior; these distinguishing factors seem to call for the creation of multinational teams for international investment.

- On the **organizational** level of a company, each organization has built its own management structure. As Christopher Bartlett and Sumantra Ghoshal (1989, 33-55) point out, adapting management to change is hampered by "administrative heritage", the company's history, the role of its leaders, and the local cultural environment.

  Each company has its **own** culture, which is more or less explicit, but in any case real.

- On a **contextual** level, we have the nation. In France, for example, cultural and managerial traditions are strong; they are not easily manipulated meaning that resistance to change is real and is reinforced by reactions that are more doctrinaire than pragmatic or reformatory. Patient search for a social consensus negotiated at the lower levels of the hierarchy is not common for the French, marked by a long tradition of bureaucratic centralism. The Parisian elite is omnipotent and manages a curious mix, from market liberalism to state authoritarianism, from capitalist democracy to industrial socialism. French culture breathes a certain rigidity into the management system which may disconcert foreign partners. It has an industrial and social logic which are not the same as those of the German culture.

  In brief, even in Europe where integration is developing, cultural features remain deeply rooted. Cultural traditions and heritage remain strong and continue to shape different management styles. Ignoring or not accepting them can be a regrettable source of conflict.

2 Cultural Factors as a Source of Real Difficulties in IJV

This affirmation is widely espoused in the scientific literature, in discussions we have led, as well as in the analysis of surveys conducted in recent years. We will cite here only two which have been selected because they are recent and involve a fairly wide sampling:

- A 1995 study by Coopers & Lybrand (1995b) based on 136 IJV located around the world (34% in Western Europe, 29% in Asia, 26% in Eastern Europe, 5% in North America, 6% in South America) and belonging to 20 different sectors of activity, with the main sectors being the automotive, chemical, mechanical, financial services, food processing, electrotechnic, and pharmaceutical industries.
- A study by Jürgen Eisele (1995), conducted as part of his position at the Professor Dr. Hans Raffée Chair at the University of Mannheim in 1991-92, involving 131 companies.

Of the very rich results of these studies, we will point out only three themes which illustrate the impact of cultural factors (negative impact when they are treated with too little consideration):

- in the area of **communication**,
- at the level of **organizational structures**,
- at the level of **desired goals**.

The problem is obviously not simple as the three diagrams which follow demonstrate: "culture" is everywhere, and the causal analysis ("Kausalanalyse") is complex.

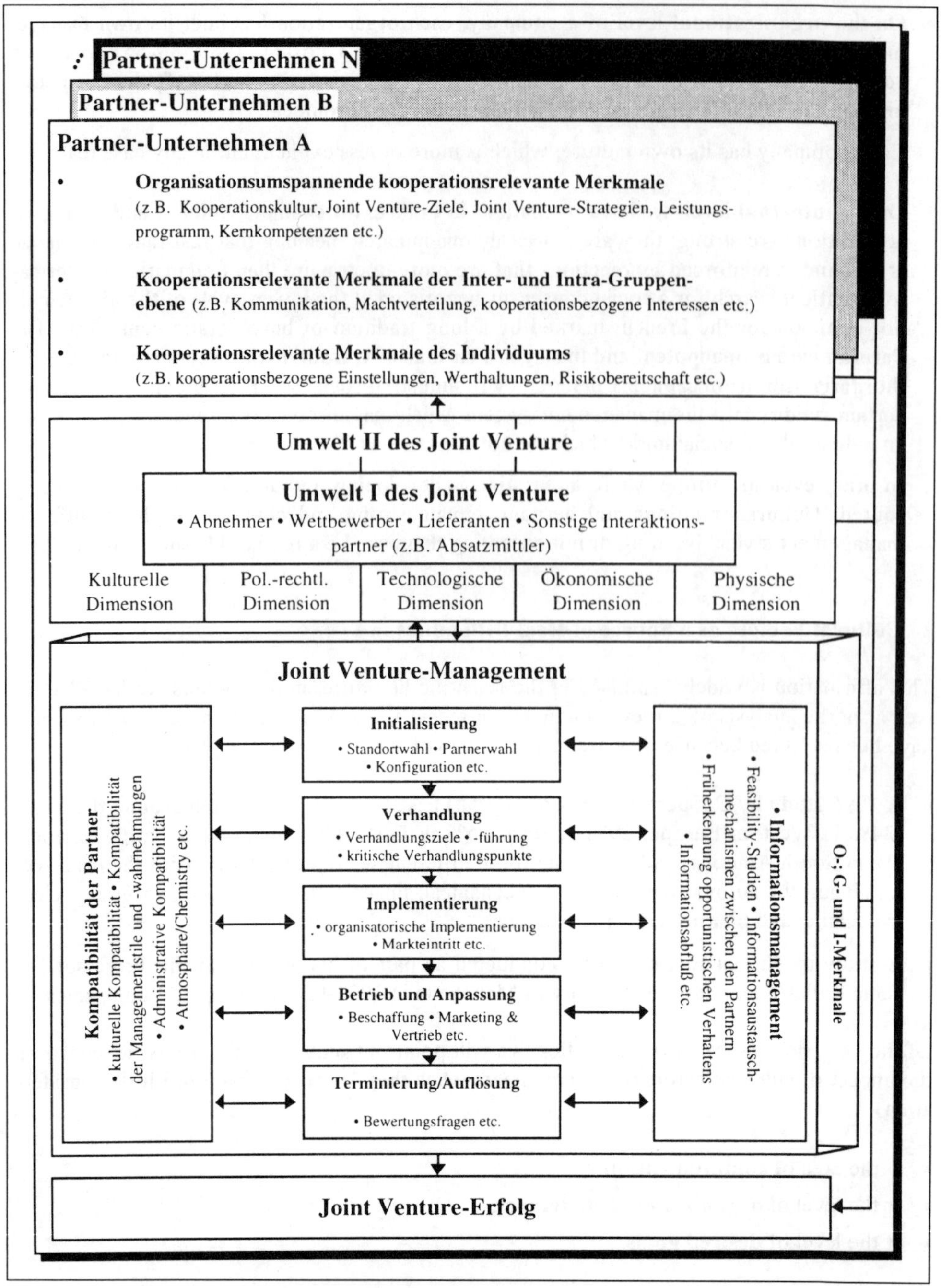

Fig. 2: Conceptual Framework for IJV Success Factors Analysis
Source: Eisele (1995, 55)

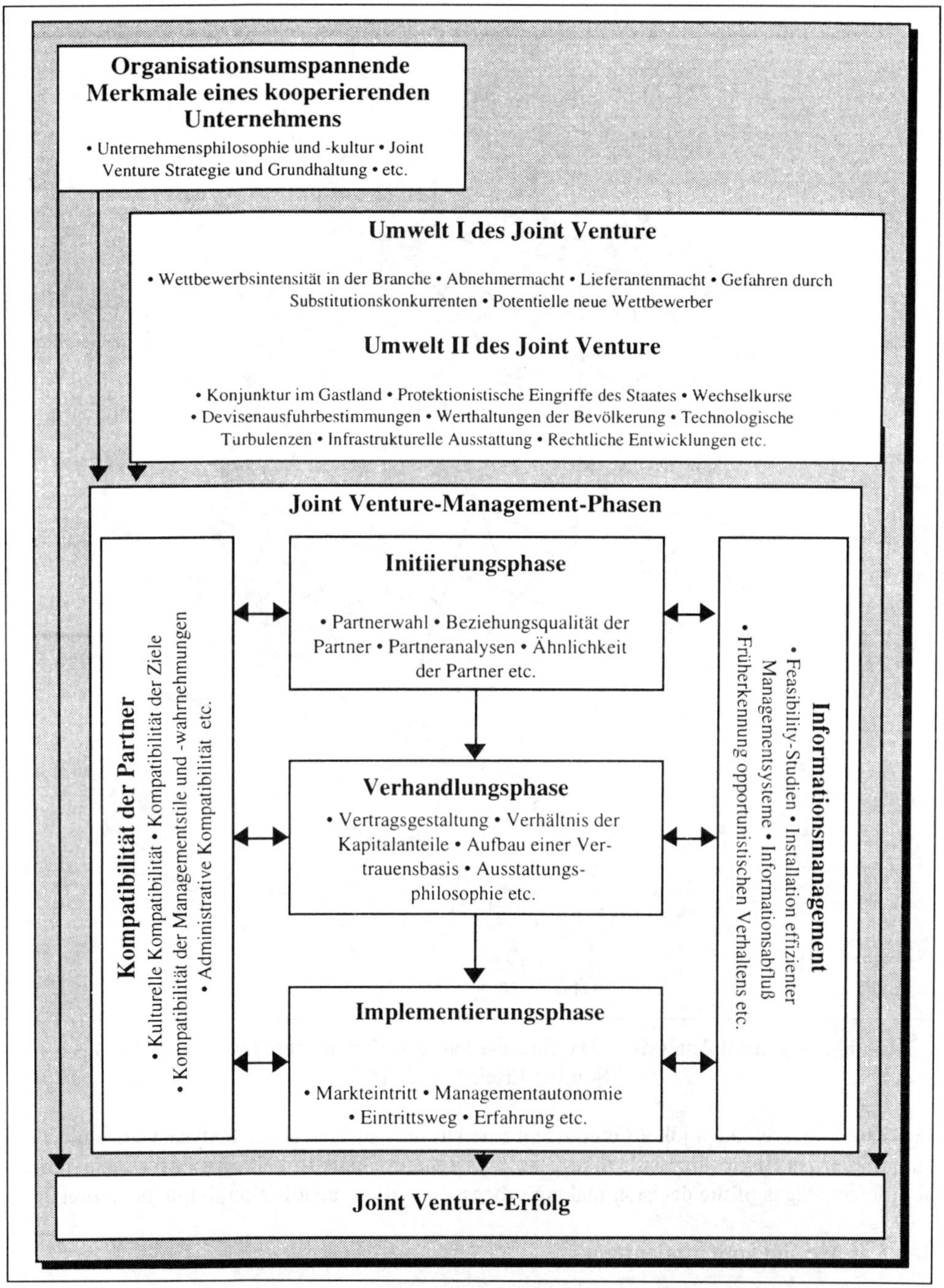

Fig. 3: Detailed Framework for IJV Success Factors Analysis
Source: Eisele (1995, 58)

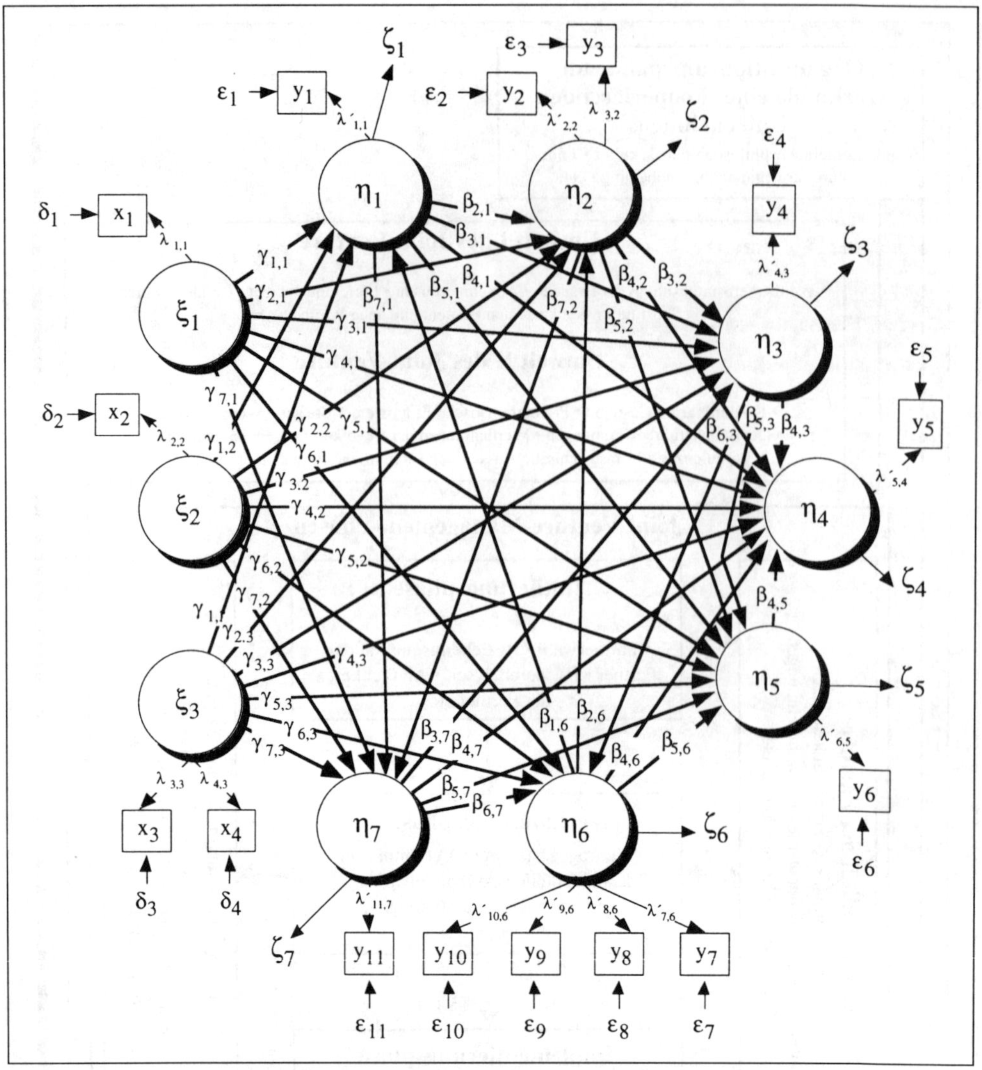

Fig. 4: Causal Analysis of IJV Success Factors Management (An Illustration)
Source: Eisele (1995, 159)

Fig. 4 looks nearly like a joke! Of course it isn't but may such a causal analysis be useful? The author - Jurgen Eisele - reminds that these causal factors have to be taken into consideration at different stages of the decision making process (initiation, negotiation, implementation).

2.1 Culture and communication

Rajesh Kumar (1995) shows how many differences exist on the international level, in the way that social relations are established, in persuasion techniques, in concession-making practices, in exchanging task-related information processes. All of these points contribute, however, to build reciprocal trust, the indispensable glue ensuring the success of an IJV.

Reliable methods of communication are important from the outset, that is, in the phase of selecting a partner, as is illustrated in figure 5.

Decisive factors	Rank
Perception of common interest	1
Reputation	2
Complementarity with partner	3
Technical competence	4
Trust in the partners	5
International experience	6
Investment capacity	7
Management skills	8
Financial performance	9
Joint venture experience	10
Other	11

Fig. 5: Factors considered decisive in selecting a partner
Source: Coopers & Lybrand (1995)

Difficulties in communication contribute to the ignorance or disrespect of the particularities of the other partner. Consequently, "adaptation to the local culture" stands out as the principal difficulty to overcome in an IJV (figure 6).

Principle difficulties	Rank
Adaptation of the local culture	1
Lack of real integration	2
Divergence of strategic objectives	3
Incompatible corporate cultures	4
Too large an imbalance between partners	5
Heaviness of the decision-making process	6
Divergence of financial objectives	7
Other	8
Climate of mistrust between partners	9

Fig. 6: Difficulties felt in the management of IJVs
Source: Coopers & Lybrand (1995)

The study presented by Jürgen Eisele confirms these results: cultural proximity and short psychological distance ("eine geringe psychische Distanz") facilitate good interpersonal and inter-organizational relations, a good adaptation to local culture, efficiency of the joint structure. Knowledge of the language of the partner(s) also largely contributes to the establishment of good communication.

2.2 Culture and Organization

A company's organization is illustrated by an organizational chart outlining a working command and monitoring structure.

But the life of the organization and its efficiency are largely conditioned by qualitative factors of a cultural nature such as **management style**, **shared values**, readiness or openness to **compromise** ("Kompromissbereitschaft") or **consensus**, habits of **cooperation, delegation, monitoring,** methods of diffusing **information**, the **right to error** (cf. Eisele, op. cit., pp. 230-276).

In the failure of the IJVs that were analyzed, the importance of these factors was always underestimated from the beginning. These factors must be assimilated at every level, from top management to the operational level. It is thus that a "kultureller fit" will be born amongst the partners (see fig. 7: Eisele, p. 236).

2.3 Conflict of goals

A study of the pharmaceutical sector enabled Coopers & Lybrand to draft an outline of the typology of corporate alliances, including IJV. Two cases dominate:

(1) alliances in R & D, with 4 principal objectives:
- "accelerate development",
- "share competencies",
- "share costs/risks",
- "share financing";

(2) alliances in marketing, also with 4 principal objectives:
- "maximize penetration",
- "enter onto a new market",
- "broaden the offer",
- "secure the markets".

These objectives are doubtless clear but must be further defined:

- in terms of exact figures,
- in terms of timeframe,
- and even in terms of the meaning of words.

Otherwise, the phenomena of jealousy and of mistrust will take hold amongst the partners.

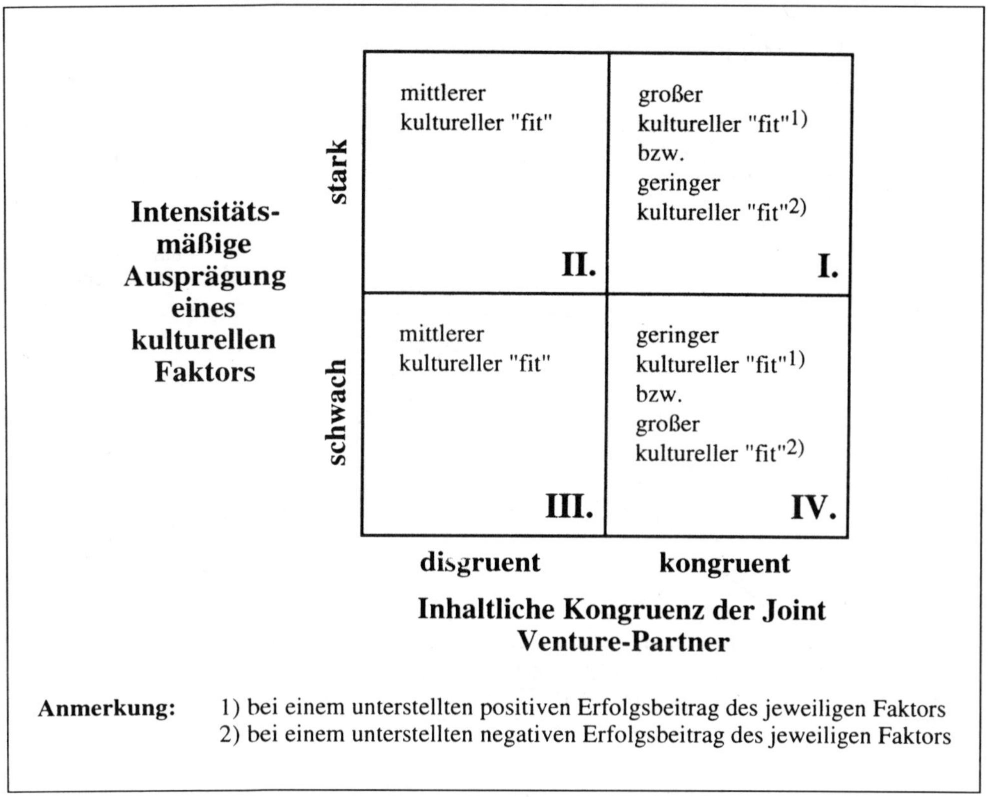

Fig. 7: The Detection of a Cultural Fit between IJV Partners
Source: Eisele (1995, 236)

Rajesh Kumar (1996) shows clearly that these objectives are more than elements to quantify and plan for. In a JV with Americans, the Japanese - nourished by their collectivist culture and their management style - look first for a network of relations, a structure for learning, a long-term benefit which is not necessarily focused on a target for profit or market share. The Americans, on the other hand, because of their clearly individualistic cultural traditions and customs, aim for precise, short-term, and immediately functional goals (problem solving point of view).

The procedures and modes of thought - explicit or implicit - become, therefore, the source of conflict and failure (see figure 8).

3 The Integration of Cultural Factors in the Negotiation and Management of IJV

Consideration of cultural factors from the phase of partner selection and IJV negotiation reduces the probability of conflict or at least makes an honorable withdrawal from the venture possible.

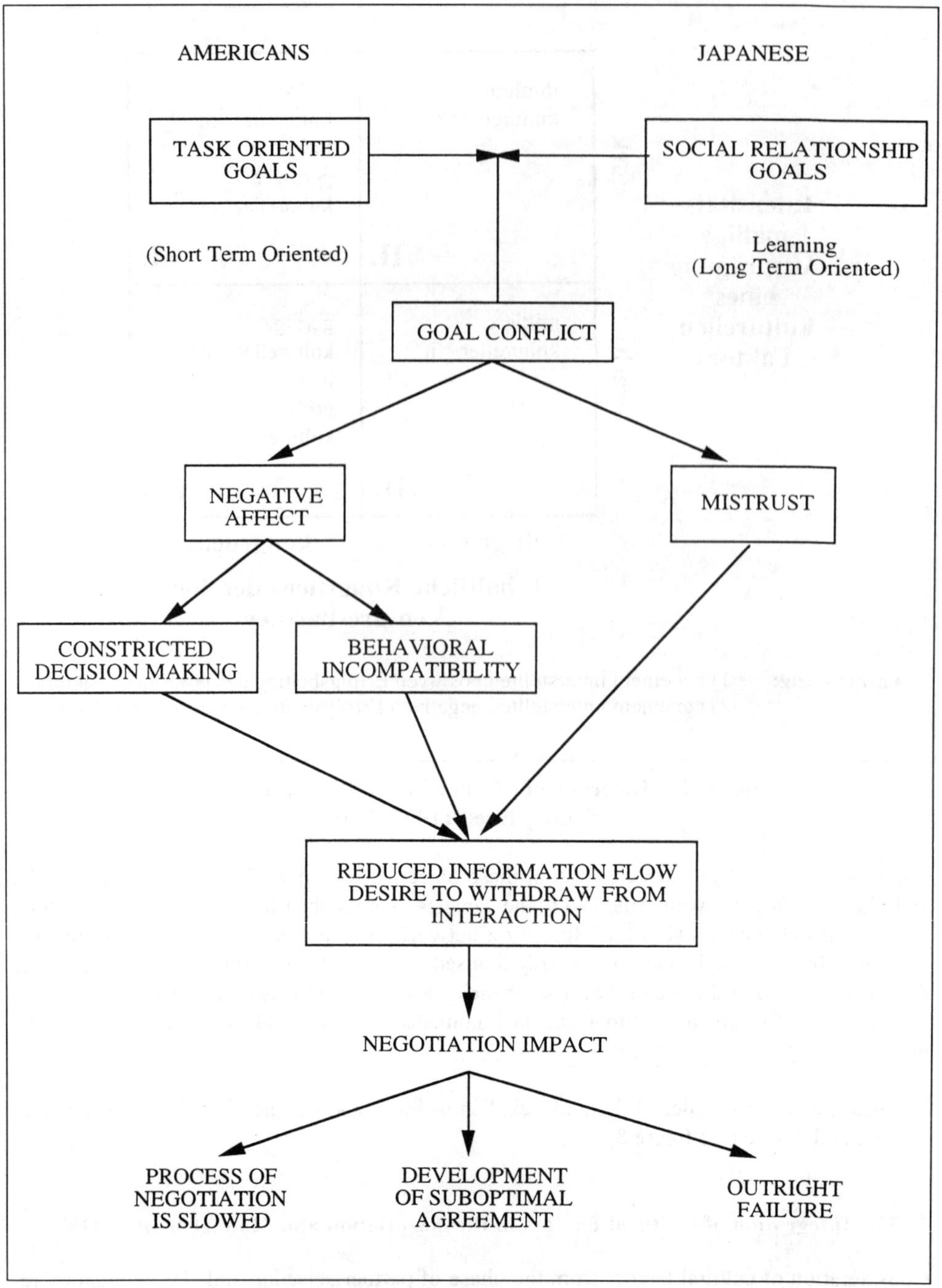

Fig. 8: Americans and Japanese Communicative Conflict in Negotiations: A Conceptual Model. Source: Kumar (1996)

3.1 The negotiation phase of an IJV is a period for testing the existence of cooperative cultures between the future partners

Negotiations aiming at the creation of an I.J.V. necessarily cover the varied aspects of the activity concerned (production, marketing, finance, human resource management, etc.) ; therefore, it is usually a multi-disciplinary team that is responsible for these negotiations. It is this team that will set the tone for the remainder of the negotiations. From the beginning, the ambience can be more conciliatory and smooth, more "fair's fair" based on strict reciprocity (Axelrod, 1992), or of a more fighting nature, with the stronger trying to impose the rules and thus sowing the seeds of a future imbalance (taking more than giving). The style of the negotiation is of course linked to the temperament of the individual negotiators but also depends to a great extent on national business practices (Japanese, Germans, Americans and Italians do not behave in the same manner!).

It is in this stage that the potential future players involved in an IJV can observe one another, build reciprocal confidence, and avoid investing in a costly dead end street. To speak together, to understand one another, to make oneself clear, to accept each other, are all important steps in the process of creating a successful IJV.

The choice of a good partner is clearly a delicate operation, but considerations employing good sense and a common desire to succeed can orient this decision. Brouthers & Wilkinson (1955, 18-25) summarize these points by stating that chances for success of an I.J.V. are strong when:

- complementary skills are offered by the partners ;
- cooperative cultures exist between the firms ;
- the firms have compatible goals ; and
- commensurate levels of risk are involved.

The idea of negotiation must be conceptualized on three levels. It is in fact a concept with three steps which can be presented as follows from general to specific: 1) negotiation takes place in a given environment and thus has a pre-established structure, at least in the short term ; 2) then comes a process through which divergent interests and directed activities oppose the different players; 3) finally, the individual negotiators go through real interactions. As the attention moves from one level to the next, the cognitive domain where precise knowledge may be acquired, accumulated, and transmitted didactically becomes increasingly less important than the domain of know how, intuition, custom, or past encounters with similar situations which replace the knowledge of the apprenticeship" (1994, 3).

Operational content, individual behavior, and social psychology meet in the negotiating melting pot. The negotiators are admittedly rational, but we also know that this rationality is limited and that the power of negotiation is, in part, subjective.

Anyway the negotiators must, from the beginning imagine future potential troubles and plan for a functional legal framework adapted to the evolution of the project and to the need for change.

3.2 Respect for cultural diversity supposes an adequate institutional framework

Individuals, organizations, and situations evolve. Cultural factors are without a doubt relatively stable by nature, but new actors within an organization or new players (partners) in an IJV, or even contextual changes can occur to disturb the established balance. Interpersonal trust is surely an essential ingredient in the success of an IJV, but it must be supported by formalized agreements:

(1) The company's legal status giving balance to the rights and obligations of the parties involved (partners in the IJV) and a real autonomy of the new entity (in order to avoid the aggressive or arrogant domination of one of the members).

(2) A Shareholders Agreement. It constitutes both a prerequisite and adjustment to the statutes of the future joint venture company. It includes particularly the following points:

- Capital structure.
  The shareholders' agreement determines whether the partners of the joint venture will participate equally or unequally.
- Distribution of the corporate executive positions throughout the I.J.V.
  It is possible to negotiate, for example, an arrangement where the chairman of the board and top managers are appointed according to a system of rotation in order to maintain a trustful relationship and a balance of power.

  It is important, however, not to confuse the concept of share holding (the responsibility of the parent companies) and management (the responsibility of the head office). Moreover, it is important to recognize and to not interfere with the general manager's autonomy (given regular and formal evaluation of his performance: budget, plans, audits) and to permit each upper-level manager to develop a feeling of belonging to the I.J.V. (in respect to the fundamental values of each partner).
- Determination of a list of decisions requiring approval of the board of directors.
- Rights of minority shareholders.

(3) Satellite agreements. These specific agreements generally concern the methods of executing the agreement such as:

- trademark licenses or patents.
  These contracts define the legal, technical, and financial conditions linking the joint venture to one or several of the parent companies transferring or granting a trademark license or patent. Also included are arrangements relating to the fate of licenses should the transferring company withdraw from the joint venture, to confidentiality, to conciliatory procedures, etc. ;
- contracts for technical assistance and licenses pertaining to technical skills ;
- supply contracts with the parent companies ;
- contracts between the I.J.V. and the parent companies relating to commercial representation and sales or distribution assistance for the products manufactured by the I.J.V.

All these aspects are connected with both legal and cultural factors included in the concept of "affectio societatis" that is a form of collaboration among associates on equal footing in order to strive for the aim of the newly created legal entity. This concept is expressed in German law by the term "Treuepflicht" or obligation of "fidelity", or of loyalty. The interests of the corporation *per se* have the right to be defended in priority in relation to the individual interests of the share holders or partners. This leads to the recognition of a certain balance among the partners, and this balance is destined to sustain confidence, an indispensable element to the success of a J.V.

(4) Conflict resolution agreements. This "satellite" agreement merits particular attention given the high failure rate of I.J.V.s.

Two major categories of conflict among partners in a joint venture can be identified: those that relate to management decisions, and those that relate to the rights and duties of the participating companies - that is, to the interpretation of the joint venture agreement.

It is not possible to predict in advance all of the possible areas of disagreement among the joint venture partners. Conflicts relating to the management of the joint venture can be avoided by adopting a collegial structure for decision-making in which the rights of minority shareholders and the need for efficiency can be reconciled. When disagreements do arise, it is necessary to have recourse to specific methods of conflict resolution such as:

- the creation of a steering committee,
- Alternative Dispute Resolution (ADR) methods,
- procedures for withdrawal from IJV.

These clauses will be accepted all the more easily if they respect the fundamental values of each partner, that means the cultural identy of each one.

References

Bartlett, Ch. A./Ghoshal, S. (1989): *Managing Across Borders*, Harvard Business School Press, Boston.

Brouthers, K. and L./Wilkinson, T. (1955): *Strategic Alliances: Choose Your Partners,* in Long Range Planning, Vol. 28, No. 3, pp. 18-25.

Calori, R./Seidel, F. (1994): A European Management Model, Prentice Hall, New-York.

Coopers & Lybrand (1995a): Guide pour une Joint Venture réussie, Paris.

Coopers & Lybrand (1995b), Corporate finance, *Joint-Ventures : étude internationale de l'expérience des entreprises*, Paris.

Czinkota, M. R./Roukainen, I. A./Moffett, M. H. (1994): *International Business*, The Dryden Press, Fort Worth/TX.

Eisele, J. (1995): *Erfolgsfaktoren des Joint Venture Management*, Gabler, Wiesbaden.

Hofstede, G. (1991): *Cultures and Organizations, Software of the mind,* McGraw-Hill, London.

Kumar, R. (1996): "*Communicative Conflict in Intercultural Negotiations ; The case of American and Japanese Business Negotiations*", Working Paper, University of Vaasa (Finland).

Kumar, R. (1995): *Cross Cultural Negotiations : some Guidelines for Effective Negotiating*, Working Paper, Pennstate University.

Lodge, G. C./Vogel, E. F. (eds., 1987): *Ideology and National Competitiveness*, Harvard Business School Press, Boston.

Rojot, J. (1994): *La négociation*, Vuibert, Paris.

Psychologische Bedingungen und Wirkungen internationalen Managements - analysiert am Beispiel deutsch-chinesischer Zusammenarbeit

Prof. Dr. Alexander Thomas

Institut für Psychologie,
Universität Regensburg

1 Einführung in die Thematik

Der Produktmanager eines großen deutschen Pharmaunternehmens berichtet: "Ich habe erst drei Jahre in Ostasien gearbeitet und wurde dann in die USA versetzt. In Asien überfällt einen die Fremdheit gleich am ersten Tag, man spürt sie wie einen Hammerschlag. Es dauert Monate, bis man beginnt, hinter der Fremdheit hie und da Vertrautes zu entdecken. In den USA habe ich es umgekehrt erlebt: Manche Äußerlichkeit mutet zwar zunächst auch fremd an, beispielsweise die Architektur der Städte, aber doch nicht so fremd wie in Asien. Ich habe das, was ich sah, ständig in Bezug zu Deutschland gesetzt, mich mal mit Hoffnung, öfter mit Sorge gefragt: Wann wird es bei uns auch so sein? Schon diese Frage impliziert Nähe!

Mit den Menschen kam ich in den USA zunächst sehr gut zurecht: "Leute wie Du und ich", dachte ich. Aber je länger ich da war, desto fremder wurden sie mir in vielen Bereichen. Heute, aus der Distanz betrachtet, würde ich immer noch sagen, daß die Unterschiede insgesamt viel geringer sind als die zu meinen ostasiatischen Partnern, aber es gab in den USA Momente, da war ich mir dessen gar nicht mehr so sicher, weil wenig so lief wie ich erwartet hatte. Aber ein wichtiger Unterschied lag auch in meiner Herangehensweise: In Asien habe ich Fremdheit erwartet und dann manche Gemeinsamkeit gefunden; in Amerika habe ich Gemeinsamkeit erwartet und bin auf Fremdes gestoßen."

Können Europäer Chinesen verstehen? So frug bereits der deutsche Übersetzer des von Arthur Smith 1900 herausgegebenen Buches "Chinesische Charakterzüge" und kommt dabei zu folgenden Aussagen:

> "(Viele Chinareisende betonen immer wieder)... die enormen Schwierigkeiten, welche sich uns Westländern bieten, sobald wir uns ein Urteil über den Charakter der Chinesen zu bilden versuchen. Es wird darauf hingewiesen, daß man gerade auf immer größere Widersprüche stößt, je länger man mit der 'bezopften' Rasse verkehrt und je gründlicher die Kenntnis der Sprache und Sitten dieses fernen Landes wird. Ganz genau so äußert sich auch Sir Robert Hart, der Generaldirektor des chinesischen Zolldienstes, der länger als vier Jahrzehnte im Reich der Mitte gelebt hat. 'China ist wirklich ein schwer zu verstehendes Land. Vor ein paar Jahren glaubte ich, endlich so weit gekommen zu sein, etwas von seinen Angelegenheiten zu wissen, und ich suchte, meine Ansichten darüber zu Papier zu bringen. Heute komme ich mir wieder wie ein vollkommener Neuling vor. Wenn ich jetzt aufgefordert würde, drei oder vier Seiten über China zu schreiben, würde ich nicht recht wissen, wie ich dies anfangen sollte. Nur eins habe ich gelernt: In meinem Vaterlande heißt es gewöhnlich: Laß dich nicht biegen, und wenn es dabei auch zum Bruche kommt! In China dagegen gerade umgekehrt: Laß dich biegen, aber laß es nicht zum Bruche kommen!'"

Worin liegen nun die Schwierigkeiten effektiven Handelns unter fremdkulturellen Bedingungen?

2 Anforderungen an das interkulturelle Management

Anforderungen im Zusammenhang mit interkulturellem Lernen, Verstehen und Handeln im internationalen Management ergeben sich aus drei Themenkomplexen: Eigenkulturelle Thematik, fremdkulturelle Thematik und interkulturelle Thematik.

2.1 Eigenkulturelle Thematik

Üblicherweise gehen wir davon aus, daß so wie wir uns verhalten, sich alle anderen Menschen auf dieser Welt auch verhalten. Diese Annahme ist vernünftig und richtig, denn meist geraten wir mit unseren Mitmenschen nicht in ernsthafte Konflikte, sondern kommen mit ihnen relativ gut aus. Wenn wir erfahren, daß Menschen in unserer Umgebung sich nicht so verhalten wie wir bzw. wie wir es gewohnt sind, dann führt dies zur Beunruhigung und macht uns nachdenklich. Wir versuchen herauszufinden, warum sich diese Person oder diese Personen nicht so verhalten wie wir es gewohnt sind und erwarten.

So wie wir die Welt wahrnehmen, wie wir sie beurteilen, so wie wir die Welt und die Menschen, mit denen wir es zu tun haben zu beeinflussen versuchen, so meinen wir, ist es richtig und angemessen. Andere Formen der Wahrnehmung, der Beurteilung und Beeinflussung erscheinen uns falsch, nicht ganz richtig, lückenhaft, primitiv usw.

Die eigenen Wahrnehmungsweisen, die eigenen Arten des Urteilens, die eigenen Formen der Beeinflussung und die Verhaltensweisen sind uns im Laufe unserer Entwicklung zur Gewohnheit geworden. Sie sind uns selbstverständlich, sie sind inzwischen Routine und werden nicht mehr als etwas Besonderes bemerkt. Nur dann, wenn etwas schief geht, wenn etwas nicht so läuft wie wir es erwarten und gewohnt sind, dann kommt es unter günstigen Umständen dazu, daß wir diese Abweichungen thematisieren, darüber nachdenken und eventuell zum Thema einer Diskussion mit uns vertrauten Personen machen.

In unserem alltäglichen Verhalten sind uns alle diese Gewohnheiten nicht mehr bewußt, sie sind nicht mehr bewußtseinspflichtig, obwohl sie grundsätzlich bewußtseinsfähig sind. So zeigt uns gerade das Bewußtwerden eigener Wahnehmungs-, Urteils- und Verhaltensweisen in **konflikthaften Situationen**, daß diese Gewohnheiten und Selbstverständlichkeiten durchaus bewußt gemacht werden können.

Wann aber wird nun das "Eigene", das "Gewohnte", das "Selbstverständliche" zum Thema? Häufig nur dann, wenn wir Kinder, alte Menschen, Behinderte oder Fremde beobachten, die mit Gegenständen und Personen anders umgehen oder sich in Situationen anders verhalten als wir es gewohnt sind. Bei Kindern, alten Menschen, Behinderten und Fremden fallen uns dazu auch sofort die entsprechenden Erklärungen ein: Kinder können es noch nicht, alte Menschen können es nicht mehr, Behinderte können es aufgrund ihrer spezifischen Behinderung nicht und Fremde können es nicht, weil sie nicht zu uns gehören und nicht gelernt haben, wie man sich "richtig" zu verhalten hat.

Aus der Generalisierung unserer eigenen Weltsicht ergeben sich im Zusammenhang mit interkulturellem Lernen, Verstehen und Handeln folgende Anforderungen: Die **eigenkulturellen Bedingungen** des Wahrnehmens, Denkens und Verhaltens thematisieren, reflektieren, erkennen und verstehen lernen.

2.2 Fremdkulturelle Thematik

Menschen aus anderen Kulturen, aus anderen kulturellen, religiösen und sozialen Traditionen, aus anderen Wert-, Rechts-, und Wirtschaftstraditionen haben andere Formen des Wahrnehmen, Urteilens, Empfindens und Handelns entwickelt. Diese Menschen sind über viele Generationen hinweg unter anderen geographischen, klimatischen, wirtschaftlichen, politischen, sozialen und geistig-kulturellen Umweltbedingungen aufgewachsen. Sie haben andere Überlebensstrategien und Formen der Problembewältigung entwickelt als wir.

Vielleicht ist in anderen Kulturen manches so entwickelt worden wie bei uns, aber sicherlich ist vieles auch sehr anders (Universalismus vs Kulturrelativismus). Auch die in anderen Kulturen sozialisierten Menschen gehen davon aus, daß so wie sie sich verhalten, es alle anderen Menschen auf dieser Welt auch tun, daß ihr Verhalten richtig und erfolgversprechend ist.

Daraus ergeben sich spezifische Anforderungen im Zusammenhang mit interkulturellem Lernen, Verstehen und Handeln: Erkennen der **fremdkulturellen Bedingungen** des Wahrnehmens, Denkens, Urteilens, Empfindens und Handelns. Verstehen dieser fremdkulturellen Formen der Lebens- und Problembewältigung. Anerkennen, daß diese Formen durchaus ebenso vernünftig und sinnvoll sein können wie die eigenen Formen der Lebensbewältigung.

2.3 Interkulturelle Thematik

Man kann sich mit den eigenen Denk- und Verhaltensgewohnheiten befassen und mit den an Menschen aus fremden Kulturen zu beobachtenden Denk- und Verhaltensweisen beschäftigen. Man kann beides zur Kenntnis nehmen, beides mit Interesse vergleichen, ohne davon in seinem eigenen Denken und Verhalten berührt zu werden. Die eigene Betroffenheit setzt aber spätestens dann ein, wenn es darum geht, mit Menschen aus anderen Kulturen zusammenzuarbeiten. In diesem Falle reicht es nicht mehr aus, das Eigene zu reflektieren und das Fremde zur Kenntnis zu nehmen. Der Zwang bzw. die Absicht zur Zusammenarbeit provoziert und erzwingt die Bewältigung einer neuen Anforderung. **Eigenes und Fremdes** muß unter den Bedingungen interkultureller Zusammenarbeit aufeinander **abgestimmt werden**.

2.4 Die unterschiedlichen Aspekte interkultureller Kooperation

- Es muß geprüft werden, inwieweit das Eigene und das Fremde miteinander übereinstimmt (kulturelle Identität), in welchem Maße Eigenes und Fremdes voneinander abweicht (kulturelle Differenz) und inwieweit Elemente des Eigenen und des Fremden nebeneinander bestehen können (kulturelle Kompatibilität) oder unvereinbar sind (kulturelle Inkompatibilität). Weiterhin muß geprüft werden, was vom Eigenen in Richtung auf das Fremde geändert werden kann. Wie weit kann und sollte man sich dem Fremden anpassen? Keinerlei Anpassung und Anpassungsbereitschaft führt eventuell zu direkten Konflikten mit den Fremden. Ein solches Verhalten kann von den Gastlandbewohnern als arrogant, hochnäsig, dominant und als abweisend empfunden werden. Völlige Anpassung an Fremdes kann zur Karikatur werden und ins Lächerliche abgleiten (Der Afrikaner, der in Lederhose und Seppelhut den Hamburger Hafen besichtigt).
- Es muß geprüft werden, wie das Fremde in Richtung auf das Eigene geändert werden kann, welche Möglichkeiten bestehen, den Fremden auf die eigenen Ziele und Verhaltensgewohnheiten so hinzuweisen, daß er bereit ist, sie zu erkennen, anzuerkennen und sich ihnen eventuell anzunähern. Oft wird der Fremde direkt gezwungen oder die Lebensverhältnisse im Gastland zwingen ihn indirekt, eine Anpassung an die Verhaltensgewohnheiten im Gastland zu erbringen.
- Es muß geprüft werden, welche produktiven oder destruktiven Konsequenzen solche Änderungsbemühungen in Richtung auf das Fremde und in Richtung auf das Eigene haben.

Die hier geforderten Prüfungen im Rahmen der interkulturellen Thematik können nur unter günstigen Umständen vom Individuum alleine vorgenommen werden. Der Austausch und die Diskussion fremdkultureller Erfahrungen mit anderen betroffenen Personen ist ein hilfreiches und häufig praktiziertes Mittel, diese Analysen vorzunehmen. Bei steigenden Anforderungen an die Qualität interkultureller Kooperation, besonders auch im Rahmen des internationalen Managements, ist es allerdings mehr und mehr erforderlich, daß wissenschaftliche Erkenntnisse aus dem Bereich der kulturvergleichenden Forschung zur Prüfung herangezogen werden bzw. themenspezifische Forschungen zur Begründung und Kontrolle der notwendigen Analysen durchgeführt werden.

Daraus ergeben sich unter den Bedingungen interkulturellen Lernens, Verstehens und Handelns spezifische Anforderungen: **Erfassen der kompatiblen** (miteinander in Übereinstimmung zu bringenden) und prüfen von Änderungsrichtung und Änderungsstärke der **inkompatiblen** (einander widerstrebende) **Elemente** des Eigenen und Fremden. Die kompatiblen Elemente erlauben gegenseitige Annäherung. Die tatsächlich inkompatibel erscheinenden Elemente sind in der Regel resistent gegenüber Kompromißbemühungen. **Kompatible** Elemente können sein: Begegnungs- und Kommunikationsrituale, Organisationsregeln. **Inkompatible** Elemente können sein: Religiös begründete und wertbehaftete Tabubereiche, Menschenrechtsverletzungen.

Entwickelt werden müssen unter Berücksichtigung der interkulturellen Thematik:

- **Toleranz** für Ambiguitäten (Aushalten und Akzeptieren von unklaren und widersprüchlichen Situationen und Verhaltensreaktionen)
- **Synergetische** Formen interkultureller Interaktion
- **Wertschätzung** gegenüber fremdkulturellen Spielarten der Lebensgestaltung, Lebensbewältigung und des sozialen Miteinanders

3 Effektives Handeln in deutsch-chinesischen Geschäftsbeziehungen - Problemanalyse und Lösungsmöglichkeiten

Die spezifischen Anforderungen interkulturellen Lernens, Verstehens und Handelns, besonders im Zusammenhang mit den deutsch-chinesischen Geschäftsbeziehungen sollen im folgenden an zwei konkreten Beispielen aus dem Interaktionsverhalten zwischen deutschen und chinesischen Geschäftspartnerns näher analysiert werden.

Beispiel I: Das deutsch-chinesische Verhandlungsproblem

Der Manager eines deutschen Unternehmens ist innerhalb kurzer Zeit zum vierten Mal zu Vertragsverhandlungen nach China gereist. Es geht dabei um Verträge über Joint-Venture-Projekte im Bereich der Fertigung und des Vertriebs elektronischer Anlagen. Die bisherigen Gespräche fanden in einer außerordentlich angenehmen Atmosphäre statt, die Chinesen waren sehr interessiert an dem, was der deutsche Manager vorschlug, sie stellten viele Fragen, und man verabredete neue Zusammenkünfte.

Doch richtig vorwärts ging bei diesen Verhandlungen nichts. Inzwischen bekam der deutsche Firmenrepräsentant erhebliche Schwierigkeiten im eigenen Stammhaus. Die Zeit drängte, der

Geschäftsführung des Unternehmens schienen die Verhandlungen nicht effektiv genug zu laufen, und man äußerte Mißfallen über die "wenig glückliche" Verhandlungsführung des Beauftragten. Erste Witze über die "Fernreisen" des Managers machten die Runde. Bei ihm stauten sich Frust und Verärgerung auf. Als auch in einer weiteren Verhandlungsrunde, die sich über mehrere Tage erstreckte, keine Einigung zustande zu kommen schien, glaubte der Manager, die Taktik seiner chinesischen Verhandlungpartner endlich durchschaut zu haben. Die wollten ihn doch nur hinhalten, um möglichst viele Informationen aus ihm herauszupressen, mit denen sie dann sein Unternehmen gegen die Konkurrenz ausspielen könnten.

Er war wütend und verärgert über seine Verhandlungpartner, hinzu kamen die Belastungen der zermürbenden Verhandlungwoche, die klimatischen Bedingungen machten ihm zu schaffen, und alles dies äußerte sich in Schweißperlen auf der Stirn, fahrigen Bewegungen mit dem Kugelschreiber und Streßsymptomen.

Zu guter Letzt zeigte er eine Reaktion, die man hierzulande mit dem Ausdruck "denen mal ordentlich Bescheid sagen" und "kräftig auf den Tisch hauen" umschreiben würde. Völlig unvermittelt schrie der Manager seine chinesischen Verhandlungspartner an, er sei nicht mehr bereit, sich weiter hinhalten zu lassen, das um den heißen Brei Herumreden müsse endlich aufhören, er wolle Klarheit und Verbindlichkeit und überhaupt, seine Geduld sei nun am Ende.

Für chinesische Verhältnisse wurden diese Beschwerden in einer schockierenden Direktheit und Lautstärke vorgetragen. Die chinesischen Verhandlungspartner wurden blaß und schwiegen. Die Verhandlungen kamen nicht zum Abschluß.

Nach seiner Rückkehr in der Heimat erfuhr der Manager von seinem Vorgesetzten, daß dies seine letzte Chinareise gewesen sei. Die Chinesen hätten zwar brieflich weiterhin Interesse an dem geplanten Joint-Venture geäußert, ohne auf die von ihm geführten Verhandlungen auch nur mit einem Wort einzugehen. Man müsse wohl mehr oder weniger wieder von vorne anfangen und dies mit einem anderen Firmenvertreter.

Dieses Beispiel zeigt eine Reihe sehr typischer Schwierigkeiten deutsch-chinesischer Verhandlungen, deren Ursachen eindeutig in den unterschiedlichen kulturell geprägten Wahrnehmungs-, Denk-, Urteils-, Empfindungs- und Verhaltensgewohnheiten verankert sind.

<u>Problemanalyse von Beispiel I</u>

(1) "So richtig vorwärts geht nichts"

Der deutsche Manager erwartet, daß klar und verständlich vorgetragene Vertrags- und Verhandlungsangebote aufgegriffen, nachgefragt, beantwortet und zügig zu einem zufriedenstellenden Ergebnis und Abschluß geführt werden. Dies muß zudem in einem Zeitraum geschehen, der zwar nicht genau festgelegt ist, der aber vertretbar und absehbar ist. Das Verlaufsprinzip bei Verhandlungen nach deutschen Vorstellungen folgt eher einem **linearen Konzept** nach dem Muster: Anfang - Entwicklung - Resultat. Das Resultat bringt die Verhandlungspartner im Verlauf der Verhandlungen kontinuierlich in eine qualitativ höherwertigere Position als zu Anfang der Verhandlungen (siehe Abb. 1).

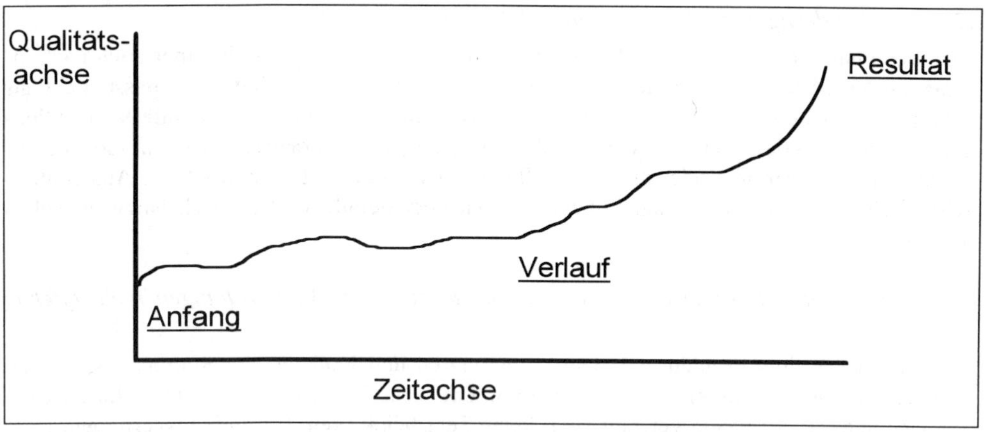

Abb. 1: Deutsches Verhandlungsverlaufsmuster

Die Chinesen in dem vorgetragenen Beispiel wollen ein Produkt kaufen. Dazu müssen alle direkt und indirekt vom Verhandlungsresultat betroffenen Personen das Produkt kennenlernen. Die gegenseitige Information und Abstimmung sowohl auf der horizontalen Ebene als auch auf den vielfältig verschachtelten vertikalen Organisationsebenen nehmen viel Zeit in Anspruch. Vieles wird wiederholt, erneut erörtert und von unterschiedlichen Sichtweisen aus betrachtet. Je wichtiger das Produkt und je langfristiger die Konsequenzen aus einem Geschäft sind, umso mehr Zeit bedürfen Verhandlungsverlauf und Vorbereitung des Vertragsabschlusses. Das Verlaufsprinzip bei Verhandlungen nach chinesischen Vorstellungen folgt einem eher **zyklischen Konzept** (siehe Abb. 2): Viele Prozesse der Informationsgewinnung und -weitergabe, viele Erörterungen, Diskussionen ect. wiederholen sich und betreffen im Verlauf der Verhandlungen immer größere Personenkreise, wobei die Verhandlungsresultate dichter, fester, stabiler und damit auch qualitätvoller werden.

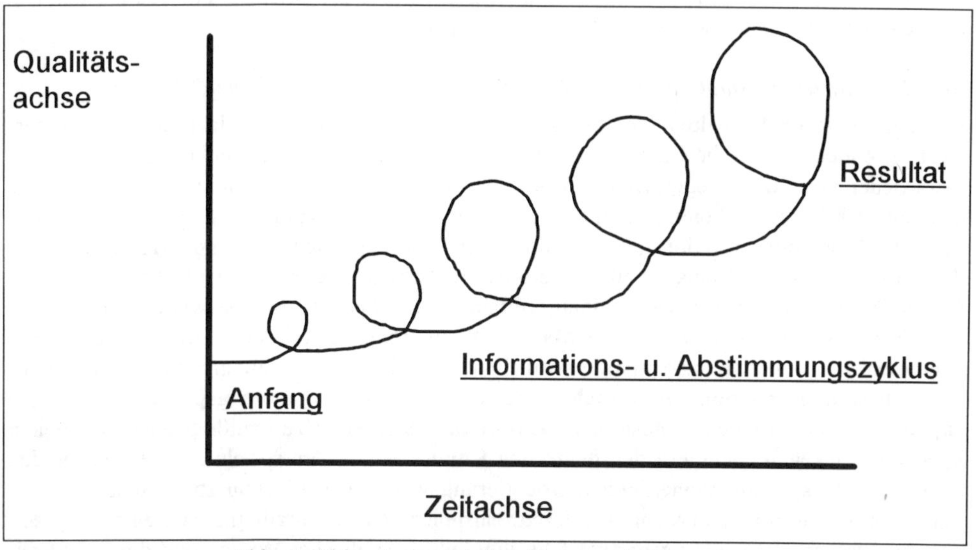

Abb. 2: Chinesisches Verhandlungsverlaufsmuster

(2) "Die Zeit drängte, die Verhandlungen liefen nicht effektiv"

Was sich ohne erkennbaren Grund lange hinzieht, ist aus deutscher Sicht, aber auch nach internationalen Managementvorstellungen nicht produktiv, ist kostenintensiv, passt nicht ins gewohnte Managementdenken und bedarf der Erklärung. Ineffektiv verlaufende Verhandlungen müssen reflektiert, einer Ursachenanalyse unterzogen und präzisiert werden. Gegenmaßnahmen sind zu ergreifen oder die Verhandlungen als gescheitert zu betrachten. Aus chinesischer Sicht verlaufen die Verhandlungen obwohl oder gerade weil sie sich lange hinziehen sehr produktiv.

(3) "Der Geschäftsführung des Unternehmens scheinen die Verhandlungen nicht effektiv genug"

Hier taucht ein altes Problem auf: Die Vorgesetzten und Kollegen im Stammhaus, die die schwierigen und oft komplexen Probleme vor Ort nicht kennen, die mit dem chinesischen Verhandlungsverlauf wenig vertraut sind, keine Sensibilität, kein Einfühlungsvermögen usw. besitzen, werden mißtrauisch über den Verlauf und die Effektivität der Verhandlungen. Auch für sie bedürfen Abweichungen vom Gewohnten der Erklärung, was in diesem Fall zu einer personenspezifischen Ursachenzuschreibung (Attribuierung) führt: "Wenig glückliche Verhandlungsführung" des Auslandsrepräsentanten.

(4) "Erste Witze über die "Ferienreisen" machen die Runde"

Sozialer Druck aus dem Kreis der Kollegen und eine Ambivalenz zwischen Neid und Bewunderung beeinträchtigen die soziale Position des Auslandsmitarbeiters im Unternehmen. Er erfährt keine soziale Unterstützung sondern eher Abwertung und Reserviertheit.

(5) "Die Verhandlungen erstrecken sich über mehrere Tage und es scheint keine Einigung zustandezukommen"

Der deutsche Verhandlungsteilnehmer findet keine Erklärung für das Verhandlungsverhalten der Chinesen, er wird mehr und mehr verunsichert, verliert die Orientierung und hat das Gefühl, die Situation nicht mehr unter Kontrolle zu haben.

(6) "Der Manager glaubt, die Taktik der Chinesen durchschaut zu haben"

Er interpretiert das Verhalten der Chinesen als reine Hinhaltetaktik, die dazu dient ihn zu zermürben. Zudem wollen die Chinesen durch das Hinauszögern der Verhandlungen und die immer wieder von vorne beginnenden Diskussionen an Informationen herankommen, die sie sonst nicht bekommen könnten und mit denen sie ihn gegen Konkurrenten ausspielen können. Mit dieser Interpretation des Verhaltens seiner chinesischen Verhandlungspartner werden für den deutschen Manager alle bisherigen Unklarheiten beseitigt. Er glaubt, den wahren Grund für das chinesische Verhandlungsverhalten zu erkennen, er überwindet damit seine Unsicherheit und gewinnt ein höheres Maß an Orientierung und Klarheit. Die unklare und widersprüchliche Verhandlungssituation wird für ihn wieder durchschaubar und kontrollierbar. Wenn diese Interpretation des Verhaltens der chinesischen Verhandlungspartner auch falsch ist, weil sie nicht aus den chinesischen Denk- und Verhaltens-(Verhandlungs-)gewohnheiten heraus entwickelt ist, sondern den deutschen Kulturstandards entspricht, so hat sie für den deutschen Manager doch einen hohen Orientierungswert. Er glaubt nun zu wissen, woran er mit seinen Partnern ist und kann sich darauf einstellen. Zur kulturadäquaten Beurteilung seiner chinesischen Verhandlungspartner fehlt ihm kulturspezifisches Wissen und die erforderliche Sensibilität für kulturdivergentes Verhalten. Es fehlt ihm zudem die Fähigkeit, die mit der Interpretation chinesischen Verhaltens aufgrund solcher Kulturstandards verbundenen Probleme zu reflektieren.

(7) "Hinzu kamen die Belastungen der zermürbenden Verhandlungswoche, die klimatischen Bedingungen machten ihm zu schaffen"

Die ungewohnten Lebensverhältnisse und Umweltbedingungen, vom Klima über die Eßgewohnheiten bis zu den sozialen Veränderungen, bedingt durch die Trennung von Familie und Freundeskreis, führen zu physischen und psychischen Belastungen, die häufig unterschätzt werden. Es kommt zur Einengung des Blickfeldes, zu Fixierungen im Denken, zur Aktivierung von Stereotypisierungen und Vorurteilen gegenüber den Gastlandbewohnern, zu einer allgemeinen Rigidität im Verhalten und zur Zunahme spannungsgeladenen aggressiven Verhaltens. Die Gelassenheit geht verloren.

(8) "Er war wütend und verärgert über seine Verhandlungspartner und schließlich schrie er sie unvermittelt an, daß er nicht mehr bereit sei, sich von ihnen hinhalten zu lassen"

Selbst wenn die chinesische Verhandlungsdelegation die physischen und psychischen Belastungen ihres deutschen Verhandlungspartners erkannt hätte, was eher unwahrscheinlich ist, da sie selbst mit ihren Verhandlungsproblemen vollauf beschäftigt war, hätte sie die Reaktion des Deutschen nicht verstehen und akzeptieren können. Jemand, der sich so gehen läßt, verliert nach chinesischer Auffassung sein Gesicht. Er zerstört die zwischenmenschliche Harmonie, indem er sich selbst und seine Partner in Verlegenheit bringt und ist damit kein zuverlässiger und vertrauensvoller Verhandlungs- und Kooperationspartner mehr. Er verliert seine Kompetenz und sein Renommee.

Der deutsche Manager hat aus Unkenntnis, aus mangelnder Feinfühligkeit und aufgrund falscher, d. h. kulturinadäquater Begründungskonstrukte (Attributionen) folgende Fehler begangen:

- Er hat nicht beachtet, daß in China wie auch in anderen ostasiatischen Kulturen alle wichtigen Entscheidungen unter den von der Entscheidung betroffenen Personen besprochen, diskutiert und auf gegenseitige Akzeptanz hin überprüft werden. Diese gegenseitige Information und Abstimmung aber kostet viel Zeit. Eine auf diese Weise getroffene Entscheidung ist dann allerdings auch stabil und über lange Zeit hinweg widerstandsfähig.
- Er hat nicht beachtet, daß gerade dann, wenn die zu treffenden Entscheidungen von großer Bedeutung sind und weitreichende Folgen haben aus chinesischer Sicht keine Eile geboten ist, sondern eher eine der Bedeutung des Verhandlungsgegenstandes angemessen lange Zeit zur Vorbereitung der zu treffenden Entscheidungen und der Verhandlungsführung notwendig ist. Hinzu kommen die in planwirtschaftlich-zentralistischen Systemen üblichen Rücksichtnahmen auf politische und bürokratische Entscheidungsträger, verbunden mit umständlichen und langwierigen Antrags- und Genehmigungsverfahren. Seine Partner konnten gar nicht schneller verhandeln, selbst wenn sie es gewollt hätten.
- Er hat nicht beachtet, daß es für Chinesen völlig unüblich ist, Konflikte mit anderen Personen und problematische Situationen dadurch zu bereinigen, daß man die Konfliktursachen und die als problematisch erlebten Beziehungsverhältnisse offen und sehr direkt anspricht, um auf diese Weise Klarheit in die Beziehungsverhältnisse zu bringen und eine gegenseitig

befriedigende Lösung anzustreben. Er hat nicht beachtet, daß Chinesen dazu neigen, über interpersonale Konflikte und Schwierigkeiten hinwegzusehen, sie zu ignorieren und sie allenfalls auf indirektem Wege anzusprechen und zu klären.

- Er hat nicht beachtet, daß es in China unüblich ist, so unkontrolliert seine Gefühle zu äußern und den Partner zu maßregeln, mit dem man doch weiter verhandeln und eventuell einmal gut zusammenarbeiten möchte. Dies führt in China unweigerlich zu einem so nachhaltigen Gesichtsverlust, daß eine weitere Zusammenarbeit speziell mit diesem deutschen Manager für die chinesischen Verhandlungspartner unmöglich ist. Nur wenn die Person, die ihr Gesicht verloren hat, gegen einen neuen Verhandlungspartner ausgetauscht wird, können die Verhandlungen wieder aufgenommen und zum Abschluß gebracht werden. Das gilt auch für den Fall, daß ein Chinese sein Gesicht verliert.

Auf jeden Fall sind durch das aus deutscher Sicht nachvollziehbare Verhalten des deutschen Managers nicht nur erhebliche Kosten entstanden und die Verhandlungen verzögert worden. Es enstand zudem ein erhebliches Risiko, daß diese Verhandlungen völlig scheiterten, kein erfolgreicher Abschluß zustande gekommen wäre und die angestrebten langfristigen ökonomischen Erfolge ausblieben.

Beispiel II: Das deutsch-chinesische Bankett

Nach drei Wochen anstrengender Verhandlungen fühlt sich Herr K., Chef der deutschen Verhandlungsdelegation eines multinationalen Konzerns, verpflichtet, für seine chinesischen Partner ein Bankett zu veranstalten. Er bereitet dazu alles genau vor, stellt mit der Hotelleitung das Menü zusammen und legt durch Tischkärtchen die Sitzordnung fest. Er selbst hat großes Interesse, neben einem chinesischen Ingenieur zu sitzen, der ihm durch sein detailliertes Fachwissen besonders aufgefallen war und mit dem er ins Gespräch kommen möchte. Eine halbe Stunde vor Beginn des Banketts erscheint der chinesische Dolmetscher, überprüft die Sitzordnung und verändert sie nach seinen eigenen Vorstellungen. Herr K. ist über dieses Vorgehen sehr befremdet und fühlt sich brüskiert. Als er den Dolmetscher wegen seines ihm eigenmächtig erscheinenden Handelns zur Rede stellt, erhält er lediglich zur Antwort: "Das ist bei uns so üblich".

Problemanalyse zu Beispiel II

Zur Erklärung der Situation aus chinesischer Sicht sind zwei Ebenen zu unterscheiden, nämlich die Bedeutung von Sitzordnungen bei öffentlichen Anlässen und die Behandlung des ausländischen Gastes (in diesem Falle Herrn K.) in der Rolle des Gastgebers durch die chinesischen Gäste, vertreten durch den Dolmetscher.

(1) Die Bedeutung von Sitzordnungen

Nach chinesischer Kulturtradition werden Sitz- und Tischordnungen nicht nach individuellen Vorlieben festgelegt, sondern nach der den Gästen gebührenden Rangordnung. Die bestehende Rangordnung innerhalb einer Gruppe, zwischen Gruppen und zwischen einzelnen Gruppenvertretern bedürfen der Bestätigung im Sinne einer Vergewisserung und der äußeren Dokumentation dadurch, daß sie bei öffentlichen und halböffentlichen Anlässen durch entsprechende Sitz- und Tischordnungen für alle sichtbar in Erscheinung treten. Eine Mißachtung dieses, für die Schaffung und Festigung der sozialen Harmonie bedeutsamen Ordnungsprinzips führt zu einem Gesichtsverlust aller an diesem öffentlichen Ereignis beteiligten Personen. Zunächst verliert der Gastgeber sein Gesicht dadurch daß er die soziale Rangordnung seiner Gäste mißachtet. Die unterhalb ihres Ranges plazierten Gäste verlieren ihr Gesicht, da sie nicht gebührend geehrt werden. Die über dem ihnen zustehenden Rang plazierten Gäste verlieren ihr Gesicht dadurch, daß sie sich ungebührlich stark in den Vordergrund stellen und ihnen nicht zustehende Plätze einnehmen. Da der Dolmetscher Herrn K. diesen Gesichtsverlust ersparen will, ändert er die Sitzordnung, selbst auf die Gefahr hin, von Herrn K. zurechtgewiesen und getadelt zu werden.

(2) Die angemessene Behandlung des ausländischen Gastgebers durch die chinesischen Gäste

Diesem Aspekt wird durch den Eingriff des Dolmetschers Rechnung getragen, denn er hat nicht nur den Auftrag, dem Gastgeber einen Gesichtsverlust zu ersparen, vielmehr folgt er auch dem für Chinesen wichtigen Gebot der "Gastfreundschaft". Das Verhältnis zwischen Gästen und Gastgebern soll möglichst harmonisch und störungsfrei sein. Deshalb sind die Gäste angehalten, "...dem Gastgeber Erleichterung zu verschaffen". In der Bankettsituation sind die Chinesen die Gäste, insbesondere vertreten durch den Dolmetscher, der dafür zu sorgen hat, daß dem Gastgeber nach Möglichkeit keine Fehler unterlaufen, damit die sozialen Beziehungen zwischen Gästen und Gastgeber sich sozialverträglich und harmonisch entwikkeln können.

Der deutsche Manager, der zum Schluß seines Chinaaufenthalts seine chinesischen Gäste zu einem Bankett einladen will, organisiert die Interaktionssituation nach den ihm vorschwebenden Zielen und seinen Erfahrungen und Gewohnheiten mit ähnlichen gesellschaftlichen Veranstaltungen. Für Herrn K. ist das Bankett eine günstige Gelegenheit, sich einmal ausführlich mit dem von ihm geschätzten chinesischen Ingenieur unterhalten zu können, um ihm auf diese Weise seine Wertschätzung zu vermitteln und eventuell zu prüfen, ob er auf Dauer als vertrauensvoller Mitarbeiter gewonnen werden kann. Er ist zudem daran interessiert, die Zeit der Dauer des Banketts mit interessanten und nützlichen Gesprächen zu füllen.

Der deutsche Manager stellt seine persönlichen individuellen Interessen in den Vordergrund und organisiert das Bankett allein aus seiner Sicht. Dafür würde keiner der chinesischen Gäste Verständnis aufbringen, selbst dann, wenn der eine oder andere der chinesischen Gäste die Absicht von Herrn K., ausgerechnet mit dem relativ unbedeutenden chinesischen Ingenieur zu sprechen, verstünde. Eine Organisation der Bankettsituation nach den Vorstellungen von Herrn K. wäre für die chinesischen Gäste kein feierliches Abschiedsbankett, sondern eine einzige soziale Blamage für alle Beteiligten.

Die beiden Beispiele zeigen, daß die Schwierigkeiten des deutschen Managers im Umgang mit seinen chinesischen Partnern daher rühren, daß er sich ihnen gegenüber so verhalten hat, wie er es von zu Hause von Deutschland her gewohnt war und wie es seinen eigenen Denk- und Deutungsmustern entspricht. In China aber gelten zur Regelung der in den beiden Beispielen zentralen Anforderungen (effektive Verhandlungsführung und harmonisches und geselliges Beisammensein) andere Regeln und Normen als in Deutschland. Da offensichtlich beide Partner davon ausgehen, daß alle Menschen auf dieser Welt, zumindest aber Deutsche und Chinesen, die beiden Situationen (Geschätsverhandlungen und Bankett) so organisieren und bewerten wie sie selbst, und da die Chinesen keine Kenntnisse über die typisch deutschen Organisations- und Bewertungsprinzipien besitzen und der deutsche Manager keine Kenntnis über die in China üblichen Organisations- und Bewertungsregeln verfügbar hat, kommt es im ersten Fall zu gravierenden Konflikten mit weitreichenden Folgen. Im zweiten Beispiel wird der Konflikt nur durch das schnelle und "rücksichtslose" Eingreifen des Dolmetschers verhindert.

Beispiele dieser Art ließen sich beliebig vermehren. Dabei werden sehr viele Probleme in den deutsch-chinesischen Geschäftsbeziehungen und im Zusammenleben von Deutschen und Chinesen eher als personspezifisch verursacht angesehen und bewertet, obwohl die Ursache für Mißverständnisse und Konflikte in den unterschiedlichen kulturspezifischen Orientierungsmustern und Verhaltensgewohnheiten liegen.

4 Trainingsmaßnahmen zur Entwicklung interkultureller Managementkompetenz

Auf dem Hintergrund der bisherigen Darlegungen stellt sich die Frage: Gibt es Möglichkeiten, das Auslandspersonal, das im Chinageschäft tätig werden soll, so zu qualifizieren, daß die kulturbedingten Kommunikations- und Kooperationsprobleme möglichst minimiert werden? Diese Frage kann zunächst einmal durch vier relativ einfache Feststellungen beantwortet werden:

- Interkulturelle Orientierungstrainings, die auf die jeweilige Zielgruppe (z.B. Manager) und die jeweilige Zielregion (China) zugeschnitten sind, fördern die Sensibilisierung für eigenkulturelle und fremdkulturelle Determinanten des Verhaltens. Sie erreichen bei den Trainingsteilnehmern womöglich eine Einstellung gegenüber fremdkulturellen Verhaltensmerkmalen, die von Toleranz und Wertschätzung getragen ist und setzen die Teilnehmer in die Lage, das im Training Gelernte inVerhandlungs- und Kooperationssituationen mit chinesischen Partnern umzusetzen.
- Beratungs- und Supervisionsmaßnahmen (coaching) vor Ort, ermöglichen eine vertiefte und an den alltäglichen Lebenserfahrungen im chinesischen Gastland orientierte Einsicht in die Bedingungen und Hintergründe (Orientierungssysteme) des fremd erscheinenden Verhaltens der Chinesen. Gerade im Kontrast der eigenkulturellen Verhaltensgewohnheiten und zu den Beobachtungen und Erfahrungen mit den fremdkulturellen chinesischen Verhaltens- und Denkgewohnheiten läßt sich die Umsetzung des Gelernten in verhaltenswirksame Interaktionen mit Chinesen auch unter Streßbedingungen entwickeln.
- Um Trainingsprogramme der geschilderten Art überhaupt entwickeln zu können, sind differenzierte Untersuchungen über die dem Verhalten von Chinesen und Deutschen tatsächlich zugrunde liegenden zentralen Kulturstandards als hervorstechende Merkmale der jeweiligen kulturspezifischen Orientierungssysteme erforderlich. Systematische Analysen von als kritisch erlebter Interaktionssituationen zwischen Deutschen und Chinesen sind dazu hervorragend geeignet.
- Die Evaluation, d.h. die Überprüfung der tatsächlichen Handlungswirksamkeit einzelner Trainingsmaßnahmen verhindert Illusionen über deren Effektivität und gibt Hinweise auf Lösungsmöglichkeiten.

In Anbetracht des Bedarfs und des in Sonntagsreden von Wirtschaftspolitikern und Fachleuten auch aus der Wirtschaft immer wieder beschworenen Bedeutung interkulturellen Trainings ist das Interesse an der Entwicklung geeigneter Trainingsmaßnahmen und die Bereitschaft zur Investition in entsprechende Grundlagen- und Begleitforschungen in Deutschland (besonders in Vergleich zu den USA) völlig unterentwickelt. Dabei gibt es durchaus erfolgversprechende Ansätze für Forschung und Training, die in den USA bereits vielfach erprobt sind, aber wegen der kulturspezifischen Orientierungen nicht so ohne weiteres auf deutsche Verhältnisse übertragen werden können. Sie bedürfen aufgrund der deutschen Kulturtraditionen der kritischen Überprüfung und kulturäquivalenten Anpassung.

Im folgenden sollen die Möglichkeiten zur Qualifizierung interkulturellen Handelns im Bereich des Managements allgemein und unter besonderer Berücksichtigung der deutsch-chinesischen Kooperationsbeziehungen dargestellt werden.

4.1 Trainingsziele

Es gibt umfangreiche Kataloge, in denen die Ziele interkulturellen Trainings festgehalten sind (Landis/Brislin 1981). Unterschieden werden dabei allgemeine Trainings, die sich auf die Entwicklung und Entfaltung von Persönlichkeitsmerkmalen sowie personaler und sozialer Fertigkeiten beziehen, die die Bewältigung von Akkulturationsbelastungen erleichtern und die Anpassung an eine fremde Kultur beschleunigen sollen und spezifischer Trainings, die der Entwicklung von Fertigkeiten dienen, die sich aus den jeweils konkreten arbeits-, berufs-, lern- und lebensumfeldspezifischen Bedingungen ergeben.

So kann ein interkulturelles Training darauf abzielen, zunächst einmal nur für fremdkulturell bestimmtes Denken und Verhalten zu sensibilisieren, eine gewisse Bereitschaft zum Umgang mit fremdkulturell geprägten Partnern zu fördern und zur Akzeptanz und Toleranz fremder Lebens- und Arbeitsweisen anzuregen (Brislin 1986).

Ein kulturspezifisches Orientierungstraining für eine bestimmte Gruppe von ausreisenden Personen, z.B. Manager, Sprachdozenten, Studenten könnte demgegenüber auch die Schulung sehr spezifischer Fertigkeiten z.B. chinatypische Konfliktlösung am Arbeitsplatz, eine auf die Gewohnheiten amerikanischer Studenten zugeschnittene Fremdsprachendidaktik, in japanischen Studentengruppen übliches geschlechtsspezifisches Rollenverhalten usw. beinhalten (Thomas 1988, 1993, Thomas/Sandner 1989).

Während einerseits zu allgemein und zu weit gesteckte interkulturelle Trainingsziele dem Bedürfnis der ausreisenden Personen nach konkreten, handfesten Verhaltensregeln zu wenig entspricht ist ein zu spezifisches, auf bestimmte Verhaltenselemente zugeschnittenes Training zu wenig geeignet, die Lernenden zur flexiblen Anpassung an schnell wechselnde Anforderungsbedingungen zu qualifizieren.

Die folgenden Trainingsziele sind deshalb eher auf einem mittleren Konkretisierungsniveau angesiedelt und die damit zu erreichenden Fertigkeiten sollen ein Maximum an Flexibilität und Lerntransfer ermöglichen:

- Praxisnahe Orientierung über zentrale Kulturstandards, die für die Gastkultur bedeutsam sind und die das Handeln der Gastlandbewohner in sozialen Interaktionssituationen bestimmen. Das Training sollte Hilfen bei der Lösung arbeits- und aufgabenbezogener sowie alltäglicher, lebenspraktischer Problemstellungen unter fremdkulturellen Bedingungen bieten.
- Sensibilisierung für fremdkulturell geprägte Wahrnehmungs-, Denk- und Handlungsorientierungen.
- Sensibilisierung für eigenkulturell geprägte Orientierungen.
- Durch die erweiterten Kenntnisse über kulturfremde und kulturvertraute Orientierungssysteme soll auf kognitiver Ebene eine Neuorientierung bezüglich der Regulation und Kontrolle eigenen Verhaltens und der Antizipation fremden Verhaltens stattfinden.
- Erkennen der für die Gastlandbewohner typischen Arten des Bewertens (Attribuierung) von Handlungsdeterminanten in sozialen Interaktionssituationen.
- Entwickeln der Fähigkeit zum Erkennen und zur Antizipation interkulturell bedeutsamer Schnittstellen in interaktiven Handlungsverläufen, deren Bewältigung Schwierigkeiten bereiten kann und bei denen es häufig zu interkulturell bedingten Mißverständnissen kommt.
- Lernen interkulturelle Kommunikations- und Interaktionsstörungen sowie interkulturelle Handlungsfehler auf ihre kulturspezifischen Fehlerursachen hin zu analysieren, um daraus zur Vermeidung und zur Bewältigung ähnlicher Problemsituationen Nutzen zu ziehen .

4.2 Phasen interkulturellen Trainings

Generell lassen sich drei Phasen interkulturellen Trainings unterscheiden:

- Orientierungstraining

  Ein Orientierungstraining wird meist zu Beginn eines Auslandseinsatzes oder eines Auslandsstudiums im Heimatland durchgeführt und dient der Vorbereitung auf die fremde Kultur, auf die ungewohnten Arbeits- und Lebensverhältnisse und reicht von der Vermittlung landeskundlicher Kenntnisse bis hin zum Kulturkontrasttraining, bei dem fremdkulturelle und eigenkulturelle Denk- und Verhaltensgewohnheiten einander kontrastiert und vergleichend analysiert werden.
- Verlaufstraining

  Dieses Training findet während des Auslandseinsatzes im Gastland statt und dient der Aufarbeitung kritischer Interaktionssituationen und Probleme im Umgang mit den Gastlandbewohnern, den Lebens- und Arbeitsverhältnissen. Interkulturelles Verlaufstraining kann in Form der Supervision oder in verschieden Arten des Coaching stattfinden.
- Reintegrationstraining

  Wenn zu erwarten ist, daß nach einem längeren Aufenthalt im Ausland die Rückkehr in das Heimatland, die Anpassung an die hiesigen Arbeits- und Lebensbedingungen zum Problem werden können, wird ein Reintegrationstraining in das Land, kurz vor der Ausreise oder im Heimatland kurz nach der Einreise zur Erleichterung der Wiedereingliederung in das Berufs- und Arbeitsleben und zur Eingewöhnung in die eigentlich vertrauten aber inzwischen fremd gewordenen heimischen Lebensverhältnise eine nützliche Anpassungshilfe sein.

Eine differenziertere Aufschlüsselung unterschiedlicher Trainings- und Beratungsmaßnahmen im Verlauf eines Auslandseinsatzes zeigt Abbildung 3.

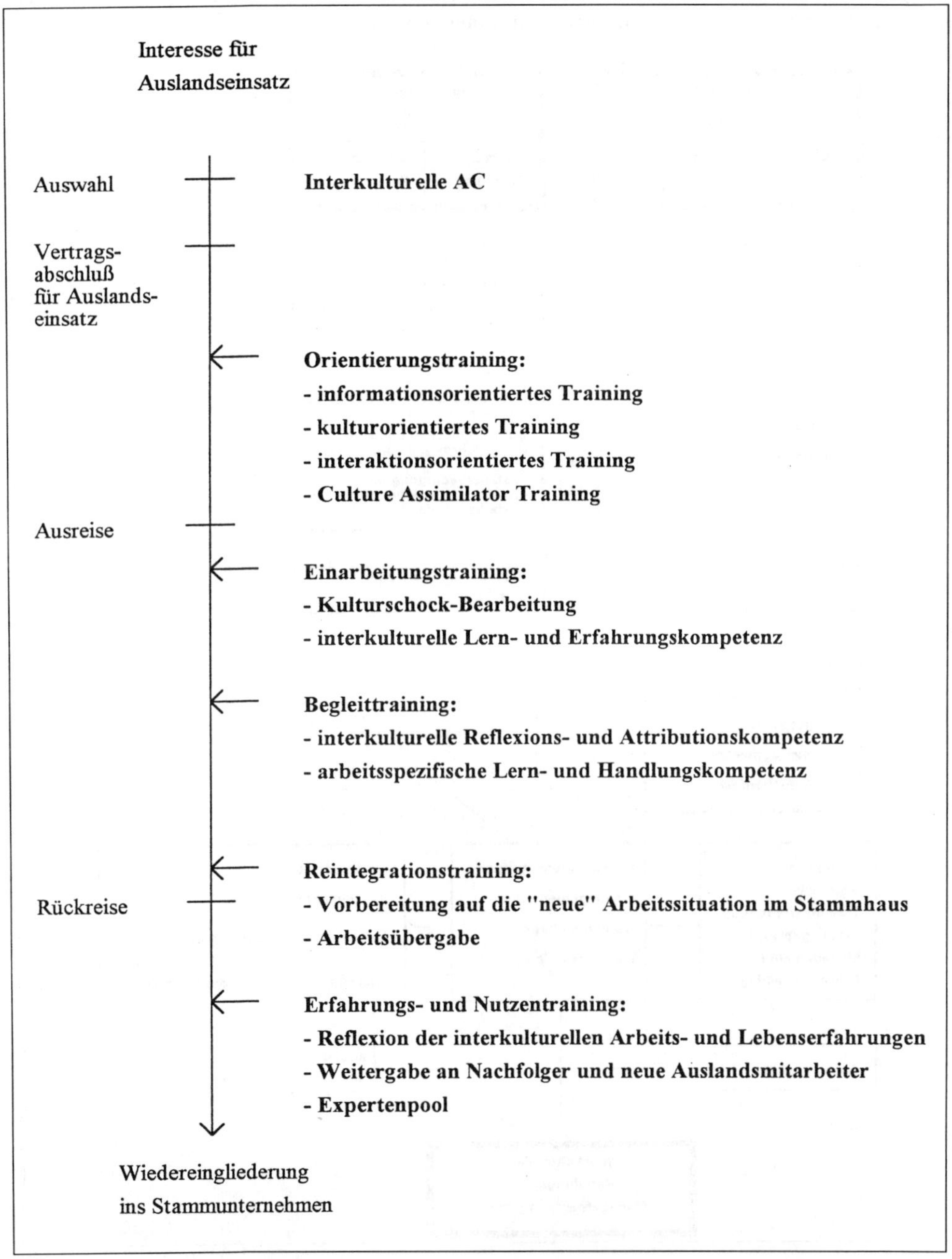

Abb. 3: Arten interkulturellen Trainings

4.3 Merkmale interkulturellen Managementtrainings

Die Rahmenbedingungen und zentralen Merkmale interkulturellen Managementtrainings lassen sich wie in Abbildung 4 dargestellt zusammenfassen.

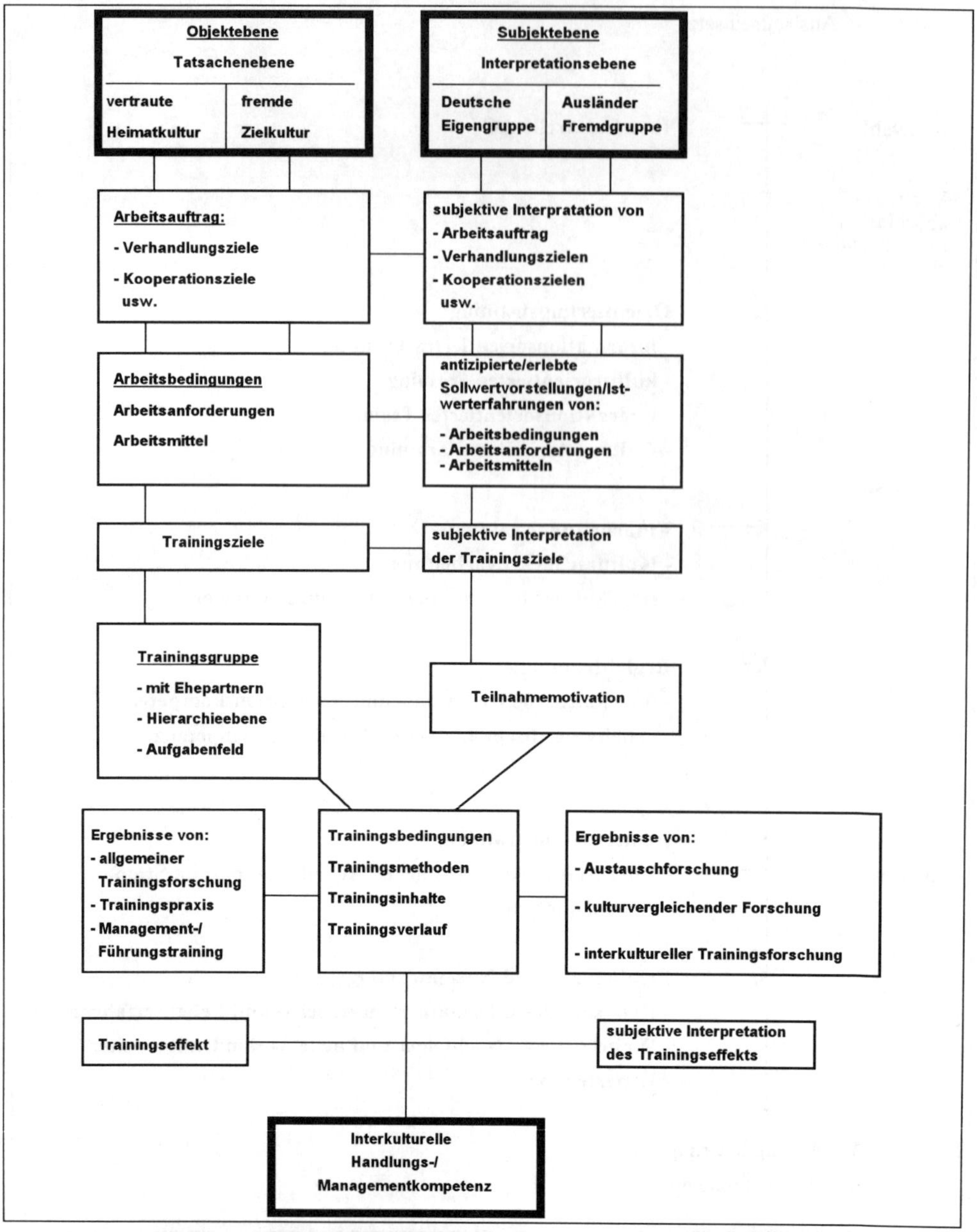

Abb. 4: Zentrale Merkmale interkulturellen Managementtrainings

In dieser Darstellung wird deutlich zwischen der Objekt-, Tatsachen- und Organisationsebene einerseits und der Subjekt-, Interpretations- und Personalebene andererseits unterschieden. Die von der Organisation gesetzten Arbeitsaufträge, Arbeitsbedingungen und Trainingsziele unterliegen kulturspezifischen Einflußfaktoren. Die Kulturspezifität macht sich zudem auf der Ebene der subjektiven Interpretationen und Antizipationen der Arbeitsaufträge, Arbeitsanforderungen und Trainingsziele bemerkbar. Zwischen der Organisationsebene und der Personenebene und zwischen den organisationsspezifischen Merkmalen in der Heimatkultur und der Zielkultur sowie auf der Ebene individueller Werte, Überzeugungen, Einstellungen usw. auf deutscher wie auf ausländischer Seite kann es zu Übereinstimmungen, aber auch zu Divergenzen mit der Konsequenz konflikthafter Interaktionssituationen kommen.

Im unteren Teil der Abbildung werden einige für das Training allgemein wichtige Merkmale aufgeführt. Dabei ist zu beachten, daß die vielfältigen Forschungen und Praxiserfahrungen aus dem Bereich des Management- und Führungstrainings grundsätzlich auch für das interkulturell orientierte Managementtraining von Bedeutung sind. Die dazu relevanten wissenschaftlichen Erkenntnisse müssen aus verschiedenen wissenschaftlichen Disziplinen gewonnen werden, z.B. Psychologie, Soziologie, Pädagogik, Anthropologie, Ethnologie sowie aus den Bereichen der kulturvergleichenden Wirtschaftswissenschaften, Rechtswissenschaft, Politologie usw.

5 Das Culture-Assimilator-Training

Das Culture-Assimilator-Training ist ein weitgehend kognitiv orientiertes Training zur Schulung der Fähigkeit fremdkulturelle Begründungsmuster (isomorphe Attribuierung) zu erkennen und auf kulturelle Überschneidungssituationen effektiv anwenden zu können. Dabei geht das von Fiedler, Mitchel und Triandis (1971) , Triandis (1984) entwickelte Culture-Assimilator-Training von Erkenntnissen der kognitiven Sozialpsychologie und Attributionsforschung aus. Diese besagen, daß dann, wenn man als Handelnder eine zutreffende Vorstellung davon hat, warum bestimmte Ereignisse und Verhaltensweisen in der sozialen Umwelt so und nicht anders stattfinden (Kausalattribution) und warum die Interaktionspartner bestimmte Ziele verfolgen (Finalattribution), soziale Ereignisse und interaktive Handlungsprozesse verstehbar, vorhersehbar und damit auch beeinflußbar werden.

Mit Hilfe des Culture Assimilators sollen bedeutungsvolle interkulturelle Interaktionen simuliert werden. Dem Trainingsteilnehmer werden konflikthafte Interaktionssituationen vorgestellt, die er durchdenken und evtl. im Rollenspiel simulieren soll. Dabei wird er angeregt, das Verhalten der interagierenden Personen aus dem Blickwinkel der verschiedenen Kulturen zu verstehen und zu bewerten. Bei der Entwicklung des Materials für den Culture Assimilator besteht die Hauptschwierigkeit darin, aus der Vielfalt interkultureller Interaktionen einigermaßen repräsentative Interaktionssituationen zu identifizieren, die dem Trainingsteilnehmer geläufig sind und die ihm einen vertieften Einblick in die Wahrnehmungs-, Denk- und Attributionskonzepte der Interaktionspartner in der Gastkultur erlauben.

Zu jeder geschilderten, konflikthaften Interaktionssituation werden dem Lernenden verschiedene Interpretationsmöglichkeiten für das Verhalten der beteiligten Personen vorgelegt, von denen **eine** Interpretation aus der Sicht der Fremdkultur die einzig richtige Antwortalternati-

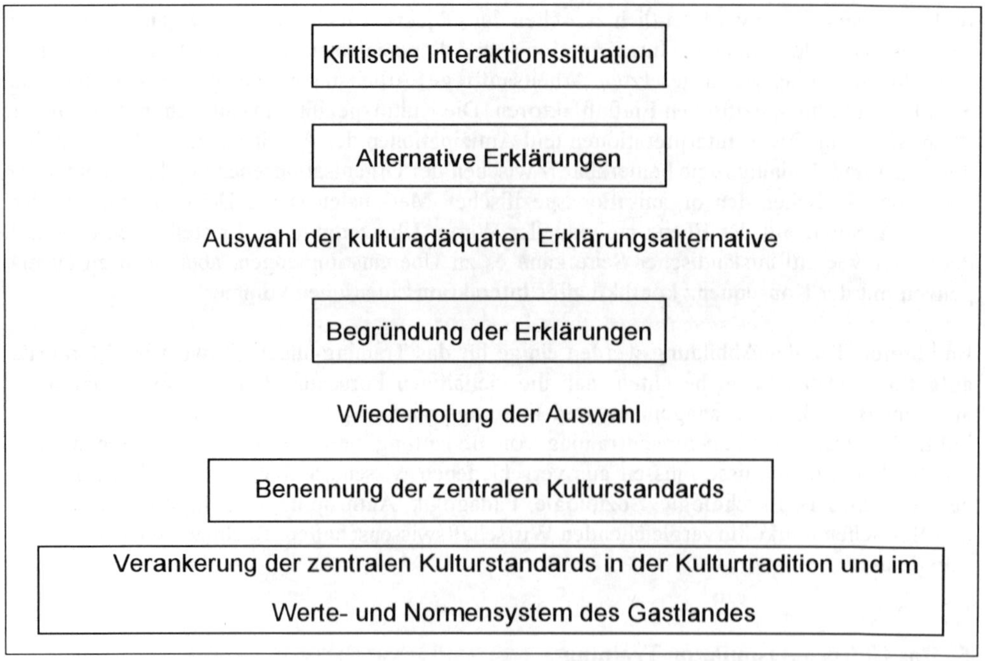

Abb. 5: Culture Assimilator Training

ve darstellt. Die anderen Antwortalternativen sind Fehlinterpretationen, die auf Unkenntnis kultureller Einflußfaktoren oder auf ethnozentristischen Irrtümern beruhen. Dem Lernenden wird nach der Entscheidung für eine Alternative nicht nur mitgeteilt, ob seine Wahl richtig oder falsch war, sondern er erhält Erklärungen darüber, warum aus der Sicht der Gastkultur die eine Alternative richtig ist, und die anderen Alternativen falsch sind. Diese Informationen sollen ihm eine nachvollziehbare Begründung für die Angemessenheit seiner Antwort geben und ihm helfen, einen kulturellen Bezugsrahmen aufzubauen, der es ihm erlaubt, ähnliche Situationen zunächst im Training und dann in der Gastkultur selbst, bewältigen zu können.

Mit Hilfe dieses "feed-back Verfahrens" werden dem Lernenden zentrale Kulturstandards der Gastkultur vermittelt, und er wird auf bedeutsame Unterschiede zwischen dem eigenen Verhalten und dem seiner fremden Interaktionspartner aufmerksam gemacht. Um eine isolierte Vermittlung einzelner Kulturstandards zu vermeiden, wird im Zuge des Trainings immer wieder auf die Verankerung und Vernetzung der Kulturstandards in der sozio-kulturellen Tradition und im Werte- und Normsystem der Gastkultur hingewiesen.

Die Abbildung 6 gibt nun einen Überblick darüber, wie das zum Training im Culture Assimilator verwendete Material gewonnen wird.

Im Culture Assimilator Training werden keine konkreten Verhaltensweisen geschult, z.B. "Wenn du mit Chinesen an einem Verhandlungstisch sitzt, mußt du immer lächeln und deinen Blick auf den Leiter der Verhandlungsdelegation richten". Es werden vielmehr anhand proto-

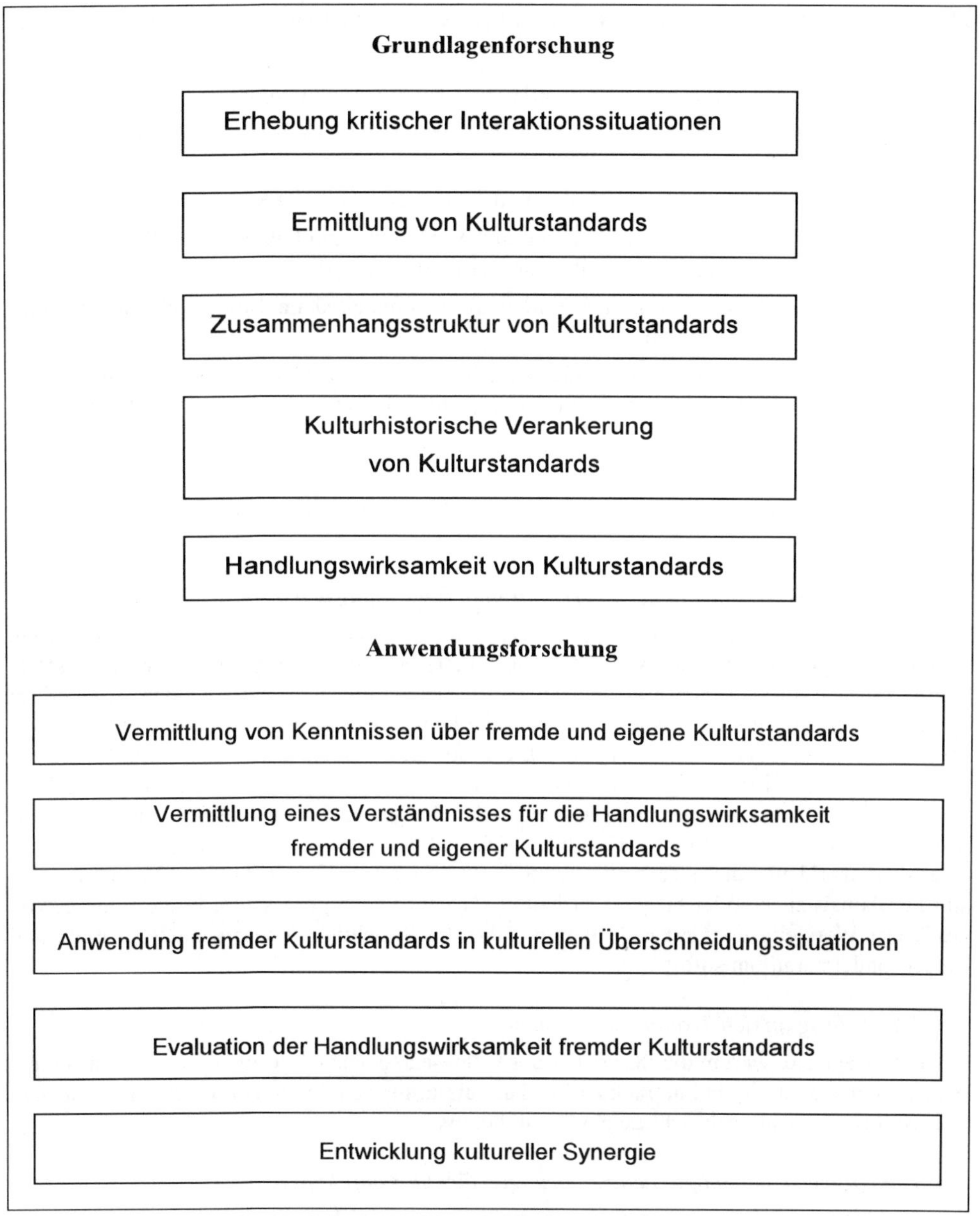

Abb. 6: Entwicklung und Anwendung eines Culture Assimilators

typischer Beispiele kritisch verlaufende Interaktionssituationen, Arten der Wahrnehmung, des Urteilens (Attribuierens) und des Handelns (Intervenierens/ Organisierens) gelernt, wie sie für die fremdkulturellen Partner selbstverständlich und aus ihrer Sicht richtig sind. Also fremdkulturelle Wahrnehmungs-, Denk-, Empfindungs- und Handlungsmuster sollen mit Hilfe dieses Trainings eingeübt werden.

Mit diesem Rüstzeug ausgestattet soll der Manager vor Ort folgende Leistungen erbringen können:

- Das Partnerverhalten genauer und zuverlässiger antizipieren können
- Sich selbst besser in den anderen einfühlen können (Empathie), isomorphe Attribuierungen vornehmen können
- Seine eigenen Ziele und Absichten dem Partner besser vermitteln können
- Lernen, den kulturellen Werten, Normen und Verhaltensgewohnheiten des Partners Wertschätzung entgegenzubringen und ihm dies zu vermitteln
- Seinen eigenen, kulturspezifischen Verhaltensgewohnheiten im Spiegelbild der fremden Kultur genauer kennenlernen
- Lernen, die Vor- und Nachteile beider kulturspezifischer Spielarten von Anforderungsbewältigung und Problemlösung zu entdecken und auf kultursynergetische Effekte hin zu prüfen

Beispiel einer Trainingseinheit aus dem "China culture and business assimilator" (Thomas/ Sandner 1989)

(1) Das kritische Ereignis in der interkulturellen Begegnungssituation

" Eine Delegation deutscher Ingenieure, deren Firma in der VR China seit zwei Jahren ein Kooperationsprojekt mit einer Maschinenfabrik betreibt, reist auf Einladung der chinesischen Partner in eine kürzlich errichtete Filiale des Betriebes, um den Fortgang der Arbeiten im neuen Werk zu begutachten. Nach einem sehr herzlichen Empfang wird die deutsche Gruppe stolz durch die drei Hallen des Werks geführt. In lockerer, freundschaftlicher Atmosphäre besichtigt man die Leistungsergebnisse der chinesischen Arbeiter. Herr B., der die harten Verhandlungen über den Kooperationsvertrag noch sehr gut in Erinnerung hat, fühlt sich sehr wohl bei seinem zweiten China-Aufenthalt. Während des Rundgangs erwähnt Herr B. gegenüber dem Werkleiter diese Tatsache. Er bemerkt, eigentlich eher beiläufig: "Na, wenn ihr´s uns nur damals auch so leicht gemacht hättet. Ihr habt uns ja ganz schön in die Enge getrieben". Der Werkleiter reagiert nicht darauf, führt die Besichtigung sehr schnell zu Ende und verschwindet daraufhin sofort."

(2) Der Auftrag an den Trainingsteilnehmer

"Herr B. fragt Sie, warum die Stimmung des Chinesen so schnell gesunken ist. Lesen Sie die Situation genau durch, und betrachten Sie dann die folgenden Antwortmöglichkeiten. Suchen Sie die Ihrer Ansicht nach richtige Erklärung heraus."

(3) Die vorgegebenen möglichen Erklärungen für die Konfliktursache

(a) Für den Chinesen war es peinlich, ein Problem anzusprechen, das in seinen Augen bereits vorbei ist.
(b) Der Chinese hat die Verhandlungen und den Besuch als zwei völlig verschiedene Dinge betrachtet, die man nicht vermischen darf.
(c) Der Chinese ist abgestoßen von der unhöflichen und unfreundlichen Art des Deutschen.
(d) Der Chinese identifiziert sich sehr stark mit seiner Firma und möchte nicht über sie diskutieren.

(4) Die Erläuterungen zu den vorgegebenen Erklärungen auf der Grundlage und mit Bezug auf typisch chinesische Kulturstandards zur Handlungsorientierung und Handlungsregulation

Zu Antwortalternative (A):
" Sie haben Herrn B. die Situation richtig erklärt. Nachdem die Chinesen mit den Deutschen den Kooperationsvertrag abgeschlossen haben, wird Herr B. ganz selbstverständlich als Freund betrachtet. Vergangene Probleme, die den Weg zu dieser Freundschaft behindert haben, werden nicht mehr angesprochen. Warum auch? Unter Freunden herrscht Harmonie, harte Diskussionen haben da keinen Platz. Herr B. hat sich bei seinen Worten sicherlich nichts gedacht, aber er hat durch diese Unachtsamkeit den Chinesen in eine schlimme Situation gebracht. Der chinesische Werkleiter erkannte einen drohenden Gesichtsverlust, und das war für ihn eine nur schwer wiedergutzumachende Demütigung, der er sich nur durch "Aus dem Felde gehen" entziehen konnte."

Zu Antwortalternative (B):
"Nun, Ihre Antwort ist sicherlich nicht falsch, auch wenn sie damit den Kern der Sache nicht ganz getroffen haben. Es stimmt, daß in China streng getrennt wird zwischen dem Arbeitsleben, also hier den Verhandlungen, die Herr B. mit den Chinesen geführt hat, und dem privaten Bereich, zu dem Höflichkeitsbesuche sicherlich zählen. Obwohl es nicht sehr wahrscheinlich ist, daß eine Unkenntnis dieses Sachverhalts zu einer so massiven Reaktion auf Seiten des Chinesen führt, darf man derartige Extremfälle nicht ausschließen. Ich werde Ihnen im Verlaufe des Trainings ähnliche Situationen vorstellen, bei denen Sie sicherlich erkennen werden, wo die tieferen Probleme liegen."

Zu Antwortalternative (C):
"Nein, ich glaube nicht, daß es daran gelegen hat. Sicherlich, es stimmt, daß Chinesen überaus höfliche Menschen sind, und daß sie auf Verletzungen von einfachsten Umgangsregeln sehr sensibel reagieren. Aber sie sind bestimmt nicht so überempfindlich und leicht beleidigt, wie ihre Antwort das nahelegt. Lassen Sie sich nicht von der irrigen Meinung verführen, daß man Chinesen am besten mit Samthandschuhen anfassen müsse. Sie müssen sich diese Situation noch einmal genauer durchlesen."

Zu Antwortalternative (D):
"Diese Antwort ist mit Sicherheit falsch. Ich glaube, Sie haben hier ihre westlichen Vorstellungen von Loyalität und Pflichtbewußtsein auf die Chinesen übertragen. Bedenken Sie, daß wir uns in einem System befinden, das zwar Reformstrebungen an den Tag legt, aber im Kern noch zutiefst sozialistisch ist. Die Arbeitsmoral in sozialistischen Systemen ist nicht so hoch, daß sie zu einer so weitgehenden Identifikation mit dem Betrieb führt. Sie werden nicht drum herumkommen, sich noch einmal mit dieser Situation zu beschäftigen."

(5) Hinweise auf die kulturhistorische Verankerung der zentralen Kulturstandards

"Das Konzept des Gesichtwahrens ist ein Oberbegriff für das häufig zu beobachtende Verhalten der Chinesen, peinliche Situationen zu vermeiden, sich bei kritischen Problemen sehr schnell zurückzuziehen und die Interaktionssituation zu beenden. Schon chinesische Philosophen in vorchristlichen Jahrhunderten (Mo-tsu und Konfuzius) haben sich mit dem Problem befaßt, wie man Konflikte mit anderen vermeiden kann, und sie haben gelehrt, Beleidigung zu ertragen, ohne sie als Schimpf und Schande zu empfinden, um so nicht in entwürdigende Kämpfe oder Streitigkeiten verwickelt zu werden. Konfuzius betonte, daß die Wahrung des Gesichts sowohl der inneren wie der sozialen Harmonie dient. Das Gesicht wahren ist für einen Chinesen die eleganteste Weise der menschlichen Begegnung, die vor allem davon bestimmt sein soll, den Gefühlen des Gesprächspartners Respekt zu zollen. Somit ist die Wahrung des eigenen Gesichts und das des anderen ein wichtiges Prinzip der Aufrechterhaltung der inneren sozialen Harmonie.

Vermeiden Sie daher in Ihrer Begegnung mit Chinesen Situationen, die Ihren chinesischen Partner in die Enge treiben, ihn provozieren, zu bestimmten Reaktionen herausfordern sollen und ihn damit der Gefahr aussetzen, sein Gesicht zu verlieren. Wahren Sie selbst ihr Gesicht, und man wird Achtung und Respekt vor Ihnen haben."

Aus Untersuchungen über deutsch-amerikanische Beziehungen im Ausbildungsbereich ergaben sich folgende zentrale amerikanische und deutsche Kulturstandards (u.a. Müller/Thomas 1991):

Zentrale US-amerikanische Kulturstandards	Zentrale deutsche Kulturstandards
(1) Individualismus	(1) Formalismus
(2) Chancengleichheit	(2) Hierarchie- und Autoritätsorientierung
(3) Handlungsorientierung	(3) Pflichterfüllung
(4) Leistungsorientierung	(4) Familienzentrierung
(5) Interpersonale Zugänglichkeit	(5) Interpersonale Distanzdifferenzierung
(6) Intrapersonale Reserviertheit	(6) Körperliche Nähe
(7) Soziale Anerkennung	(7) Direktheit interpersonaler Kommunikation
(8) Gelassenheit	(8) Persönliches Eigentum
(9) Patriotismus	(9) Traditionelle Geschlechtsrollendifferenzie rung
(10) Zukunftsorientierung	
(11) Funktionales Besitzverständnis	
(12) Zwischengeschlechtliches Begegnungs ritual („dating“)	
(13) Naturbeherrschung	
(14) Mobilität	

Abb. 7: Zentrale Kulturstandards

Aus den Forschungen über die Wirksamkeit zentraler Kulturstandards in den Deutsch-Chinesischen Managementbeziehungen ließ sich folgende Liste chinesischer Kulturstandards ermitteln:

(1)	Gesicht wahren
(2)	Trennung von Arbeits- und Privatbereich
(3)	Sanktionsangst
(4)	Hierarchieorientierung
(5)	Freude am Feilschen
(6)	Vertragstreue
(7)	Freundschaft und Höflichkeit
(8)	Gastfreundschaft
(9)	Nationalstolz
(10)	Bescheidenheit und Selbstbeherrschung

Abb. 8: Zentrale chinesische Kulturstandards im china business and culture assimilator

6 Schlußbemerkung

Fundierte organisationspsychologische Forschungen, die geeignet sind, handlungswirksame Materialien und Konzepte eines Managementtrainings zur Förderung des interkulturellen Lernens und Verstehens zu entwickeln, liegen bisher für deutsche Trainingsgruppen noch nicht in ausreichendem Maße vor. Die anglo-amerikanische Managementforschung und kulturvergleichende Forschung verfügen zwar über eine lange Tradition und haben wertvolle Erkenntnisse zur Entwicklung entsprechender Trainings beigetragen, doch lassen sich ihre Forschungsergebnisse, gerade wegen der kulturspezifischen Kontextbedingungen, unter denen sie erhoben wurden, und der kulturspezifischen Orientierung der Zielgruppen, für die diese Trainings entwickelt wurden, nicht ohne weiteres auf deutsche Verhältnisse übertragen. Es gibt zwar inzwischen eine Reihe kommerzieller Anbieter von Trainingsprogrammen, doch stammen deren Trainingsmaterialien entweder aus allgemeinen landeskundlichen Quellen oder aus mehr zufällig gesammelten Eindrücken. Im günstigsten Falle berichten auslandserfahrene Mitarbeiter jungen Nachwuchskräften im Unternehmen über ihre Beobachtungen und Handlungsstrategien im Umgang mit ausländischen Partnern. Dabei werden nicht selten Stereotype, Vorurteile und subjektive Erklärungskonstrukte sowie individuelle Konfliktlösungsstrategien für bare Münze genommen und unreflektiert an die nächste Managergeneration weitergegeben.

Schon aus diesen wenigen Bemerkungen wird überdeutlich, daß besonders auf dem Hintergrund der berichteten Komplexität interkulturellen Lernens, Verstehens und Handelns systematische, gezielte und praxisnahe Forschung zur Ermittlung trainingsrelevanter Lerninhalte notwendig ist, wenn im Bereich des interkulturellen Trainings Dilettantismus in Professionalität übergeführt werden soll.

Literaturverzeichnis

Brislin , R.W. et al (1986): Intercultural interactions. A practical guide, Beverly Hills 1986.

Fiedler, F.E./Mitchel, T./Triandis, H.C. (1971): Culture Assimilator. An approach to cross-cultural training, in: Journal of Applied Psychology, 55, S. 95-102.

Landis, D./Brislin, R.W. (Eds.) (1983): Handbook of intercultural training, Vol 1-3. New York 1983.

Müller, H./Thomas, A. (1991): Kulturelles Orientierungstraining für die USA. SSIP-Bulletin, Bd. 62, Saarbrücken 1991.

Thomas, A. (1988). Untersuchungen zur Entwicklung eines interkulturellen Handlungstrainings in der Managerausbildung, in: Psychologische Beiträge , Band 30, S. 147-165.

Thomas, A./Sandner, R. (1989): China culture and business assimilator, Regensburg: Unveröffentl. Trainingsmaterial.

Thomas, A. (1993): Psychologie interkulturellen Lernens und Handelns, in Thomas, A. (Hrsg.): Kulturvergleichende Psychologie - Eine Einführung, Göttingen 1993, S. 377-424.

Triandis, H.C. (1984): A theoretical framework for the more effective construction of culture assimilators, in: International Journal of Intercultural Relations, 8, S. 301-310.

Eigentumsstrategien deutscher und amerikanischer Unternehmen in der Tschechischen Republik im Vergleich: Einige Vorüberlegungen zu den ökonomischen und kulturellen Einflußfaktoren

Prof. Dr. Brij N. Kumar/Dipl.-Kfm. Libor Studnicka
Lehrstuhl für Betriebswirtschaftslehre, insbes. Internationales Management, Universität Erlangen-Nürnberg

1 Einführung

Seit Beginn des Reformprozesses sind in die Tschechische Republik 8,7 Mrd. DM an ausländischen Direktinvestitionen geflossen. Bis Anfang 1995 haben die beiden Spitzeninvestoren, USA und Deutschland, jeweils Gesamtinvestitionen in Höhe von 1,1 Mrd DM und 1,9 Mrd. DM getätigt (CNB 1995, Czechinvest 1996). Nach vorliegenden Schätzungen werden dabei die amerikanischen Investitionen hauptsächlich in Form von hundertprozentigen Tochtergesellschaften vorgenommen, während die deutschen Projekte in viel stärkerem Maße (auch) als Joint Ventures mit lokalen Partnern gegründet werden (Pues 1994). In der Tat zeigen auch Engelhard/Eckert (1995: 155f), daß der typische Internationalisierungspfad deutscher Unternehmen in Osteuropa, darunter auch in der ehemaligen Tschechoslowakei, zu bzw. über Joint Ventures führt. Die starke Präferenz amerikanischer Investoren für vollbeherrschte Tochtergesellschaften in der Tschechischen Republik entspricht dem allgemeinen Strategiemuster amerikanischer multinationaler Unternehmen (MNU) im Vergleich zu MNU anderer Nationalität, die eher geneigt sind, (auch) Joint Ventures im Ausland zu gründen (Stopford/ Wells 1972, Eramilli/Rao 1993, Puxty 1979, Gattignon/ Anderson 1988, Kobrin 1988).

Da es sich bei dem internationalen Vergleich teilweise um MNU handelt, die in ihren Strukturmerkmalen, wie Branche und Größe, ähnlich sind, kann man annehmen, daß die unterschiedliche Präferenz bezüglich der Wahl der Eigentumsform der Auslandsniederlassungen (auch) mit der Unternehmensnationalität und der Kultur der Herkunftsländer zusammenhängt. Die Rolle variierender Kulturen bei der Formulierung unterschiedlicher Internationalisierungsstrategien, zu denen auch die Wahl der Eigentumsform gezählt werden kann, ist in der Literatur oft bescheinigt worden (z.B. Jain/Tucker 1995: 20, Deshpande et al. 1993). In der vorliegenden Untersuchung wird der Frage nachgegangen, ob die unterschiedliche Eigentumsstrategie amerikanischer und deutscher Unternehmen in der Tschechischen Republik durch ihren jeweiligen kulturellen Hintergrund erklärt werden kann.

Die Wahl der Eigentumsform von Auslandsniederlassungen, ob sie als hundertprozentige Tochtergesellschaften oder Joint Ventures mit lokalen Partnern gegründet werden sollen, stellt einen wichtigen Entscheidungstatbestand im Rahmen des Internationalisierungsprozesses dar. Agarwal/Ramaswami (1992: 2) schreiben der Selektion des Eintritts- und Eigentumsmodus sogar eine erfolgskritische strategische Bedeutung zu. Entsprechend häufig ist das Problem der Auswahlkriterien in der einschlägigen Literatur behandelt worden, wobei der Schwerpunkt der Studien auf der Untersuchung der ökonomischen Einflußfaktoren liegt (z.B. Bell 1993, Hill et al. 1990, Kutschker 1992, Agarwal/Ramaswami 1991, Kim/Hwang 1992, Terpstra/Yu 1988 u.v.a). Diese werden als Bestandteil des unternehmerischen Entscheidungsprozesses im Bereich der Direktinvestitionen im internationalen Management hauptsächlich aus der Sicht der Theorie der Unternehmung (z.B. Hymer 1976, Porter 1989, Knickerbocker 1973), der Theorie der Unternehmensstrategie (Stopford/Wells 1972, Rugman et al. 1985), der Transaktionskostentheorie (Williamson 1979, Buckley/Casson 1976, Rugman 1981, Hennart 1986, Gattignon/Anderson 1988) und der Standorttheorie (Dunning 1988) erklärt.

Neben den ökonomischen Erklärungen sind auch Ansätze bekannt, die eine kulturbedingte Begründung für die Strategiewahl zu geben versuchen (z.B. Kogut/Singh 1988, Erramilli 1996, Puxty 1979). In der Hauptsache wird dabei die sog. "psychische Distanz" als entscheidungsrelevant festgestellt, die den von den Entscheidungsträgern empfundenen kulturellen

Unterschied zwischen dem Heimat- und Gastland charakterisiert. Je größer die psychische Distanz, desto besser eignen sich Joint Ventures gegenüber den vollbeherrschten Tochtergesellschaften, um mit Hilfe des lokalen Partners die Fremdheit des Gastlandes zu überwinden. Von der psychischen Distanz hängt es auch ab, welche Standorte für die (erste) Auslandstätigkeit gewählt werden.

In der vorliegenden Studie wird versucht, die ökonomischen Entscheidungskriterien der amerikanischen und deutschen Unternehmen in der Frage der Eigentumsstrategie mit einer kulturellen Grundlage zu untermauern. Auf diese Weise werden zum einen die entscheidungsrelevanten ökonomischen Determinanten ersichtlich, zum anderen werden auch die entsprechenden kulturbedingten Einflußfaktoren deutlich, von denen die Strategieformulierung abhängt.

2 Methode

Als Informationsgrundlage der Untersuchung dient eine Befragung der Verfasser im Januar 1995 bei neun Niederlassungen deutscher Firmen und acht Niederlassungen amerikanischer Unternehmen mit Direktinvestitionen (Produktionsbetriebe, Vertriebsniederlassungen) in der Tschechischen Republik.

Innerhalb der nach dem Randomverfahren zusammengestellten Stichprobe der deutschen und amerikanischen Unternehmen befinden sich Klein- und Mittelbetriebe (Familienunternehmen, Mitarbeiterzahl < 1000) sowie Großbetriebe. An Branchen sind vertreten: Bauindustrie, Chemie, Umweltschutztechnik, Automationssysteme, Software für den Medizinbereich und sonstige Verarbeitungsindustrien (Fenstertechnik, Sportgeräte, Diamantenmaschinen).

Von den neun deutschen Niederlassungen waren fünf in Form von hundertprozentigen Tochtergesellschaften und vier als Joint Venture organisiert.; bei den acht amerikanischen Niederlassungen waren sieben als 100%ige Töchter und eins als Joint Venture gegründet. Obwohl diese Verteilung dem allgemeinen Muster entspricht, können wegen der kleinen Stichprobe keine statistisch signifikanten empirischen Befunde abgeleitet werden. Die in Häufigkeiten wiedergegebenen Antworten der befragten Führungskräfte der entsprechenden Unternehmen sind deshalb im Sinne einer heuristischen Hypothesengenerierung zu sehen.

3 Konzept zur ökonomisch-kulturellen Erklärung der Unterschiede in der Eigentumsstrategie

3.1 Das allgemeine Konzept

Die Wahl der Eigentumsstrategie beim Eintritt in einen ausländischen Markt läßt sich theoretisch unter das Konzept der Internationalisierung der Unternehmenstätigkeit subsumieren. Wie vorhin kurz angedeutet, werden die dabei getroffenen konstitutiven Strukturentscheidungen beim Aufbau der ausländischen Tochtergesellschaft (üblicherweise handelt es sich dabei um die Wahl zwischen einer 100%igen Tochtergesellschaft und einem Joint Venture mit einem lokalen Partner) meistens mit den allgemeinen ökonomischen Grundlagen der Internationalisierung gedeutet (Kumar 1992, Contractor/Lorange 1988, Kutschker 1992). Da es sich bei den Strukturentscheidungen um eine Strategiewahl handelt, bleibt das Erklärungsmuster indessen unvollständig, wenn nicht auch der Einfluß der Kultur im Zusammenhang mit dem Einfluß der Unternehmensmerkmale und der Wertsysteme auf die Strategieformulierung mit berücksichtigt wird (Ronen 1986: 349f). Dies gilt im Bereich des internationalen Managements um so mehr, als das Vorgehen von Unternehmen im internationalen Raum je nach ihrer Herkunft variiert (Bartlett/Ghoshal 1989: 143), was - bei gleichbleibenden Strukturmerkmalen - nur anhand der kulturellen Unterschiede erklärt werden kann. Diese Feststellung wird unterstützt durch die Vielzahl von Untersuchungen, die inzwischen zum Verhältnis von Management und Kultur vorliegen (z.B. Hofstede 1983, Hofstede et al. 1990).

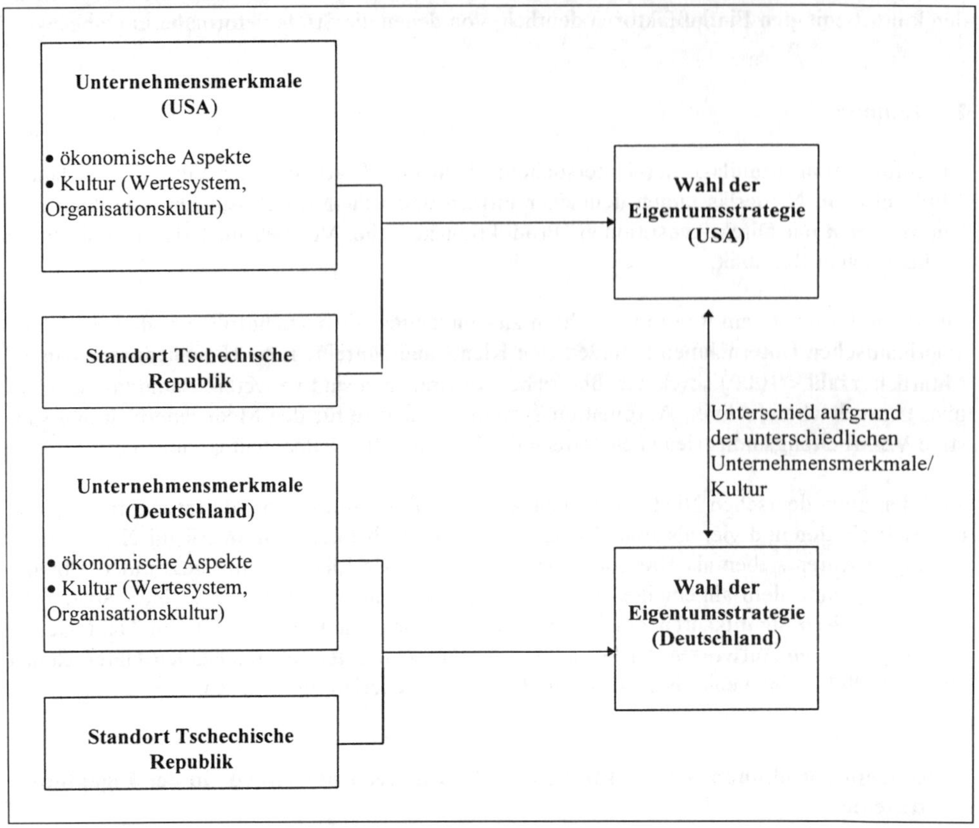

Abb.1: Untersuchungskonzeption: Vergleich der Wahl der Eigentumsstrategien deutscher und amerikanischer Unternehmen in der Tschechischen Republik.
Quelle: Eigene Darstellung.

Ausgehend von diesen Vorüberlegungen baut das Argumentationsschema der vorliegenden Studie auf folgendem Konzept auf: In Anlehnung an die allgemeine Strategielehre erfolgt die Formulierung der (Eigentums-) Strategie in bezug auf Auslandsniederlassungen im Spannungsfeld von Unternehmensmerkmalen und Standortfaktoren. So wird es möglich sein, den Einfluß der unterschiedlichen Kultur der Unternehmen mit einzuführen: in erster Linie nämlich als ihr Wertesystem und ihre Organisationskultur. Konkret kann das dadurch erfolgen, daß bekannte Ansätze aus der Theorie der MNU, die die Strategiewahl mit Hilfe (lediglich) von ökonomischen Aspekten begründen, mit relevanten kulturellen Dimensionen unterlegt werden. Für den Vergleich des Vorgehens amerikanischer und deutscher Unternehmen in der Tschechischen Republik bedeutet das, daß die länderspezifische Ausprägung der nationalen Kultur die unterschiedlichen ökonomischen Einflußfaktoren der internationalen Unternehmenstätigkeit begründet. Davon wird maßgeblich die unterschiedliche Strategiewahl bei konstitutiven Strukturentscheidungen (Eigentumsstrategie) im Gastlandmarkt abhängen. Abb.1 veranschaulicht die gewählte Konzeption.

3.2 Das spezielle Erklärungsschema

Die ökonomischen Aspekte der Internationalisierungsentscheidungen sind bekanntlich auf unterschiedliche Weise in den verschiedenen Ansätzen der Theorie der Direktinvestitionen konzeptionalisiert. In der vorliegenden Untersuchung wird auf das Eklektische Paradigma (Dunning) zurückgegriffen, das als "Königsweg" unter vielen Partialansätzen genannt worden ist (Macharzina/Engelhard 1991). Nach Dunning (1988) werden Direktinvestitionen im wesentlichen durch drei Faktoren beeinflußt:

- Eigentumsspezifische Vorteile
  Das erste Element des Eklektischen Paradigmas besagt, daß ein Unternehmen für eine Auslandsinvestition spezielle, im Eigentum des Unternehmens bedingte, Wettbewerbsvorteile besitzen muß, die hinreichend groß sein müssen, um die Kosten der Errichtung des Auslandsgeschäfts und der des Betriebs vor Ort zu kompensieren.
- Internalisierungsvorteile
  Dieses Element des Eklektischen Paradigmas besagt, daß eine im Ausland produzierende Unternehmung die Fähigkeit besitzen muß, Unternehmenstransaktionen statt über den externen Markt im eigenen Unternehmensverbund durchzuführen. Durch die Schaffung eines internen Marktes können Risiken bsw. des Mißbrauchs von Eigentumsrechten minimiert werden, was zu Transaktionskostenersparnissen führt.
- Standortvorteile
  Das dritte Element des Eklektischen Paradigmas begründet die Auswahl des Ziellandes und die Intensität der Direktinvestition. Diese werden durch die je nach Standort unterschiedliche Ausstattung an Produktionsfaktoren, strukturelle Eingriffe des Staates in den freien Markt sowie durch kulturelle Gegebenheiten beeinflußt.

Die Eignung dieses Ansatzes speziell für die vorliegende Problemstellung ist darin zu sehen, daß sich diese einzelnen Elemente konzeptionell den beiden Strategiedeterminanten zuordnen und darunter zusammenfassen lassen (Abb.2 und Kumar 1993), wodurch die Identifizierung der mutmaßlichen Einflußfaktoren, die kulturell begründet werden (müssen), gut möglich ist.

Die kulturelle Begründung ihrerseits wird mit Hilfe des bekannten Hofstede´schen Kulturkonzeptes (Hofstede 1990) vorgenommen. Darin werden folgende fünf managementrelevanten Kulturdimensionen identifiziert:

- Machtdistanz
  Unter Machtdistanz versteht man das Maß, bis zu dem schwächere Mitglieder von Organisationen und Institutionen die ungleiche Machtverteilung hinnehmen bzw. erwarten. Hiermit wird angedeutet, daß daß Ausmaß an Ungleichheit in einer Gesellschaft ebenso vom Gefolge wie vom Management gutgeheißen werden kann.
- Ungewißheitsvermeidung
  Die Ungewißheitsvermeidung befaßt sich mit der Toleranz der Gesellschaft hinsichtlich unsicheren, unstrukturierten Umweltsituationen, die Ambiguität ausdrücken. Sie gibt an, bis zu welchem Maß eine Kultur ihre Mitglieder programmiert, sich in unsicheren Situationen entweder wohl oder unwohl zu finden.
- Individualismus/Kollektivismus
  Diese Dimension beschreibt das Ausmaß, bis zu dem Individuen einer Gesellschaft innerhalb von Gruppen integriert sind. Auf der Seite des Individualismus finden sich Gesellschaften, in denen die Beziehungen zwischen den Individuen locker sind. Auf der Seite des Kollektivismus wiederum sind Gesellschaften, in denen die Individuen ihre Partikularinteressen unter das Gruppenziel unterordnen.
- Maskulinität/Femininität
  Diese Dimension der Kultur beschreibt die Rollenverteilung zwischen den Mitgliedern in der Gesellschaft. Maskulinität signalisiert selbstbewußtes, aggressives und konkurrenzbetontes Verhalten. Femininität hingegen bedeutet Bescheidenheit, Fürsorge und weniger Konkurrenz.
- Langfristige/kurzfristige Orientierung
  Die fünfte Dimension beschreibt Wertvorstellungen, die Durchhaltevermögen, Fleiß und langfristig angelegte Zielsetzung signalisieren und wurde v.a. in asiatischen Kulturkreisen beobachtet. Sie läßt sich auf den Planungshorizont der Unternehmensführung übertragen und gibt Hinweise dafür, wie Unternehmen unterschiedlicher Provenienz ihre Ziele setzen und verfolgen.

Tab. 1 gibt die kulturellen Unterschiede im Hinblick auf die Ausprägung entlang der fünf managementrelevanten Dimensionen zwischen Deutschland und USA wieder. Die größte Differenz läßt sich dabei in den Kulturdimensionen "Individualismus/Kollektivismus" sowie "Ungewißheitsvermeidung" feststellen. Die Kultur der USA ist vergleichsweise durch einen viel stärkeren Individualismus und durch eine geringere Ungewißheitsvermeidung charakterisiert.

Land	Machtdistanz	Individualismus	Maskulinität	Ungewißheits-vermeidung	langfristige Orientierung
USA	38	1	15	43	17
Deutschland	42-44	15	9-10	29	14-15

Punktwerte geben die Rangordnung der beiden Nationen unter 50 Ländern und 3 Regionen an (1=höchster, 53=niedrigster Rang; für die langfristige Orientierung ist der niedrigste Rang 23)

Tab. 1: Kulturelle Unterschiede zwischen Deutschland und USA nach Hofstede.
Quelle: Eigene Darstellung in Anlehnung an Hofstede 1992: 312-313.

Diese kulturellen Unterschiede werden herangezogen, um die differenzierende Entscheidungsbasis der deutschen und amerikanischen Unternehmen in bezug auf die Wahl der Eigentumsstrategie zu begründen. Abb. 2 verdeutlicht das Erklärungsschema im Überblick.

Abb. 2: Das ökonomisch-kulturelle Erklärungskonzept.
Quelle: Eigene Darstellung.

Mit dem Erklärungsschema wird versucht, die im Vergleich zu deutschen Unternehmen stärkere Präferenz der amerikanischen Unternehmen für 100%ige Tochtergesellschaften in der Tschechischen Republik zu durchleuchten. Die empirischen Befunde bezüglich der ökonomischen Einflußfaktoren der Strategiewahl werden mit den unterschiedlichen mutmaßlichen Kultureinflüssen thesenartig begründet.

4 Die Rolle der Eigentumsvorteile

4.1 Theoretischer Zusammenhang

Die Rolle der eigentumsspezifischen Vorteile beruht auf strategischen Überlegungen und Folgerungen aus der normativen Entscheidungstheorie (Agarwal/Ramaswami 1991: 3, Kutschker

1992: 509, Hill et al. 1990: 120). Die normative Entscheidungstheorie empfiehlt für die Wahl der Eigentumsform denjenigen Modus, der den maximalen Ertrag unter Berücksichtigung des Risikos der Diffusion von eigentumsspezifischem Know-how, das den Wettbewerbsvorteil und die Investitionsentscheidung mit begründet (Agarwal/Ramaswami 1991: 3), ermöglicht. Des weiteren ist die Wahl der Eigentumsstrategie unter dem Gesichtspunkt der in die Auslandsniederlassung transferierten Ressourcen und der damit notwendigen Kontrolle zu sehen (Hill et al. 1990: 118). Es wird angenommen, daß ein umfangreicher Transfer von schützenswertem Know-how eine größere Kontrolle notwendig macht, die ihrerseits besser in 100%-igen Tochtergesellschaften durchzusetzen ist als in Joint Ventures, wo ein Zugriff des Partners nicht auszuschließen ist.

Als Indikator für überlegenere eigentumsspezifische Vorteile kann das Potential zur Entwicklung differenzierter Produkte gesehen werden, das im F+E-Aufwand zum Ausdruck kommt. Darüber hinaus ist der Besitz von Fähigkeiten, z.B. im Form von innovativen Produkt- und Produktionstechnologien, als eigentumsspezifischer Vorteil zu sehen. Ist der Umfang dieser Fähigkeiten hoch, so ist eine Joint Venture-Strategie weniger empfehlenswert als eine Vollbeherrschungsstrategie. Im Falle eines Joint Ventures muß das investierende Unternehmen nicht nur die Erträge aus der Vermarktung der Technologie mit dem Partner teilen, sondern es besteht auch ein erhöhtes Risiko, daß der Joint Venture-Partner das Know-how selbst übernimmt und darüber entscheidet, ob er es in Zukunft alleine nutzen will (Agarwal/Ramaswami 1991: 4). Insbesondere der Einfluß des F+E-Aufwands als Indikator für starke Eigentumsvorteile wurde in der einschlägigen Forschung als signifikant für die Wahl der Vollbeherrschungsstrategie festgestellt (z.B. bei Bell 1993: 211).

4.2 Empirischer Befund

In Tab. 2 wird die unterschiedliche Bedeutung der eigentumsspezifischen Vorteile bei amerikanischen und deutschen Unternehmen in Verbindung mit ihrer Eigentumsstrategie in der Tschechischen Republik deutlich.

Eigentumsspezifische Vorteile*	**US-Unternehmen (8)**		**Deutsche Unternehmen (9)**	
	Joint Venture (1)	100%ige Tochtergesellschaften (7)	Joint Venture (4)	100%ige Tochtergesellschaften (5)
F&E-Aufwand	4,50	4,36	4,00	4,10
Produkttechnologie	3,50	4,36	3,25	3,90
Produktionstechnologie	4,00	4,36	3,25	3,90

* Vergleich in Relation zur lokalen Konkurrenz nach Einschätzung der Befragten: 1= wir liegen weit hinter der lokalen Konkurrenz; 5= wir sind viel besser als die lokale Konkurrenz. Je höher der Wert, desto höher der Eigentumsvorteil.

Tab. 2: Bedeutung der eigentumsspezifischen Vorteile nach der Eigentumsform der tschechischen Niederlassungen U.S.-amerikanischer und deutscher Unternehmen im Vergleich. Quelle: Eigene Darstellung.

Zum einen ist bei beiden Nationalitäten die geschätzte Ausprägung der Eigentumsvorteile durchwegs (mit einer Ausnahme) bei Firmen größer, die 100%ige Niederlassungen gegründet haben. Das steht im Einklang mit der These hinsichtlich der gestaltenden Rolle der eigentumsspezifischen Vorteile bei der Wahl zwischen 100%igen Tochtergesellschaften und Joint Ventures. Zum anderen zeigt sich, daß die Werte bei amerikanischen Unternehmen mit hundertprozentigen Tochtergesellschaften höher sind als die vergleichbaren Zahlen deutscher Unternehmen, was wiederum die relative Präferenz der ersteren für die eingeschlagene Strategie begründet.

4.3 Thesen zur kulturellen Begründung

4.3.1 Rolle der "Individualismus"-Kulturdimension

Amerikanische Unternehmen scheinen bei ihrem Markteintritt in die Tschechische Republik stärker auf Eigentumsvorteile ,wie z.B. auf höherwertige Produkt- und Produktionstechnologien, zu bauen als vergleichbare deutsche Unternehmen, weshalb sie sich auch vornehmlich für hundertprozentige Tochtergesellschaften entscheiden. Dies deutet auf eine relativ stärkere Entwicklung, bzw. zumindest auf eine aktivere Nutzung des Faktors "Entrepreneurship", der nach Morris et al. (1994: 66) ein typisches Attribut von durch hohen "Individualismus" geprägten Unternehmen, wie den amerikanischen, darstellt. "Entrepreneurship" wird dabei von Morris et al (1994: 74) definiert als perzipierte Einstellung der von ihnen befragten Manager bezüglich der unternehmenseigenen Innovation, der Bereitschaft, kalkulierte Risiken auf sich zu nehmen mit der Betonung eines proaktiven Ansatzes zur Verwertung und Kapitalisierung eigener Unternehmenschancen. Somit kann die individualistisch geprägte amerikanische Kultur als Nährboden für Führungskräfte gesehen werden, die tendenziell offener für innovative Prozesse (z.B. im Bereich von Technologien aber auch im Management) sind. Unternehmen aus solchen Kulturkreisen haben deshalb ein stärkeres Potential zur Entwicklung von überlegenen Eigentumsvorteilen, die das Wachstum (und somit den Eintritt in Auslandsmärkte) und den Erfolg der MNU maßgeblich bestimmen (Gannon 1994: 309-311).

Nach unseren Befunden scheint den U.S.-Unternehmen diese durch die "Individualismus-Kultur" gegebene Einstellung gerade für die Markterschließung in der Tschechischen Republik geboten zu sein, wo bedingt durch die Transformationsprobleme und die (noch) instabilen politischen und ökonomischen Strukturen das Entscheidungsrisiko für Manager viel höher ist als in traditionellen Investitionsländern. Folglich werden entsprechende Strukturen geschaffen, z.B. vollbeherrschte Töchter, in denen diese Führungseigenschaften voll entfaltet werden können. Der stärkere Einsatz des Faktors "Entrepreneurship" in den U.S.-Unternehmen kann auch als Hinweis auf ihre höhere Verantwortungsbereitschaft und Innovationskraft in der Tschechischen Republik gewertet werden, die nach Hofstede (1992: 307f) nachweislich auch mit der "Individualismus"-Kultur zusammenhängt.

4.3.2 Rolle der "Ungewißheitsvermeidung"-Kulturdimension

Die Tatsache, daß die amerikanischen Unternehmen mit stärkeren eigentumsspezifischen Vorteilen in den tschechischen Markt eintreten, läßt sich auch mit der viel größeren Toleranz der amerikanischen Kultur hinsichtlich unsicherer, nicht strukturierbarer Umweltsituationen erklären. Amerikanische Firmen verspüren offenbar eine viel geringere Notwendigkeit als deutsche, die Imponderabilien im tschechischen Geschäft mit Hilfe eines lokalen Partners wettmachen zu müssen. Nach Peterson/George-Falvy (1993: 18) wird das Management amerikanischer Unternehmen durch aktionsorientierte und risikobereite Handlungsweisen sowie durch die Bereitschaft, gesetzte Ziele und Maßnahmen in Frage zu stellen und gegebenfalls zu revidieren, charakterisiert. Gerade dieses Attribut des Managements setzt das tschechische Umfeld, das sich in einem permanenten Transformationsprozeß befindet, voraus.

Während deutsche Unternehmen eine stärkere Präferenz für strukturierte Umweltbedingungen (z.B. Vorhandensein von Lieferanten, Vertriebswegen) äußerten, die von lokalen Partnern bereitgestellt werden, vertrauen amerikanische Unternehmen auf die eigenen Kompetenzen zur Ungewißheitsbewältigung. So läßt sich erklären, daß bei deutschen Unternehmen Eigentumsvorteile schwächer ausgeprägt sind, z.B. bei Technologie und Produktpalette, die beim Eintritt in den tschechischen Markt mit den Ressourcen lokaler Kooperationspartner gepoolt werden können. Amerikanische Unternehmen benötigen im Alleingang dagegen höherwertige Eigentumsvorteile, mit denen sie die Herausforderung der Ungewißheit effektvoll begegnen können.

5 Die Rolle der Internalisierungs- bzw. Transaktionskostenvorteile

5.1 Theoretischer Zusammenhang

Die Rolle der Internalisierungsvorteile beruht auf der Transaktionskostentheorie (Hennart 1986, Buckley 1988, Williamson 1979) und hebt die Vorteilhaftigkeit von Direktinvestitionen (integrierte Form der Auslandstätigkeit) gegenüber anderen Varianten der Auslandsaktivität mit weniger bzw. ohne direkte Kapitalbeteiligung (z.B. Lizenzierung, management contracting etc.) hervor (Hennart 1986: 796). Durch die Schaffung eines internen Marktes zur Koordination von Unternehmensaktivitäten (z.B. durch vertikale Integration) werden Transaktionskostenersparnisse erzielt. Diese werden z.B. in Verbindung mit einer direkten Qualitätskontrolle möglich, wie auch durch die Minimierung des Risikos der Diffusion von Eigentumsrechten, die sonst über den externen Markt mit hohen Vertragsanbahnungs-, Vertragsdurchführungs- und Kontrollkosten genutzt werden würden. Des weiteren können eigentumsspezifische Vorteile (überlegene Technologien) im unternehmenseigenen Verbund durch die Erzielung von Economies of Scale effizienter verwertet werden (Dunning 1988: 3).

Internalisierungs- bzw. Transaktionskostenvorteile stellen wichtige Determinanten der Eigentumsstrategien dar. Es wird vor allem der Tatsache Rechnung getragen, daß die zwei Varianten der Eigentumsform beim Auslandsgeschäft (100%ige Tochtergesellschaften vs. Joint Venture) mit unterschiedlichem Risiko und unterschiedlicher Kontrolle über die Investition und die transferierten Ressourcen verbunden sind. Dunning (1991: 259) sieht in diesem Zusammenhang, "that the extent of internalization (which is proxied by the degree to which the transferor of resources continues to exercise control over the use of these and complementary resources owned by the transferor) and ownership stake are closely correlated with each other...". Die Transaktionskostentheorie empfiehlt für die Wahl der Eigentumsform diejenige Variante, die minimale Vertragsanbahnungs-, Vertragsdurchführungs- und Kontrollkosten aufweist (Kutschker 1992: 509). Solche Transaktionskosten entstehen durch sogenannte transaktionsbedingte Unsicherheit (Bell 1993: 210).

Da ein Unternehmen wichtige intangible Ressourcen wie Technologie-Know-how und Management Know-how ins Ausland transferiert, entsteht bei der Wahl der Joint Venture-Strategie hinsichtlich des Schutzes und der Kontrolle dieser Werte Unsicherheit. Vollbeherrschungsstrategien reduzieren hingegen diese Unsicherheit, die durch opportunistisches Verhalten des Kooperationspartners gegeben wäre (Hill et al. 1990: 124). Als Indikator für Internalisierungsvorteile kann die Einschätzung der befragten Führungskräfte bezüglich der mutmaßlich entstehenden Transaktionskosten in der Tschechischen Republik gesehen werden, die ein Maß dafür darstellen, inwieweit der Standort (Tschechische Republik) lokale Unsicherheit in bezug auf unternehmerische Aktivitäten und damit verbundene Kontrolle der Transaktionen hervorruft. Danach bemißt sich die Bedeutung der Internalisierungsvorteile, die erzielt werden müßten durch entsprechende Eintritts- und Eigentumsstrategien. Je höher die empfundenen Transaktionskosten und das perzipierte Schutz- und Kontrollrisiko, desto höher sind auch die Vorteile, die durch eine Internalisierung erreicht werden können.

5.2 Empirischer Befund

In Tab. 3 wird bei amerikanischen und deutschen Unternehmen die unterschiedliche Bedeutung der Internalisierungsvorteile in Verbindung mit der jeweils gewählten Eigentumsstrategie in der Tschechischen Republik deutlich.

	US-Unternehmen (8)		**Deutsche Unternehmen (9)**	
Internationalisierungsvorteile*	Joint Venture (1)	100%ige Tochtergesellschaften (7)	Joint Venture (4)	100%ige Tochtergesellschaften (5)
Transaktionskosten in der CR[a]	3,00	4,21	3,50	4,30
Risiko der Qualitätsabsicherung bei Kooperation[b]	1,00	2,86	2,75	3,90
Risiko des Know-how-Mißbrauchs[b]	1,00	2,71	2,50	3,50

* Je höher der Wert, desto höher ist die Bedeutung der erzielbaren Internalisierungsvorteile:
a: 1= viel niedriger als im Heimatland, 5= viel höher als im Heimatland,
b: 1= sehr gering, 5= sehr hoch

Tab. 3: Bedeutung der Internalisierungsvorteile nach der Eigentumsform der tschechischen Niederlassungen U.S.-amerikanischer und deutscher Unternehmen im Vergleich.
Quelle: Eigene Darstellung.

Das Untersuchungsergebnis verdeutlicht, daß bei beiden Nationalitäten die Bedeutung der Internalisierungsvorteile bei jenen Unternehmen größer ist, die in der Tschechischen Republik vollbeherrschte Tochtergesellschaften gegründet haben. Dies steht im Einklang mit den theoretischen Ausführungen zur Einflußrichtung der Internalisierungsvorteile auf die Wahl zwischen der Vollbeherrschungs- und der Joint Venture-Strategie. Demgegenüber stellen wir fest, daß amerikanische Unternehmen mit hundertprozentigen Tochtergesellschaften niedrigere Transaktionskosten bzw. niedrigere Internalisierungsvorteile perzipieren als dies bei den entsprechenden deutschen Unternehmen der Fall ist. So gesehen hätte die Neigung der amerikanischen Unternehmen für Joint Ventures größer sein müssen.

5.3 Thesen zur kulturellen Begründung

Die Tatsache, daß amerikanische Unternehmen niedrigere Transaktionskosten und -risiken angeben als vergleichbare deutsche Firmen, hängt sicherlich mit ihrer höheren Toleranz für Ungewißheit im Vergleich mit den deutschen Firmen. Sie schätzten die kulturelle Distanz zur Tschechischen Republik geringer ein, weshalb sie auch die Transaktionskosten geringer einstuften. Nach den Untersuchungen von Eramilli/Rao (1993: 25) beruhen solche Einschätzungen oftmals auch auf dem guten Informationsstand von Unternehmen, deren Informationsbeschaffungskosten folglich gegen Null tendieren. Diese relativ vertraute Einschätzung seitens der amerikanischen Firmen wird auch begünstigt durch die traditionelle Hinwendung der Bevölkerung in der Tschechischen Republik für U.S.-Lebensart, Produkte und Konsumtionsstil. U.S.-Firmen wählten trotzdem vermehrt vollbeherrschte Tochtergesellschaften in Verbindung mit ihren höherwertigen Eigentumsvorteilen, deren optimale Nutzung erst durch eine geeignete Internalisierung mit entsprechender Kontrolle gewährleistet werden können.

Wie unser Befund zeigt, perzipieren deutsche Unternehmen höhere Vertragsanbahnungs-, Vertragsdurchführungs- und Kontrollkosten in der Tschechischen Republik als amerikanische Unternehmen, was mit der Mentalität der deutschen Manager zur stärkeren Ungewißheitsvermeidung erklärt werden kann. Trotz oder wegen der geographischen Nähe empfanden die befragten deutschen Führungskräfte die Sprachunterschiede und die Differenzen in den Geschäftsgepflogenheiten relativ hoch.

Eine mögliche Erklärung kann zum einen im historisch vorbelasteten Verhältnis der Tschechischen Republik zu Deutschland und in der damit zusammenhängenden Ablehnung von deutschen Einflüssen im Gastland liegen. Zum anderen spielt sicherlich eine Rolle, daß die negativen Auswirkungen von 40 Jahren Kommunismus auf die Gesellschaft den Deutschen im allgemeinen besser vertraut sind, die deswegen eine entsprechende Zurückhaltung gegenüber allen Ländern des ehemaligen Ostblocks einnehmen.

6 Die Rolle der Standortfaktoren

6.1 Theoretischer Zusammenhang

Die Rolle der Standortfaktoren bei Direktinvestitionen beruht auf der Standorttheorie in Verbindung mit der Transaktionskostentheorie. Sie begründen die Auswahl des Ziellandes und die Intensität der Direktinvestition. Dies wird sowohl durch die unterschiedliche Ausstattung an Produktionsfaktoren im lokalen Markt als auch durch strukturelle Eingriffe des Staates in den freien Markt, wie z.B. Handelsrestriktionen oder Investitionsanreize, beeinflußt. Die Theorie der Standortvorteile beinhaltet somit Elemente der neoklassischen Theorie des Außenhandels und beantwortet die wichtige Frage nach der Richtung der internationalen Produktion. (Dunning 1988: 4).

Die relevanten Standortfaktoren werden in der vorliegenden Studie aus den für Auslandsinvestitionen wichtigen Umweltbedingungen des tschechischen Marktes abgeleitet. Dies sind - nach unseren Befragungen - die von den befragten Führungskräften geschätzten Risiken und Unsicherheiten in Verbindung mit dem noch nicht abgeschlossenen Privatisierungsprozeß, der politischen und wirtschaftlichen Stabilität, der Repatriierung der Gewinne und den kulturellen Unterschieden.

Nach der Standorttheorie ist - ceteris paribus und in Verbindung mit der Transaktionskostentheorie - die Wahl eines Joint Ventures dann zu empfehlen, wenn das perzipierte Umfeldrisiko hoch ist. Mit einem Joint Venture kann nämlich der Investitionsumfang relativ klein gehalten und gleichzeitig die Hilfe des lokalen Partners zur Bewältigung der Umweltkomplexität in Anspruch genommen werden. Unsicherheiten können entstehen hinsichtlich der zukünftigen Entwicklung der politischen und ökonomischen Bedingungen, wobei eine Veränderung des politischen Klimas sich bsw. auf die Repatriierung von Gewinnen aus dem Gastland negativ auswirken kann (Agarwal/Ramaswami 1991: 6). Schließlich spielt die in verschiedenen Studien als Einflußfaktor anerkannte sog. "kulturelle Distanz" zwischen dem Heimatland des Investors und dem Gastland der Niederlassung bei der Wahl der Eigentumsform der Tochtergesellschaft eine wichtige Rolle (Hill et al. 1990, Kogut/Singh 1988). Es wird angenommen, daß hohe kulturelle Distanz hohe Unsicherheit im Hinblick auf lokale Gegebenheiten (Käuferverhalten, Nachfragestruktur, Geschäftsgepflogenheiten etc.) bedingt, weshalb ein Joint Venture dieses Risiko eher minimieren würde.

6.2 Empirischer Befund

Tab. 4 veranschaulicht den von den Befragten empfundenen Grad der Unsicherheit und des Risikos in der Tschechischen Republik hinsichtlich der genannten Standortfaktoren.

	US-Unternehmen (8)		**Deutsche Unternehmen (9)**	
Standort-faktoren*	Joint Venture (1)	100%ige Tochter-gesellschaften (7)	Joint Venture (4)	100%ige Tochter-gesellschaften (5)
Probleme der Privatisierung[a]	1,00	1,86	2,88	3,00
politische und wirtschaftliche Stabilität[b]	2,00	1,36	1,25	1,50
Risiko der Repatriierung von Gewinnen[a]	1,00	1,14	1,00	2,40
kulturelle Unterschiede[a]	3,00	3,14	3,50	3,20

* Je höher der Wert, desto höher die empfundene Unsicherheit des lokalen Standortfaktors:
a: 1= sehr gering, 5= sehr hoch, b: 1= sehr hoch, 5= sehr gering.

Tab. 4: Bedeutung der Standortfaktoren der Tschechischen Republik nach der Eigentumsform der tschechischen Niederlassungen U.S.-amerikanischer und deutscher Unternehmen im Vergleich. Quelle: Eigene Darstellung.

Das Ergebnis der empirischen Untersuchung ist lediglich partiell konsistent mit dem vermuteten Zusammenhang zwischen der lokalen Umfeldunsicherheit und der Eigentumsform der Auslandsniederlassung. Deutsche Unternehmen in der Stichprobe, die in der Tschechischen Republik hundertprozentige Tochtergesellschaften gegründet haben, schätzten die Unsicherheit in bezug auf kulturelle Unterschiede im lokalen Umfeld und die politische/wirtschaftliche Stabilität geringer ein als die befragten Führungskräfte in Joint Ventures. Bei den weiteren genannten Indikatoren des Standortrisikos verliefen die Schätzungen sowohl der befragten deutschen als auch der amerikanischen Unternehmen in umgekehrte Richtung. Hier liegt zum einen die Vermutung nahe, daß in den betreffenden Joint Ventures die (ursprüngliche) Unsicherheit bereits bewältigt wurde, so daß in einer ex-post-Betrachtung die Standortfaktoren weniger problematisch erscheinen als in den entsprechenden hundertprozentigen Niederlassungen.

Zum anderen kann man annehmen, daß Unternehmen mit 100%igen Tochtergesellschaften in der Tschechischen Republik das in Relation zum Joint Venture höher perzipierte Risiko durch ihre Eigentumsvorteile kompensieren.

6.3 Thesen zur kulturellen Begründung

Vergleicht man die Punktwerte in Tab. 4 nach Nationalität der Investoren, dann fällt zunächst auf, daß die deutschen Unternehmen die Standortfaktoren fast durchwegs als risikoreicher beurteilten als amerikanische Firmen. Dieser Befund entspricht den Aussagen von vorangegangenen Abschnitten dieser Studie, daß deutsche Unternehmen aufgrund ihrer höheren Neigung zur Ungewißheitsvermeidung wie auch ihrer engeren Vertrautheit mit den Folgen des Kommunismus dem tschechischen Umfeld mit größerer Skepsis gegenüberstehen.

Die relativ niedrigeren Punktwerte in den amerikanischen Unternehmen spiegeln aber auch ihr stärkeres Vertrauen wider, mit den unsicheren Elementen der Standortfaktoren zurechtzukommen, was sicherlich nicht zuletzt auch mit der ausgeprägteren “Individualismus“-Kultur zusammenhängt (Morris et al. 1994: 67). Das Vertrauen und die “Individualismus“-Kultur ist wohl auch die Erklärung dafür, daß für U.S.-Unternehmen - im Gegensatz zu deutschen - Standortunsicherheiten keinen Grund für die Joint Venture-Strategie darstellen.

7 Schlußbetrachtung

Die Zielsetzung der vorliegenden Studie bestand darin, die Eigentumsstrategie deutscher und amerikanischer Unternehmen beim Eintritt in die Tschechische Republik im Vergleich zu untersuchen. Ausgehend vom Konzept der Strategielehre in Verbindung mit dem Dunning´schen Eklektischen Ansatz der Theorie der Direktinvestitionen wurde eine interkulturelle Erklärung der Unterschiede versucht. Dieses Vorgehen entstammte der Erkenntnis, daß ökonomische Erklärungen für Internationalisierungsstrategien nicht ausreichen, wie auch umgekehrt die Kultur allein nicht die Managementhandlungen erklären kann. Zusammengefaßt wurden folgende Ergebnisse erzielt:

- Das Eklektische Paradigma als ökonomischer Hintergrund der internationalen Unternehmenstätigkeit läßt sich interkulturell interpretieren.

- Deutsche Unternehmen und amerikanische Firmen in der Stichprobe präferierten beim Eintritt in den tschechischen Markt differierende Eigentumsstrategien: Deutsche Unternehmen haben in der Tschechischen Republik eine etwa gleich starke Präferenz für die Joint Venture-Strategie wie für die Vollbeherrschungsstrategie gezeigt. Amerikanische Unternehmen in der Stichprobe zeigten dagegen eine ziemlich einseitige Präferenz für 100%ige Tochtergesellschaften.
- Der Unterschied ist vor allem ein Indiz dafür, daß beide Nationen spezifische Eigentumsvorteile besitzen und Internalisierungsvorteile sowie Standortfaktoren in der Tschechischen Republik auch anders wahrnehmen. Dieser Befund konnte vor allem mit den in beiden Ländern unterschiedlich ausgeprägten Kulturdimensionen "Individualismus" und "Ungewißheitsvermeidung" erklärt werden.

Die vorliegende Studie hat aufgrund des geringen Stichprobenumfangs nur explorativen Charakter. Sie gibt tendenziell verwertbare Hinweise für eine interkulturelle Begründung der Wahl der Eigentumsstrategie. Es ist zu vermuten, daß im Rahmen der absehbaren Aufnahme der Tschechischen Republik in die Europäische Union und der damit einhergehenden Konvergenz in politischen, ökonomischen und kulturellen Faktoren vor allem eine Verminderung der psychischen Distanz zum Westen eintreten wird. Dies wird sicherlich zur Änderung der Eigentumsstrategie in Zukunft führen. Eine Verschiebung in Richtung 100%iger Tochtergesellschaften hat bereits begonnen, bedingt durch den verstärkten High-Tech-Transfer.

Literaturverzeichnis

Agarwal, S./Ramaswami, S. N. (1992): Choice of Foreign Market Entry Mode: Impact of Ownership, Location and Internalization Factors, in: Journal of International Business Studies, Vol. 23, No.1 (Spring), pp. 1-27.

Bartlett, C. A./Ghosal, S. (1989): Managing Across Borders: The Transnational Solution, Boston, Harvard Business School Press.

Bell, J. (1993): International Joint Ventures versus Greenfield Investments: a Comprehensive Approach, in: Rugman, A: M./Verbeke, A. (Ed.): Global Competition: Beyond the Three Generics, Vol. 4, Hampton Hill: Jai Press.

Buckley, P. J. (1988): The Limits of Explanation: Testing the Internalization Theory of the Multinational Enterprise, in: Journal of International Business Studies, Vol. 19, No. 2, (Summer), pp. 181-193.

Buckley, P. J./Casson, M. (1976): The future of the multinational enterprise, London: Mc Millan.

Business Central Europe (1996): July/August.

Contractor, F. J. (1990): Contractual and Cooperative Forms of International Business: Towards a Unified Theory of Modal Choice, in: Management International Review, Vol. 30, No. 1, pp. 31-54.

Contractor, F. J./Lorange, P. (Ed.) (1988): Cooperative Strategies in International Business, Lexington.

Czechinvest (1996): Special Survey II.

Czech National Bank (1995): Foreign Direct Investment into the Czech Republic.

Deshpande, R./Forley, J./Webster, F. (1993): Corporate culture, customer orientation and innovativeness in Japanese firms: A quadradb analysis, in: Journal of Marketing, Vol. 57, pp. 23-37.

Dunning, J. H. (1988): The Eclectic Paradigm of International Production: A Restatement, in: Journal of International Business Studies, Vol. 20, No. 1, (Spring), pp. 1-31.

Dunning, J. H. (1991): Explaining International Production, London: Allen and Unwin.

Engelhard, J./Eckert, S. (1995): Market entry strategies of German firms and industrial transformation in Eastern Europe, in: Culpan, R./Kumar, B. (Ed.) Transformation management in postcommunist countries, Westport CP: Quorum Books, pp. 153-172.

Eramilli, M. K. (1996): Nationality and Subsidiary Ownership Patterns in Multinational Corporations, in: Journal of International Business Studies, Vol. 28, No. 2, (Summer), pp. 225-248.

Eramilli, M.K./Rao, C.P. (1993): Service Firms International Entry-Mode Choice: A Modified Transaction Cost Analysis Approach, in: Journal of Marketing, July, pp. 19-38.

Gannon, M. J. (1994): Understanding Global Cultures, Thousand Oaks: Sage.

Gattignon, H./Anderson, E. (1988): The multinational corporations degree of control over subsidiaries: An empirical test of the transaction cost explanation, in: Journal of Law, Economics and Organization, 4 (2), pp. 304-336.

Hennart, J. F. (1986): What is Internalization?, in: Weltwirtschaftliches Archiv, No. 122, S. 791-804.

Hill, C. W. L./Hwang, P./Kim, W. C. (1990): An Eclectic Theory of the Choice of International Entry Mode, in: Strategic Management Journal, Vol. 11, pp. 117-128.

Hofstede, G. (1983): The Cultural Relativity of Organizational Practices and Theories, in: Journal of International Business Studies, Vol. 14, No. 3, (Fall), pp. 75-89.

Hofstede, G./Neuijen, B./Ohayv, D. D./Sanders, G. (1990): Measuring organizational cultures, in: Administration Science Quarterly, 35, pp. 286-316.

Hofstede, G. (1992): Die Bedeutung von Kultur und ihren Dimensionen im Internationalen Management, in: Kumar/Hausmann (1992), S. 301-324.

Hymer, S. (1991): On Multinational Corporations and Foreign Direct Investment, in: Dunning, J. H. (Ed.): The Theory of Transnational Corporations, London: Routledge, pp. 23-43.

Jain, S. C./Tucker, L. R. (1995): The Influence of Culture on Strategic Constructs in the Process of Globalization: an Empirical Study of North American and Japanese MNCs, in: International Business Review, Vol. 4, No. 1, pp. 19-37.

Kedia, B./Keller, R. T./Julian, S. D. (1992): Dimensions of national culture and the productivity of R&D units, in: Journal of High Technology Management Research, 3, (1), pp. 1-18.

Kim, W. C./Hwang, P. (1992): Global Strategy and Multinationals´Entry Mode Choice, in: Journal of International Business Studies, Vol. 23, No. 1, pp. 29-54.

Knickerbocker, F. (1973): Oligopolistic reaction and multinational enterprise, Boston.

Kobrin, S. J. (1988): Trends in Ownership of U.S. Manufacturing Subsidiaries in Developing Countries: An Interindustry Analysis, in: Contractor, F. J./Lorange, P. (Ed.): Cooperative Strategies in International Business, Lexington, pp. 129-141.

Kogut, B./Singh, H. (1988): The Effect of National Culture on the Choice of Entry Mode, in: Journal of International Business Studies, Vol. 19, No. 3, (Fall), pp. 411-432.

Kumar, B. N. (1992): Grundlagen und Problemfelder der internationalen Unternehmenstätigkeit, in: Kumar/Hausmann (1992), S. 1-26.

Kumar, B. N./Hausmann, H. (Hrsg.) (1992): Handbuch der internationalen Unternehmenstätigkeit, München.

Kumar, B. N. (1993): Globale Wettbewerbsstrategien für den europäischen Binnenmarkt, in: Haller et al. (Hrsg.): Globalisierung der Wirtschaft, Bern, S. 49-76.

Kutschker, M. (1992): Die Wahl der Eigentumsstrategie der Auslandsniederlassung in kleinen und mittleren Unternehmen, in: Kumar/Hausmann (1992), S. 498-528.

Macharzina, K./Engelhard, J. (1991): Paradigm shift in international business research: From partist and eclectic approach to the GAINS paradigm, in: Management International Review, Vol. 31, (Special Issue), pp. 23-43.

Morris, M. H./Davis, D. L./Allen, J. W. (1994): Fostering Corporate Enrepreneurship: Cross-cultural Comparisons of the Importance of Individualism Versus Collectivism, in: Journal of International Business Studies, Vol. 27, No. 1, (Spring), pp. 65-89.

Peterson, R. B./George-Folvy, J. (1993): United States, in: Peterson, R. B. (Ed.): Managers and Culture, a Global Perspective, Westport: Quorum.

Porter, M. E. (1989): Der Wettbewerb auf globalen Märkten: Ein Rahmenkonzept, in: Porter, M. E. (Hrsg.): Globaler Wettbewerb, Wiesbaden, S. 17-68.

Pues, C. (1994): Markterschließungsstrategien bundesdeutscher Unternehmen in Osteuropa, Wien: Ueberreuter.

Puxty, A.G. (1979): Some Evidence Concerning Cultural Differentials in Ownership Policies, in: Management International Review, No. 19, pp. 39-50.

Ronen, S. (1986): Comparative and multinational management, New York.

Rugman, A. M. (1981): Inside the multinationals: The economics of internal markets, New York.

Rugman, A. M./Lecraw, D. J./Booth, L. (1985): International Business: Firm and Environment, New York: Mc Graw Hill.

Stopford, J./Wells, L. (1972): Managing the multinational enterprise, New York.

Terpstra, V./Yu, C.-M. (1988): Determinants of Foreign Investment of U.S. Advertising Agencies, in: Journal of International Business Studies, Vol. 19, No.1 (Spring), pp. 33-46.

Williamson, O. E. (1979): Transaction-cost economics: the governance of contractual relations, in: The Journal of Law and Economics, (October), pp. 233-262.

Werteorientierte Kultursegmente und ihre Relevanz als Prädiktoren arbeitsplatzbezogener Bedürfnisse - Erkenntnisse aus dem zentraleuropäischen Einzugsbereich

Dr. Joachim Wolf
Lehrstuhl für Unternehmensführung, Organisation und Personalwesen, Universität Hohenheim

1 Von lokalen Landeskulturen zu globalen Kultursegmenten

Aufbauend auf der Argumentationslogik universalistischer Kulturtheorien (Harbison/Myers 1959) und unter dem Eindruck zeitgenössischer Entwicklungstrends hat der bekannte Harvard-Forscher Theodore Levitt im Jahre 1983 seine auch heute noch vielerorts rezipierte These postuliert, wonach "a powerful force drives the world towards a converging commonality" (Levitt 1983, 92). In ihrem Kern beinhaltet sie die Vermutung einer zügigen Annäherung bisher isolierter Landeskulturen, die aus der weltweit stark zunehmenden Nutzung informations- und transporttechnologischer Medien resultieren würde. Diese würden nämlich ein vermehrtes Zusammentreffen von und einen intensivierten Gedankenaustausch zwischen Angehörigen unterschiedlicher Kulturkreise ermöglichen. Die Emergenz einer weltweiten Einheitskultur in der Form einer Homogenisierung von Werthaltungen, Einstellungen und Bedürfnissen stehe demnach bevor. In der Tat lassen sich unzählige Indikatoren nachweisen, die auf eine kognitiv-motivationale, nicht selten an den Wahrnehmungsmustern einer Leitkultur ausgerichtete Annäherung von Angehörigen unterschiedlicher Kulturkreise hindeuten. Zu denken ist etwa an die erdteilübergreifende Assimilation im Bereich der Bekleidung, an die globale Diffusion typisch U.S.-amerikanischer Formen der Freizeitgestaltung oder an die in immer mehr Ländern festzustellende Tendenz zur Bildung von Ein-Personen-Haushalten.

Obwohl sich die Anzeichen für eine kulturkreisübergreifende Annäherung von Lebensstilen und dahinterliegenden Sinnsystemen also zu mehren scheinen, bleibt die Frage im Raum, ob es in absehbarer Zeit zu der von Levitt angekündigten Herausbildung einer "vereinheitlichten Weltkultur" kommen wird. Nach dem heutigen Erkenntnisstand wird man diese Frage eher verneinen als bejahen. Dies liegt zum einen an der für Kulturwandlungsprozesse typischen Trägheit (Douglas/Wind 1987); ist zum anderen - und das scheint Levitts Prognose noch weitaus sperriger entgegenzustehen - darin begründet, daß zumindest in westlichen Industriegesellschaften ein starker Individualisierungs- und Segmentierungsprozeß festzustellen ist, in dessen Verlauf traditionell vorgegebene Interaktionsmuster eine Auf- bzw. Ablösung erfahren. Facettenreicher als andere hat Ulrich Beck (1993) das Auseinanderbrechen sich "reflexiv modernisierender Gesellschaften" analysiert und darauf hingewiesen, daß die Lebensführung des Einzelnen in zunehmendem Maße aus den traditionell bestehenden großen "Gußformen" (z. B. der Zugehörigkeit zu einer Klasse oder Schicht, zu einer bestimmten Berufsgruppe, zur Familie oder zu Geschlechtsrollen) herausgerissen wird. Das aggregierte Ergebnis dieses "Freisetzungsprozesses" besteht in einer partiellen Desintegration vormals homogener Landeskulturen und im Aufkommen einer Vielzahl gesellschaftlicher Splitter- bzw. Subgruppen, deren Mitglieder durch ähnliche Lebensumstände und Grundorientierungen gekennzeichnet sind, die sich jedoch von denjenigen anderer Subgruppen drastisch unterscheiden. Gesellschaftliche Subgruppen wie "egozentrische Yuppies", "karriereorientierte Dinks", "unreflektierte Workaholics", "fundamentalistische Grüne" oder "perspektivenlose Aussteiger" stellen solche Kultursegmente dar und können als Beleg für die Allgegenwärtigkeit dieses fundamentalen Umschichtungsprozesses begriffen werden. Da sich verschiedene dieser Subgruppen gleichzeitig in mehreren Ländern bzw. Kulturkreisen nachweisen lassen und durch eine parallele Evolution - natürlich mit einer unterschiedlichen Ausprägung - gekennzeichnet sind, erscheint es erforderlich, die Levittsche These zu ergänzen und dergestalt differenzierter zu formulieren, daß die Kulturkreise der Welt zwar zunehmend ineinanderfließen, daß dieser Annäherungsprozeß jedoch von einem zweiten Megatrend überlagert wird, welcher die Dominanz weltumspannender Kultursegmente zum Zielpunkt hat. Abbildung 1 versucht diesen komplexen Wandlungsprozeß schematisch zu verdeutlichen, ohne dabei den Anspruch zu erheben, den Facettenreichtum der Ereignissequenz in seiner Gänze wiederzugeben.

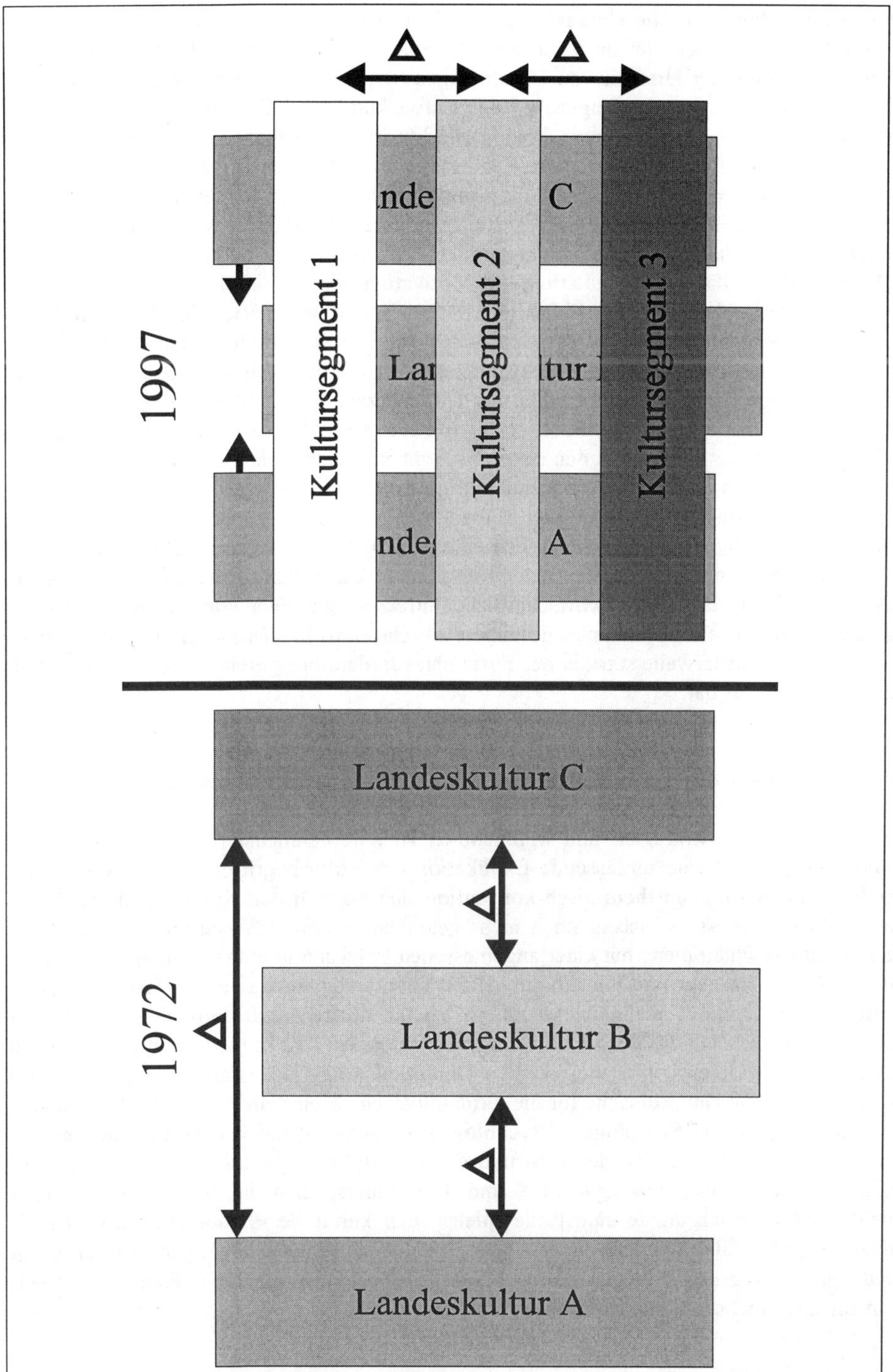

Abb. 1: Segmentierungstendenzen im Mittelpunkt des globalen Kulturwandels

Es liegt auf der Hand, daß die Herausbildung globaler Kultursegmente für die Unternehmen in mehrerlei Hinsicht hochrelevant ist. Einerseits stellt das gesellschaftliche Umfeld ein wesentliches Teilsystem der Umwelt von Unternehmen dar, das diese bei ihren nach außen gerichteten Entscheidungen, angefangen bei der Entwicklung und Erstellung von Produkten und Dienstleistungen bis hin zur Formulierung von Marketingkonzepten, grundsätzlich zu berücksichtigen haben. Bedeutsam ist diese Segmentierung aber auch für die in das Unternehmensinnere gerichteten Entscheidungen, da grundsätzlich davon auszugehen ist, daß der gesellschaftliche Aufsplitterungstrend in der Existenz unterschiedlicher Arbeitnehmergruppen seine personalwirtschaftliche Entsprechung findet. Kultursegmente bedürfen aber auch deshalb der Beachtung, da die Qualifikation und Motivation der Arbeitnehmer in vielen Unternehmen zum entscheidenden Erfolgsfaktor auf nationalen und internationalen Märkten herangereift ist. Das Wissen um die differierenden Ansprüche von Arbeitnehmern an die Inhalte ihrer Arbeit und deren Einbindung in die Strukturen des Unternehmens können heute als konstitutiv für erfolgreiche Unternehmensführung (Macharzina 1995, 48 ff.) und insbesondere den effizienten Einsatz personalpolitischer Instrumente (Engelhard 1984, 1 ff.) gelten. Im Prozeß der Gestaltung der nach außen sowie nach innen gerichteten Entscheidungen werden sich die Unternehmen also intensiv mit der kulturellen Segmentierung beschäftigen müssen, um zielgruppenspezifische Strategien und Maßnahmen formulieren zu können. Entgegen dieser idealtypische Sollvorstellung scheint sich eine derartige kultursegmentspezifische Gestaltung von Strategien und Maßnahmen jedoch noch nicht hinreichend durchgesetzt zu haben. Insbesondere scheint das personalwirtschaftliche Anreizsystem vieler Unternehmen nach wie vor durch materialistische Anreizarten dominiert zu sein, obwohl sich das Bedürfnisspektrum der Arbeitnehmer mittlerweile stark in der Form eines Bedeutungsgewinns idealistischer Zielkategorien pluralisiert hat.

2 Werthaltungen als Brennpunkte länderübergreifender Kulturanalysen

Die Ausrichtung von Strategien und Maßnahmen an unternehmensinternen und -externen Kultursegmenten setzt eine umfassende Explikation des Kulturbegriffes voraus. Trotz vielfacher Bemühungen der im theoretisch-konzeptionellen Bereich der Kulturforschung arbeitenden Fachvertreter ist es bislang noch nicht gelungen, ein Begriffssystem zu entwickeln, welches kulturelle Phänomene mit einer angemessenen Präzision überspannen und integrieren könnte. So haben Kroeber und Kluckhohn (1952) bereits vor vierzig Jahren 164 Begriffsbestimmungen von "Kultur" nachgewiesen; diese Vielfalt dürfte durch den seit den siebziger Jahren in den einschlägigen Veröffentlichungen anhaltenden "Kulturboom" noch erheblich gestiegen sein (zur Heterogenität bestehender Definitionen vgl. insbesondere v. Keller 1982; Hofstede 1993). Eine Hauptursache für die terminologische Mehrdeutigkeit mag darin liegen, daß sich Anthropologen, Soziologen, Psychologen, Ökonomen und andere Fachspezialisten mit kulturbezogenen Fragen beschäftigen und das Kulturphänomen mit ihren teilweise sehr spezifischen Paradigmen, Denksystemen und Forschungsplänen in Verbindung bringen (Schneider 1988). Auch dürfte eine Rolle spielen, daß kulturelle Phänomene vielerorts als Residualgrößen begriffen werden, die erst dann in die Analyse mit einbezogen werden, wenn mit anderen, vordergründig thematisierten Faktoren eine Erklärung der aufgedeckten Realphänomene nicht mehr möglich ist (Bhagat/McQuaid 1982).

Als gesichert kann jedoch angenommen werden, daß sich das Verständnis des in Vorläuferform bereits im alten Rom nachweisbaren Wortes "Kultur" im Zeitablauf deutlich gewandelt hat. Bis in die Mitte dieses Jahrhunderts wurde der Kulturbegriff mehrheitlich als ein terminologisches Medium angesehen, mit dem das Ausmaß der Veredelung, Verfeinerung, Vervollkommnung und damit letztlich Verbesserung der psychischen und physischen Kräfte von Individuen, Gruppen oder auch Gesellschaften beschrieben wurde. Auf der gesellschaftlichen Ebene wäre Kultur demnach als die **Gesamtheit der Leistungen und Werke der Mitglieder einer Gesellschaft** anzusehen (Schmidt 1982). Einem derartigen Verständnis folgend wird Kultur also im Sinne von Zivilisation benutzt, was auch darin zum Ausdruck kommt, daß von Hochkultur, von primitiver Kultur (Tylor 1871) oder von Kulturverfall gesprochen wird und euphorische Werturteile in der Form "Das ist Kultur!" abgegeben werden. Dieses elitär-normative Kulturverständnis hat jedoch in der relativ gesehen noch jungen betriebswirtschaftlichen Auseinandersetzung mit kulturellen Aspekten zu keinem Zeitpunkt vorrangige Bedeutung besessen. Zwar soll letztlich auch hier herausgefunden werden, was Menschen dem natürlichen Zustand zufügen und wodurch sie die Vervollkommnung ihrer selbst anstreben, doch steht der wertende Aspekt hierbei deutlich im Hintergrund. Die betriebswirtschaftliche Auseinandersetzung mit (fremden) Kulturen hat demnach nicht den Zweck, über diese zu urteilen; sie soll "lediglich" deren Besonderheiten herausarbeiten, damit die Interaktion mit Angehörigen dieser Kulturen ermöglicht bzw. erleichtert wird. Der Ansatz der betriebswirtschaftlichen Kulturforschung besteht also darin, in wertneutraler Weise **das Muster der in einem Kulturkreis oder einem Kultursegment bestehenden Denk-, Fühl- und Handlungsprozesse** bzw. das dort übliche "**Design of Living**" zu untersuchen und mit denjenigen anderer Gesellschaften oder Personengruppen zu vergleichen (Adler 1983).

Dieses Vorhaben erweist sich als überaus schwierig, da Kultur ein ungemein komplexes Gebilde darstellt, das Wissen, Glauben, Kunst, Moral, Gesetz, Sitte und alle übrigen Fähigkeiten und Gewohnheiten umfaßt, welche sich der Mensch als Mitglied der Gesellschaft angeeignet hat (Dülfer 1996). Demzufolge müßten Kulturstudien auf der Basis eines äußerst breiten Spektrums an Beschreibungsmerkmalen wie (Ab-)Neigungen, Einstellungen, Gewohnheiten, Glaubensorientierungen, Grunddispositionen, Lebensstilen, Meinungen, Moralbekenntnissen, Mythen, Stereotypen, Temperamentseigenschaften, Wahrnehmungsmustern oder Wünschen (Hofstede 1980/81) durchgeführt werden. Obwohl entsprechend differenzierte, materielle und immaterielle Aspekte umfassende Forschungspläne schon seit geraumer Zeit verfügbar sind (Linton 1936; Murdock 1945), setzen die im Bereich der Kulturforschung durchgeführten deskriptiven, vergleichenden und erklärenden Untersuchungen mehrheitlich auf einer relativ abstrakten Ebene an, bei der **Werthaltungen, Einstellungen sowie Bedürfnisse** und nur vereinzelt konkrete Verhaltensweisen von Menschen untersucht werden (Ronen 1986). Dieser Zugang wird wohl auch deshalb gewählt, um dem Schicksal des Scheiterns aus forschungspragmatischen Gründen von vornherein vorzubeugen. Implizit wird somit davon ausgegangen, daß es möglich ist, Kulturen mit einer begrenzten Menge an abstrakten Beschreibungsvariablen hinreichend zu charakterisieren, gegeneinander zu positionieren und damit sogar die "Persönlichkeit" einer Gesellschaft herauszuarbeiten (Hofstede 1980). Diese Überlegung erscheint zunächst gewagt; doch ist zu bedenken, daß auch sehr breit angelegte und konkrete Phänomene erfassende Forschungspläne Kulturdimensionen beinhalten, die kaum auf ihre Relevanz hin getestet sind (Daniels 1991). Die kulturvergleichende Forschung bedient sich also mehrheitlich der reduktionistischen, vorwiegend auf übergeordnete Phänomene abhebenden Perspektive. Dieses findet auch im Begrifflichen seinen Niederschlag; etwa dort, wo von Kulturverständnissen wie "collective programming of mind" (Hofstede 1980) oder "group values embedded in images" (Brohms/Gahmberg 1983) ausgegangen wird. Spätestens im konkreten Untersuchungsprozeß wird Kultur somit nicht auf all das bezogen, was es in einem Kulturkreis bzw. einem Kultursegment an menschlich Erschaffenem gibt (Mühlmann 1972).

Anhand einer Durchsicht interkultureller Forschungsarbeiten läßt es sich ohne größere Schwierigkeiten zeigen, daß die Analyse und der Vergleich von Landeskulturen mehrheitlich auf der Ebene von **Werthaltungen** (= Werten) vollzogen wird. Auch Hofstede (1980), Ronen (1986) sowie Trompenaars (1993) - die Autoren der derzeit wohl populärsten managementrelevanten landeskulturvergleichenden Studien - haben ihre Untersuchungen auf diese überindividuellen Merkmale einer bestimmten Gesellschaftsformation ausgerichtet. Die mit Kulturanalysen beschäftigten Forscher setzen sich also überwiegend mit grundlegenden, an der Schnittstelle zwischen Gesellschaft und Individuum angelagerten Zielzuständen auseinander, die von den Angehörigen einer bestimmten Kultur aufgrund eines allgemeineren, gesellschaftlich vorgegebenen Soll-Maßstabs als wünschenswert angesehen werden (Hondrich 1984, 73 f.). Diese Vorgehensweise ist von einer deduktiven Weltsicht geprägt, wonach ein Individuum über ein Setting an übergeordneten Referenzpunkten (= Werthaltungen) verfügt, welches sein Verhalten bestimmt. Da sich die übergeordneten Werthaltungen in vielerlei Lebensbereichen wie der Form des partnerschaftlichen Zusammenlebens, dem Umgang mit Freunden und Bekannten, dem Verhalten im Straßenverkehr oder den im Rahmen der beruflichen Tätigkeit artikulierten Bedürfnisse niederschlagen, ermöglichen sie es dem Kulturforscher, die Denk-, Fühl- und Verhaltensprozesse der Angehörigen eines bestimmten Kulturkreises zu untersuchen, ohne eine äußerst breit angelegte Analyse vielfältiger Erscheinungsformen des individuellen Daseins vornehmen zu müssen. Die Konzentration von Kulturstudien auf übergeordnete Werthaltungen erweist sich demnach als ein forschungsökonomisch günstiger Ansatz, der es bei Anwendung eines einheitlichen Werteanalyseapparates zudem gestattet, Vergleiche zwischen den Angehörigen unterschiedlicher Kulturkreise durchzuführen (zu den bei der interkulturellen Übertragung allerdings zu erwartenden Problemen vgl. Holzmüller 1995).

Gleichwohl gilt es festzuhalten, daß dieser auf die Tiefenstrukturen von Kulturen abzielende Untersuchungsansatz nicht zu unterschätzende Gefahren in sich birgt. In deren Mittelpunkt dürfte stehen, daß sich Kulturforschung, die sich ausschließlich auf der Normen- und Standardebene von Werthaltungen bewegt und welche die konkreten Verhaltensweisen der Kulturangehörigen - die "Materialisierungen" der Werthaltungen also - ausblendet, einen durch ein hohes Maß an Stringenz und Stimmigkeit gekennzeichneten Zusammenhang zwischen Werthaltungen und Verhaltensweisen unterstellt, der in der Realität so nicht immer gegeben ist. Die wertezentrierte Kulturforschung läuft damit Gefahr, die in der Wirklichkeit vielerorts vorliegende "gebrochene Kausalität" zwischen Werte- und Verhaltensebene zu verkennen. Wie schwierig es ist, diese beiden auf unterschiedlichen Ebenen fließenden Ströme fortwährend aufeinander abzustimmen, zeigt insbesondere der Umweltschutzbereich, wo viele Unternehmen sich aufgrund ökonomischer Sachzwänge schwer tun, die Fülle ihrer hochkreativen Absichtserklärungen durch ebenso eindrucksvolle, zielführende Umweltschutzmaßnahmen zu ergänzen.

Besonders deutlich erscheint die argumentative "Luftigkeit" bzw. "Großzügigkeit" zwischen der Werte-, der Bedürfnis- und der Verhaltensebene auch im Bereich des Personalmanagements, wo man sich bereits in den siebziger Jahren euphorisch den Ergebnissen, fast kaum jedoch den Problemen der Werteforschung zugewandt und die Wertewandelsthese angeeignet hat. Insbesondere die Personalpraktiker haben werteorientierte Schlagworte in ihr Vokabular aufgenommen - wohl auch aufgrund der für sie eher enttäuschenden, da inhaltlich wenig konsistent erscheinenden Befunde der Motivationsforschung (Macharzina 1990). Die Vorliebe galt solchen, die dramatische Zustände suggerierten und bspw. einen "Werteverfall", einen "Werteumsturz" oder eine "Entwertung der Arbeit" umschrieben. Viel zu wenig wurde dabei jedoch die zuvor dargelegte kausale Ambiguität angesprochen, die auf eine umfassende Klärung des zwischen Werthaltungen, Bedürfnissen und Verhaltensweisen bestehenden Wirkungszusammenhangs drängt. Statt dessen **schien** die Plausibilität eines eindeutigen Wirkungsgefüges zu offensichtlich zu sein, als daß die Ergebnisse teilweise erst noch durchzuführender detaillierter Forschungsprojekte abzuwarten seien. Es **schien** doch außer Frage, daß die Grundströmung des Wertewandels in einer freiheitlichen Gesellschaft parallel zu der Bedürfnisveränderung der Menschen verläuft (Grabner 1993, 97). Zu klar war es **wohl**, daß im Zuge des Wertewandels die Vorstellung von der Arbeit als dem zentralen Lebensinhalt schwinden würde. Es **durfte** doch kein Zweifel daran bestehen, daß traditionelle und neue Werte betriebswirtschaftlich skalierbar waren und daß nützliche Ansätze zur informationellen Verdichtung des komplexen Wertekosmos' vorlagen (Bihl 1993, 87 ff.). Es **wirkte** doch so, als ob der Wertewandel zu einer schwindenden Arbeitsfreude und Bildungsscheue, zugleich aber einem größeren politischen Interesse geführt hat (Zander 1992, 390). Zu offensichtlich **schien** es einfach, daß sich der empirisch attestierte Postmaterialismusschub in einer Abnahme der Bereitschaft, harte, körperliche Arbeit auszuüben, nur ausführende, fremdgesteuerte Arbeit zu verrichten, Arbeit fraglos, aus einem quasi selbstverständlichen Notwendigkeits- und Pflichtgefühl heraus zu tun, lange Arbeitszeiten zu ertragen sowie ein reines, einseitiges Berufsmenschentum oder eine reine Hausfrauenrolle auszufüllen, niederschlagen würde und daß umgekehrt intellektuell anspruchsvolle, verantwortungsvolle, selbstbestimmte, sinnvolle und sozial angesehene Arbeit an Bedeutung gewinnen würde. - Wie lässig insbesondere zwischen der Werte- und der Bedürfnisebene hin- und hergesprungen wurde und wie gerne diese gleichgeschaltet wurden, zeigt sich an dem bisweilen gewählten Sprachgebrauch, der eine Analyse "werteorientierter Bedürfnisse" (Fürstenberg 1993, 19 f.) anmahnt.

Dieses nicht selten anzutreffende voreilige Kurz-Schließen von Werthaltungen auf der einen auf Bedürfnisse bzw. Verhaltensweisen auf der anderen Seite erscheint dabei um so problematischer, als im Kreis der im Bereich der Werteforschung etablierten Wissenschaftler weitgehende Einigkeit besteht, daß die Beziehungen zwischen Werthaltungen, Bedürfnissen und Verhaltensweisen keineswegs eindeutig sind. Dies liegt zum einen daran, daß das menschliche Verhalten nicht nur vom Wollen, sondern auch vom individuellen Können, vom sozialen Dürfen und der situativen Ermöglichung bestimmt ist (v. Rosenstiel 1993); ist andererseits aber auch darin begründet, daß die von einem Individuum vertretenen Werthaltungen nicht immer vollständig kompatibel miteinander sind. Werthaltungen dürfen demzufolge nicht mit einer soziologisch gefaßten Bedürfnisstruktur gleichgesetzt werden, sondern allenfalls mit dem Konzept der Interessenorientierung (Lukie 1985). Weitaus stärker als in der betriebswirtschaftlichen Fachgemeinschaft scheint man sich in sozialwissenschaftlichen Kreisen über die Dualität von Werthaltungen und arbeitsbezogenen Bedürfnissen bewußt zu sein: Dort hat man nämlich die Forschung dergestalt spezialisiert, daß zahlreiche Studien auf **allgemeine**, übergeordnete Werthaltungen (Inglehart 1977; Klages 1992) bezogen sind, während andere hingegen **arbeitsplatzbezogene** Werthaltungen (Bedürfnisse) thematisieren (Pawlowsky 1986a; MOW 1987; Maier et al. 1994). Die zuvor diskutierte Problematik der ungeklärten Kausalitätsbeziehung zwischen unterschiedlichen Analyseebenen wird damit jedoch nur partiell gelöst, da nahezu sämtliche der im sozialwissenschaftlichen Bereich durchgeführten Studien **entweder** auf allgemeine Werthaltungen **oder** auf arbeitsplatzbezogene Werthaltungen ausgerichtet sind (Ausnahmen stellen dar: Engfer/Hinrichs/Wiesenthal 1983; Helfert 1986; Franz/Herbert 1987; Blickle 1995). Überdies liegen bislang recht wenige Studien vor, welche die Auswirkungen von Werthaltungen auf das **faktische Verhalten** untersucht haben (zu Ausnahmen vgl. Williams 1951; England 1967a, 1967b; Scholz 1987).

Aufgrund des bislang unzureichenden Wissens über die zwischen Werthaltungen, Bedürfnissen und Verhaltensweisen bestehende Zusammenhangsstruktur sind die nachfolgenden Abschnitte verfaßt worden, die über ein Forschungsprojekt berichten, in dessen Mittelpunkt Werthaltungen und arbeitsplatzbezogene Bedürfnisse polnischer Bürger und Arbeitnehmer stehen. Die nachfolgenden Ausführungen konzentrieren sich also auf einen Teilbereich des vorgenannten (Nicht-)Wirkungsgefüges und blenden den empirisch ohnehin kaum hinreichend zu erfassenden Verhaltensbereich aus. Neben diesem primären Untersuchungsziel geht es im vorliegenden Projekt jedoch auch darum, den Stand des bislang immer noch recht dürftigen Wissens über die allgemeinen Werthaltungen und arbeitsplatzbezogenen Bedürfnisse polnischer Arbeitnehmer zu verbessern und damit einen Erkenntnisbereich auszuleuchten, der angesichts der starken Investitionstätigkeit westlicher Unternehmen in unserem östlichen Nachbarland (Plucinski 1995) von zunehmender Bedeutung ist. Ausgehend von dem kontingenztheoretischen Paradigma und im westlichen Einzugsbereich durchgeführten Werthaltungsstudien (vgl. insbesondere die Literaturhinweise in Böckler et al. 1991) soll diesbezüglich herausgefunden werden, inwieweit die in der westlichen Welt erarbeiteten Erklärungen von Werteausprägungen und -differenzierungen auch in dem vormals sozialistischen Polen Gültigkeit haben und damit Erkenntnisse bestätigen, die sich auf andere zentraleuropäische Reformländern beziehen (Wolf 1994). Konkret soll geprüft werden, inwieweit übergeordnete Werthaltungen von den Mitgliedern der polnischen Gesellschaft in ihrer relativen Wichtigkeit eingeschätzt werden, in welchem Maße diese Bedeutungszumessungen in der polnischen Gesellschaft streuen und ob eventuelle Streuungseffekte durch sozio-demographische Merkmale der einzelnen polnischen Bürger erklärbar sind (Abschnitt 3). Die Ergebnisse dieser nachfolgend stark verdichtet präsentierten Analyse (zu Detailergebnissen vgl. Wolf 1996) bilden dann die Grundlage für die Diskussion der Werthaltungs-Bedürfnis-Beziehung (Abschnitt 4).

3 Ausprägung, Segmentierung und Erklärung von Werthaltungen in der polnischen Gesellschaft

Die vorliegende Studie basiert auf einer mündlichen standardisierten Befragung und damit auf einer Untersuchungsmethode, die unter den vielfältigen methodischen Ansätzen der Werteforschung schon seit geraumer Zeit eine deutliche Vormachtstellung errungen hat (Schmidtchen 1986). In der Hauptuntersuchung wurde eine modifizierte Form der von dem amerikanischen Wertesoziologen Ronald Inglehart erarbeiteten Methode (zu dieser Methode vgl. Inglehart 1977; Maag 1989) angewandt und den befragten Personen zehn Karten vorgelegt, wobei jede dieser Karten ein Statement enthielt, das eine bestimmte Wertorientierung umschreibt. Die befragten Personen wurden gebeten, die Statements bzw. Karten entsprechend ihrer eigenen Wertepriorität zu ordnen. Im einzelnen handelt es sich hierbei um die Wertestatements: Verstärktes Mitspracherecht der Menschen an ihrem Arbeitsplatz und in ihren Gemeinden, Fortschritt auf eine humanere, weniger unpersönliche Gesellschaft hin, Fortschritt auf eine Gesellschaft hin, in der Ideen mehr zählen als Geld, verstärktes Mitspracherecht der Menschen bei wichtigen Regierungsentscheidungen, eine stabile Wirtschaft, Erhaltung eines hohen Grades an wirtschaftlichem Wachstum, Kampf gegen Verbrechen, Aufrechterhaltung der Ordnung in der Nation, stetiger technischer Fortschritt sowie Schutz der natürlichen Umwelt. Aus der individuellen Rangreihe eines Respondenten läßt sich insofern eine Tendenzvermutung über dessen übergeordnetes Wertemuster ableiten, als sich in den Inglehartschen Zehn-Länder-Studien (1977; 1990) gezeigt hat, daß die ersten fünf Statements mit einer postmaterialistischen (idealistischen) und die übrigen fünf Statements mit einer materialistischen Grundorientierung kovariieren.

Die Erhebung fand im Dezember 1994 statt, wobei die Befragungen mehrheitlich in der polnischen Hauptstadt Warschau anhand einer Zufallsstichprobe von insgesamt 594 Personen aus Gemeinden unterschiedlicher Größe durchgeführt wurde. Bei einem Großteil der in Warschau Befragten handelte es sich jedoch um außerhalb der Hauptstadt wohnhafte Bürger Polens. Neun der Interviewprotokolle mußten aufgrund unvollständiger bzw. in sich widersprüchlicher Angaben aus der Datenauswertung ausgeschlossen werden, so daß insgesamt 585 auswertbare Protokolle zur Verfügung standen. Um die Aussagekraft der Daten zu steigern, wurde die Zusammensetzung der Stichprobe an die nach biologischen (Alter und Geschlecht) und sozialen (Schul- und Ausbildung sowie Beschäftigungssituation) Gesichtspunkten gegliederte Bevölkerungsstruktur der Republik Polen (GUS 1993; ferner Holzer 1992) angenähert. Insgesamt gesehen kann davon ausgegangen werden, daß trotz der außerordentlichen Heterogenität und Dynamik der Bevölkerungsstrukturen im Zuge des politischen, wirtschaftlichen und sozialen Transformationsprozesses die Sozialstruktur Polens in aussagefähiger Weise abgebildet und ein befriedigendes Ausmaß an Strukturgleichheit zwischen den Subgruppen in der Stichprobe und den Subgruppen der erwerbsfähigen Bevölkerung des Landes erreicht worden ist.

a) In einem ersten Auswertungsschritt wurde ermittelt, welche **Bedeutung die Gesamtgruppe der Respondenten den zehn in der vorliegenden Untersuchung berücksichtigten Wertorientierungen** beimessen. Diesbezüglich hat sich gezeigt, daß die wichtigste Wertorientierung mit der "Aufrechterhaltung der Ordnung in der Nation" gegeben ist (mittlerer Rangplatz des entsprechenden Statements: 3,32). Da auf den beiden nächstfolgenden Rangplätzen ebenfalls materialistische Wertorientierungen folgen ("eine stabile Wirtschaft": 3,79; "Kampf gegen Verbrechen": 4,43) und vier der fünf postmaterialistischen Wertorientierungen sich auf den Rangplätzen sieben bis zehn finden, kann bereits hier festgestellt werden, daß die **Gesamtgruppe der befragten polnischen Bürger durch eine Dominanz materialistischer Werte gekennzeichnet ist**. In seiner inhaltlichen Ausprägung überrascht dieses Ergebnis zunächst sehr; insbesondere deshalb, weil in anderen zentraleuropäischen Reformstaaten (Ostdeutschland und Slowakei) eine gemischte Reihenfolge von materialistischen und postmaterialistischen Werten festgestellt worden ist (Wolf 1994). Während im Hinblick auf das ostdeutsche Sample noch mit einem Verweis auf den dort herrschenden höheren Lebensstandard argumentieren werden könnte, bricht dieser Erklärungsversuch im Hinblick auf das slowakische Sample in sich zusammen, da der dortige Lebensstandard keineswegs über dem polnischen liegt. Auch andere, auf äußerliche Merkmale der drei Stichproben rekurrierende Erklärungsversuche können die Ergebnisunterschiede nicht verstehen helfen.

Unter Berücksichtigung polenspezifischer Belege verwundert die vorrangige Bedeutung materialistischer Werthaltungen aber nicht so sehr. So stellt bspw. Juchler (1992) in seiner Abhandlung über die Entwicklungsdynamik in postsozialistischen Ländern fest, daß die polnischen Bürger den zumindest äußerlich ordnungsstiftenden Exekutivorganen des Staates - dem Militär und der Polizei - eine steigende Befürwortung zuteil werden ließen. Gestützt wird diese Beobachtung durch Guldas (1992) Daten, nach denen in Polen selbst bei den üblicherweise eher progressiv eingestellten Jugendlichen eine starke Tendenz zu wertkonservativen Einstellungen besteht. Aber auch die von Morawski und Kozek (1987) durchgeführte Erhebung, wonach 87 % der polnischen Industriearbeiter eine uneingeschränkte Konkurrenz als erstrebenswert bezeichnen, kann als Hinweis für die materialistische Grundaffinität der Polen gelten.

Im Laufe der anderswo (Wolf 1996) detaillierter präsentierten Interpretation der hochrangigen Einordnung materialistischer Wertestatements hat sich der Eindruck zunehmend erhärtet, daß sich das Ausmaß, in dem sich ein Individuum von einer bestimmten Chance oder Bedrohung aktuell und persönlich betroffen fühlt, auf die Ausprägungen seiner übergeordneten Orientierungen bzw. Referenzpunkte auswirkt. In der übergeordneten Dimension stützt diese Beobachtung das obige Plädoyer für eine kontextorientierte Analyse von Werthaltungen; im hier vorliegenden konkreten Analysestadium könnte es auch zu verstehen helfen, warum die Polen dem Wertestatement "Schutz der natürlichen Umwelt" (mittlerer Rangplatz 4,71) nicht denjenigen hohen Wertschätzungsgrad beigemessen haben, den die Forschungsstelle für Export- und Technologiemanagement (EXTEC) der Universität Hohenheim im ostdeutschen und im slowakischen Kontext angetroffen hat (Wolf 1994). Berichte von Welfens (1992) und insbesondere Majkowski (1994) haben zwar "eindrucksvoll" verdeutlicht, daß sich seit den achtziger Jahre die ökologischen Verhältnisse jenseits von Oder und Neiße dramatisch verschlechtert haben, doch ist zu bedenken, daß sich die Verseuchung von Luft, Wasser und Boden schleichend über Jahr(zehnt)e hinweg vollzogen hat und daß diese sich dem im bedrohten Einzugsbereich selbst sozialisierten Beobachter nicht in dem Maße deutlich vor Augen tritt, wie es bspw. für die Kriminalität gilt, die ja nach 1989 sprunghaft angestiegen ist. So gesehen erscheint die vergleichsweise geringe Umweltschutzorientierung der polnischen Bürger zwar nicht verständlich, aber durchaus interpretationsfähig. Aus der Metaperspektive betrachtet wird man sich angesichts der komplexen gesellschaftlichen Wirkprozesse allerdings davor hüten, von einfachen Wirkungsmustern von der Art "dramatische Umweltverhältnisse bedingen eine starke ökologische Sensibilität der Bevölkerung" auszugehen.

b) Im Rahmen der vorausgegangenen Globalanalyse der Wertorientierungen hat sich zwar eine Dominanz materialistischer Werte gezeigt; doch muß angesichts der Streuwerte der einzelnen Wertestatements angenommen werden, daß die Bedeutungszumessung personenindividuell variiert. Wie im ostdeutschen und im slowakischen Sample könnte somit auch in Polen eine Tendenz zur Wertedifferenzierung bestehen, die eine **Ergänzung der globalen Werteanalyse um segmentierende Untersuchungsschritte** erforderlich macht. Derartige Fragestellungen lassen sich mit dem statistischen Instrument der Clusteranalyse prüfen, welches die Untersuchung von Stichproben im Hinblick auf die Existenz von Typen bzw. Mustern gestattet, die sich hinsichtlich der erhobenen Merkmale gleichen. Im Rahmen der vorliegenden Studie wurde nach Abwägung der Vor- und Nachteile der zahlreichen zur Verfügung stehenden clusteranalytischen Algorithmen zur Gruppenbildung das Ward-Verfahren (Ward 1963) zur Anwendung gebracht. Als Meßgröße zur Bestimmung der Clusterzahl diente das Cubic Clustering Criterion (CCC), wobei sich eine Drei-Cluster-Lösung als günstigstes Ergebnis erwies. Wie Abb. 2 zeigt, konnten 93 Befragte dem ersten, 186 Befragte dem zweiten und 306 Befragte dem dritten Cluster (Segment) zugeordnet werden. Aus dieser Verteilung läßt sich zweierlei folgern: Erstens untermauert sie den obigen Befund einer Vorherrschaft materialistischer Werte; zweitens zeigt sie, daß auch in der polnischen Gesellschaft **deutliche Ansätze einer Segmentierung** bestehen. Annahmen, die davon ausgehen, daß es dem sozialistischen Regime Polens gelungen ist, die dort lebenden Menschen über einen Leisten zu schlagen, scheinen somit nicht haltbar zu sein.

Vor der Beschreibung und Interpretation der erarbeiteten Wertesegmente ist zu prüfen, inwieweit sich diese voneinander unterscheiden und welche Güte die Gesamtlösung aufweist. Die Ergebnisse der hierzu vorgenommenen Testprozeduren sind in der unteren Hälfte von Abb. 2 dokumentiert. Der erste Arbeitsschritt der Güteprüfung bestand in einem paarweisen und auf die einzelnen Wertestatements bezogenen Vergleich der Segmente mit Hilfe von t-tests. Die ermittelte Lösung hielt dieser Prüfung überaus gut stand; lediglich bei fünf von 30 Paarvergleichen wurde das 5 %-Signifikanzniveau verfehlt. Im zweiten Arbeitsschritt wurde mit Hilfe der Diskriminanzanalyse ein holistischer, über alle Wertestatements sich erstreckender Gütetest vorgenommen, wobei mehrere Meßgrößen wie Wilks' Lambda, Pillai's Trace, Hotelling-Lawley Trace und Roy's Greatest Root (zur Konzeption dieser Methoden vgl. Kotz/Johnson 1982) genutzt wurden. Wie nach der paarweisen Analyse nicht anders zu erwarten, konnte die erarbeitete Lösung auch diesen Test gut bestehen. Die drei Cluster (Segmente) sind also klar voneinander abgegrenzt.

Die obere Hälfte von Abb. 2, in der die Profile der drei Segmente anhand der mittleren Ausprägung entlang der zehn berücksichtigten Wertestatements verdeutlicht sind, zeigt, daß die Angehörigen des ersten Segments (15,9 % der Befragten) die übrigen Befragten bei den beiden Wertestatements "Fortschritt auf eine Gesellschaft hin, in der Ideen mehr zählen als Geld" und "Fortschritt auf eine humanere, weniger unpersönliche Gesellschaft hin" überragen. Umgekehrt messen die Angehörigen des ersten Segments den Wertestatements "Aufrechterhaltung der Ordnung in der Nation", "Kampf gegen Verbrechen", "Erhaltung eines hohen Grades an wirtschaftlichem Wachstum", "Eine stabile Wirtschaft" sowie "Stetiger technischer Fortschritt" - also allen materialistischen Wertorientierungen - eine eher geringe Bedeutung zu. Da es sich bei den vom ersten Segment hoch bewerteten Statements um abstrakte und idealistische Dinge handelt, werden die Angehörigen dieser Gruppe als "**Idealisten**" bezeichnet; dies erscheint auch deshalb gerechtfertigt, weil mitbestimmungsorientierte Werte bei den Angehörigen dieses Segments nur eine mittlere Bedeutung besitzen. Vom ersten Segment unterscheidet sich das zweite (31,8 % der Befragten) insofern deutlich, als die hier vereinigten Befragten ökonomisch orientierten Werten wie "Erhaltung eines hohen Grades an wirtschaftlichem Wachstum" sowie "Eine stabile Wirtschaft", aber auch anderen wachstumsorientierten Werten wie "Stetiger technischer Fortschritt" eine vglw. hohe Bedeutung zumessen. Von der Durchsetzung politischen Einflusses ("Mitbestimmung bei Regierungsentscheidungen", "Mitbestimmung am Arbeitsplatz und in den Gemeinden"), aber auch von visionären Dingen ("Fortschritt auf eine humanere, weniger unpersönliche Gesellschaft hin", "Schutz der natürlichen Umwelt") wollen sie dagegen nur relativ wenig wissen.

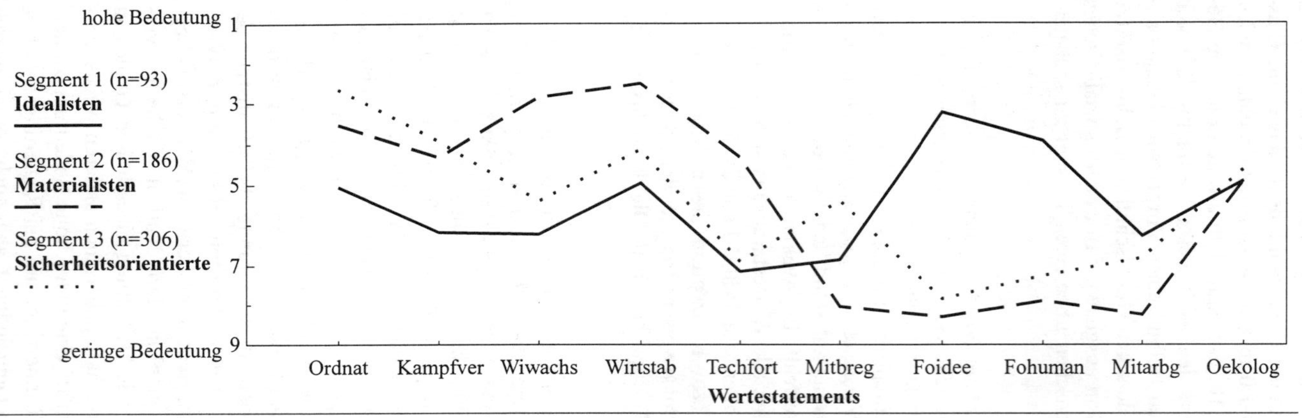

Trennschärfe der Wertesegmente: Paarvergleich je Wertestatement (t-test)

	Ordnat	Kampfver	Wiwachs	Wirtstab	Techfort	Mitbreg	Foidee	Fohuman	Mitarbg	Oekolog
Cluster 1 vs. Cluster 2	0,0000	0,0000	0,0000	0,0000	0,0000	0,0000	0,0001	0,0000	0,0000	0,9290
Cluster 1 vs. Cluster 3	0,0000	0,0001	0,0116	0,0076	0,2699	0,0001	0,0001	0,0001	0,0936	0,3116
Cluster 2 vs. Cluster 3	0,0000	0,0206	0,0000	0,0000	0,0000	0,0000	0,0301	0,0084	0,0000	0,1649

Trennschärfe der Wertesegmente: holistische Beurteilung (Diskriminanzanalyse)

	Ausprägung	**Freiheitsgrade**	**Signifikanz**
Wilks´ Lambda	0,21553131	20	0,0001
Pillai´s Trace	1,04787250	20	0,0001
Hotelling-Lawley Trace	2,41758326	20	0,0001
Roy´s Greatest Root	1,69773264	10	0,0001

Abb. 2: Segmente von Werteträgern in Polen

Es bietet sich also an, die Vertreter des zweiten Segments als "**Materialisten**" zu bezeichnen; auch deshalb, weil sie die beiden übrigen von Inglehart als materialistisch bezeichneten Werte "Aufrechterhaltung der Ordnung in der Nation" sowie "Kampf gegen Verbrechen" als relativ wichtig erachten. Das dritte Segment ist mit Abstand das größte; in ihm sind 52,3 % der Befragten vereinigt. Diese Personengruppe bekennt sich vor allem zu den Werthaltungen "Aufrechterhaltung der Ordnung in der Nation" sowie "Kampf gegen Verbrechen". Auch bei "Mitbestimmung bei Regierungsentscheidungen" sowie "Schutz der natürlichen Umwelt" haben ihre Angehörigen relative Spitzenwerte; da das absolute Wichtigkeitsniveau der beiden letztgenannten Wertorientierungen jedoch relativ gering und die Bedeutung der übrigen sechs Orientierungen durchschnittlich ausgeprägt ist, empfiehlt es sich, die Angehörigen des dritten Segments als "**Sicherheitsorientierte**" zu bezeichnen. Daß Sicherheitsorientierung im vormals sozialistischen Einzugsbereich im Vordergrund steht, verwundert angesichts der schlüssigen Argumentation theoretischer Untersuchungen (Oesterle 1993) nicht. Bei einer Gesamtbetrachtung der drei Segmente fällt auf, daß diese lediglich bei einem Wertestatement - nämlich dem "Schutz der natürlichen Umwelt" - durch ähnliche Ausprägungen charakterisiert sind. Dieser empirische Tatbestand, wonach alle drei Personengruppen ökologieorientierten Werten eine durchschnittliche, nicht jedoch eine hochrangige Bedeutung zumessen, könnte als Indiz genommen werden, daß in der polnischen Gesellschaft keine wesentliche Gruppe von entschiedenen Fürsprechern umweltschutzorientierter Strategien und Maßnahmen existent ist. Diese Interpretation empfiehlt sich nicht zuletzt angesichts des oben dargelegten Ausmaßes der Umweltverschmutzung im polnischen Staatsgebiet, gegen das bislang auch von Bürgerseite relativ wenig unternommen worden ist.

Ein Vergleich der eigenen, clusteranalytisch aufbereiteten Befunde mit den Ergebnissen einschlägiger Fremduntersuchungen läßt erkennen, daß die Wertetypen der polnischen Bürger den im westlichen Einzugsbereich vorgefundenen Wertemustern **partiell entsprechen**. Zwar haben die Untersuchungen von Klages deutlich gemacht, daß das in Westdeutschland gegebene, plurale Wertespektrum auf vergleichsweise wenige - bei Klages sind es vier - Typen von Werteträgern reduzierbar ist (Klages 1985), die teilweise eine beachtliche Überschneidung mit den hier ermittelten Wertesegmenten aufweisen. Demgegenüber haben jedoch Engfer, Hinrichs und Wiesenthal (1983) in einer Repräsentativuntersuchung von 1013 westdeutschen Arbeitnehmern herausgefunden, daß schon zu Beginn der 80er Jahre nur noch ein Drittel der Befragten dem konventionellen materialistischen Wertetyp zuordenbar war und daß schon damals weitere Werte(misch)typen eine hohe faktische Bedeutung besaßen. Ein ähnliches, vom polnischen Befund abweichendes Muster hat sich auch im Rahmen einer Lebensstilstudie von mehr als 1.500 west- und ostdeutschen Bürgern offenbart, wonach zu Beginn der 90er Jahre lediglich eine Minderheit der Bevölkerung (ca. 25 % der Befragten) eine deutlich materialistische ("promaterielle") Grunddisposition aufweist (Scherhorn 1993). Aber auch die unlängst veröffentlichten Befunde der Arbeitsgruppen um von Rosenstiel (Maier et al. 1994) sowie Bürklin (1994) lassen vermuten, daß sich die polnische Gesellschaft in einem anderen Stadium der Werteevolution befindet als die Gesellschaften Westeuropas.

c) Doch können die erheblichen Unterschiede in den Werthaltungen der drei Segmente polnischer Bürger inhaltlich erklärt werden? Welche Kontextfaktoren müssen herangezogen werden, um die Segmentierung von Werthaltungen verstehen zu können? Diese Fragen sind bedeutsam, da bei Vorliegen systematischer, interpretierbarer und fremdbefundkonformer Kontext-Werthaltungs-Beziehungen ein vertieftes Verständnis für die Wertewelt polnischer Bürger möglich erscheint.

Aufgrund der Ergebnisse der vorigen Überlegungen und der Vielzahl an Studien, die Werthaltungen in westlichen Industriegesellschaften thematisieren, wurde von der bereits bei Rokeach (1973) artikulierten Eingangsvermutung ausgegangen, daß auch in Polen die Herausbildung unterschiedlicher Wertemuster auf der Basis der jeweiligen Lebensumstände der dortigen Bürger erfolgt ist. Demzufolge empfiehlt es sich zu prüfen, inwieweit im Westen häufig getestete Beschreibungsdimensionen wie Geschlecht, Lebensalter, Schulbildung, Ausbildungsniveau und Ausbildungsrichtung, Beschäftigungssituation sowie Größe des Wohnorts mit den Werthaltungen der polnischen Bürger systematisch kovariieren. Methodisch wird dieser Auswertungsschritt dergestalt umgesetzt, daß für jedes Wertesegment die durchschnittliche Ausprägung der vorgenannten acht Kontextfaktoren ermittelt und mittels t-tests geprüft wird, inwieweit signifikante Unterschiede zwischen den jeweiligen Ausprägungen der Kontextfaktoren der Wertesegmente bestehen. Das Ergebnis dieses Prüfprozesses ist in Abb. 3 zusammengestellt. Die Ergebnisse werden nachfolgend ebenfalls vergröbernd ausgedeutet, da auch sie an anderer Stelle (Wolf 1996) bereits umfänglicher besprochen worden sind.

Hervorstechend, fremdbefundkonform und plausibel zugleich ist der hohe Anteil geisteswissenschaftlich ausgebildeter Personen im Segment der **Idealisten** (35,9 % vs. 14,9 % bei den Materialisten und 23,7 % bei den Sicherheitsorientierten). Zu einem ähnlichen Ergebnis sind insbesondere von Rosenstiel und Stengel (1987) auf der Basis eines Nachwuchsführungskräfte-Samples gekommen; sie konnten zeigen, daß postmaterialistische Werthaltungen bei Personen mit kommunikations-, natur- bzw. geisteswissenschaftlichem Studium gehäuft auftreten, während Nachwuchsführungskräfte mit einem kaufmännischen, technischen oder juristischen Studium weitaus stärker materialistisch und karriereorientiert ausgerichtet sind. Die Affinität der geisteswissenschaftlich bzw. sozial Ausgebildeten zu idealistischen Werten kann mit den inhaltlichen Schwerpunkten ihrer Ausbildungsprogramme erklärt werden, in denen philosophisch-weltanschauliche Fragestellungen einen breiteren Raum einnehmen als bspw. in den Curricula der ingenieurwissenschaftlichen Schulung. Aber auch in Polen wurden Befunde erarbeitet, die auf eine stark ausgeprägte idealistische Neigung geisteswissenschaftlich-humanistischer Personenkreise schließen lassen. Zu denken ist etwa an Kwiecinskis (1992) Erhebungen, nach denen insbesondere die humanistische Intelligenz durch gesellschaftliche Idealvorstellungen gekennzeichnet ist, die von dem von ihnen perzipierten Stand der Verwirklichung weit entfernt sind.

Wesentlich schärfer sind die **Materialisten** durch ein für sie typisches Set an Kontextmerkmalen profiliert. Als charakteristisch kann zunächst einmal ein hoher Männeranteil gelten, der mit 64,5 % deutlich über dem Wert der Idealisten (53,3 %) bzw. Sicherheitsorientierten (52,6 %) liegt. Dieses Ergebnis ist insofern plausibel, als die sich bereits in der Jugend vollziehende Geschlechtsrollenzuweisung trotz aller Emanzipationstendenzen auch heute noch vorwiegend derart erfolgt, daß männliche Heranwachsende auf die nach ökonomischen Kriterien des Tausches organisierten Aktivitäten vorbereitet werden, während von weiblichen Heranwachsenden vorrangig persönliche Sensibilität und damit die Fähigkeit des Fühlens und Mitfühlens erwartet wird. Auch trägt zur Vertrauenswürdigkeit des Befunds bei, daß er in zahlreichen in Westeuropa und in Polen selbst durchgeführten Vorgängerstudien anskizziert worden ist (Denz 1990; Balcerek 1992; Adamski/Staszynska 1992). Wie bei der Gruppe der Idealisten vermitteln die vorliegende Daten überdies den Eindruck, daß die Ausbildungsrichtung als Erklärungsgröße der Materialisten in Betracht kommt.

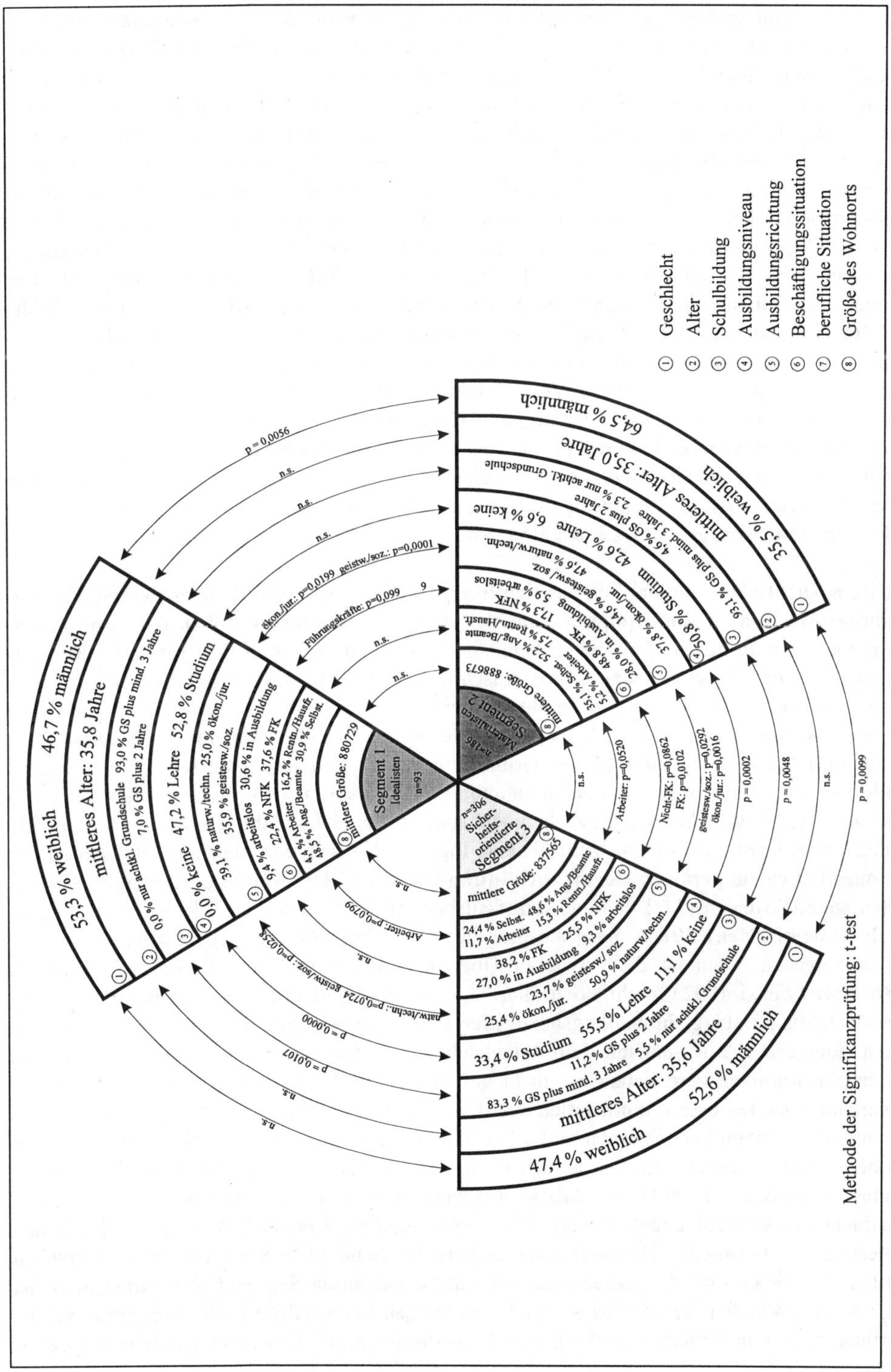

Abb. 3: Kontext und Wertesegmente in Polen

In der letztgenannten Gruppe finden sich nämlich relativ wenige Geisteswissenschaftler (14,6 % vs. 35,9 % bei den Idealisten und 23,7 % bei den Sicherheitsorientierten) und zudem relativ viele Ökonomen und Juristen (37,8 % vs. 25,0 % bei den Idealisten und 25,4 % bei den Sicherheitsorientierten) wieder. Da wesentliche Erklärungen zuvor schon entfaltet worden sind, bedarf es hier lediglich des Hinweises, daß auch in der polnischen Gesellschaft die Wirkungsbeziehung zwischen Bildungsniveau und -richtung wohl eine wechselseitige ist. Von einem reziproken Wirkungsgefüge dürfte schließlich auch der Tatbestand bedingt sein, daß sich im Kreis der polnischen Materialisten überdurchschnittlich viele Führungskräfte finden (48,8 % vs. 37,6 % bei den Idealisten und 38,2 % bei den Sicherheitsorientierten). Einerseits könnte argumentiert werden, daß materialistische Werte wie die Aufrechterhaltung von Recht und Ordnung, der Glaube an ökonomische Mechanismen oder auch starke Verteidigungskräfte wichtige Bedingungen für das berufliche Weiterkommen darstellen; andererseits scheint ebenso die Überlegung gerechtfertigt, daß Etabliertheit, festes Eingebundensein in ein hierarchisches System sowie die berufliche Verantwortung zur Verstärkung tradierter (materialistischer) Wertemuster beitragen. Diese im polnischen Sample festgestellte Interdependenz zwischen Hierarchieniveau und Wertemuster wurde durch von Rosenstiel und Stengel (1987) im Rahmen der zuvor bereits angezogenen Befragung von Führungskräften unterschiedlicher Hierarchieebenen erforscht mit dem Ergebnis, daß der Zusammenhang von Hierarchieebene und Postmaterialismusneigung ein negativer ist.

Andere Kontextfaktoren umreißen das signifikante Bild der **Sicherheitsorientierten**. Ein wesentliches Merkmal dieser Gruppe besteht vor allem in einem relativ hohen Anteil an Personen mit einem unterdurchschnittlichen Schulabschluß. So beläuft sich der Anteil der Respondenten, die lediglich die achtklassige Grundschule besucht haben, in der sicherheitsorientierten Gruppe auf 5,5 %, während er bei den Materialisten bei 2,3 % und bei den Idealisten sogar bei 0 % liegt. Entsprechend hierzu steigt der Anteil der Personen mit einer mindestens dreijährigen Aufbauschulbildung (z. B. Grundschule plus gymnasiale Oberschule) von den Sicherheitsorientierten hin zu den beiden anderen Gruppen sprungartig an (83,3 % vs. 93,0 % bzw. 93,1 %). Angesichts des im Zusammenhang mit der Schulbildung vorgefundenen Verteilungsunterschieds ist es nicht mehr als eine logische Konsequenz, daß auch der Anteil der Personen mit einem geringen **Berufsausbildungsniveau** in der Gruppe der Sicherheitsorientierten am höchsten ist (11,1 % ohne Berufsausbildung vs. 0 % bei den Idealisten und 6,6 % bei den Materialisten). Wenn diese Ausprägungsanordnungen durchweg unseren Erwartungen entsprechen, dann ist dies in deren Übereinstimmung mit Fremdbefunden (Reuband 1988; Kwieczinski 1992), mehr noch allerdings in der Argumentationslinie begründet, daß Menschen, die sich lange im bildungsbezogenen Lebensbereich (Schule bzw. Universität) aufhalten, auch erst relativ spät mit dem Arbeitsleben, den dort herrschenden, im Vergleich zu Bildungsinstitutionen vergleichsweise dicht gewobenen Verhaltensregeln sowie den dort dominierenden Wertemustern konfrontiert werden. Intensiver als die anderen können sie alternative Lebensformen kennenlernen und arbeitsunabhängige bzw. idealistische Wertepräferenzen herausbilden. Andererseits ist jedoch auch zu vermuten, daß eine "höhere" Bildung zumindest tendenziell ein höheres Maß an Erkennen und Verstehen von komplexen gesellschaftlichen Zusammenhängen fördert und hiermit auch die Bereitschaft zu einem kritischen Hinterfragen eingespielter Daseinsmuster einhergeht. Schließlich kann aus Abb. 3 ersehen werden, daß die Gruppe der Arbeiter im sicherheitsorientierten Segment überrepräsentiert ist (11,7 % vs. 4,4 % bei den Idealisten und 5,2 % bei den Materialisten). Über unterschiedliche Werthaltungen von Arbeitern und anderen Erwerbstätigengruppen (insbesondere Angestellten) hat schon Inglehart (1989) auf der Basis von Daten des Eurobarometers sowie des World-Value-Surveys berichtet. Danach ist Arbeitern mehrheitlich eine materialistische, Angestellten hingegen eher eine postmaterialistische Werthaltung zu eigen. Obwohl es in Polen kein spezifisches Klassenbewußtsein der Arbeiter mehr zu geben scheint (Dyoniziak 1992), können diese Befunde auf die polnische Gesellschaft übertragen werden; nicht zuletzt deshalb, weil auch dort gravierende Einkommens- und Arbeitsplatzsicherheitsunterschiede zwischen den Erwerbstätigengruppen bestehen (Juchler 1992). Eine Übertragung erscheint insbesondere angebracht, da es in polnischen Betrieben bereits während der achtziger Jahre eine strikte Trennung von Arbeitern und Management gab, die sich seit der politischen Wende noch verstärkt hat (Buchner-Jeziorska 1992).

Anbindend an die eingangs entfaltete Basisthese, wonach sich kulturkreisübergreifende Wertesegmente zunehmend deutlicher herausschälen, erscheint es sinnvoll, die in Polen ermittelten Wertesegmentierung mit den in anderen vormals sozialistischen zentraleuropäischen Ländern (neue Bundesländer, Slowakei) vorgefundenen zu vergleichen. In Abb. 4 ist die entsprechende Gegenüberstellung dokumentiert. Sie zeigt, daß idealistische und mit gewissen Einschränkungen auch materialistische Kultursegmente in allen drei Ländern eine merkliche Bedeutung besitzen, die freilich kulturkreisspezifisch streut. Darüber hinaus - und das dürfte im vorliegenden Fragenzusammenhang noch viel bedeutsamer zu sein - belegt sie, daß die soziodemographische Struktur der Wertesegmente relativ ähnlich ausgeprägt ist. Mehr noch als die bloße Entsprechung der Wertesegmente kann dieses Ergebnis als Hinweis auf die Angemessenheit der globalen länderübergreifenden Wertesegmentthese erachtet werden.

4 Werteorientierte Kultursegmente als Prädiktoren arbeitsplatzbezogener Bedürfnisse

Gemäß des übergeordneten Untersuchungsplanes soll nunmehr geprüft werden, inwieweit die allgemeinen Werthaltungen und die arbeitsplatzbezogenen Bedürfnisse der polnischen Bürger und Arbeitnehmer systematisch miteinander kovariieren. Das Vorliegen eines durchgängigen Zusammenhangs der beiden Orientierungsebenen würde die erfolgreiche Gestaltung eines "werteorientierten Personalmanagements" insofern erleichtern, als dann zumindest ansatzweise bekannt wäre, mit welchen arbeitsplatzbezogenen Anreizinstrumenten auf die Erfüllung welcher übergeordneter Werthaltungen hingewirkt werden könnte.

Um das Ausmaß dieses Interaktionsgeflechts prüfen zu können, wurden die polnischen Respondenten gebeten, anhand einer fünfpoligen Likert-Skala anzugeben, wie wichtig 20 arbeitsplatzbezogene Bedürfnisse für sie sind. Abbildung 5 informiert über die in der Gesamtgruppe der Befragten vorgefundene Bedeutungszumessung und stellt ihr untersuchungsinhaltsäquivalente Ergebnisse gegenüber, die vom Allensbacher Institut zu Beginn der 90er Jahre in Ost- und Westdeutschland zusammengetragen worden sind (Noelle-Neumann/Köcher 1993, 841). Nach der oben dargelegten Werthaltungsanalyse überrascht es nicht, daß **die Polen die Sicherung von Lohn und Gehalt in den Mittelpunkt ihrer arbeitsplatzbezogenen Bedürfnisse stellen** (mittlerer Skalenwert: 4,51). In der erstrangigen Eingliederung dieses Bedürfnisses dürften sich jedoch nicht nur die übergeordneten Werthaltungen der Respondenten, sondern auch der nach wie vor sehr geringe Lebensstandard der polnischen Bevölkerung niedergeschlagen haben (Holtbrügge 1995).

	NBL	**Idealisten** (Neue Bundesländer) n=171	**Materialisten** (Neue Bundesländer) n=259	**Politiker** (Neue Bundesländer) n=168		
	SQ	**Idealisten** (Slowakei) n=240	**Fortschrittsorientierte** (Slowakei) n=119		**Öko-Konservative** (Slowakei) n=225	
	PL	**Idealisten** (Polen) n=93	**Materialisten** (Polen) n=186			**Sicherheitsorientierte** (Polen) n=306
Geschlecht	NBL	oft weiblich	*oft männlich*	oft weiblich		
	SQ	oft weiblich	*oft männlich*		oft weiblich	
	PL	oft weiblich	*oft männlich*			
Alter	NBL	jung	*alt*			
	SQ	*jung*	*alt*			
	PL					
Niveau der Schulausbildung	NBL	*hoch*	gering			
	SQ	hoch				
	PL	hoch				*gering*
Niveau der Berufsausbildung	NBL	*oft Akademiker* *selten ohne Ausbild.*				
	SQ	*oft Akademiker*				
	PL	oft Akademiker nie (!) ohne Ausbild.				selten Akademiker oft ohne Ausbildung
Ausbildungsrichtung	NBL	*oft geistes- oder sozialwissenschaftliche Ausbild.*	oft ökonomische oder juristische Ausbildung	oft naturwissenschaftliche oder technische Ausbild.		
	SQ	*oft geistes- oder sozialwissenschaftliche Ausbild.*			*oft naturwissenschaftliche oder technische Ausbild.*	
	PL	*oft geistes- oder sozialwissenschaftliche Ausbild.*	*selten geistes- oder sozialwissenschaftliche Ausbild.* *oft ökonom. oder jurist. Ausbildung*			oft naturwissenschaftliche oder technische Ausbild.
Beschäftigungssituation	NBL	*oft in Ausbildung* selten arbeitslos selten Führungskr.	*selten in Ausbildung* oft arbeitslos oft Führungskräfte			
	SQ	*oft in Ausbildung* selten arbeitslos	selten in Ausbildung *oft Führungskräfte*		oft arbeitslos	
	PL		selten Nicht-FK *oft Führungskräfte*			
berufliche Situation	NBL	selten Arbeiter oft Angestellte *selt. Hausfr./Rentner* selten Selbstständige	oft Hausfr./Rentner oft Selbstständige	*oft Arbeiter* selten Angestellte		
	SQ	selt. Hausfr./Rentner	selten Arbeiter selten Angestellte *oft Hausfr./Rentner* oft Selbstständige		oft Arbeiter selten Selbstständige	
	PL		oft Selbstständige			*oft Arbeiter*
Größe des Wohnorts	NBL	oft Großstädte		oft Kleinstädte/ Dörfer		
	SQ					
	PL					

kursiv: signifikanter Unterschied zu jedem der beiden anderen Segmente (5 %)

Abb. 4: Kontext und Wertesegmente in Zentraleuropa

Die hohe Bedeutung von Lohn und Gehalt ist aber auch deshalb als erwartungskonform zu bezeichnen, weil diese Dimension zumindest bei einem Teil der im westlichen Einzugsbereich durchgeführten Befragungen ebenfalls in der Spitzengruppe der arbeitsplatzbezogenen Bedürfnisse rangierte (Lukie 1985; Statistisches Bundesamt 1989). Lohn und Gehalt sind also auch hierzulande weit weniger "out", als dies bisweilen vermutet wird. Angesichts der materialistischen Werte-Grunddisposition der Polen verwundert die hohe Bedeutung der Bedürfnisse "Beziehungen zu Kolleg(inn)en" (4,43), "Betriebsklima generell" (4,36) sowie "Beziehungen zum(r) Vorgesetzten" (4,18) zunächst etwas; doch ist zu bedenken, daß das Allensbacher Institut (Noelle-Neumann/Köcher 1993) sowie Maier et al. (1994) in einem Nachwuchskräfte-Sample zeigen konnten, daß "ein gutes Arbeitsklima" das (zweit-)wichtigste arbeitsplatzbezogene Bedürfnis der Ost- wie auch der Westdeutschen ist. Auch betriebsklimabezogene Bedürfnisse scheinen also länderübergreifend von einer hohen Bedeutung zu sein. Demgegenüber kann die in Vergleichsstudien so nicht festgestellte Wichtigkeit von "Unfallschutz am Arbeitsplatz" (4,27) wieder als Ausdruck der übergeordneten Werthaltungen der Polen interpretiert werden (52,3 % der Befragten erwiesen sich ja als Sicherheitsorientierte). Im Gegensatz hierzu vermag diese übergeordnete Tendenz der Respondenten deren mäßiges Streben nach Beschäftigungssicherheit (4,14) nicht verstehen zu helfen. Dies erscheint bemerkenswert, da Beschäftigungssicherheit sowohl in West- als auch in Ostdeutschland zu den am stärksten betonten Bedürfnissen gehört (Statistisches Bundesamt 1989; EMNID 1991; Noelle-Neumann/Köcher 1993). Bei einer Gesamtbetrachtung der Rangreihe der arbeitsplatzbezogenen Bedürfnisse fällt auf, daß die polnischen Bürger **auf den Arbeitsinhalt bezogene Bedürfnisse** ("Verantwortung für Personen und Sachen", "interessante und abwechslungsreiche Tätigkeit", "Selbstkontrolle des Arbeitsprozesses", "Möglichkeit zur Arbeitsumgebungsgestaltung") sowie **zukunftsbezogene Bedürfnisse** ("Aus- und Weiterbildung", "Aufstiegs- und Karrierechancen", ja selbst "Beschäftigungssicherheit", "betriebliche Altersversorgung") **nicht allzu wichtig** nehmen. Diese Grundtendenz, die in verschiedenerlei Hinsicht von den Befunden westlicher Studien abweicht (Helfert 1986; MOW 1987; Noelle-Neumann/Köcher 1993; Maier et al. 1994), dürfte vorrangig mit der akuten Mittelknappheit der polnischen Bevölkerung erklärbar sein, welche ein "visionäres Zukunftsdenken" verbietet.

Die im Vordergrund dieses Abschnittes stehende **Zusammenhangsanalyse** zwischen allgemeinen Werthaltungen und arbeitsplatzbezogenen Bedürfnissen mußte aufgrund der in diesem Bereich herrschenden Befundarmut explorativ angelegt werden. Um substanzlose Spekulationen jedoch ausschließen und ein Mindestmaß an "externer Validierung" der aufgedeckten Zusammenhänge gewährleisten zu können, wurden die Ergebnisse jener längsschnittorientierten und auf arbeitsplatzbezogene Werte ausgerichteter Fremdstudien zu Vergleichszwecken herangezogen, deren Untersuchungszeitraum sich auf jene Zeitspanne erstreckte, in der sich in Westeuropa nach herrschender Meinung (Inglehart 1977; Klages 1985; v. Rosenstiel 1993) ein übergeordneter Wertewandel (weg von der einseitigen Dominanz materialistischer Werte, hin zu postmaterialistischen bzw. pluralisierten Werten) vollzogen hat. Sofern es sich bei den von den polnischen Idealisten überdurchschnittlich (unterdurchschnittlich) vertretenen arbeitsplatzbezogenen Bedürfnisse um jene handelt, die in der Zeitspanne des Postmaterialismus- und Pluralisierungsschubes im westlichen Einzugsbereich an Bedeutung gewonnen (verloren) haben, könnte dies als tentativer Hinweis für die vermutete Bedürfniswirksamkeit von allgemeinen Werthaltungen angesehen werden. In methodischer Hinsicht gleicht die nachfolgenden Zusammenhangsanalyse dem in Abschnitt 3 vorgetragenen Untersuchungsschritt: Mittels t-tests wird geprüft, ob die arbeitsplatzbezogene Bedürfnisse der Angehörigen der drei Wertesegmente signifikant voneinander abweichen (vgl. Abb. 6).

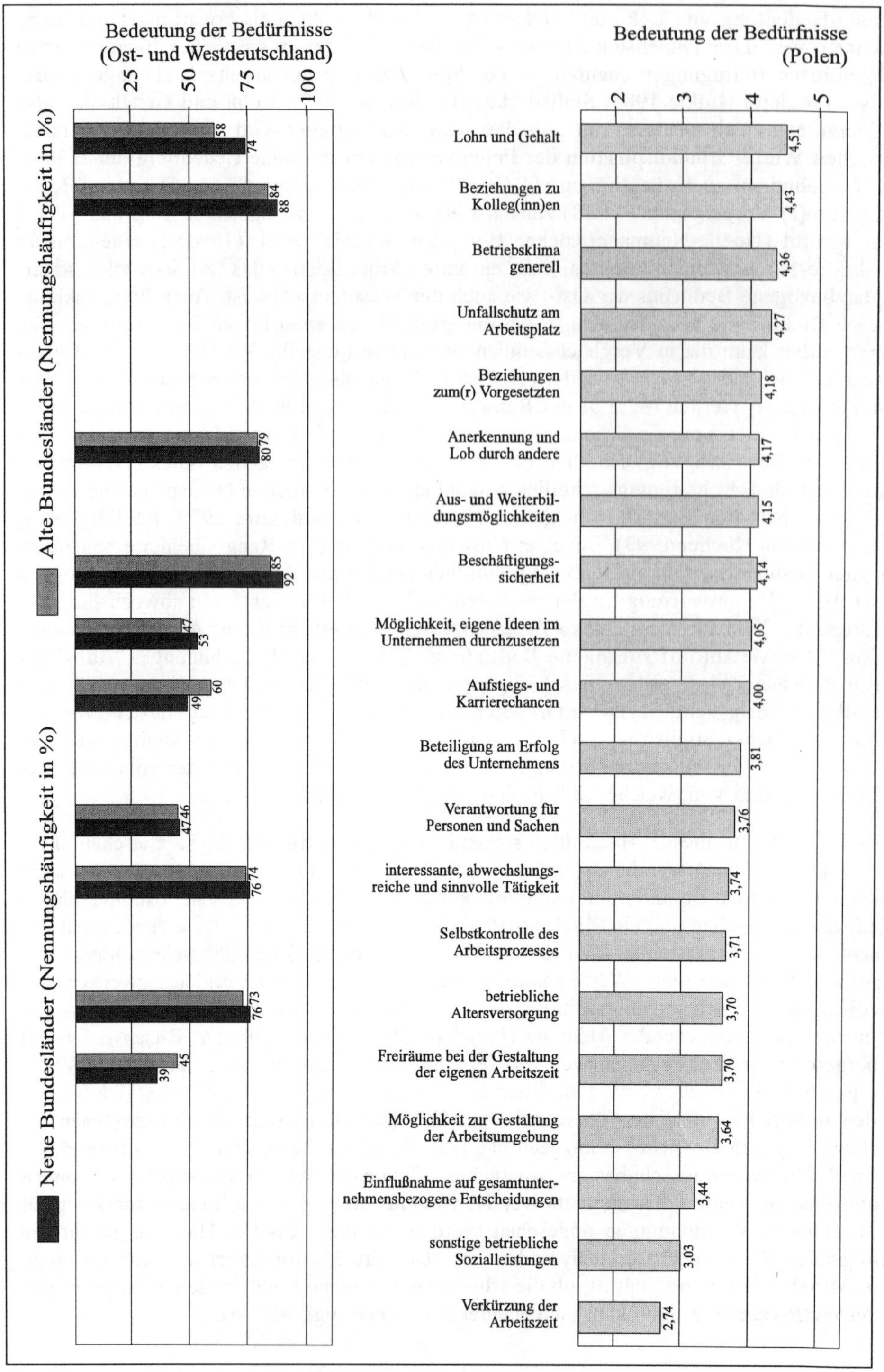

Abb. 5: Arbeitsplatzbezogene Bedürfnisse der polnischen Bürger

Arbeitsplatzbezogene Bedürfnisse	Wichtigkeit der Bedürfnisse bei den Wertesegmenten			Signifikanzniveau der Unterschiede		
	Idealisten (n = 93)	**Materialisten** (n = 186)	**Sicherheits-orientierte** (n = 306)	Idealisten vs. Materialisten	Idealisten vs. Sicherheits-orientierte	Materialisten vs. Sicherheits-orientierte
Lohn und Gehalt	4,269	4,565	4,546	0,0024 **	0,0068 **	n.s.
Beteiligung am Erfolg des Unternehmens	3,722	4,070	3,680	0,0152 *	n.s.	0,0003 **
betriebliche Altersversorgung	3,820	3,532	3,768	0,0895	n.s.	0,0495 *
sonstige betriebliche Sozialleistungen	2,892	2,793	3,217	n.s.	0,0389 *	0,0009 **
Aufstiegs- und Karrierechancen	3,804	4,189	3,947	0,0044 **	n.s.	0,0200 *
Aus- und Weiterbildungsmöglichkeiten	4,022	4,271	4,119	0,0591	n.s.	n.s.
Freiräume bei der Gestaltung der eigenen Arbeitszeit	3,624	3,801	3,646	n.s.	n.s.	n.s.
Verkürzung der Arbeitszeit	2,731	2,375	2,954	0,0463 *	n.s.	0,0001 **
Beschäftigungssicherheit	3,957	3,865	4,381	n.s.	0,0097 **	0,0020 **
Unfallschutz am Arbeitsplatz	4,196	4,080	4,416	n.s.	0,0547	0,0003 **
Möglichkeit zur Gestaltung der Arbeitsumgebung	3,859	3,581	3,605	0,0242 *	0,0483 *	n.s.
Beziehungen zum(r) Vorgesetzten	4,143	4,070	4,256	n.s.	n.s.	0,0404 *
Beziehungen zu Kolleg(inn)en	4,261	4,432	4,485	n.s.	0,0389 *	n.s.
Betriebsklima generell	4,326	4,409	4,337	n.s.	n.s.	n.s.
Einflußnahme auf gesamtunternehmensbezogene Entscheidungen	3,424	3,513	3,403	n.s.	n.s.	n.s.
Verantwortung für Personen und Sachen	3,673	3,744	3,801	n.s.	n.s.	n.s.
Möglichkeit, eigene Ideen im Unternehmen durchzusetzen	4,163	4,173	3,931	n.s.	0,0538	0,0218 *
interessante, abwechslungsreiche und sinnvolle Tätigkeit	3,780	3,849	3,650	n.s.	n.s.	0,0531
Selbstkontrolle des Arbeitsprozesses	3,778	3,714	3,683	n.s.	n.s.	n.s.
Anerkennung und Lob durch andere	4,066	4,189	4,191	n.s.	n.s.	n.s.

*: $p \leq 0{,}05$; **: $p \leq 0{,}01$

Abb. 6: Werteorientierte Kultursegmente und arbeitsplatzbezogene Bedürfnisse in Polen

Angesichts der oben dargelegten Wertesegmentspezifikation überrascht es nicht, daß "**Lohn und Gehalt**" für die polnischen Idealisten weniger wichtig sind als für die dortigen Materialisten und Sicherheitsorientierten. Zwar bildet auch für die Idealisten der Erwerb des Lebensunterhalts eine mächte Triebkraft der beruflichen Betätigung (zweithöchster Spaltenwert), doch sind bei ihnen die übrigen Bedürfniskategorien bedeutungsmäßig wesentlich näher herangerückt als bei den beiden anderen Werthaltungssegmenten. Daß der geringe Stellenwert von "Lohn und Gehalt" bei Idealisten generalisierungsfähig ist, zeigen in Deutschland durchgeführte Werte**wandel**studien: In der Epoche des Shifts von materialistischen zu postmaterialistischen Werten haben Lohn und Gehalt stetig an Bedeutung verloren (Lukie 1985; Pawlowsky 1986b; Oppolzer 1994). Interessant erscheint in diesem Zusammenhang, daß das bei "**Beteiligung am Erfolg des Unternehmens**" ermittelte Wichtigkeitsgefüge dem vorigen insofern nur bedingt entspricht, als die Sicherheitsorientierten an Erfolgsbeteiligungen relativ wenig interessiert sind. Eine mögliche Erklärung könnte darin bestehen, daß die für Beteiligungssysteme typische Rückzahlungsungewißheit der von Sicherheitsorientierten bevorzugten Grundhaltung zuwiderläuft, wohingegen Materialisten für derartige "spekulative Momente" ("Wirtschaftswachstum" und "technischer Fortschritt" waren für sie ja wichtige Werte) eher offen sind. Für diese Sichtweise spricht auch der empirische Tatbestand, daß Sicherheitsorientierte die versorgungssicherere "**betriebliche Altersversorgung**" sowie sonstige "**betriebliche Sozialleistungen**" präferieren.

Unsere Eingangserwartungen haben sich aber auch insofern bestätigt, als "**Aufstiegs- und Karrierechancen**" für die Materialisten wesentlich bedeutsamer sind als für die Idealisten und Sicherheitsorientierten. Die Existenz einer derartigen Verschränkung hat das Allensbacher Institut für Demoskopie (1981) bereits vor mehr als zehn Jahren im Rahmen einer zeitraumbezogenen Zusammenstellung seiner Werthaltungsstudien angedeutet. Sie gibt zu der Vermutung Anlaß, daß Karrieremotive im Zuge der Postmaterialisierung der Gesellschaft erheblich an Bedeutung verloren haben. Karriere ihrer selbst willen scheint also weder bei idealistisch ausgerichteten noch bei sicherheitsorientierten Personen ein Wert für sich zu sein, wobei die beiden Gruppen im Hinblick auf die ihre Zurückhaltung auslösenden Faktoren natürlich erheblich differieren. Während Idealisten nur dann Karriereambitionen entwickeln werden, wenn der berufliche Aufstieg zu persönlicher Entfaltung und Anerkennung führt, dürfte bei den Sicherheitsorientierten die Zweitrangigkeit des Karrieremotivs - acht arbeitsplatzbezogene Bedürfnisse sind für sie wichtiger - vor allem in einer Scheu vor den mit einem schnellen Aufstieg verbundenen Risiken begründet sein.

Die Arbeitszeitfrage ist schon wiederholt vor der Kulisse des gesellschaftlichen Wertewandels erörtert worden (Strümpel 1982; v. Rosenstiel 1993). Die vorliegenden Ergebnisse, wonach Idealisten und Sicherheitsorientierte stärker als die Materialisten an einer "**Verkürzung der Arbeitszeit**" interessiert sind, werden durch diese Analysen gut konfundiert. Besondere Erwähnung verdient dabei die Untersuchung Stengels (1992), der in einem Sample von 131 Arbeitnehmern festgestellt hat, daß bei karriere- bzw. materialistisch orientierten Arbeitnehmern der Anteil derjenigen, die eine Arbeitszeitverkürzung wünschen, geringer ist als bei Freizeit- und alternativ Orientierten. Inhaltlich gesehen erscheint der Bedeutungsunterschied insofern plausibel, als das Wertespektrum von Materialisten stärker als dasjenige der Angehörigen der beiden anderen Wertesegmente mit der Zielhemisphäre von Unternehmen übereinstimmt. Während der Arbeit auftretende Konflikte sind für sie somit vergleichsweise unwahrscheinlich. Demgegenüber hat die Erwerbsarbeit für die Idealisten und Sicherheitsorientierten eher einen instrumentalen Charakter; sie ist für diese Gruppen lediglich ein Hilfsmittel, um den mehrheitlich in der Privatsphäre angesiedelten Zielkategorien näherzukommen. Dementsprechend überrascht es auch nicht, daß die "**Durchsetzung eigener Ideen im Unternehmen**" für die Sicherheitsorientierten unwichtiger ist als für die Angehörigen der beiden anderen Wertesegmente. Weit weniger als die Materialisten, die sich als Macher wirtschaftlicher Prozesse verstehen, und die Idealisten, welche auf eine bessere Welt hinwirken wollen, sind sie von einem intrinsischen Auftrag beseelt. Erwerbstätigkeit begreifen die Sicherheitsorientierten als Mittel zur Erhaltung ihres gesellschaftlichen Ranges - nicht als mehr, aber auch nicht als weniger.

Das vorliegende Datenmaterial vermag aber auch jene Ausgangsüberlegung zu bestätigen, die den Idealisten eine besondere Neigung zur "**Gestaltung der Arbeitsumgebung**" zuschreibt. Idealisten sehen in einer vollkommenen Berufsarbeit eben mehr als nur eine Umwandlung von Produktionsfaktoren in Produkte, sondern einen ganzheitlichen Prozeß, der für die Beteiligten insbesondere die Befriedigung sinnorientierter Bedürfnisse mit sich zu bringen hat. Dies setzt umgekehrt aber wiederum eine reibungsfreie Anordnung des beruflichen Handlungssystemes voraus. Kaum eine Erläuterung erfordert schließlich der Befund, wonach die Sicherheitsorientierten mehr als die anderen auf "**Unfallschutz am Arbeitsplatz**" (drittwichtigstes Bedürfnis) und "**Beschäftigungssicherheit**" (viertwichtigstes Bedürfnis) aus sind.

Im Rahmen einer Gesamtbetrachtung bleibt festzuhalten, daß im Datensatz recht prägnante Zusammenhänge zwischen übergeordneten Werthaltungen einerseits und arbeitsplatzbezogenen Bedürfnissen andererseits bestehen. Hervorhebenswert erscheint in diesem Zusammenhang, daß nahezu sämtliche Bedürfnisunterschiede der Wertesegmente, die statistisch signifikant sind, einer plausiblen Interpretation zugänglich und mit den Befunden westlicher Referenzstudien vereinbar sind. Wenn sich die Wertesegmente andererseits nicht auf allen Bedürfnisebenen trennscharf voneinander unterscheiden - ein solcher Fall dürfte in der Realität ohnehin kaum bestehen -, dann liegt dies wohl insbesondere daran, daß die arbeitsplatzbezogenen Bedürfnisse in erheblichem Maße - zumindest jedoch weitaus stärker als die übergeordneten Werthaltungen - von dem jeweiligen aktuellen Handlungskontext der Arbeitnehmer geprägt sind und dementsprechend neben deren Präferenzstrukturen auch in starkem Maße das Umfeld des jeweiligen Arbeitsplatzes widerspiegeln.

5 Zusammenfassung und Ausblick

Drei Ziele haben den vorliegenden Beitrag geprägt. Das erste hatte die Verbesserung des Wissens über die Werthaltungen und Bedürfnisse polnischer Bürger und Arbeitnehmer zum Inhalt. Das zweite war allgemeiner angelegt und bestand in der Prüfung, ob die in Polen vorgefundenen Wertesegmente inhaltlich und strukturell den in der westlichen Welt vorliegenden entsprechen. Im Rahmen des dritten Zieles wurde schließlich der Wirkungszusammenhang von allgemeinen Werthaltungen und arbeitsplatzbezogenen Bedürfnissen analysiert. Obwohl die präsentierten Beobachtungen nicht durchweg das Gepräge statistischer Wesentlichkeiten tragen, ist doch anzunehmen, daß die polnischen Bürger in einer Deutlichkeit zu materialistischen und sicherheitsorientierten Werten tendieren, die dem westlichen Einzugsbereich, aber auch anderen zentraleuropäischen Ländern fremd ist. Trotz dieser Besonderheit finden sich jedoch auch Gemeinsamkeiten zwischen den "Wertewelten" der polnischen und der Bürger und Arbeitnehmer anderer Länder. Erwähnenswert ist insbesondere, daß die in Polen vorgefundenen Wertesegmente durchaus mit den im westlichen Einzugsbereich vorherrschenden korrespondieren und daß auch im Hinblick auf die Zusammenhänge zwischen sozio-demographischen Merkmalen einerseits und Wertsegmenten andererseits bemerkenswerte kulturkreisübergreifende Parallelen bestehen. Aufgrund dieser Übereinstimmungen kann die vorliegende Untersuchung somit als Teilhinweis für die Angemessenheit der eingangs erläuterten These vom Aufkommen globaler Kultursegmente begriffen werden. Im Hinblick auf das dritte Untersuchungsanliegen hat sich gezeigt, daß übergeordnete Werthaltungen in der Tat als Prädiktoren arbeitsplatzbezogener Bedürfnisse in Betracht kommen. Da die letztgenannte Fragestellung im westlichen Einzugsbereich bislang allenfalls implizit thematisiert worden ist, sind jedoch weitere Forschungsbemühungen erforderlich, bevor das hierzu vorgelegte Ergebnis über die Grenzen Polens hinaus verallgemeinert werden kann.

Für die praktizierenden (Personal-)Manager sind die in Polen herrschenden Handlungsvoraussetzungen also günstiger, als bisweilen angenommen. Dies liegt insbesondere daran, daß die sozio-demographischen Merkmale, die Werthaltungen und die arbeitsplatzbezogenen Bedürfnisse der dortigen Bürger in einer plausiblen Weise ineinander verflochten sind und somit gute Chancen für einen individuell ausgerichteten, stringenten und damit zielführenden Einsatz des motivationalen Instrumentariums bieten. Gleichwohl werden die in Polen tätigen Praktiker - trotz der Verfügbarkeit von Werthaltungs- und Bedürfnisstudien wie der vorliegenden - nicht umhin kommen, im "Mikrokosmos" ihres Unternehmens inhaltsäquivalente Analysen durchzuführen und die unternehmensübergreifenden Erkenntnisse situationsspezifisch zu konkretisieren.

Literaturverzeichnis

Adamski, W./Staszynska, K. (1992): Die polnische Jugend - Dynamik der Werte und Interessen, in: Deutsches Jugendinstitut (Hrsg.): Jugend und Wertewandel in Polen und der Bundesrepublik Deutschland - Forschungsergebnisse aus verschiedenen Gesellschaftssystemen, München 1992, S. 13-27.

Adler, N. J. (1983): A Typology of Management Studies Involving Culture, in: Journal of International Business Studies, Vol. 14, 2/1983, S. 29-47.

Balcerek, M. (1992): Wertsysteme Jugendlicher als wissenschaftlicher Forschungsgegenstand, in: Deutsches Jugendinstitut (Hrsg.): Jugend und Wertewandel in Polen und der Bundesrepublik Deutschland - Forschungsergebnisse aus verschiedenen Gesellschaftssystemen, München 1992, S. 1-11.

Beck, U. (1993): Auflösung der Gesellschaft? - Theorie gesellschaftlicher Individualisierung revisited, in: Lenzen, D. (Hrsg.): Verbindungen - Vorträge anläßlich der Ehrenpromotion von Klaus Mollenhauer, Weinheim 1993, S. 63-79.

Bhagat, R. S./McQuaid, S. J. (1982): Role of Subjective Culture in Organizations - A Review and Directions for Future Research, in: Journal of Applied Psychology, Vol. 67, 5/1982, S. 653-685.

Bihl, G. (1993): Unternehmen und Wertewandel - Wie lauten die Antworten der Personalführung?, in: Rosenstiel, L. v. et al. (Hrsg.): Wertewandel - Herausforderungen für die Unternehmenspolitik in den 90er Jahren, 2. Aufl., Stuttgart 1993, S. 83-94.

Blickle, G. (1995): Zum Zusammenhang zwischen Berufsorientierungen, Motiven und grundlegenden Persönlichkeitsmerkmalen, in: Zeitschrift für Arbeits- und Organisationspsychologie, 39. Jg., 1/1995, S. 29-33.

Böckler, M. et al. (1991): Wertwandel und Werteforschung in den 80er Jahren - Forschungs- und Literaturdokumentation 1980 - 1990, Bonn 1991.

Brohms, H./Gahmberg, H. (1983): Communication to Self in Organizations and Cultures, in: Administrative Science Quarterly, Vol. 28, 3/1983, S. 482-495.

Buchner-Jeziorska, A. (1992): Psychosoziale Barrieren im Transformationsprozess der polnischen Ökonomie, in: Dittrich, E. J./Haferkemper, M./Schmidt, G./Stojanov, C. (Hrsg.): Der Wandel industrieller Beziehungen in Osteuropa, Frankfurt/Main 1992, S. 273-288.

Bürklin, W./Klein, M./Ruß, A. (1994): Dimensionen des Wertewandels - Eine empirische Längsschnittanalyse zur Dimensionalität und der Wandlungsdynamik gesellschaftlicher Wertorientierungen, in: Politische Vierteljahresschrift, 35. Jg., 4/1994, S. 579-606.

Daniels, J. D. (1991): Cross-Cultural Studies - Some MNE Needs for the Twenty-First Century, in: Proceedings of the Fifth International Conference on MNE, Taipeh 1991, S. 397-419.

Denz, H. (1990): Materialismus und Postmaterialismus - Einige Ergebnisse und Fragen zu einem (anscheinend) klaren Konzept, in: Österreichische Zeitschrift für Soziologie, 15. Jg., 4/1990, S. 60-70.

Douglas, S. P./Wind, Y. (1987): The Myth of Globalization, in: Columbia Journal of World Business, Vol. 22, 4/1987, S. 19-29.

Dülfer, E. (1996): Internationales Management in unterschiedlichen Kulturbereichen, 4. Aufl., München - Wien 1996.

Dyoniziak, R. (1992): Die polnische Gesellschaft - Eine Charakterisierung ihrer Transformationsprozesse, in: Glatzer, W. (Hrsg.): Entwicklungstendenzen der Sozialstruktur, Frankfurt/Main 1992, S. 193-204.

EMNID (Hrsg.) (1991): Was ist wichtig im Beruf? - Ost und West im Vergleich, in: Umfrage & Analyse, o. Jg., 6/7/1991, S. 92-99.

Engelhard, J. (1984): Entwicklungsorientierte Personalpolitik - Theoretische Grundlagen und empirische Untersuchung, Wiesbaden 1984.

Engfer, U./Hinrichs, K. (1983): Wiesenthal, H. (1983), Arbeitswerte im Wandel, in: Matthes, J. (Hrsg.): Krise der Arbeitsgesellschaft?, Frankfurt/Main - New York 1983, S. 434-454.

England, G. W. (1967a): Personal Value Systems of American Managers, in: Academy of Management Journal, Vol. 10, 1/1967, S. 53-68.

England, G. W. (1967b): Organizational Goals and Expected Behavior of American Managers, in: Academy of Management Journal, Vol. 10, 2/1967, S. 107-117.

Franz, G./Herbert, W. (1987): Wertewandel und Mitarbeitermotivation, in: Harvard Manager, 9. Jg., 1/1987, S. 96-102.

Fürstenberg, F. (1993): Wandel in der Einstellung zur Arbeit - Haben sich die Menschen oder hat sich die Arbeit verändert (Teil I), in: Rosenstiel, L. v. et al. (Hrsg.): Wertewandel - Herausforderungen für die Unternehmenspolitik in den 90er Jahren, 2. Aufl., Stuttgart 1993, S. 17-27.

Grabner, L. (1993): Unternehmen und Wertewandel - Die Auswirkungen auf die Produktanforderungen, in: Rosenstiel, L. v. et al. (Hrsg.): Wertewandel - Herausforderungen für die Unternehmenspolitik in den 90er Jahren, 2. Aufl., Stuttgart 1993, S. 95-114.

Gulda, M. (1992): Wandel der Einstellungen zu einigen Lebenswerten bei Jugendlichen in weiterführenden Schulen, in: Deutsches Jugendinstitut (Hrsg.): Jugend und Wertewandel in Polen und der Bundesrepublik Deutschland - Forschungsergebnisse aus verschiedenen Gesellschaftssystemen, München 1992, S. 109-121.

GUS (Central Bureau of Statistics) (1993): Warunki zycia ludnosci w 1989, Warszawa 1993.

Harbison, F./Myers, C. (1959): Management in the Industrial World, New York et al. 1959.

Helfert, M. (1986): Wertewandel, Arbeit, technischer Fortschritt, Wachstum, Köln 1986.

Hofstede, G. (1980/81): Culture and Organizations, in: International Studies of Management & Organization, Vol. 10, 4/1980/81, S. 15-41.

Hofstede, G. (1980): Culture's Consequences - International Differences in Work-Related Values, Beverly Hills - London - New Delhi 1980.

Hofstede, G. (1993): Die Bedeutung von Kultur und ihren Dimensionen im internationalen Management, in: Haller, M. et al. (Hrsg.): Globalisierung der Wirtschaft - Einwirkungen auf die Betriebswirtschaftslehre, Bern - Stuttgart - Wien 1993, S. 127-148.

Holtbrügge, D. (1995): Personalmanagement multinationaler Unternehmen in Osteuropa - Bedingungen, Gestaltung, Effizienz, Wiesbaden 1995.

Holzer, J. Z. (1992): Demographic Situation in Poland and its Implications for Population Policy, in: Bundesinstitut für Bevölkerungsforschung (Hrsg.): Referate zum deutsch-polnisch-ungarischen Arbeitstreffen auf dem Gebiet der Demographie vom 14. bis 18. Oktober 1991 in Wiesbaden, Wiesbaden 1992, S. 29-43.

Holzmüller, H. H. (1995): Konzeptionelle und methodische Probleme in der interkulturellen Management- und Marketingforschung, Stuttgart 1995.

Hondrich, K. O. (1984): Bedürfnisse, Werte und soziale Steuerung, in: Klages, H./Kmieciak, P. (Hrsg.): Wertwandel und gesellschaftlicher Wandel, Frankfurt/Main - New York 1984, S. 67-83.

Inglehart, R. (1990): Culture Shift in Advanced Industrial Society, Princeton 1990.

Inglehart, R. (1977): The Silent Revolution, Princeton 1977.

Institut für Demoskopie (Hrsg.) (1981): IfD-Umfragen Nr. 3000, 3067, 3147 sowie 3097/8, Allensbach 1981.

Juchler, J. (1992): Zur Entwicklungsdynamik in den sozialistischen bzw. postsozialistischen Ländern - Theoretischer Bezugsrahmen und empirisches Fallbeispiel (Polen), in: Schweizerische Zeitschrift für Soziologie, 17. Jg., 2/1992, S. 273-307.

Keller, E. v. (1992): Management in fremden Kulturen - Ziele, Ergebnisse und methodische Probleme der kulturvergleichenden Managementforschung, Bern - Stuttgart 1982.

Klages, H. (1992): Die gegenwärtige Situation der Wert- und Wertwandelsforschung - Probleme und Perspektiven, in: Klages, H./Hippler, H./Herbert, W. (Hrsg.): Werte und Wandel - Ergebnisse und Methoden einer Forschungstradition, Frankfurt/Main - New York 1992, S. 5-39.

Klages, H. (1985): Wertewandel in der Jugend - Neue Herausforderungen für die Unternehmensführung, in: Personal, 37. Jg., 2/1985, S. 50-52.

Kotz, S./Johnson, N. (eds.) (1982): Encyclopedia of Statistical Sciences, Bände III, IV, VI und VIII, New York et al. 1982.

Kroeber, A. L./Kluckhohn, C. (1952): Culture - A Critical Review of Concepts and Definitions, Cambridge 1952.

Kwiecinski, Z. (1992): Entwicklungsblockierung der ethischen Orientierung Jugendlicher durch eine Situation der sozialen Anomie, in: Deutsches Jugendinstitut (Hrsg.): Jugend und Wertewandel in Polen und der Bundesrepublik Deutschland - Forschungsergebnisse aus verschiedenen Gesellschaftssystemen, München 1992, S. 29-43.

Levitt, T. (1983): The Globalization of Markets, in: Harvard Business Review, Vol. 61, 3/1983, S. 92-102.

Linton, R. (1936): The Study of Man, New York 1936.

Lukie, M. (1985): Reorganisationsprozesse, Arbeitszufriedenheit und persönliche Werthaltungen, in: Zeitschrift für Arbeitswissenschaft, 39. Jg., 2/1985, S. 101-106.

Maag, G. (1989): Zur Erfassung von Werten in der Umfrageforschung - Ein empirischer Beitrag zur Neukonzeptualisierung und Operationalisierung, in: Zeitschrift für Soziologie, 18. Jg., 4/1989, S. 313-323.

Macharzina, K. (1990): Leistungsmotivation in der Krise?, in: IBM-Nachrichten, 40. Jg., 303/1990, S. 7-15.

Macharzina, K. (1995): Unternehmensführung - Das internationale Managementwissen - Konzepte, Methoden, Praxis, 2. Aufl., Wiesbaden 1995.

Maier, G. W. et al. (1994): Berufliche Ziele und Werthaltungen des Führungsnachwuchses in den alten und neuen Bundesländern, in: Zeitschrift für Arbeits- und Organisationspsychologie, 38. Jg., 1/1994, S. 4-12.

Majkowski, S. (1994): Oberschlesien, ein ökologisches Katastrophengebiet, in: Osteuropa-Wirtschaft, 39. Jg., 4/1994, S. 310-334.

Morawski, W./Kozek, W. (1986): Spoleczentswo polskie wobec problemow reformy i gospodarki, in: Morawski, W. (Hrsg.): Gospodarka i spoleczenstwo - Wartosci i interesy zalog przemyslowych, Warszawa 1986.

MOW-International Research Team (1987): The Meaning of Working, London 1987.

Mühlmann, W. E. (1972): Kultur, in: Bernsdorf, W. (Hrsg.): Wörterbuch der Soziologie, Frankfurt/Main 1972, S. 479-482.

Murdock, G. P. (1945): The Common Denominator of Cultures, in: Linton, R. (ed.): The Science of Man in the World Crises, New York 1945, S. 123-142.

Noelle-Neumann, E./Köcher, R. (Hrsg.) (1993): Allensbacher Jahrbuch der Demoskopie 1984-1992, Band 9, München et al. 1993.

Oesterle, M.-J. (1993): Joint Ventures in Rußland - Bedingungen, Probleme, Erfolgsfaktoren, Wiesbaden 1993.

Oppolzer, A. (1994): Wertewandel und Arbeitswelt, in: Gewerkschaftliche Monatshefte, 45. Jg., 6/1994, S. 349-357.

Pawlowsky, P. (1986a): Arbeitseinstellungen im Wandel 1986.

Pawlowsky, P. (1986b): Arbeitswerte - Theoretische Grundlagen und Längsschnittbeobachtungen 1960 - 1983, in: Gehrmann, F. (Hrsg.): Arbeitsmoral und Technikfeindlichkeit - Über demoskopische Fehlschlüsse, Frankfurt/Main - New York 1986, S. 73-118.

Plucinski, E. (1985): Ausgewählte Aspekte der gegenwärtigen deutsch-polnischen Wirtschaftsbeziehungen, in: Osteuropa-Wirtschaft, 40. Jg., 2/1995, S. 116-130.

Reuband, K.-H. (1988): Über die Bedeutung kultureller und struktureller Einflüsse für den Wandel in den Erziehungszielen und Sozialisationsinhalten, in: Luthe, H. O./Meulemann, H. (Hrsg.): Wertwandel - Faktum oder Fiktion?, Frankfurt/Main - New York 1988, S. 73-97.

Rokeach, M. (1973): The Nature of Human Values, New York 1973.

Ronen, S. (1986): Comparative and Multinational Management, New York et al. 1986.

Rosenstiel, L. v. (1993): Wandel in der Karrieremotivation - Neuorientierung in den 90er Jahren, in: Rosenstiel, L. v. et al. (Hrsg.): Wertewandel - Herausforderungen für die Unternehmenspolitik in den 90er Jahren, 2. Aufl., Stuttgart 1993, S. 47-81.

Rosenstiel, L. v./Stengel, M. (1987): Identifikationskrise?, Bern - Stuttgart - Toronto 1987.

Scherhorn, G. (1993): Kurzer Bericht über zentrale Ergebnisse des Projekts "Konsumverhalten und postmaterielle Werthaltungen". Unveröffentlichtes Manuskript des Lehrstuhls für Konsumtheorie und Verbraucherpolitik der Universität Hohenheim, Stuttgart 1993.

Schmidt, H. (1982): Philosophisches Wörterbuch, 21. Aufl. (neu bearbeitet von G. Schischkoff), Stuttgart 1982.

Schmidtchen, G. (1986): Die Relativität der Meßinstrumente zur Bestimmung des Wertwandels, in: Gehrmann, F. (Hrsg.): Arbeitsmoral und Technikfeindlichkeit - Über demoskopische Fehlschlüsse, Frankfurt/Main - New York 1986, S. 145-154.

Schneider, S. C. (1988): National vs. Corporate Culture - Implications for Human Resource Management, in: Human Resource Management, Vol. 27, 2/1988, S. 231-246.

Scholz, J. (1987): Wertwandel und Wirtschaftskultur, München 1987.

Statistisches Bundesamt (Hrsg.) (1989): Datenreport 1989, Stuttgart 1989.

Stengel, M. (1992): Werthaltungen und das Verhältnis von Arbeit zu Freizeit - Einstellungen zur zeitlichen Organisation der Arbeitszeit, in: Klages, H. et al. (Hrsg.): Werte und Wandel - Ergebnisse und Methoden einer Forschungstradition, Frankfurt/Main 1992, S. 423-453.

Strümpel, B. (1982): Wertveränderungen und Arbeitsmotivation, in: Offe, C. et al. (Hrsg.): Arbeitszeitpolitik - Formen und Folgen einer Neuverteilung der Arbeitszeit, Frankfurt/Main 1982, S. 137-145.

Trompenaars, F. (1993): Riding the Waves of Culture, London 1993.

Tylor, E. B. (1871): Primitive Culture, London 1871.

Ward, J. H. (1963): Hierarchical Grouping to Optimize an Objective Function, in: Journal of the American Statistical Association, Vol. 58, 3/1963, S. 236-244.

Welfens, M. (1992): Umweltprobleme und Umweltpolitik im Prozeß der Systemtransformation in Polen, in: Nissen, S. (Hrsg.): Modernisierung nach dem Sozialismus - ökologische und ökonomische Probleme der Transformation, Marburg 1992, S. 83-99.

Williams, R. M. (1951): American Society - A Sociological Interpretation, New York 1951.

Wolf, J. (1994): Value Orientations in Central and Eastern Europe - The Case of East Germany and Slovakia, in: Oblój, K. (ed.): High Speed Competition in A New Europe, Proceedings of the 20th Annual Conference of EIBA, Vol. 1, Warsaw 1994, S. 327-357.

Wolf, J. (1996): Pluralität statt Uniformität - Werthaltungen der polnischen Bürger, in: Soziale Welt, 47. Jg., 2/1996, S. 202-222.

Zander, E. (1992): Veränderungen bei Jugend und Gesellschaft, in: Personal, 44. Jg., 9/1992, S. 388-392.

Der Shareholder Value-Ansatz: U.S.-amerikanischer Kulturimport oder Diktat des globalen Marktes?

Einige Überlegungen zur „Corporate Governance“ in Deutschland

Prof. Dr. Gunter Dufey/Ulrich Hommel, A. M., Ph. D.

Department of International Business and Finance,
University of Michigan Business School, Ann Arbor
und
Lehrstuhl für BWL, insbes. Internationale Unternehmensfinanzierung
WHU (Otto-Beisheim-Hochschule), Vallendar

Die Autoren bedanken sich bei Niklas Bartelt, Martin Glaum, Petra Riemer-Hommel, Olaf Schween und Bernard Yeung für hilfreiche Anregungen und Kommentare.

1 Einleitung

Die kapitalmarktorientierte Unternehmenssteuerung auf der Basis des Shareholder Value hat in den letzten Jahren zunehmende Bedeutung erlangt. Dies läßt sich insbesondere auf die Liberalisierung und Globalisierung der internationalen Finanzmärkte sowie die wachsende Bedeutung (insbesondere ausländischer) institutioneller Anleger für den deutschen Kapitalmarkt zurückführen. Damit einher geht eine Verschiebung des unternehmensinternen Interessengleichgewichts und eine Stärkung der Weisungs- und Kontrollfunktion des Risikokapitals. In der wissenschaftlichen Diskussion kommt jedoch begründete Skepsis auf, inwieweit die Maximierung des Shareholder Value letztendlich mit den Grundsätzen deutscher „Corporate Governance" vereinbar ist (vgl. z. B. Janisch 1993). Ein Hauptanliegen dieses Beitrags ist es daher zu überprüfen, welche institutionellen und juristischen Barrieren sich in Deutschland mittel- und langfristig einer stärkeren Ausrichtung der unternehmerischen Entscheidungsprozesse auf die Interessen der Eigenkapitalgeber entgegenstellen.

Der Shareholder Value-Ansatz (SVA) genießt in den Vereinigten Staaten weit verbreite Akzeptanz. Der Glaube an den Markt als das effizienteste und letztendlich auch fairste Regulativ ist tief im U.S.-amerikanischen Wertesystem verwurzelt. Damit verbindet sich eine grundlegende Skepsis gegenüber der Fähigkeit politischer Institutionen, die ökonomische Situation durch aktive oder passive Regulierung verbessern zu können. Ausnahmen bilden einige wenige, wohl definierte Fälle des Marktversagens, die unter Umständen das Aussetzen der Spielregeln des freien Marktes erfordern. Wirtschaftliche Aktivität wird als das Zusammenwirken einzelner Agenten verstanden, wobei das Unternehmen zwar die Marktbeziehungen zwischen den einzelnen Parteien bündelt, letztlich aber nur als Schleier zu verstehen ist, der über diesen Beziehungen liegt. Im Gegensatz dazu definiert das deutsche System der "Corporate Governance" das Unternehmen als eigenständige Institution, dessen primäre Rolle, dem Stakeholder-Ansatz entsprechend, in dem Ausgleich zwischen den verschiedenen wirtschaftlichen Einzelinteressen gesehen wird, wobei der Geschäftsleitung die Aufgabe des „Schiedsrichters" übertragen wird. Stakeholder eines Unternehmens sind in diesem Zusammenhang Interessengruppen, die sowohl die Fähigkeit als auch Bereitschaft besitzen, die für die Bestimmung des Unternehmenswerts relevanten Entscheidungsprozesse zu beeinflussen.

Die unterschiedliche Entwicklung des deutschen Systems kann insbesondere durch die historische Erfahrung von relativ engen, abgeschotteten Märkten und der hoheitlichen Allokation von Privilegien und Pfründen erklärt werden. Grundsätzlich stellt sich daher die Frage, inwieweit der SVA trotz seiner Verwurzelung in der U.S.-amerikanischen Wirtschaftskultur für die Führung von Unternehmen relevant sein kann, deren gesellschaftliches Wertesystem andere Schwerpunkte setzt.

Aus betriebswirtschaftlicher Sicht wird die Güte der "Corporate Governance" auf der Basis des Kalküls der Unternehmenswertmaximierung beurteilt, d.h. politik- bzw. marktinduzierte Reformen sind als positiv zu bewerten, wenn sich dadurch der Wert eines repräsentativen Unternehmens erhöht. Dahinter steht die Überlegung, daß die internationale Wettbewerbsfähigkeit eines Unternehmens am ehesten durch eine möglichst effiziente Gestaltung des **Wertschöpfungprozesses** gesichert werden kann. Es kann - zumindestens in der Tendenz - von einer langfristigen Zielkongruenz zwischen Shareholder Value- und Unternehmenswertmaximierung gesprochen werden. Die Vernachlässigung der Ansprüche der Eigenkapitalgeber würde mittel- und langfristig die Verfügbarkeit zusätzlicher Finanzmittel vermindern, damit die Wettbewerbsposition des Unternehmens am Kapitalmarkt verschlechtern und ein sogenanntes Unterinvestitionsproblem erzeugen. Umgekehrt gilt, daß, in Abhängigkeit von der Regelung des **Wertverteilungsprozesses**, eine Erhöhung des Unternehmenswerts allen Stakeholder-Gruppen geldwerte Vorteile erbringen kann.[1] Damit stellt sich die in der Literatur so häufig postulierte Zielunverträglichkeit von Shareholder Value- und Stakeholder-Ansatz unter idealen Bedingungen und dynamischer Sichtweise als Fiktion dar.

Die Anwendung des SVA auf deutsche Unternehmen wird durch originäre und derivative Barrieren behindert. Erstere bestehen in der Form einer hohen Konzentration des Anteilbesitzes in den Händen der Finanzintermediäre sowie der mangelnden Fähigkeit des Aufsichtsrates, die Funktion eines Kontroll- und Entscheidungsorgans im Interesse der Aktionäre auszuüben. Derivative Hindernisse entstehen durch die Präsenz originärer Barrieren und konstituieren sich in der fehlenden Funktionsfähigkeit des Marktes für Unternehmenskontrolle, der Abschottung der Aktionäre von ertragsrelevanten Informationen und einem System der Managemententlohnung, das in der Regel in keinem direkten Zusammenhang mit der Wertschöpfung für die Eigenkapitalgeber steht.

Es gibt eine Reihe von Faktoren in Verbindung mit der fortschreitenden Integration der Finanz- und Produktmärkte, die auf eine (de facto) Annäherung des deutschen Systems der Unternehmensüberwachung an das U.S.-amerikanische Modell schließen lassen:

- Kapitalkostenvorteile bei der Finanzierung von Investitionsvorhaben an internationalen Finanzmärkten,
- der zunehmende Wettbewerbsdruck auf den Produktmärkten aufgrund zurückgehender Marktbarrieren,
- die Internationalisierung des Marktes für Managementkräfte und die damit verbundene stärkere Ausrichtung auf ergebnisorientierte Vergütungskonzepte,
- der zunehmende Druck auf deutsche Finanzintermediäre, ihre Portfolios international zu diversifizieren.

Es ist auf der Basis der nachfolgenden Diskussion als unwahrscheinlich anzusehen, daß die Umsetzung des SVA in der deutschen Unternehmenspraxis einer mehr als punktuellen Reform des rechtlichen Umfelds durch den Gesetzgeber bedarf. Der Wettbewerb auf dem internationalen Kapitalmarkt im Zusammenspiel mit einer liberalen Auslegung des Grundsatzes der unternehmerischen Regelungsfreiheit stellen letztendlich die effektivsten Reforminstrumente dar.

Der Beitrag ist wie folgt strukturiert. Abschnitt 2 stellt den Shareholder Value als Wertkonzept vor. Der allgemeine Zusammenhang zwischen den einzelnen Komponenten der Unternehmensüberwachung und des Shareholder Value als Zielgröße der Unternehmenssteuerung wird in Abschnitt 3 erörtert. Abschnitt 4 stellt die für den deutschen Markt relevanten rechtlichen und institutionellen Barrieren vor, die eine kapitalmarktorientierte Unternehmenssteuerung nach Shareholder Value-Grundsätzen erschweren bzw. verhindern. Abschnitt 5 befaßt sich mit den Auswirkungen der Finanz- und Produktmarktintegration und diskutiert die Frage, ob der SVA trotz der existierenden kulturellen Barrieren langfristig Eingang in die deutsche Unternehmenskultur finden kann.

2 Der Shareholder Value als Wertgröße

Der Shareholder Value repräsentiert den ökonomischen Wert eines Unternehmens aus der Sicht der Eigenkapitalgeber. Er dient als Maßstab bei der Unternehmensbewertung und als Zielgröße bei der Unternehmensführung. Das Unternehmen wird nicht als eigenständige Institution, sondern lediglich als ein Portfolio von Markt- und Produktinvestitionen gesehen. Einzelne Investitionen werden primär zum Zwecke der Messung und Erzielung von Synergieeffekten zu strategischen Geschäftseinheiten zusammengefaßt.

Der Shareholder Value gehört mittlerweile auch in Deutschland zum Standardinstrumentarium der Unternehmensbewertung. Damit hat das deutsche Ertragswertkonzept an Bedeutung verloren.[2] Dies hängt zu einem wesentlichen Teil mit dem verstärkten Auftreten U.S.-amerikanischer Investmentbanken auf dem deutschen Kapitalmarkt seit Ende der 80er Jahre zusammen. Im Gegensatz dazu haben sich bisher nur wenige deutsche Aktiengesellschaften (vgl. Moore 1994) der Maximierung des Shareholder Value als Maxime für die Unternehmensführung verschrieben. Als Grund für die Ablehnung des SVA werden in der Regel die zusätzlichen Kosten angeführt, die dem Unternehmen mit dem Verlust des Konsenses zwischen Belegschaft und Unternehmensleitung und den daraus resultierenden Verteilungskonflikten entstehen würden.

2.1 Bestimmung des Shareholder Value

Das traditionelle Verfahren für die Berechnung des Shareholder Value baut auf der Kapitalwertmethode auf, in der Literatur auch „Net Present Value"-Regel genannt. Der Shareholder Value entspricht der abdiskontierten Summe der während der Planungsperiode anfallenden freien Cash Flows[3] und dem Residualwert des Unternehmens zum Ende der Planungsperiode, jeweils abdiskontiert mit dem gewogenen Gesamtkapitalkostensatz (Weighted Average Cost of Capital - WACC), abzüglich dem Marktwert des Fremdkapitals (vgl. Copeland et. al. 1995).[4] Der Diskontsatz wird auf der Basis einer vorgegebenen Zielkapitalstruktur bestimmt und repräsentiert die vom Kapitalmarkt geforderte, risikoadjustierte Mindestrendite. Mit diesem Verfahren können sowohl Unternehmen bzw. Unternehmenseinheiten als auch einzelne strategische oder operative Entscheidungsalternativen bewertet werden.

Der Shareholder Value stellt keine absolute Ergebnisgröße dar. Es handelt sich um einen relativen Standard, der ein bestimmtes Investitionsprogramm auf der Basis der vorhandenen Handlungsalternativen bewertet. Die Opportunitätskosten der Investoren fließen über die Kapitalkosten explizit in die Bewertung ein. Mit anderen Worten, der SVA operationalisiert das Konzept des ökonomischen Gewinns. Eine Investition erhöht, ceteris paribus, den Shareholder Value, wenn die projektbezogene Rendite die WACC übersteigt (vgl. Copeland et. al. 1995, 149-152).

Die Kapitalwertmethode zeichnet sich durch ihre konzeptionelle Simplizität aus. Ihrer Anwendbarkeit sind jedoch in der Praxis häufig enge Grenzen gesetzt. Bewertungsobjekte beinhalten nicht selten Optionsrechte auf beiden Seiten der Bilanz. Auf der Passivseite ist die Bewertung mit geringen Schwierigkeiten verbunden, entweder weil die Finanzmärkte die Bewertung direkt vornehmen oder weil die Kontrakte synthetisch nachgebildet werden können. Ganz anders verhält es sich auf der Aktivseite. Operative Flexibilität repräsentiert ein Realoptionsrecht, das den Wert einer Investitionsalternative erhöht (vgl. Copeland et.al. 1995, 465-484). Ein Forschungsprojekt kann dem Unternehmen zum Beispiel eine Einstiegsoption in einen Zukunftsmarkt sichern, während multiples Sourcing in unterschiedlichen Währungsräumen eine Switching-Option für das Währungsrisikomanagement darstellen kann. Projekte mit Realoptionen werden typischerweise mit einer dynamisierten Version der Kapitalwertmethode oder mit Optionspreismodellen bewertet (vgl. Teisberg 1995).

Die traditionellen Kennzahlen des Rechnungswesens[5] sind als Bewertungsmaßstab für die Shareholder Value-Analyse ungeeignet (vgl. Rappaport 1981/1983; Siegert 1995). Dies ist insbesondere durch die Existenz buchhalterischer Wahlrechte, die fehlende Risikobetrachtung, die mangelnde Berücksichtigung der zukünftigen Investitionsanforderungen und der Dividendenpolitik, sowie durch die fehlende Berücksichtigung inflationärer Wirkungen zu erklären (vgl. Finegan 1991, 32-3; Rappaport 1995, 19-51; Schmidt 1993, 281-2). Eine auf bilanzielle Kennzahlen ausgerichtete Performance-Messung eignet sich zudem zur wertmindernden Manipulation durch das Management (vgl. Stern 1995, 33; Bühner 1993, 750).

Die immer noch weit verbreitete Ertragswertmethode ist gleichfalls für die Bestimmung des Shareholder Value ungeeignet. Dieser Bewertungsansatz setzt den Wert des Unternehmens aus der Sicht der Anteilseigner gleich der abdiskontierten Summe der erwarteten Ausschüttungen. Zentraler Ansatzpunkt ist daher der Anleger und nicht das Unternehmen. Der Ertragswert hängt de facto vom Ausschüttungsverhalten ab - auch wenn im Grundsatz von der Vollausschüttung ausgegangen wird - und der subjektiven Risikoprämie, die allenfalls nutzentheoretisch für den individuellen Investor bestimmt werden kann (vgl. Jonas 1995; Schmidt 1995). Demgegenüber greift die Kapitalwertmethode auf einen vom Markt vorgegebenen Risikozuschlag zurück. Zudem ist ein unternehmensorientierter Ansatz bei der Bewertung einzelner Unternehmenseinheiten und bei der Ausrichtung des Gesamtunternehmens auf die Maximierung des Shareholder Value generell zu bevorzugen.

2.2 Unternehmensführung gemäß dem Shareholder Value-Ansatz

Der SVA verlangt, daß alle Entscheidungsprozesse des Unternehmens auf die Maximierung der Eigentümerrendite ausgerichtet werden. Dazu ist es erforderlich, daß mit Hilfe anreizbezogener Kompensationskontrakte eine Kongruenz zwischen den Zielfunktionen der Anteilseigner und des Managements hergestellt wird. Der obigen Diskussion folgend, sollte die Kompensation der Manager vollkommen von den Kennzahlen des Rechnungswesens[5] losgelöst werden. Als Instrumente bieten sich der direkte Anteilsbesitz und eine Beteiligung an den Wertzugewinnen an (vgl. Rappaport 1995, 7). Die Risikoneigung des Managers kann dadurch reguliert werden, daß Teile der Kompensation in Form eines Fonds gehalten werden, der bei Wertverlusten zur teilweisen Haftung herangezogen wird. Alternativ kann die Geschäftsführung mit langfristigen Aktienoptionsplänen zur Vermeidung von Wertverlusten angehalten werden (vgl. Stern et. al. 1995, 43-45; Bühner 1989). Dabei reflektiert der zeitlich ansteigende Ausübungspreis die erwartete Mindestrendite der Anteilseigner. Die Kompensationsverträge müssen letztendlich auf die Schaffung eines Systems der „Internal Governance" abzielen, d.h., die Anreizsysteme müssen das Verhalten des Unternehmens auf der Basis der strategischen Geschäftseinheit steuern und können nicht nur bei der Unternehmensleitung ansetzen. Im Falle der direkten Bezugnahme auf den Shareholder Value muß sichergestellt sein, daß dieser objektiv bestimmbar (d.h. intersubjektiv überprüfbar) ist. Damit wird zudem ausgeschlossen, daß Schätzergebnisse aufgrund von etwaigen Informationsvorteilen des Managements systematisch verzerrt und die Kapitalgeber dadurch zu einem gewissen Grade enteignet werden (sogenanntes „self dealing"; Shleifer/Vishny 1996, 14).

Während die Bewertung eines Unternehmens, einer strategischen Geschäftseinheit oder eines einzelnen Projekts ein in sich geschlossenes analytisches Problem darstellt, erfordert die Umsetzung des SVA, daß die sogenannten Werttreiber[6] mit den Entscheidungsprozessen des Unternehmens verknüpft werden, d.h. einzelne Geschäftseinheiten müssen ein umfassendes Verständnis für die kausale Beziehung zwischen den operativen Entscheidungen ihres Bereichs und dem Unternehmenswert entwickeln. Dies erfolgt zum einen über die Unternehmenssteuerung mit Hilfe des internen Rechnungswesens und zum anderen über eine fundamentale Umstrukturierung des Budgetierungsprozesses. Während traditionell von der Verteilung eines ex ante bestimmten Budgets ausgegangen wird, sind gemäß dem SVA der Verfügbarkeit der Finanzmittel keine Grenzen gesetzt. Die Finanzierung eines Projektes ist stets dann sinnvoll, wenn die erwartete Rendite über der vom Markt geforderten Mindestrendite liegt. Die Performance-Bewertung des Bereichsmanagements geschieht auf der Basis eines relativen Maßstabs, entweder im Vergleich mit der Wertentwicklung vergleichbarer Konkurrenzunternehmen oder mit vergleichbaren Einheiten desselben Konzerns (vgl. Arbeitskreis „Finanzierung" 1996, 552-4).

Die Gestaltung der „Investor Relations" nimmt bei der Implementierung des SVA eine besondere Stellung ein. Die Lage des Unternehmens soll für die Anteilseigner transparent dargestellt werden. Damit wird der Informationsgehalt des Aktienkurses erhöht, die zufälligen Kursschwankungen reduziert und der Rechtfertigungszwang für das Management verstärkt. Offene Informationspolitik ist gleichzusetzen mit einem zeitnahen, kontinuierlichen Informationsfluß, ohne Diskriminierung zwischen den einzelnen Informationsmultiplikatoren (Portfoliomanager und Finanzanalysten). Die Detailberichterstattung muß ausreichend intensiviert werden, um die Entwicklung des Unternehmenswerts für Außenstehende nachvollziehbar zu machen. In diesem Sinne muß es Ziel der externen Rechnungslegung sein, den Kapitalmarkt mit unverzerrten Informationen zu versorgen. Dies beinhaltet die ausführliche Darstellung des Erfolgspotentials in den Kerngeschäftsbereichen, die Offenlegung stiller Reserven sowie die separate Auflistung der betriebsfremden Erträge und Aufwendungen (vgl. Günther/Otterbein 1996, 394).

Die Verbindung zwischen dem SVA und der „Corporate Governance" ist offensichtlich. Ziel des SVA ist die einseitige Ausrichtung des Managementverhaltens auf die Maximierung der Eigentümerrendite. Inwieweit dies umsetzbar ist, hängt von den gesetzlichen und institutionellen Rahmenbedingungen ab, die das Kräftegleichgewicht zwischen den verschiedenen Stakeholder-Gruppen und somit das Managementverhalten bestimmen.

3 Elemente der „Corporate Governance" und ihre Bedeutung für die Schaffung von Shareholder Value

„Corporate-Governance-Systeme" repräsentieren länderspezifische Verfassungsstrukturen für Kapitalgesellschaften. Ziel eines jeden Systementwurfs ist die Maximierung der Vorteile der beschränkten Haftung für die Anteilseigner bei gleichzeitiger Begrenzung der aus der Trennung von Eigentum und Kontrolle entstehenden Prinzipal-Agenten-Probleme. Zentrale Elemente der Unternehmensüberwachung sind die Verteilung der Kontroll- und Weisungsrechte zwischen Kapitalgeber und Management, die Einflußmöglichkeiten der anderen Stakeholder-Gruppen (Beschäftigte, Lieferanten, Kunden, etc.), sowie die Verteilung der Kontroll- und Weisungsmacht zwischen direkter Einflußnahme über unternehmensinterne Gremien und indirekter Einflußnahme über Marktmechanismen. Nationale Unterschiede können dabei an der unterschiedlichen Verteilung dieser Rechte beim Eintreten identischer Zustandsräume festgemacht werden.

Der Wettbewerb auf den Produktmärkten stellt, insgesamt gesehen, das effektivste Instrument zur Steigerung der ökonomischen Effizienz dar. Es gilt jedoch nicht der Umkehrschluß, daß man die Unternehmensüberwachung dem rechtsfreien Raum und damit den Kräften des Marktes überlassen sollte. Produktmarktinvestitionen sind zu einem gewissen Grade irreversibel (Problem der versunkenen Kosten) sowie kurz- und mittelfristig illiquide. Rationale Investoren verlangen daher Sicherheiten, die eine adäquate, risikoadjustierte Rendite garantieren. Diese werden durch die „Corporate Governance", d.h. gesetzliche Bestimmungen und privatrechtliche Abmachungen, definiert. Ein zentraler Aspekt der aktuellen Debatte über die Reform der Unternehmensüberwachung ist in diesem Zusammenhang die Frage, inwieweit systembedingtes Versagen über den Druck des Marktes mit Hilfe privatrechtlicher Verträge korrigiert werden kann und inwieweit ein Handlungszwang für den Gesetzgeber besteht.

3.1 Die Rolle der „Corporate Governance" aus finanztheoretischer Sicht

Zentrales Anliegen der „Corporate Governance" ist die Bewältigung des Prinzipal-Agenten-Problems zwischen Anteilseigner und Management. Die Anteilseigner als die Prinzipale überlassen dem Unternehmen ihr Kapital, wo es von dem Management als dem Agenten gewinnbringend eingesetzt werden soll. Beide Seiten setzen dabei ihren komparativen Vorteil ein. Die Anteilseigner haben die Fähigkeit, einzelnen Investitionsprojekten das notwendige Risikokapital zuzuführen, während die Manager über das entsprechende Humankapital für die Selektion und Durchführung dieser Projekte verfügen. Die Trennung von Eigentum und Kontrolle gibt dem Management jedoch die Möglichkeit des opportunistischen Verhaltens.

Unter idealen Umständen würde das Verhalten der Manager und die Verteilung des Gewinns durch vollkommene Verträge geregelt werden. Da es jedoch weder möglich ist, alle zukünftigen Zustandsräume zu beschreiben noch sie vertraglich zu erfassen, müssen residuale Kontroll- und Weisungsrechte definiert werden, die die Handlungsfähigkeit des Unternehmens beim Eintreten nicht antizipierter Ereignisse gewährleisten. Diese Residualrechte können jedoch nicht einseitig von den Anteilseignern wahrgenommen werden, da die ungleiche Verteilung des Humankapitals ursächlich zur Trennung von Eigentum und Kontrolle geführt hat. Es ist ebenfalls nicht sinnvoll, die Residualrechte einseitig dem Management zuzuordnen, da es diesem damit ermöglicht würde, sich Teile des (realisierbaren) Shareholder Value durch schlechte Leistungen („Shirking") oder durch das Ausnutzen geldwerter Vorteile anzueignen. Erschwerend kommt hinzu, daß der Komplexität der Arbeitsverträge des Managements enge rechtliche Grenzen gesetzt sind und Managementfehlverhalten nur in extremen Fällen mit juristischen Mitteln belangt werden kann. Kontrollaktivitäten der Kapitalgeber stellen ferner ein öffentliches Gut dar, d.h. Überwachungsinvestitionen einzelner Investoren erzeugen positive externe Effekte für die Gesamtheit der Kapitalgeber. Es handelt sich um ein klassisches Trittbrettfahrerproblem, das im ökonomischen Gleichgewicht zu einer unzureichenden Kontrolle des Managements führt.

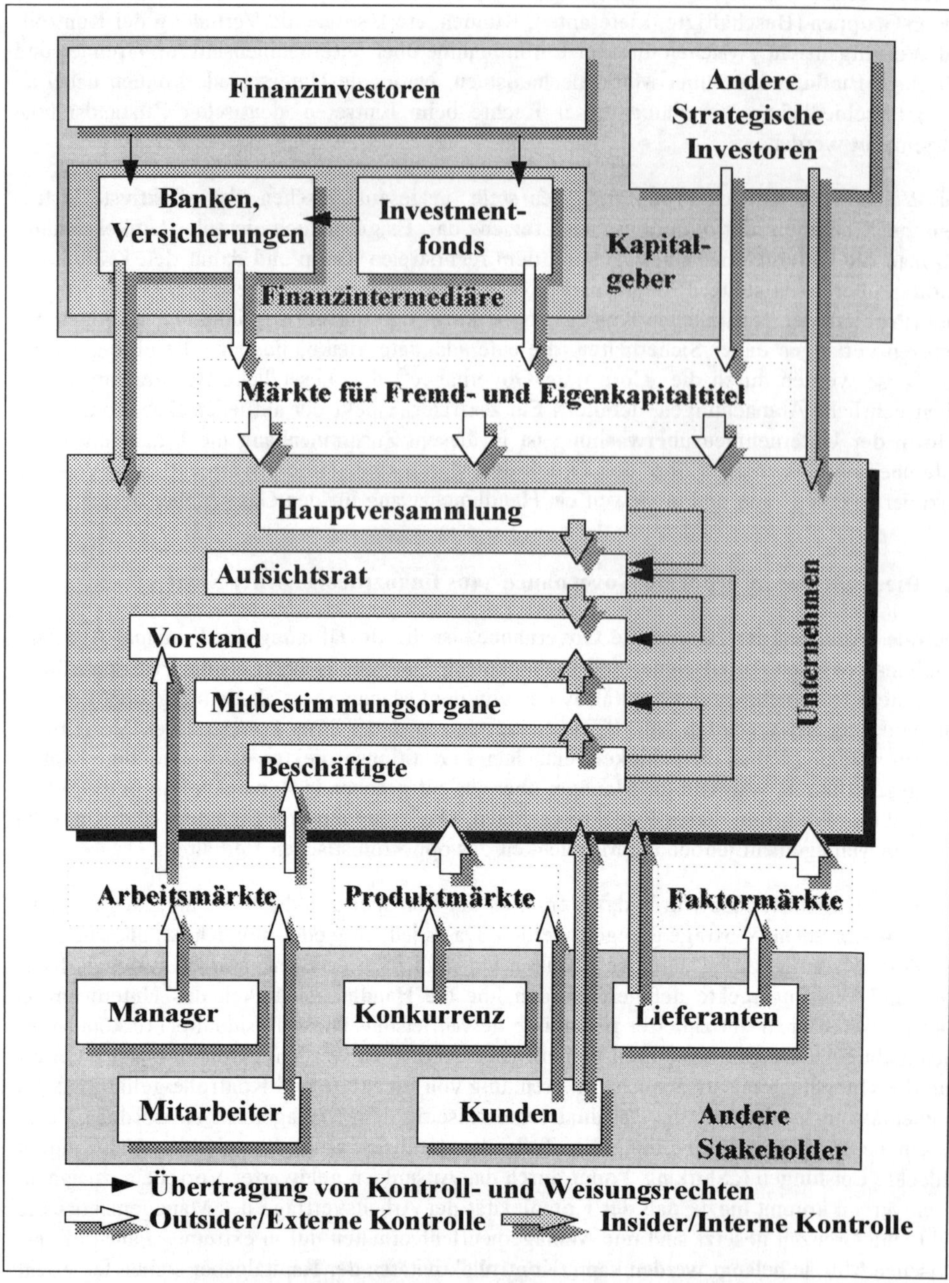

Abb. 1: Externe und interne „Corporate Governance"-Strukturen

Neben der Beziehung zwischen Investoren und Management regelt die „Corporate Governance“ im Rahmen des Konkursrechts ebenso die Beziehung zwischen Fremd- und Eigenkapitalgeber. Auch in diesem Fall kann von einem Prinzipal-Agenten-Problem gesprochen werden. Bei teilweiser Fremdfinanzierung entspricht das Eigenkapital einer Kaufoption auf die Aktiva des Unternehmens, mit einem Ausübungspreis gleich dem Marktwert des Fremdkapitals. Der Optionswert steigt mit zunehmender Volatilität des Unternehmensertrags. Daraus folgt, daß Eigenkapitalgeber willens sind, tendenziell ein höheres Investitionsrisiko zu akzeptieren als die Fremdkapitalgeber. Das Konkursrecht regelt die Übertragung der Entscheidungsgewalt zu dem Zeitpunkt, wenn das Unternehmen seine Zahlungsfähigkeit verloren hat und die Fremdkapitalverzinsung (ähnlich dem Eigenkapital) zu einer Residualgröße wird (vgl. Blair 1995, 23-26).

	beziehungsorientiert (Deutschland)	marktorientiert (U.S.A.)
Relativer Entwicklungsstand der Finanzmärkte	niedrig	hoch
Konzentration des Anteilsbesitzes	hoch	niedrig
Anteilsbesitz der Finanzintermediäre	bedeutend	unbedeutend
Anteilsbesitz der Investment Fonds (Pensionfonds)	niedrig	hoch
Anteilsbesitz der Unternehmen	hoch	niedrig
Überkreuzverflechtungen	bedeutend	unbedeutend
Umschlagshäufigkeit größerer Aktienpakete	niedrig	hoch
Anteil der internen Finanzierung	niedrig	hoch
Fremdkapital /Eigenkapital	hoch	niedrig
Bankverbindlichkeiten/Gesamtverbindlichkeiten	hoch	niedrig
Konzentration der Gläubigerstruktur	hoch	niedrig
Unabhängigkeit der Geschäftsleitung	bedeutend	gering
Anreizbezogene Vergütungssysteme	unwichtig	wichtig
Unfreundliche Unternehmensübernahmen	sehr selten	häufig
Vertretung strategischer Investoren im Aufsichtsrat	sehr häufig	selten
Bankvertretung im Aufsichtsrat	sehr häufig	selten

Tab. 1: Charakteristiken der beziehungs- und marktorientierten Unternehmensüberwachungssysteme. Quelle: Nunnenkamp (1995), 3; Prowse (1995), 34 u. 39; eigene Überlegungen.

Wie aus Abb. 1 ersichtlich, kann grundsätzlich zwischen Mechanismen der externen und internen Unternehmenskontrolle unterschieden werden. Externe Kontrolle bedient sich den Kräften des Marktes und wirkt über Produktmärkte, den Arbeitsmarkt für Manager, andere Faktormärkte und die Finanzmärkte. Interne Kontrolle wird durch die direkte Einflußnahme der Stakeholder ausgeübt und wirkt über Institutionen des Unternehmens wie z. B. die Mitbestimmungsorgane oder den Aufsichtsrat. Alle nationalen Unternehmensüberwachungssysteme bedienen sich sowohl externer als auch interner Kontrollmechanismen, jedoch mit unterschiedlichen Gewichtungen. Einen Überblick über die grundlegenden Unterschiede zwischen dem (beziehungsorientierten) deutschen System und dem (marktorientierten) U.S.-amerikanischen System bietet Tab. 1.

3.1.1 Interne Kontrollmechanismen

Interne Kontrolle wird am effektivsten von strategischen Eigenkapitalgebern ausgeübt, die mit ihren Aktienpaketen die Entscheidungsprozesse des Unternehmens direkt beeinflussen können. Sie tragen zur Bewältigung des Trittbrettfahrerproblems bei und wirken der rationalen Apathie der Kleinaktionäre entgegen. Im Rahmen einer langfristigen Beziehung zwischen Anteilseignern und Management können Informationsasymmetrien abgebaut und Anreizprobleme gelöst werden. Das Aufsichtsratsgremium kann in diesem Zusammenhang als eine institutionalisierte Form des Informationsaustausches betrachtet werden.

Wenn Finanzintermediäre als strategische Investoren fungieren, können zwei grundlegende „Moral Hazard"-Probleme simultan bewältigt werden: (1) Die Steuerung der Managementleistung mit primärer Wirkung auf die Eigenkapitalgeber und (2) die Regulierung des Investitionsrisikos mit primärer Wirkung auf die Fremdkapitalgeber. Eine Übertragung der Weisungs- und Kontrollrechte der Kleinaktionäre auf Banken im Rahmen des Depotstimmrechts vermindert zusätzlich das Problem der rationalen Apathie, schafft jedoch neue Prinzipal-Agenten-Probleme zwischen Depotkunde und -bank, sowie Interessenkonflikte zwischen Finanzintermediären und anderen Anteilseignern.

Der Vorteil der internen Kontrolle ist die Möglichkeit, Managementverhalten mit impliziten, nicht einklagbaren Verträgen zu steuern, die bei der externen, marktgesteuerten Kontrolle nicht zustande kommen würden. Unternehmensüberwachungssysteme mit einem Schwerpunkt auf der internen Kontrolle werden daher als 'beziehungsorientiert' bezeichnet. Hierbei kann es sich beispielsweise um firmenspezifische Humankapitalinvestitionen der Manager oder um die Ausrichtung des Unternehmens auf langfristige, von den Finanzmärkten zunächst nicht bewertbare Wertsteigerungsstrategien handeln. Das Management wird solche Aktivitäten nur verfolgen, wenn es sich deren Ertrag letztlich aneignen kann. Die Auswirkungen auf den Unternehmenswert müssen den Anteilseignern vermittelbar und das Risiko der „Vertragsbruches" aufgrund eines Eigentümerwechsels muß sehr gering sein. Kontrolle durch strategische, langfristig gebundene Investoren erfüllt diese Anforderungen.

3.1.2 Externe Kontrollmechanismen

Die zentrale Komponente der externen Kontrolle ist der Markt für Unternehmensübernahmen. Wenn der Marktwert eines Unternehmens den Gesamtwert der Aktiva unterschreitet, kann durch eine Übernahme des Unternehmens und den Verkauf der Einzelteile bzw. der Sanierung ein Arbitragegewinn erzielt werden. Eine Grundvoraussetzung für die Funktionsfähigkeit dieses Marktes ist die Informationseffizienz der Finanzmärkte. Managementfehlverhalten, soweit es für Außenstehende nachvollziehbar ist, wird im Idealfall bereits durch die Drohung der (feindlichen) Übernahme verhindert. Die Disziplinierung des Managements findet dabei über die zu erwartenden Einkommenseinbußen statt, d.h. durch den Arbeitsmarkt für Manager. Der Eigentümerwechsel kann jedoch aufgrund der hohen Transaktionskosten (Informationskosten, Kosten der Durchführung einer Übernahme, Kosten entstanden durch defensive Maßnahmen der Unternehmensleitung) nur ein Korrektiv für extremes Fehlverhalten darstellen. Dies folgt insbesondere daraus, daß Altaktionäre bei Bekanntgabe eines Übernahmeangebots versuchen werden, die antizipierte Wertsteigerung ihres Anteilsbesitzes beim

Verkauf zu realisieren. Des weiteren stellen Investitionen zur Identifikation von Übernahmeobjekten ein öffentliches Gut dar. Es kann daher aufgrund der positiven externen Effekte zu einem Marktversagen kommen.

Die Finanzmärkte beeinflussen das Handeln des Managements auch über die Kapitalkosten. Da Unternehmen sich im Regelfall in periodischen Abständen an den Kapitalmärkten refinanzieren müssen, werden die Kapitalkosten durch sogenannte Reputationseffekte beeinflußt. Managementversagen drückt sich daher in einem geringeren Agio für Eigenkapital, höheren Fremdkapitalkosten und einem niedrigeren „Rating“ aus.

4 Grenzen der Übertragbarkeit des Shareholder Value-Ansatzes auf deutsche Unternehmen

Der SVA läßt sich dann nicht auf deutsche Unternehmen anwenden, wenn strukturelle Faktoren die Maximierung des Shareholder Value als Zielfunktion ausschließen. In diesem Zusammenhang kann auch von originären Barrieren gesprochen werden, d.h. Barrieren, die ursächlich die Ausrichtung der Entscheidungsprozesse des Unternehmens auf die Maximierung der Eigentümerrendite verhindern und damit den Wertschöpfungsprozeß nachhaltig beeinflussen. Demgegenüber stellen Kräfte, die auf den Wertverteilungsprozeß wirken, lediglich Nebenbedingungen dar, die zwar das Unternehmensverhalten, jedoch nicht die Zielfunktion der Unternehmensleitung beeinflussen. Die Ausrichtung deutscher Unternehmen nach dem SVA gestaltet sich als problematisch, da sowohl im Bereich der externen als auch der internen Kontrolle originäre Barrieren bestehen - zum einen durch die Konzentration des Anteilbesitzes in den Händen der Finanzintermediäre und zum anderen durch die mangelnde Funktionsfähigkeit des Aufsichtsrats als Kontroll- und Weisungsorgan.

Der Implementierung des SVA stellen sich in Deutschland eine Reihe von konkreten Hindernissen entgegen: ein nicht funktionierender Markt für Unternehmenskontrolle, unterentwikkelte „Investor Relations“ sowie Managementvergütungssysteme unabhängig von den Veränderungen des Shareholder Value. Es handelt sich hierbei jedoch lediglich um sogenannte derivative Barrieren, d.h. sie sind von den originären Barrieren abgeleitet und daher nicht ursächlich für die Unterbetonung der Eigentümerrendite in der deutschen Unternehmenskultur verantwortlich.

4.1 Originäre Barrieren

4.1.1 „Bankenmacht“ und die Konzentration des Anteilbesitzes

Wie aus Tab. 2 ersichtlich ist, weist Deutschland eine im Vergleich zu den angelsächsischen Ländern weitaus höhere Anteilskonzentration auf. Ungefähr 25% der börsennotierten Aktiengesellschaften (oder 65% des Aktiengesamtwerts) verfügen über einen Mehrheitsaktionär, während dies in den U.S.A. nur auf etwa 10% der Unternehmen zutrifft (vgl. OECD 1995, 100). Franks/Mayer (1992, 26) stellten bei einer Untersuchung von 171 westdeutschen Industrie- und Handelsunternehmen mit Börsennotierung fest, daß 85.4% der Unternehmen über einen strategischen Investor mit Sperrminorität verfügen. Des weiteren fällt auf, daß ein weitaus größerer Anteilsbesitz auf Banken und Versicherungen entfällt, während Investmentfonds bisher nur geringe Bedeutung erlangt haben.[7] Aktien deutscher Unternehmen werden zudem zu einem vergleichsweise höheren Prozentsatz von anderen Unternehmen gehalten. Sogenannte Überkreuzverflechtungen sind dabei nicht unüblich (vgl. Kester 1992, 91) und schirmen das Management gegen Einflußnahme von außen ab.

Die starke Konzentration des Anteilsbesitzes läßt sich teilweise durch die mangelnde Bereitschaft privater Haushalte erklären, Vermögen in Aktien zu halten. Dies wird zum Beispiel dadurch belegt, daß der Anteil privater (inländischer) Haushalte am Aktienbesitz zwischen 1970 und 1993 von 27% auf 16,6% zurückgegangen ist (vgl. Schmidt 1993, 278). Ende 1995 belief sich der Anteil des Aktienbesitzes am Geldvermögen privater Haushalte lediglich auf 5,3% (vgl. o. V. 1996). Die offensichtliche Risikoscheu der privaten Anleger wird zwar gerne (paradoxerweise) durch das historisch bedingte Inflationstrauma der Deutschen erklärt, ist jedoch wahrscheinlich eher auf die Vernachlässigung des Aktienkurses als Performance-Indikator zurückzuführen. Zudem ist es für Kleinanleger nicht einfach, eine adäquate Risikostreuung auf direktem Wege zu erlangen. Weiterhin dürfte die steuerliche Diskriminierung der Aktienerträge gegenüber Kapitalerträgen aus festverzinslichen Anlagen von Bedeutung sein.

Aktienmärkte, denen durch strategische Investoren ein Großteil der Anteilspapiere entzogen wird, zeichnen sich durch eine verminderte Markteffizienz aus; eine vergleichsweise geringere Zahl „informierter" Investoren nehmen aktiv am Marktgeschehen teil. Kursrelevante Informationen gelangen daher mit Verzögerung zu den Marktteilnehmern und werden langsamer in die Aktienkurse eingearbeitet. Dadurch sinkt die Attraktivität des Marktes für die Anleger und erhöht sich die Bereitschaft der Manager, die Aktienrendite als Zielgröße zu ignorieren. Für die Effektivität der Unternehmenskontrolle ist es daher entscheidend, inwieweit bei steigender Anteilskonzentration die externe Kontrolle über die Finanzmärkte durch interne, von strategischen Investoren ausgeübte Kontrolle substituiert werden kann.

	Deutschland (1993)	**UK** (1993)	**U.S.A.** (1990)
Durchschnittl. Besitz der 5 größten Aktionäre*	41,5	20,9	25,4
Banken und Versicherungen	21,4	17,9	4,6
Pensionskassen und sonstige Finanzinstitute	7,7	43,9	25,8
Nichtfinanzielle Unternehmen	38,8	3,1	14,1
Private Haushalte	16,6	17,7	50,2
Öffentliche Haushalte	3,4	1,3	0,0
Ausländische Investoren	12,2	16,3	5,4

* Deutschland (1990), UK (1970), U.S.A. (1984)

Tab. 2: Verteilung des Aktienbesitzes in Deutschland (in %)
Quelle: OECD (1995), 99; Prowse (1995), 25.

Finanzintermediäre können das Unternehmensverhalten über verschiedene Einflußkanäle steuern: den eigenen Anteilsbesitz, die Ausübung der Depotstimmrechte sowie durch die Kreditoren-Debitoren-Beziehung. Indirekte Einflußmöglichkeiten ergeben sich zudem über den Anteilsbesitz bzw. die Vollmachtsstimmrechte abhängiger Unternehmen, insbesondere über die als Tochterfirmen ausgegliederten Investmentgesellschaften. Aufsichtsratsmandate stellen demgegenüber keine eigenständige Einflußmöglichkeit dar, da sie an den Anteilsbesitz oder an die Fremdkapitalgeberfunktion geknüpft sind. Die gleichzeitige Vertretung von Gläubiger- und Aktionärsinteressen sowie das Halten umfangreicher Aktienpakete in mehreren Unternehmen der gleichen Industrie führen zu Interessenkonflikten, die die Zielfunktion des Unternehmens nachhaltig beeinflussen und damit originäre Barrieren bei der Implementierung des SVA darstellen können.

Die Hauptversammlungen der sich mehrheitlich im Streubesitz befindlichen deutschen Großunternehmen werden von der Gesamtheit der Banken kontrolliert. Im Jahr 1992 verfügten Banken über durchschnittlich 84,09% der Stimmen bei den 24 größten Unternehmen, 60,95% davon über Depotstimmrechte und 10,11% über abhängige Investmentfonds. Für 17 Unternehmen bewegte sich der Stimmenanteil bei über 90%. Betrachtet man jedoch die 110 größten Unternehmen aus der Grundgesamtheit der Aktiengesellschaften, so entzerrt sich das Bild etwas. Die Banken halten die Mehrheit bei 57 und die Sperrminorität bei 5 weiteren Unternehmen (vgl. OECD 1995, 108-9). Depotstimmrechte bieten de facto die gleichen Einflußmöglichkeiten wie eigener Anteilsbesitz, da nur ungefähr 5% der Depotkunden von ihrem Weisungsrecht gegenüber der Bank Gebrauch machen. Der Bankeneinfluß ist insbesondere in reifen Sektoren gegeben: Stahl und Metall, Maschinenbau, Automobil und Chemie (vgl. Böhm 1992, 34-48, 227-240). Es muß jedoch konstatiert werden, daß Einflußnahme der Banken als Anteilseigner auf das Unternehmensverhalten nur bei einem koordinierten Vorgehen mehrerer Banken von Relevanz sein kann. Diese Möglichkeit wird im Anhang anhand eines Modells dargestellt. Die Koordinierungsfähigkeit der Banken wird durch die Überkreuzverflechtung der Finanzintermediäre (Tab. 3) und die gegenseitig auszuübenden Depotstimmrechte verstärkt (vgl. Gottschalk 1988, 298).

von/an	Deutsche Bank	Dresdner Bank	Vereinsbank	Hypobank	Allianz	Münchner Rück
Deutsche Bank	-		5,2		10,0	10,0
Dresdner Bank		-			10,0	9,9
Vereinsbank			-		10,0	10,0
Hypobank				-	5,0	
Allianz	5,0	21,9		22,6	-	25,0
Münchner Rück				5,8	25,0	-

Tab. 3: Überkreuzverflechtung deutscher Finanzintermediäre (Anteilsbesitz, in %)
Quelle: Börse Online 30/96.

Die Gestaltung einer Firmenkundenbeziehung orientiert sich aus der Sicht der Banken am Gesamterfolg, d.h. der Gesamtrendite aus dem Firmenkundengeschäft und dem Eigenkapitalbesitz. Es besteht daher für Banken der Anreiz, ihren Einfluß als Anteilseigner für die Stimulierung des Bankgeschäfts einzusetzen, auch wenn dies für das Unternehmen unter Umständen zu unerwünschten Kapitalstruktureffekten und zu überhöhten Finanzierungskosten führt. Ein Indikator dafür ist der im internationalen Vergleich wesentlich höhere Anteil der Verbindlichkeiten gegenüber Finanzinstituten an den gesamten Kreditmarktschulden (vgl. Prowse 1995, 21; OECD 1995, 104). Des weiteren weichen die Risikopräferenzen der Banken von denen der anderen Anteilseigner ab, da die Vermeidung des Konkursrisikos eine vergleichsweise stärkere Betonung erfährt. Damit werden neben den Finanzierungsentscheidungen auch die Investitionsentscheidungen direkt beeinflußt (vgl. Macey/Miller 1995, 4-7).

Die „Bankenmacht" als originäre Barriere bleibt bestehen, auch wenn nur der Anteilsbesitz betrachtet wird. Es ist nicht untypisch, daß Finanzintermediäre Eigenkapitalanteile an verschiedenen Unternehmen der gleichen Industrie halten. Wie im Anhang gezeigt wird, kann dies zu einer Kartellisierung des Marktes und damit zu einer indirekten Erhöhung des Nutzens der Anteilseigner aller betroffenen Unternehmen führen. Es kann jedoch auch zu einer Umverteilung der Gewinnansprüche zum Nutzen der Banken bei gleichzeitiger Reduzierung des Shareholder Value von Unternehmen ohne Bankbeteiligung kommen. Für beide Fälle trifft jedoch zu, daß sich die jeweiligen Unternehmen nicht gemäß dem SVA verhalten werden.

Es liegen bisher vier Studien vor, die die Beziehung zwischen Bankeneinfluß und Unternehmenserfolg bei Nichtbanken empirisch untersucht haben. Cable (1985) stellt für 48 der 100 umsatzgrößten Firmen des Jahres 1970 fest, daß sich eine engere Bankbeziehung (gemessen als Anteil der Bankverbindlichkeiten am Gesamtkapital) positiv auf das Unternehmensergebnis auswirkt. Gorton/Schmid (1996) vergleichen Stichproben der Jahre 1974 und 1985. Während sie für das Jahr 1974 eine signifikant positive Beziehung zwischen dem **aggregierten** Anteilsbesitz der Banken und dem Unternehmensergebnis diagnostizieren, verschwindet dieser Einfluß für die Stichprobe des Jahres 1985. Demgegenüber entbehrt die Konzentration des Anteilsbesitzes in der ersten Stichprobe jeglicher Aussagekraft, beeinflußt das Unternehmensergebnis jedoch in der zweiten Stichprobe positiv. Gorton/Schmid erklären diesen strukturellen Wandel mit der bereits angesprochenen veränderten Rolle der Banken bei der Finanzierung großer Aktiengesellschaften im Zuge der Integration und Globalisierung der Finanzmärkte. Aus den Ergebnissen dieser beiden Studien folgt, daß der Wert der Bankbeziehung Anfang der 70er Jahre in der Senkung der Kapitalkosten durch die Ausräumung von Informationsasymmetrien bzw. in der von den Banken erbrachten Beratungsleistung zu sehen ist, während sich Mitte der 80er Jahre der Einfluß der Banken primär über die Wahrnehmung der Rolle des strategischen Investors positiv bemerkbar gemacht hat.

Elston/Albach (1995) weisen nach, daß Unternehmen mit enger Bankverbindung bei ihren Investitionsentscheidungen weniger durch Liquiditätsbeschränkungen beeinflußt werden. Ein direkter Rückschluß auf die Auswirkungen der „Bankenmacht" ist jedoch nicht möglich, da nicht ausgeschlossen werden kann, daß Banken tendenziell eine enge Verbindung mit erfolgreichen bzw. cash-reichen Unternehmen bevorzugen. Im Gegensatz dazu stellen Perlitz/Seger (1994) für eine Stichprobe von 58 Unternehmen im Jahr 1990 fest, daß sich der Bankeneinfluß über eine höhere Fremdkapitalquote, über höhere Fremdkapitalkosten sowie durch eine geringere Bedeutung der Eigenfinanzierung negativ bemerkbar macht. Diese Studie wurde jedoch zurecht für eine Reihe von methodischen Mängeln kritisiert (vgl. Lindner-Lehmann/Neuberger 1995).

Es sind seit geraumer Zeit politische Bemühungen im Gange, die „Macht der Banken" mit gesetzlichen Maßnahmen zu begrenzen. Erste Diskussionen fanden bereits in den 70er Jahren statt, haben jedoch letztlich zu keinen gesetzgeberischen Maßnahmen geführt (vgl. Eckstein 1980; Immenga 1978, Krümmel 1980). Der Vorschlag der Monopolkommission (1978), Obergrenzen für den Anteilsbesitz der Banken an einzelnen Unternehmen einzuführen, wurde vor kurzem wieder von parlamentarischer Seite aufgegriffen. Ein Handeln des Gesetzgebers ist jedoch eher unwahrscheinlich, da nach EU-Recht die Übertragung der Anteile auf ausländische Tochtergesellschaften möglich wäre (vgl. Handelsblatt 17.9.1996, 2). Obergrenzen wurden bereits implizit durch die 2. Bankenkoordinierungsrichtlinie der EU und die 4. KWG-Novelle festgelegt: Universalbanken dürfen maximal 60% ihres Kapitals in Aktien von Nichtbanken und maximal 15% ihrer Eigenmittel in ein einziges Großrisiko investieren (vgl. Dewatripont/Tirole 1994, 59). Eine weitere Initiative ist der Vorschlag der Regierungskoalition, die Ausübung des Depotstimmrechts für Banken mit strategischem Anteilsbesitz (5% oder mehr) zu untersagen (vgl. Handelsblatt 27.6.1996). Damit wird zwar verhindert, daß der direkte Bankeneinfluß durch Depotstimmrechte verstärkt wird; die im Anhang diskutierten negativen Auswirkungen des Anteilbesitzes der Finanzintermediäre würden jedoch weiterhin bestehen.

Der Zwang zum gesetzgeberischen Handeln ist im Lichte der Globalisierungstendenzen auf den Produkt- und Finanzmärkten nicht gegeben. Der Trend zur Verbriefung von Finanzbeziehungen hält weiter an; Hausbankbeziehungen werden durch den verschärften Bankenwettbewerb zunehmend aufgeweicht; fallende Marktbarrieren reduzieren den strategischen Nutzen des Anteilsbesitzes für Finanzintermediäre. Es findet eine Entkopplung von Gläubiger- und Anteilseignerfunktion statt. Damit steigt für Banken der Anreiz, ihren strategischen Anteilsbesitz zu reduzieren und ihre Portfolios zu diversifizieren. Ein entsprechendes Umdenken auf Bankenseite ist mittlerweile erkennbar. Beachtung fand in diesem Zusammenhang insbesondere die Entscheidung der Deutschen Bank, ihren Anteil an Daimler-Benz von 28,37% auf 24,4% zu reduzieren und damit ihre Sperrminorität aufzugeben (vgl. Kim 1995, 377; Kopper 1996). Ein nicht unerhebliches Hindernis bei der marktgesteuerten Reduzierung des strategischen Anteilsbesitzes stellt jedoch die steuerliche Belastung der Veräußerungsgewinne dar. Diese Barriere kann vermutlich aus verfassungsrechtlichen Gründen auch vom Gesetzgeber nicht abgebaut werden.

4.1.2 Der Aufsichtsrat als Kontroll- und Entscheidungsgremium

Der Aufsichtsrat spielt eine zentrale Rolle bei der Ausübung interner Kontrolle. Die jüngere betriebswirtschaftliche Diskussion hat jedoch gezeigt, daß dieses Gremium in vielerlei Hinsicht nicht den Anforderungen einer effektiven Unternehmensüberwachung genügt (vgl. Adam 1995; Lambsdorff 1995; Hommelhoff in Picot 1995):

1. Der Vorstand übt in der Regel einen bestimmenden Einfluß auf die Zusammensetzung des Aufsichtsrats aus, insbesondere bei Unternehmen mit breiter Aktienstreuung. Die unmittelbare Berufung ehemaliger Vorstandsvorsitzender zum Vorsitzenden des Aufsichtsrates manifestiert die Managementkontrolle.

2. Sach- und Fachkompetenz spielen häufig eine nachrangige Rolle bei der Auswahl der Aufsichtsratsmitglieder. Dies trifft insbesondere auf die Arbeitnehmervertreter zu.

3. Die Aufsichtsräte sind aufgrund der mitbestimmungsrechtlichen Auflagen zu groß und als Kontroll- und Entscheidungsgremium nicht arbeitsfähig. Einzelne Mitglieder erhalten damit den Anreiz, sich als Trittbrettfahrer zu verhalten. Indiz für die mangelnde Einsatzbereitschaft einzelner Aufsichtsräte ist die Häufung von Mandaten. Die gesetzliche Beschrän-

kung von 10 Mandaten (plus maximal 5 im eigenen Konzern) wird dabei generell als zu hoch erachtet.

4. Vertreter der Eigentümerseite sind bemüht, gegenüber der Arbeitnehmerseite eine einheitliche Position zu vertreten. Aufsichtsratssitzungen werden daher immer häufiger zu Konsensveranstaltungen. Kontroverse Fragen werden in informellen Gremien und im Vorstand diskutiert. Der vom Aufsichtsrat vorgegebene Katalog der zustimmungspflichtigen Geschäfte ist entsprechend knapp definiert.
5. Aufsichtsräte kommen ihrer Kontroll- und Weisungsfunktion insgesamt nur unzureichend nach:
   - Aufsichtsräte treten häufig nur zu zwei (das gesetzliche Minimum) bzw. vier (die vom Gesetzgeber empfohlene Anzahl) jährlichen Sitzungen zusammen. Damit kann die Geschäftsentwicklung nur überblicksartig verfolgt werden.
   - Aufsichtsratssitzungen beschränken sich durch ihren Bezug auf Ist-Werte auf eine nachvollziehende Kontrolle des Vorstandes.
   - Der Jahresbericht wird Aufsichtsräten nicht selten erst unmittelbar vor der Bilanzsitzung vorgelegt. Eine qualifizierte Bewertung des Berichtsinhalts ist damit nicht möglich.
6. Wirtschaftsprüfer unterstützen den Aufsichtsrat im Regelfall nur begrenzt in seiner Kontrollfunktion:
   - Der Wirtschaftsprüfer wird von der Hauptversammlung bestimmt und berichtet dem Vorstand. Wirtschaftsprüfer und Vorstand glätten häufig den Jahresbericht vor der Bilanzsitzung des Aufsichtsrats. Es ist nicht in allen Unternehmen üblich, daß der Wirtschaftsprüfer an dieser Sitzung teilnimmt (vgl. auch Ordelheide in Picot 1995, 106).
   - Eine über die Ordnungsmäßigkeit der Rechnungslegung hinausgehende Beurteilung der wirtschaftlichen Lage des Unternehmens wird vom Wirtschaftsprüfer im Management-Side-Letter zusammengefaßt und der Geschäftsleitung übergeben. Der Vorstand ist nicht immer gezwungen, diese Beurteilung dem Aufsichtsrat vorzulegen.

Diese Sachverhalte legen den Schluß nahe, daß die Möglichkeit der Ausrichtung des Unternehmens auf den SVA über die Einflußnahme im Aufsichtsrat zum jetzigen Zeitpunkt nicht gegeben ist. Es gilt jedoch auch hier nicht der Umkehrschluß, daß den aufgeführten Mißständen durch gesetzgeberisches Handeln Abhilfe geschaffen werden muß. Der deutsche Aufsichtsrat gestaltet seine Arbeit nach dem Grundsatz der Selbstorganisation, d.h. unzureichende interne Kontrolle kann durch den Druck des Marktes und entsprechende Satzungsänderungen reguliert werden. Es besteht dann jedoch die Notwendigkeit für den Gesetzgeber, allgemeine Grundsätze der ordnungsgemäßen Unternehmensführung und -kontrolle zu definieren sowie die Haftung von Geschäftsleitung, Aufsichtsräten und Wirtschaftsprüfer zu erweitern, so daß ein mit hohen gesellschaftlichen Kosten verbundenes Marktversagen (siehe Bremer Vulkan) adäquat bestraft werden kann.

4.2 Derivative Barrieren

4.2.1 Markt für Unternehmenskontrolle

Unternehmensübernahmen als Korrektiv für Managementversagen spielen in Deutschland eine untergeordnete Rolle. Die vergleichsweise hohe Konzentration des Anteilsbesitzes führt dazu, daß bei Unternehmensübernahmen in der Regel strategische Investoren ausgekauft werden müssen. Diese werden sich jedoch aufgrund des bereits angesprochenen Trittbrettfahrerproblems nur bei entsprechender Beteiligung am Übernahmegewinn von ihrem Anteilsbesitz trennen. Unternehmensübernahmen können in der Regel nicht gegen den Willen der Banken durchgeführt werden, die sich über eigenen Anteilsbesitz, Depotstimmrechte und Aufsichtsratsmandate eine Hausmacht im Unternehmen aufgebaut haben.

Da der „Raider" die Vorstandsmitglieder nur nach Ablauf ihrer 5-jährigen Amtszeit oder, im Falle des freiwilligen Rücktritts, bei gleichzeitiger Bereitstellung eines „goldenen Fallschirms" ersetzen kann, ist zudem kurz- und mittelfristig die Möglichkeit der Einflußnahme auf die Unternehmenspolitik nicht garantiert. Ähnlich schwierig gestaltet sich die Übernahme des Aufsichtsrats. Einerseits werden die Hälfte der Mitglieder gemäß dem Mitbestimmungsgesetz durch die Arbeitnehmers gewählt. Da Unternehmensübernahmen jedoch häufig mit Umstrukturierung und dem Verlust von Arbeitsplätzen verbunden sind, tendieren Arbeitnehmervertreter in der Regel dazu, das amtierende Management zu unterstützen und den Takeover-Versuch abzuwehren. Andererseits können gewählte Vertreter der Eigentümerseite nur mit einer 75-prozentigen Mehrheit durch die Hauptversammlung ersetzt werden.

Diese strukturellen Hindernisse dienen als Erklärungsansätze für die vergleichsweise geringere Häufigkeit der Unternehmensübernahmen in Deutschland. Diese lag zum Beispiel im Jahr 1988 lediglich bei 66% der im Vereinigten Königreich verzeichneten Übernahmen (vgl. Franks/Mayer 1990). Im Regelfall handelt sich dabei zudem um keine vollständigen Übernahmen, sondern lediglich um den Erwerb einer einfachen Mehrheit.

Ein weiteres kennzeichnendes Merkmal des deutschen Marktes für Unternehmenskontrolle ist die Bedeutungslosigkeit der feindlichen, gegen die Interessen des Managements gerichteten Unternehmensübernahmen. Vor 1989 fanden solche feindlichen Übernahmen nur dann statt, wenn strategische Investoren, insbesondere Banken, gegen den Willen des Managements ihren Anteilsbesitz veräußerten. In der jüngeren Vergangenheit konnten drei feindliche Übernahmeversuche im eigentlichen Sinne verzeichnet werden: (1) der erfolglose Versuch der Flick-Familie, die Kontrolle über Feldmühle Nobel wiederzuerlangen, (2) die erfolgreiche Übernahme von Hoesch durch Krupp, und (3) die gescheiterte Übernahme von Continental durch Pirelli. Die beiden Niederlagen der „Raiders" waren jeweils auf geltende Stimmrechtsbeschränkungen zurückzuführen, die den maximalen Stimmenanteil eines Aktionärs auf 5% beschränkten (vgl. Franks/Mayer 1990, App. B u. 1992, 9-11). Diese, insbesondere bei Aktiengesellschaften im Streubesitz üblichen Restriktionen tragen zwar zum Schutz der Minderheitenaktionäre bei; sie führen jedoch auch zu einer Aufwertung der „Bankenmacht", da Depotstimmrechte von solchen Regelungen nicht betroffen sind.[8]

In den Vereinigten Staaten werden Unternehmensübernahmen häufig über sogenannte „Leveraged Buyouts (LBOs)" abgewickelt, d.h. der Kaufpreis wird mit nachrangigem Fremdkapital (in den 80er Jahren vor allem „Junk Bonds") finanziert, welches dann mit den Cash Flows des erworbenen Unternehmens getilgt wird. Nach deutschem Recht ist es nur sehr begrenzt möglich, Finanzmittel vom gekauften Unternehmen abzuziehen und der Holding zum Zwecke der LBO-Finanzierung zuzuführen (vgl. Kim 1995, 387-8).

Die nachgeordnete Rolle des Marktes für Unternehmenskontrolle für die „Corporate Governance" deutscher Unternehmen kann zu einem gewissen Grade auf die Unterentwicklung des deutschen Aktienmarktes insgesamt zurückgeführt werden. Dies läßt sich primär an folgenden Merkmalen festmachen:

- eine im internationalen Vergleich geringe Anzahl der Börsengänge, teilweise erklärbar durch die strengen Anforderungen der als Underwriter bzw. Issue-Manager handelnden Banken;
- der im internationalen Vergleich geringe Anteilsbesitz der privaten Anleger und der Investmentfonds;
- die bis 1988 nicht gesetzlich verankerte Treuepflicht („Fiduciary Duty") der Mehrheitsaktionäre gegenüber den Kleinaktionären (vgl. Kim 1995, 393-4);
- die geltenden gesetzlichen Beschränkungen bezüglich des Investitionsverhaltens institutioneller Anleger (Lebensversicherer können beispielsweise maximal 20% ihres Vermögens in Aktienkapital investieren; vgl. Prowse 1995, 9-10);
- die geltenden gesetzlichen Beschränkungen bezüglich der Kredit- und Leerverkäufe;
- die am Gläubigerschutz ausgerichteten Rechnungslegungsgrundsätze, die keine umfassende und zeitgerechte Unterrichtung der Aktionäre über die Geschäftslage sicherstellen;
- die bis 1994 fehlende gesetzliche Verankerung des Insider-Trading-Verbots und der Vorschriften bezüglich der Publizierung kursrelevanter Informationen (vgl. Semler in Picot 1995, 60-4);
- die erst vor kurzem auf EU-Initiative hin eingeführte Offenlegungspflicht des strategischen Anteilsbesitzes von 5% oder mehr (vorher: 25% oder mehr) (vgl. Semler in Picot 1995, 43);
- die weiterhin bestehende vermögens- und gewerbesteuerliche Benachteiligung der Aktienanlagen gegenüber festverzinslichen Papieren;
- die steuerliche Benachteiligung (20% Pauschalbesteuerung) der außerbetrieblichen Pensionskassen und -fonds.

Aus diesem Sachverhalt folgt, daß börsennotierte Unternehmen in Deutschland eine geringere Rolle spielen als in angelsächsischen Ländern. Ende 1992 waren lediglich 664 Aktiengesellschaften (20.63% aller AGs) börsennotiert. Der Anteil aller Aktiengesellschaften am deutschen Gesamtumsatz lag 1992 bei ungefähr 20%. Demgegenüber erzielten die mehr als 500.000 GmbHs einen Umsatzanteil von mehr als 30% (vgl. OECD 1995, 97-98).[9]

Anzeichen für eine Belebung des Marktes für Unternehmenskontrolle sind vorhanden. Erstens treten Investmentfondsgesellschaften zunehmend selbtbewußter gegenüber Unternehmen auf. Union, die Investmentfondstochter der Genossenschaftsbanken, hat beispielsweise bei Hauptversammlungen im Jahre 1995/6 einer Reihe von DAX-Aktiengesellschaften (BASF, Dresdner Bank, Daimler Benz, Vereinsbank) die Zustimmung zu gewünschten Kapitalerhöhungen verweigert. DWS, die Fondsgesellschaft der Deutschen Bank, hat sich in den letzten Jahren auf verschiedenen Hauptversammlungen öffentlichkeitswirksam für eine stärkere Ausrichtung der Unternehmensstrategie auf die Schaffung von Shareholder Value eingesetzt (vgl. Moore 1994, 74). Zweitens wird die geplante gesetzliche Verankerung der Pensions-Sondervermögen als weiterem Fondstyp, zusammen mit der allgemein wachsenden Bedeutung der privat finanzierten Altersversorgung, zu einer Annäherung der Anlegerstruktur an das angelsächsische Muster führen (vgl. BHF-Bank 1996).

Zusammenfassend kann festgehalten werden, daß insbesondere die Konzentration des Anteilbesitzes sowie der Einfluß der Banken bisher das Aufkommen eines aktiven Marktes für Unternehmenskontrolle verhindert hat.

4.2.2 „Investor Relations"

Die „Shareholder Value"-orientierte Gestaltung der „Investor Relations" zielt auf die Maximierung des Aktienkurses und damit des Agios bei der Refinanzierung auf dem Kapitalmarkt ab. Die Kapitalkosten werden gesenkt und die Verschuldungsfähigkeit wird, ceteris paribus, erhöht. Mit der Korrektur einer objektiven Unterbewertung der Aktie wird zudem die Gefahr der feindlichen Übernahme vermindert. „Investor Relations" spielen in deutschen Unternehmen eine untergeordnete Rolle. Es wird geschätzt, daß maximal jede zehnte börsennotierte Aktiengesellschaft eine institutionalisierte „Investor Relations"-Abteilung besitzt. Von den 27 im Deutschen Investor Relations Kreis (DIRK) organisierten Unternehmen haben neun eine entsprechende Abteilung zwischen 1986 und 1990 eingerichtet. Sechs weitere Unternehmen sind seit 1991 diesem Beispiel gefolgt. Vor 1986 besaß keines der Unternehmen eine für „Investor Relations" ausgewiesene Stabsstelle (vgl. Günther/Otterbein 1996, 390-2).

Die geringe Bedeutung des Finanzmarketing hängt unmittelbar mit der Unterentwicklung des deutschen Aktienmarktes sowie mittelbar mit der Konzentration des Anteilsbesitzes und der Rolle der Finanzintermediäre zusammen. Es handelt sich somit um ein derivatives Problem, dessen Bewältigung im wesentlichen mit dem Verschwinden der originären Barrieren erfolgt.

Deutsche Rechnungslegungsgrundsätze stellen mit ihrer Betonung des Vorsichts- und des Imparitätsprinzips eine mögliche strukturelle Barriere dar. Sie betonen die Kapitalerhaltung und damit den Gläubigerschutz. Dies folgt auch aus der Maßgeblichkeit der Handelsbilanz für die Steuerbilanz und der auf Kapitalerhaltung bedachten Ausrichtung des Steuersystems (vgl. Cummins et. al. 1994, 6-7). Unternehmen können jedoch auf freiwilliger Basis neben der Bilanz nach deutschem Recht einen zweiten, den International Accounting Standards oder den US-GAAP genügenden Abschlußbericht vorlegen. Alternativ wird von deutschen Unternehmen häufig ein sogenannter Dualabschluß erstellt, der versucht, deutsche und internationale Bilanzrichtlinien simultan zu erfüllen. Eine Veränderung der gesetzlichen Rahmenbedingungen ist im Lichte dieser Entwicklungen nicht zwingend erforderlich, wäre jedoch unter dem Gesichtspunkt der Transaktionskostenminimierung wünschenswert.

4.2.3 Managementvergütungssysteme

Die durchschnittliche Gesamtvergütung deutscher Führungskräfte weicht nur unwesentlich von den europäischen Nachbarländern ab. Nebenleistungen spielen im Vergleich zu Grundgehalt und Prämien eine geringere Rolle. Auffällig ist jedoch, daß die von der langfristigen Leistung abhängige Vergütung bisher keine nennenswerte Bedeutung erlangt hat (vgl. OECD 1995, 122-3). Diese spielen insbesondere in den Vereinigten Staaten, Großbritannien und Kanada, aber auch in Frankreich eine wichtige Rolle. Erste Anzeichen für eine Adaption des angelsächsischen Ansatzes sind vorhanden. SGL Carbon und die Deutsche Bank haben mittlerweile Aktienoptionspläne zur teilweisen, anreizbezogenen Entlohnung ihrer Führungskräfte eingeführt. Bisher handelt es sich dabei jedoch nur um Einzelfälle.

Die langfristige Anreizsteuerung des Managements erfolgt in Deutschland primär über die Vertragsverlängerung bzw. die Möglichkeit der Kündigung. Kaplan (1994) hat gezeigt, daß sich die Fluktuation in deutschen Unternehmensvorständen nach Bekanntgabe schlechter Unternehmensergebnisse nicht systematisch von der in Japan und den U.S.A. unterscheidet. Gleiches trifft jedoch nicht auf die nachgeordneten Führungsebenen zu. Die Ablehnung anreizbezogener Vertragsstrukturen in deutschen Managementkreisen hat zu einem gewissen Grade kulturelle Ursachen. Sie liegt jedoch auch darin begründet, daß deutsche Führungskräfte insgesamt ein wesentlich geringeres Arbeitsplatzrisiko haben und damit eine geringere Risiskoprämie verlangen. Dies erklärt auch, warum die durchschnittliche Gesamtentlohnung in den Vereinigten Staaten im Vergleich zu den kontinentaleuropäischen Ländern signifikant höher ist (vgl. OECD 1995, 122).

Es handelt sich hierbei eindeutig um eine derivative Barriere für die Anwendung des SVA. Wenn sich die Zielfunktion der Unternehmen aufgrund einer Umverteilung der Weisungs- und Kontrollrechte entsprechend verändert, dann wird sich dies automatisch durch eine wachsende Bedeutung der anreizbezogenen Managementvergütung bemerkbar machen.

5 Markt- vs. institutionenbestimmte Angleichung der Unternehmensüberwachungssysteme

In der Welt des **homo oeconomicus** stellt die Unternehmensüberwachung ein kulturfreies Konzept dar. Die Frage nach dem optimalen Regelwerk kann, unabhängig von den nationalen Umständen, eindeutig beantwortet werden. Die unterschiedliche historische Entwicklung der „Corporate Governance"-Systeme Deutschlands und der Vereinigten Staaten zeigt jedoch, daß neben dem technologischen Wandel und dem Wachstum der Märkte auch andere erklärende Faktoren herangezogen werden müssen. Es ist nicht zu bestreiten, daß in diesem Zusammenhang die nationalen Unterschiede in der ökonomischen und politischen Kultur im weitesten Sinne eine wichtige Rolle gespielt haben. In beiden Fällen läßt sich jedoch die länderspezifische Evolution der Unternehmensverfassungsstrukturen an bestimmten politischen Umständen und der Pfadabhängigkeit der nachfolgenden Systemreformen festmachen. Mit der Globalisierung der Märkte verlieren diese länderspezifische Faktoren an Gewicht; kulturelle Einflüsse werden zunehmend verwischt.

Die Beziehungsorientierung der deutschen „Corporate Governance" geht auf die Einführung des Universalbankensystems im letzten Jahrhundert zurück. Der zentrale Erklärungsansatz ist hierfür die sogenannte Gerschenkorn-Hypothese, die besagt, daß die späte Industrialisierung der kontinentaleuropäischen Länder und der dementsprechend höhere Kapitalbedarf nicht durch ähnlich atomisierte und dezentrale Kapitalmärkte wie in Großbritannien bewältigt werden konnte (vgl. Tilly 1996). Dies begründet auch, warum die Vereinigten Staaten zunächst ebenfalls der Einführung des Universalbankensystems zugestimmt haben. Demgegenüber kann die Marktorientierung der U.S.-amerikanischen „Corporate Governance" insbesondere durch die gesetzlichen Beschränkungen erklärt werden, die den Finanzintermediären in der ersten Hälfte dieses Jahrhunderts auferlegt worden sind (vgl. Roe 1994): Die Trennung zwischen Geschäfts- und Investmentbanken im Rahmen des Glass-Steagall Act, die Untersagung von Verflechtungen bei der Bestellung der „Board of Directors“ sowie die Fragmentierung institutioneller Kontrolle durch die Beschränkung der direkten Einflußnahme auf unternehmerische Entscheidungsprozesse und dem Verbot der koordinierten Einflußnahme.

Die fortschreitende Integration der Produkt- und Finanzmärkte führt zu einer Konvergenz der Unternehmensüberwachungsstrukturen und, aus deutscher Sicht, zu einer Aufwertung der externen Kontrollmechanismen. Es handelt sich hierbei jedoch **nicht** um eine Adaption des angelsächsischen Standards, da auch in diesen Ländern die „Corporate Governance“ mit fundamentalen Problemen behaftet ist - z.B. die mangelnde Bereitschaft der institutionellen Investoren, an der Unternehmensüberwachung aktiv mitzuwirken sowie die eingeschränkte Unabhängigkeit und Kompetenz der externen Mitglieder des „Board of Directors“.

Die Verschiebung der Gewichtung von interner zu externer Kontrolle ist primär dadurch zu erklären, daß damit auch eine stärkere Betonung der Eigentümerrendite als Unternehmensziel garantiert wird. Die mit der Globalisierung einhergehende Intensivierung des Produktmarktwettbewerbs führt zu einer Reduzierung des finanziellen Puffers, der die Überlebensfähigkeit von Unternehmen mit ineffizientem Management ermöglicht. Durch die Liberalisierung und Internationalisierung der Kapitalmärkte werden „Shareholder Value“-orientierte Unternehmen mit niedrigeren Kapitalkosten bzw. mit einer größeren Verfügbarkeit externer Finanzierungsmittel belohnt.

Literaturverzeichnis

Shareholder Value

Arbeitskreis "Finanzierung" der Schmalenbach-Gesellschaft e.V. (1996), "Wertorientierte Unternehmenssteuerung mit differenzierten Kapitalkosten", *Zeitschrift für betriebswirtschaftliche Forschung*, Bd. 48, Nr. 6, 545-578.

Bischoff, Jörg (1994): „*Das Shareholder-Value-Konzept*", Wiesbaden: DUV/Gabler-Verlag.

BHF-Bank (1996): „Pensionsfonds", *Wirtschaftsdienst*, Nr. 1825, 20. Juli.

Bühner, Rolf (1993): „Shareholder Value", *Die Betriebswirtschaft (DBW)*, Bd. 53, Nr. 6, 749-769.

Bühner, Rolf (1990): „*Das Management-Wert-Konzept: Strategien zur Schaffung von mehr Wert im Unternehmen*", Stuttgart: Schäffer-Verlag.

Bühner, Rolf (1989): „Möglichkeiten der unternehmerischen Gehaltsvereinbarung für das Top-Management - Mit Puts und Calls zu aktionärsfreundlichen Tantiemeregelungen", *Der Betrieb*, Band 42, 2181-2186.

Bühner, Rolf; Weinberger, Hans-Joachim (1991): „Cash Flow and Shareholder Value", *Betriebswirtschaftliche Forschung und Praxis*, Nr. 3, 187-208.

Copeland, Tom; Tim Koller; Jack Murrin (1994): „*Valuation: Measuring and Managing the Value of Companies*", 2nd edition, New York: John Wiley & Sons.

Cummins, Jason G.; Harris, Trevor S.; Hassett, Kevin A. (1994): „*Accounting Standards, Information Flow, and Firm Investment Behavior*", NBER Working Paper, Nr. 4685 (March).

Elschen, Rainer (1991): „Shareholder Value und Agency-Theorie - Anreiz und Kontrollsysteme für Zielsetzungen der Anteilseigner", *Betriebswirtschaftliche Forschung und Praxis*, Nr. 3, 209-220.

Finegan, Patrick T. (1991): „Maximizing Shareholder Value at the Private Company", *Journal of Applied Corporate Finance*, Vol. 4, No. 1, Spring, 30-45.

Günther, Thomas; Otterbein, Simone (1996): „Die Gestaltung der Investor Relations am Beispiel führender deutscher Aktiengesellschaften", *Zeitschrift für Betriebswirtschaft*, 66 Jg., Heft 4, 389-417.

Janisch, Monika (1993), *Das strategische Anspruchsgruppenmanagement: vom Shareholder Value zum Stakeholder Value*, Bern: Paul Haupt.

Jonas, Martin (1995): „Unternehmensbewertung: Zur Anwendung der Discounted-Cash-Flow-Methode in Deutschland", *Betriebswirtschaftliche Forschung und Praxis*, Nr. 1, 83-98.

Kopper, Hilmar (1996): „Ich lass' mich nicht beirren", Interview in '*Der Spiegel*', Nr. 31.

Moore, Philip (1994): „Germany Remembers Its Shareholders", *Euromoney*, No. 307, November, 74-76.

o. V. (1995), „German Utilities: Die Doppelgänger“, *The Economist*, July 8th, 64-65.

Rappaport, Alfred (1995): „*Shareholder Value: Wertsteigerung als Maßstab für die Unternehmensführung*“, Stuttgart: Schäffer-Poeschl-Verlag.

Rappaport, Alfred (1983): „Corporate Performance Standards and Shareholder Value“, *Journal of Business Strategy*, Vol. 3, 28-38.

Rappaport, Alfred (1981): „Selecting Strategies That Create Shareholder Value“, *Harvard Business Review*, Vol. 59, No. 3, May/June, 139-149.

Schmidt, Reinhart (1993): „Das Shareholder Value Konzept“, in: Ulrich Fritsch, Gerhard Liener und Reinhart Schmidt (Hrsg.), „*Die Deutsche Aktie*“, Stuttgart: Schäffer-Poeschl Verlag, 277-96.

Siegert, Theo (1995): „Shareholder-Value als Lenkungsinstrument“, *Zeitschrift für betriebswirtschaftliche Forschung (zfbf)*, No. 6, Juni, 580-607.

Stern, Joel M.; Stewart, G. Bennett III; Chew, Donald H. Jr. (1995): „The EVA™ Financial Management System“, *Journal of Applied Corporate Finance*, Vol. 8, No. 2 (Summer), 32-46.

Stewart, C. Bennett, III (1991), „*The Quest for Value: The EVA™ Management Guide*“, New York: Harper Business.

WestLB (1996): „Equities“, *Euromoney*, Supplement ‘Germany’, June, 2-5.

Corporate Governance

Adam, Klaus G. (1995): „Kreditbetrugsfälle - Konsequenzen für Banken, Aufsicht und Wirtschaftsprüfung“, in: Forum WHU: „*Kreditbetrugsfälle - Versagen die Kontrollorgane?*“, Beiträge aus der Otto-Beisheim-Hochschule, Band 1, 5-16.

Allen, Franklin; Gale, Douglas (1994): „A Welfare Comparison of the German and U.S. Financial Systems“, Discussion Paper Nr. 191, July, LSE Financial Markets Group.

Baums, Theodor (1993), „Banks and Corporate Control in Germany“, in: Joseph McCahery, Sol Piciotto and Colin Scott (eds.): „*Corporate Control and Accountability: Changing Structure and Dynamics of Regulation*“, Oxford: Oxford University Press, 267 - 287.

Baums, Theodor (1990): „Höchststimmrechte“, *Die Aktiengesellschaft*, No. 6, 1. Juni, 221 - 242.

Benston, George J. (1994): „Universal Banking“, *Journal of Economic Perspectives*, Vol. 8, No. 3, Summer, 121 - 143.

Blair, Margaret M. (1995): “*Ownership and Control: Rethinking Corporate Governance for the 21st Century*,” Washington D.C.: The Brookings Institution.

Böhm, Jürgen (1992): „*Der Einfluß der Banken auf Großunternehmen*“, Duisburger Volkswirtschaftliche Schriften Band 13, Hamburg: Steuer- und Wirtschaftsverlag.

Bundesverband deutscher Banken (1989): „*Zur Diskussion um die ‘Macht der Banken’* “, Informationen des Bundesverbandes deutscher Banken, September.

Cable, John (1985): „Capital Market Information and Industrial Performance: The Role of West German Banks", *The Economic Journal*, Vol. 85, March, 118 - 132.

Charkham, Jonathan P.: (1994): „*Keeping Good Company: A Study of Corporate Governance in Five Countries*", Oxford: Clarendon Press.

Dewatripont, Mathias; Tirole, Jean (1994): „The Prudential Regulation of Banks", Cambridge: The MIT Press.

Eckstein, Wolfram (1980): „The Role of the Banks in Corporate Concentration in West Germany", *Zeitschrift für die gesamte Staatswissenschaft*, Vol. 136, 465 - 482.

Elston, Julie Ann; Albach, Horst (1995): Bank Affiliations and Firm Capital Investment in Germany", *IFO-Studien*, No. 1, 3 - 16.

Edwards, Jeremy; Fischer, Klaus (1994): „*Banks, Finance and Investment in Germany*", Cambridge: Cambridge University Press.

Fischer, Klaus (1990): *Hausbankbeziehungen als Instrument der Bindung zwischen Banken und Unternehmen: Eine theoretische und empirische Analyse*", Dissertation, Universität Bonn.

Franks, Julian R.; Mayer, Colin (1992): „Corporate Control: A Synthesis of the International Evidence", Working Paper 165-92, Institute of Finance and Accounting, London Business School.

Franks, Julian R.; Mayer, Colin (1990): „Capital Markets and Corporate Control: A Study of France, Germany, and the UK", *Economic Policy*, No. 11, April, 191-231.

Fukao, Mitsuhiro (1995): „*Financial Integration, Corporate Governance and the Performance of Multinational Companies*", Washington D.C.: The Brookings Institution.

Gorton, Gary; Schmid, Frank A. (1996): „Universal Banks and the Performance of German Firms, NBER Working Paper Nr. 5453, Februar.

Gottschalk, Arno (1988): „Der Stimmrechtseinfluß der Banken in den Aktionärsversammlungen von Großunternehmen", *WSI Mitteilungen*, Nr. 5, 294 - 304.

Haas, Jochen (1994): „*Der Anteilsbesitz der Kreditwirtschaft an Nichtbanken*", unveröffentlichte Dissertation, Universität des Saarlandes.

Immenga, Ulrich (1978): „*Beteiligungen von Banken in anderen Wirtschaftszweigen*", Baden-Baden: Nomos.

Kaplan, Stephen N. (1994): „Top Executives, Management Turnover and Firm Performance in Germany", Journal of Law, Economics and Organization, Vol. 10(1), 142-159.

Kester, W. Carl (1993): „Banks in the Boardroom: Germany, Japan and the United States", in: Samuel L. Hayes III (ed.): „*Financial Services: Perspectives and Challenges*", Boston: Harvard Business School Press, 65 - 92.

Kester, W. Carl (1992): „Governance, Contracting, and Investment Horizons: A Look at Japan and Germany", Journal of Applied Corporate Finance, Vol. 5 (Summer), 83-98.

Kim, Hwa-Jin (1995): „Markets, Financial Institutions, and Corporate Governance: Perspectives from Germany", *Law & Policy in International Business*, Vol. 26, 371-405.

Krümmel, Hans-Jacob (1980): „German Universal Banking Scrutinized: Some Remarks Concerning the Gessler Report", *Journal of Banking and Finance*, Vol. 4, 33-55.

Lambsdorff, Otto Graf (1995): „Effektivität des Aufsichtsrats - Erfahrungen und Ausblick", in: Forum WHU: *„Kreditbetrugsfälle - Versagen die Kontrollorgane?"*, Beiträge aus der Otto-Beisheim-Hochschule, Band 1, 21-31.

Lindner-Lehmann, Monika; Neuberger, Doris (1995): „Bankeneinfluß auf Industrieunternehmen - Kritik an der Studie von Perlitz und Seger", *Die Bank*, No. 11, 690 - 692.

Macey, Jonathan R.; Miller, Geoffrey P.(1995): „Corporate Governance and Commercial Banking: A Comparative Examination of Germany, Japan, and the United States", unpublished Working Paper, Cornell University.

Mathis, Peter J. (1992): *„Mechanismen zur Kontrolle von Managern in großen Kapitalgesellschaften"*, unveröffentlichte Dissertation, Universität des Saarlandes.

Monopolkommission (1978): *„Fortschreitende Konzentration bei Großunternehmen"*, Hauptgutachten 1976/77, Baden-Baden: Nomos.

Nunnenkamp, Peter (1995): „The German Model of Corporate Governance: Basic Features, Critical Issues, and Applicability to Transition Economies", Working Paper Nr. 713, Kiel Institute of World Economics, November.

Organisation für wirtschaftliche Zusammenarbeit (1995): *„OECD-Wirtschaftsberichte 1994 - 1995 (Deutschland)"*, Paris: OECD, (Kapitel 4: „Eigentumsverhältnisse, Kontrolle und Entscheidungsprozesse in deutschen Unternehmen"), 94-174.

o. V. (1996): „Geldvermögen bald über 5 Billionen DM", Die Bank, Nr. 8, 508.

Perlitz, Manfred; Seger, Frank (1994): „The Role of Universal Banks in German Corporate Governance", *Business & Contemporary World*, No. 4, 49 - 67.

Picot, Arnold Hrsg. (1995): *„Corporate Goverance: Unternehmensüberwachung auf dem Prüfstand"*, Stuttgart: Schäffer-Poeschel Verlag.

Prowse, Stephen (1995), „Corporate Governance in an International Perspective: A Survey of Corporate Control Mechanisms Among Large Firms in the U.S., U.K., Japan and Germany", *Financial Markets, Institutions & Instruments*, Vol. 4, No. 1.

Roe, Mark J. (1994): *„Strong Managers, Weak Owners: The Political Roots of American Corporate Finance"*, Princeton: Princeton University Press.

Schmalenbach-Gesellschaft - Deutsche Gesellschaft für Betriebswirtschaft e.V., Hrsg. (1996): *„Globale Finanzmärkte: Konsequenzen für Finanzierung und Unternehmensrechnung"*, Tagungsband zum 49. Betriebswirtschafter-Tag 1995.

Shleifer, Andrei; Vishny, Robert W. (1996), „A Survey of Corporate Governance", NBER Working Paper Nr. 5554, April.

Tilly, Richard (1996): *„Banks and Industry: Lessons from History"*, in: Tilly, Richard; Welfens, Paul J. J. (Hrsg.), *„European Economic Integration as a Challenge to Industry and Government"*, Heidelberg: Springer-Verlag, 397-435.

Anmerkungen

1 Unvollkommene bzw. unvollständige Kapitalmärkte sowie steuerliche Effekte können zu einer heterogenen Präferenzstruktur unter den Anteilseignern führen. Vgl. Elschen 1991, S. 212-9.

2 Die Ertragswertmethode ist jedoch weiterhin das allgemein akzeptierte Bewertungsverfahren der Wirtschaftsprüfer. Steuerliche Rechtsfragen (z.B. Festsetzung der Erbschaftssteuer) werden in Deutschland auf der Basis des Stuttgarter Verfahren entschieden.

3 Freie Cash Flows sind folgendermaßen definiert: Umsatzerlöse - zahlungswirksame betriebliche Kosten + zahlungswirksame betriebliche Erträge + Abschreibungen - Steuerzahlungen - Investitionen in Anlage- und Umlaufvermögen (vgl. Schmidt 1993).

4 Zwei alternative Bewertungsansätze kommen methodisch zum gleichen Ergebnis: (A) Rappaport (1995) bestimmt den Shareholder Value auf der Basis des Operating Cash Flow (Free Cash Flow + Fremdkapitalkosten + Erweiterungsinvestitionen in das Anlage- und Umlaufvermögen). Es kann sich insbesondere für externe Analysten als schwierig darstellen, Erweiterungs- von Ersatzinvestitionen zu trennen. Dieser Ansatz ermöglicht jedoch, zukünftige Neuinvestitionen als zentrale Entscheidungsvariable darzustellen. (B) Stewart (1991) stellt dem das EVA™-Konzept (Economic Value Added) gegenüber. Der EVA entspricht dem operativen Periodengewinn nach Steuern minus den Kosten des eingesetzten Kapitals. Der Shareholder Value ist somit gleich dem risikoadjustierten Gegenwartswert zukünftiger EVAs. Der primäre Vorteil dieser Bewertungsmethode kann in der Fähigkeit gesehen werden, Wertveränderungen einzelnen Rechnungslegungsperioden zuordnen zu können (vgl. u.a. Stern et. al. 1995).

5 Gängige Kennzahlen sind die Gesamtkapitalrendite (Return on Investment, ROI), die Eigenkapitalrendite (Return on Equity, ROE), die Differenz zwischen Eigenkapitalrendite und den Kosten des Eigenkapitals (Equity Spread), sowie das Verhältnis zwischen Markt- und Buchwert der Anteile (vgl. Elschen 1991, S. 215-6; Bühner 1993, 750).

6 Rappaport (1995) führt insgesamt sieben Werttreiber auf: Umsatzwachstum, operative Spanne, Cash-Steuern, Investitionen in das Anlage- und Umlaufvermögen, Kapitalkosten sowie die Länge der Planungsperiode (vgl. Rappaport 1995, 83-103).

7 Im Jahr 1992 haben deutsche Investmentfondsgesellschaften insgesamt 132 (international diversifizierte) Einzelfonds im Gesamtwert von DM 16,6 Milliarden verwaltet (vgl. Kim 1995, 374).

8 Höchststimmregelungen existierten Ende 1989 für 23 von 628 in Frankfurt gehandelten Werten; u.a. Deutsche Bank, Dresdner Bank, Veba, BASF, Bayer und Mannesmann (vgl. Baums 1990, 221). Es wächst in der jüngeren Vergangenheit die Bereitschaft, diese Regelungen wieder aus den Satzungen zu streichen, da sie (1) kein effektives Instrument zur Abwehr von feindlichen Übernahmen darstellen (Bsp. Koalitionsbildung unter Aktionären) und (2) negative Reputationseffekte nachsichziehen (vgl. Baums 1990; WestLB 1996, 3-4).

9 Die nominale Aktienrendite für den Zeitraum 1975-95 war 8,6% für Deutschland, 11,3% für die U.S.A. und 13,5% für Großbritannien. Aufgrund des Wertzuwachses der DM relativ zu $ und £ kann jedoch keinesfalls von einer Underperformance deutscher Aktien gesprochen werden (vgl. WestLB 1996, 4-5).

Anhang: Auswirkungen der "Bankenmacht" auf das Marktverhalten von Nichtbanken - modelltheoretische Überlegungen

Kartellisierungseffekte

Wir analysieren die Auswirkungen der Konzentration des Anteilsbesitzes auf das Marktverhalten im Rahmen eines ein-periodischen (daher statischen) Spiels mit einem zweistufigen Verlauf (vgl. auch Martin 1993, 256-9). In der ersten Stufe entscheiden die Eigenkapitalgeber über die Verteilung der Weisungs- und Kontrollrechte, während in der zweiten Stufe das Gleichgewicht am Markt bestimmt wird. Etwaige Einflußmöglichkeiten anderer Stakeholder werden aus Vereinfachungsgründen vernachläßigt.

Wir betrachten eine Industrie bestehend aus N identischen Cournot-Unternehmen. Das produzierte Gut ist homogen. Die Produktionskosten für Unternehmen $i \in N$ sind eine Funktion der individuell angebotenen Menge, $C(q_i)$, mit $C' > 0$ und $C'' \geq 0$. Die inverse Nachfragefunktion ist gegeben durch $P(Q)$ mit $P' < 0$ und $P'' \geq 0$. P und Q stellen respektive den Marktpreis und die am Markt angebotene Menge dar. Wir nehmen des weiteren an, daß M strategische Investoren über einen kollektiven Anteil θ am stimmberechtigten Eigenkapital eines jeden Unternehmen i halten, d.h. es gilt:

$$\theta = \sum_{j=1}^{M} \theta_{ji} \quad mit\ \theta_{ij} \geq 0 \quad \forall i \in N \tag{1}$$

Im Hinblick auf die Zielsetzung unserer Analyse betrachten wir insbesondere Finanzintermediäre als strategische Investoren, deren Einfluß im Aggregat durch Depotstimmrechte und indirekte Beteiligungen über dem Faktor θ liegen könnte.

Wir postulieren als teilspielperfektes Gleichgewicht die Zuteilung der Weisungsrechte auf jeweils einen Investor - eine Rolle, die zum Beispiel die jeweilige „Hausbank" erfüllen könnte. Zur Vereinfachung der Analyse nehmen wir an, daß $N = M$ und daß jeder strategische Investor das Verhalten eines Unternehmens bestimmt.

Der Investor j maximiert daher in der zweiten Stufe des Spiels den ökonomischen Gewinn aus seinem Beteiligungsbesitz durch die Bestimmung der Ausbringungsmenge des abhängigen Unternehmens j:

$$\max_{q_j} \theta_{jj} \cdot \pi_j + \sum_{i \neq j} \theta_{ji} \cdot \pi_i \tag{2}$$

wobei $\pi_i = P(Q) \cdot q_i - C(q_i)$. Die notwendige Bedingung für die Maximierung des Beteiligungsgewinns ist gegeben durch:

$$\theta_{jj} \cdot \left(P' \cdot q_j + P - C'_j\right) + \sum_{i \neq j} \theta_{ji} \cdot P' \cdot q_i = 0 \tag{3}$$

Wir formen die linke Seite dieser Gleichung um und summieren über alle Unternehmen.

$$\sum_{j=1}^{N} \theta_{jj} \cdot \left(P - C'_j\right) + \sum_{j=1}^{N} \sum_{i=1}^{N} \theta_{ji} \cdot P' \cdot q_i = 0 \tag{4}$$

Wir stellen fest, daß sich der Summationsterm zu $\theta \cdot P' \cdot Q$ vereinfachen läßt. Somit gilt:

$$\sum_{j=1}^{N} \theta_{jj} \cdot \left(P - C'_j\right) + \theta \cdot P' \cdot Q = 0 \tag{5}$$

Die Auswirkung des Anteilsbesitzes der strategischen Investoren auf das Marktverhalten hängt von dessen Verteilung ab.

Wenn $\theta_{jj} = \theta = 1$, dann vereinfacht sich (5) zu:

$$N(P - C') + P' \cdot q_j = 0 \tag{6}$$

Dabei bedienen wir uns der Erkenntnis, daß das Gleichgewicht symmetrisch sein muß und daher $C'_j = C' \; \forall j$. Durch eine weitere Umformung erhalten wir:

$$\frac{P - C'}{P} = -\frac{1}{N \cdot \eta^d} \tag{7}$$

η^d repräsentiert die Preiselastizität der Nachfrage. Es handelt sich hierbei um den Lerner-Index für das symmetrische Cournot-Nash-Gleichgewicht mit N Unternehmen. Mit anderen Worten, der Anteilsbesitz der strategischen Investoren übt keinen negativen Einfluß auf den Wettbewerb aus.
Alternativ, wenn $\theta_{jj} = \theta/N$, dann erhalten wir:

$$\frac{P - C'}{P} = -\frac{1}{\eta^d} \tag{8}$$

Diese Bedingung stellt die optimale Verhaltensregel eines Monopolisten dar, d.h. die individuell rationalen Strategien der strategischen Investoren führen in diesem Fall zu einer Kartellisierung des Marktes. Für die Kartelisierung des Marktes ist es ausreichend, daß $\theta > 0$. Mit anderen Worten, der Anteilsbesitz der Banken kann zur Monopolisierung des Marktes führen, wenn die Weisungsgewalt über Depotstimmrechte und die „Hausbankbeziehung" gesichert werden kann. Es besteht auch kein Interessenkonflikt mit Finanzinvestoren, da die Kartellisierung des Marktes ihre Gewinnansprüche erhöht.

Die Spezifikation der Nachfrage- und Kostenfunktion stellt sicher, daß auch die hinreichende Bedingung für ein Optimum erfüllt ist, d.h. das Marktgleichgewicht existiert und ist eindeutig.

Die Hausbankbeziehung erlaubt die Implementierung der Kartellösung ohne explizite Absprachen und bietet deshalb Schutz gegen wettbewerbsrechtliche Maßnahmen. Da jede Hausbank Anteile an allen anderen Unternehmen hält, besteht kein Anreiz für ein einzelnes Unternehmen, von der Kartellösung abzuweichen und die Ausbringungsmenge zu erhöhen. Eine Verletzung des impliziten Kartellvertrages reduziert aufgrund der Gleichverteilung des Anteilbesitzes die Portfoliorendite aller Banken. Die Optimalität der Hausbankbeziehung als Lösung der ersten Stufe des Marktspiels folgt durch „backward induction". Die Überkreuzverflechtungen der Finanzintermediäre tragen dabei zur Konfliktresolution bei.

Im Gegensatz zu der bisherigen Analyse, kann es bei ungleicher Verteilung des Anteilsbesitzes zu einer Koalitionenbildung kommen, die ebenso wie die Kartellisierung des Marktes zu Wohlfahrtsverlusten führen kann. Des weiteren kann nicht mehr von einer Zielkongruenz zwischen strategischen und finanziellen Investoren gesprochen werden. Dies ist Gegenstand der Diskussion im nächsten Abschnitt.

<u>Koalitionenbildung - aufgezeigt am Beispiel einer Krisenindustrie</u>

Wir betrachten eine Krisenindustrie bestehend aus zwei Cournot-Unternehmen, E (= effizient) und I (= ineffizient). Ähnliche Schlußfolgerungen können für alle Märkte mit strukturellen Nachfrageverschiebungen hergeleitet werden (z.B. Wachstumsindustrien). Wie zuvor, abstrahieren wir in diesem Beispiel von jeglichen Einflußmöglichkeiten anderer Stakeholder. Wir nehmen an, daß die Nachfrage strukturell sinkt, d.h.

$$P = P(Q,t) \tag{9}$$

mit dem Zeitparameter $t \geq 0$ und

$$\frac{\partial P}{\partial t} < 0 \tag{10}$$

$$\lim_{t \to \infty} P(Q,t) = 0\,. \tag{11}$$

Es handelt sich daher um einen sterbenden Markt. Beide Unternehmen produzieren mit konstanten Grenzkosten ($c_I > c_E$). Die Ausbringungsmenge entspricht zu jedem Zeitpunkt der Cournot-Lösung. Im teilspielperfekten Gleichgewicht verläßt das ineffiziente Unternehmen als erstes den Markt, wenn gilt:

$$P(q_{I\gamma} + q_{E\gamma}, \gamma) = c_I \tag{13}$$

Entsprechend tritt das effiziente Unternehmen aus dem Markt aus, wenn gilt:

$$P(q_{E\kappa}, \kappa) = c_E \tag{14}$$

Es folgt $\kappa > \gamma$. Die Ableitung des Gleichgewichts erfolgt wiederum über „backward induction".

Strategische Investoren (Banken) haben den Anreiz, die Reihenfolge des Marktaustritts umzukehren, wenn sie vergleichsweise hohe Eigenkapitalanteile am ineffizienten Unternehmen halten. Betrachten wir zum Beispiel den Fall, bei dem Banken kollektiv 100% des stimmberechtigten Eigenkapitals verwalten, und zwar 100% der Anteile am ineffizienten Unternehmen in Eigenbesitz sowie 100% der Anteile am effizienten Unternehmen über ihre Depotverwaltung bzw. über angegliederte Investmentfonds. Die Banken haben bei entsprechenden Annahmen bezüglich dem Zeitpfad der Nachfragefunktion eine eindeutige Präferenz für das Überleben des ineffizienten Unternehmens, da ihnen damit nach dem Austritt des effizienten Unternehmens die Monopolrente zufallen würde, welche ansonsten den Depot- und Fondanteilhaltern zukommen würde. Eine solche Umkehrung des Gleichgewichts könnte zum Beispiel über eine Manipulation der unternehmerischen Entscheidungsprozesse erreicht werden, die in die Bestimmung von c_E einfließen.

Damit haben wir demonstriert, daß das Gewinnmaximierungskalkül der strategischen Investoren/Banken nicht nur zu Wohlfahrtsverlusten, sondern auch zu Interessenkonflikten mit Finanzinvestoren führen kann, wenn eine ungleiche Verteilung des Anteilsbesitzes innerhalb einer Industrie vorliegt, d.h. wenn strategische Investoren schwerpunktmäßig Anteile an einigen bestimmten Unternehmen halten.

Kapitalstrukturgestaltung von Auslandsgesellschaften - Stammlandspezifische Unterschiede und Ansätze zu deren Erklärung

Dr. Stefan Eckert

Lehrstuhl für Betriebswirtschaftslehre, insbes. Europäisches Management, Universität Bamberg

1 Vorschläge zur Gestaltung der Kapitalstruktur von Auslandsgesellschaften in der wirtschaftswissenschaftlichen Literatur

Zutreffend wurde der Forschungsbereich der Kapitalstrukturgestaltung von Auslandsgesellschaften im Jahre 1981 im Journal of International Business Studies mit dem Satz umrissen: "Does subsidiary capital structure 'matter?'" (Stanley 1981, 103).

Damit wurde auf einen wissenschaftlichen Diskurs rekurriert, der durch eine Veröffentlichung von STONEHILL und STITZEL im Jahre 1969 in Gang gesetzt wurde (vgl. Stonehill/ Stitzel 1969, 91 ff.). Im Rahmen einer Analyse der Kapitalstrukturen von Unternehmen in unterschiedlichen Ländern kommen sie zu dem Ergebnis, daß die Kapitalstrukturen von Unternehmen in Abhängigkeit von deren jeweiliger Nationalität unterschiedlich ausgeprägt sind, und zudem, daß die Bedeutung des Einflußfaktors "Sitzland" für die Erklärung der Kapitalstruktur von Unternehmen sogar von höherer Bedeutung ist als der im Rahmen wissenschaftlicher Erklärungsansätze zur Kapitalstruktur von Unternehmen zumeist herangezogene Einflußfaktor "Branche" (vgl. Stonehill/Stitzel 1969, 92). Auf der Grundlage dieser Befunde leiten STONEHILL und STITZEL die Handlungsempfehlung für internationale Unternehmen ab, die Kapitalstruktur von Auslandsgesellschaften an die im Gastland üblichen Kapitalstrukturen anzupassen, um auf diese Weise eine Integration der Auslandsgesellschaft in die Gastlandumwelt voranzutreiben (vgl. Stonehill/Stitzel 1969, 91 ff.).

Nahezu zehn Jahre später wird in einem Beitrag von SHAPIRO eine Gegenposition zu der von STONEHILL und STITZEL propagierten Vorgehensweise vertreten, die auf der Irrelevanz der Kapitalstruktur von Auslandsgesellschaften basiert (vgl. Shapiro 1978, 216, Adler 1974, 122). Unterstellt wird, daß sich die Investoren internationaler Unternehmen im Rahmen der Analyse des finanziellen Risikos der Kapitalvergabe - unabhängig davon, ob sie der Muttergesellschaft oder einer Auslandsgesellschaft Kapital überlassen - stets nur auf die Kapitalstruktur des internationalen Unternehmensverbunds beziehen, die Kapitalstruktur der einzelnen Teileinheit des internationalen Unternehmensverbunds dagegen für die Risikobeurteilung ohne Bedeutung wäre. Und gleichzeitig wird davon ausgegangen, daß auch das Management internationaler Unternehmen stets dafür Sorge trägt, daß die Muttergesellschaft im Krisenfall für die Verpflichtungen der Auslandsgesellschaften des internationalen Unternehmensverbunds einstehen würde - unter anderem auch weil den unternehmenspolitischen Entscheidungsträgern die ansonsten von den Kapitalgebern drohenden Sanktionen bewußt sind (vgl. Shapiro 1992, 637 ff., Lessard/Shapiro 1983, 76 f.).

Als weitere Prämisse seiner Überlegungen setzt SHAPIRO voraus, daß die Minimierung der gesamtunternehmensbezogenen Kapitalkosten das universale Gestaltungsziel hinsichtlich der Kapitalstrukturgestaltung von Auslandsgesellschaften darstellt (Shapiro 1992, 637, Shapiro 1978, 217). Vor diesem Hintergrund diskutiert er verschiedene Strategien bezüglich der Kapitalstrukturgestaltung von Auslandsgesellschaften:

> "The question has been raised as to whether subsidiary financial structures should:
> a) conform to parent company norms;
> b) conform to the capitalization norms stablished in each country; or
> c) vary, so as to take advantage of opportunities to minimize the cost of capital"
> (Shapiro 1978, 216)

und gelangt zu dem Ergebnis, daß letztere Vorgehensweise die "Optimalstrategie" darstellt (vgl. Shapiro 1992, 637 ff., Lessard/Shapiro 1983, 77, Shapiro 1978, 216 f.); mit der Anpassung der Kapitalstruktur von Auslandsgesellschaften an unternehmensinterne oder externe Strukturen würden unnötige Opportunitätskosten realisiert (vgl. Shapiro 1978, 217), da in diesen Fällen das internationale Unternehmen nicht seine Wettbewerbsvorteile gegenüber nationalen Konkurrenten realisieren würde, indem es - ohne Rücksicht auf die Kapitalstrukturen einzelner Teileinheiten, diese sind irrelevant - die Kapitalkostenunterschiede an unterschiedlichen nationalen Kapitalmärkten ausnutzt.

Dieses Handlungspostulat SHAPIROs zur Gestaltung der Kapitalstruktur von Auslandsgesellschaften wurde mittlerweile in der einschlägigen Literatur zum internationalen Finanzmanagement zur herrschenden Meinung (so etwa auch Eiteman/Stonehill/Moffett 1995, 304 ff., Shapiro 1992, 637 ff., Robock/Simmonds 1989, 546 ff., Abdullah 1987, 406, Pausenberger/ Völker 1985, 48 ff., vgl. auch Giesel 1982, 24 f., der den Wechsel der Sichtweise im Zeitverlauf bei Eiteman/Stonehill verfolgt).

2 Inkompatibilität bisheriger empirischer Befunde mit theoretischer Position

Die bisherigen empirischen Erkenntnisse zur Kapitalstrukturgestaltung von Auslandsgesellschaften sind jedoch nicht uneingeschränkt geeignet, einen stimmigen Zusammenhang zwischen dem in der Theorie formulierten Handlungspostulat und dem Verhalten in der Unternehmenspraxis zu bestätigen.

So attestieren BROOKE/REMMERS in einer Untersuchung über die Kapitalstrukturen US-amerikanischer und europäischer Tochtergesellschaften in Großbritannien eine starke Angleichung an lokal übliche Kapitalstrukturen (vgl. Brooke/Remmers 1973, 265). Zu ähnlichen Ergebnissen gelangt auch REMMERS in einer Studie über die Kapitalstrukturen der Tochtergesellschaften US-amerikanischer Muttergesellschaften in Großbritannien (vgl. Remmers 1977, o. S., zit. in: Giesel 1982, XXXV). GIESEL analysiert die Kapitalstrukturen US-amerikanischer und deutscher Auslandsgesellschaften und findet eine "... polyzentrische, umweltkonforme Finanzpolitik in den Auslandsgesellschaften ..." (Giesel 1982, 232) vor. Tendenziell wird diese zwar auch überlagert von einer ethnozentrisch orientierten Kapitalstrukturpolitik in bezug auf die Weltbilanz des internationalen Unternehmens (vgl. hierzu auch Naumann-Etienne 1974, 867), im Mittelpunkt der Ausgestaltung des Verschuldungsgrades von Auslandsgesellschaften aber steht eindeutig das Ziel der Anpassung an die landesüblichen Strukturen (vgl. Giesel 1982, 232). Konforme Ergebnisse liefert auch eine Studie von PAUSENBERGER/VÖLKER bei 16, vorwiegend deutschen, internationalen Unternehmen (vgl. Pausenberger/Völker 1985, 50 f.) sowie eine neuere Untersuchung von SCHARRER (vgl. Scharrer 1989, 86 f.).

Insgesamt deuten daher die bisherigen empirischen Ergebnisse über die Kapitalstrukturen von Auslandsgesellschaften unmißverständlich auf die Anpassung an lokale Kapitalstrukturen als maßgebliche Gestaltungsstrategie hin.

Unterstellt man die Existenz integrierter Kapitalmärkte, so erscheinen die empirischen Ergebnisse durchaus vereinbar mit dem Handlungspostulat der Irrelevanzthese SHAPIROs: Internationale Unternehmen verfügen aufgrund der gegebenen Situation im Bereich der Kapitalstrukturgestaltung von Auslandsgesellschaften eben nicht über ein Wettbewerbsvorteilspotential gegenüber rein national tätigen Unternehmen, das sich durch die gezielte Steuerung von Finanzierungsaktivitäten der einzelnen Einheiten des internationalen Unternehmensverbunds realisieren ließe. Die Anpassung an lokale Kapitalstrukturen würde demnach keine Opportunitätskosten implizieren.

Geht man davon aus, daß die oben beschriebene Situationskonstellation realiter zutrifft, muß allerdings der zugleich empirisch attestierte hohe Zentralisierungsgrad von Kapitalstrukturentscheidungen in internationalen Unternehmen seltsam anmuten (vgl. Pausenberger/Völker 1985, 35 ff. Giesel 1982, 72, o. V. 1979, 328). So zeigt sich in einer empirischen Studie von KIMBER, daß unter der Vielfalt von finanzwirtschaftlichen Entscheidungen in internationalen Unternehmen, Entscheidungen über die Kapitalstruktur von Teileinheiten einen außerordentlich hohen Zentralisierungsgrad aufweisen (vgl. Kimber 1976, 130, zit. in: Channon/Jalland 1979, 130 ff., Pausenberger/Völker 1985, 35 ff., Giesel 1982, 234, Pausenberger 1981, 185). Berücksichtigt man ferner, daß in bisherigen empirischen Untersuchungen zur organisatorischen Ansiedlung betrieblicher Funktionen im Spannungsfeld zwischen Teileinheit und Zentrale in internationalen Unternehmen mit einem hohen Grad an Übereinstimmung diagnostiziert wurde, daß insbesondere finanzwirtschaftliche Entscheidungen sehr stark zentralisiert sind (vgl. bspw. Grant 1993, 701, Robock/Simmonds 1989, 541, Gates/Egelhoff 1986, 74 f., Young/Hood/Hamill 1985, 3 ff., Davidson 1982, 218, Hedlund 1981, 34 ff., Goehle 1980, 79 ff., Errunza 1979, 90 ff., Sim 1977, 47, Duerr/Roach 1973, 18 ff., Meister 1970, 37 ff.), so wird der hohe Zentralisierungsgrad von Entscheidungen über die Kapitalstruktur von Auslandsgesellschaften noch deutlicher ersichtlich.

Unter der Voraussetzung, daß die Kapitalstruktur von Auslandsgesellschaften nicht nur aus Kapitalgebersicht für die Beurteilung der Kapitalvergabe an Auslandsgesellschaften bedeutungslos ist, sondern auch in dem Sinn, daß durch die Gestaltung der Kapitalstruktur von Auslandsgesellschaften kein Wettbewerbsvorteil gegenüber rein national tätigen Unternehmen zu realisieren ist, wäre mit dieser organisatorischen Ausgestaltung (Zentralisierung) möglicherweise eine unnötige Überlastung der Unternehmensspitze verbunden.

Würde andererseits unterstellt, daß die jeweiligen nationalen Kapitalmärkte nicht integriert, sondern segmentiert sind, so bliebe die Frage bestehen, warum internationale Unternehmen nicht ihren Wettbewerbsvorteil ausnutzen, indem sie ihre Auslandsgesellschaften als "Finanzierungsfilialen" einsetzen und das gesamte Unternehmensverbundsystem durch Kapital aus den für die jeweilige Kapitalart günstigsten (segmentierten nationalen) Kapitalmärkten versorgen und damit die vorhandenen Kapitalmarktunvollkommenheiten überwinden (vgl. Stanley 1981, 116, Robbins/Stobaugh 1972, 56 ff.). Statt dessen wird offensichtlich eine Anpassung an nationale Strukturen betrieben und nicht mittels zentraler Koordination eine kapitalkostenoptimale gesamtunternehmensbezogene Kapitalbeschaffungspolitik durchgeführt, die aufgrund der organisatorischen Entscheidungskompetenzstruktur problemlos realisierbar wäre.

Die Frage, ob Kapitalmärkte nun integriert oder segmentiert sind, wird in der wirtschaftswissenschaftlichen Literatur kontrovers diskutiert (vgl. bspw. Heston/Rouwenhorst/Wessels 1995, 173 ff., Goodwin/Grennes 1994, 121, Aburachis 1993, 26 ff., Fukao 1993, 75 ff.). Ungeachtet der unterschiedlichen Auffassungen, die dort diesbezüglich vorzufinden sind, kann festgestellt werden, daß zumindest für die Industrieländer weder eine vollständige Segmentation nationaler Kapitalmärkte, die einen jeglichen Transfer von Kapital über die Grenze a priori unterbinden würde und damit nachhaltige und dauerhafte Unterschiede zwischen den Kapitalkosten unterschiedlicher Länder begünstigen würde (vgl. Choi/Severn 1991, 12), noch eine perfekte Integration dieser Märkte, die einen unbehinderten risikolosen und transaktionskostenfreien grenzüberschreitenden Kapitalfluß und damit eine völlige Nivellierung der Kapitalkosten implizieren würde (vgl. Wheatley 1988, 177, Baldwin 1987, 45), zu diagnostizieren ist (vgl. Fukao 1993, 75 ff., Errunza/Losq 1989, 1025 ff.). Vielmehr bleibt zu vermerken, daß der Integrationsgrad (vgl. zu Methoden der Messung Adler/Dumas 1983, 967 f.) nationaler Kapitalmärkte aufgrund spezifischer Eigenschaften des Faktors Kapital, nämlich dem hohen Homogenitätsgrad und dem, aufgrund niedriger Transaktionskosten, potentiell hohen Mobilitätsgrad, im Vergleich zum Integrationsgrad nationaler Produkt- und Dienstleistungsmärkte als relativ hoch einzustufen ist. Zudem ist aufgrund der zunehmenden Tendenz zur Liberalisierung nationaler Kapitalmärkte (vgl. bspw. Aggarwal 1993, 42 ff.) und der Entwicklungen im Bereich der Kommunikationstechnologie davon auszugehen, daß der Integrationsgrad nationaler Kapitalmärkte im Zeitverlauf weiter ansteigen wird (vgl. Freeman 1995, 1, Goodwin/Grennes 1994, 107, Baldwin 1987, 55 ff.).

Unabhängig vom Grad der Integration nationaler Kapitalmärkte bleibt aber offensichtlich ein Widerspruch in der Logik des Zusammenhangs zwischen dem Handlungspostulat der Irrelevanzthese SHAPIROs, empirischen Befunden zu den Kapitalstrukturen von Auslandsgesellschaften und der organisatorischen Ansiedlung von Kapitalstrukturentscheidungen in internationalen Unternehmen zurück. Entweder ist ineffizientes Verhalten der Unternehmenspraxis zu attestieren oder das Handlungspostulat der Irrelevanzthese basiert auf Prämissen, die mit der Unternehmenspraxis nicht im Einklang stehen. In jedem Fall erscheint der Erklärungsbeitrag der Irrelevanzthese für das Verhalten in der Unternehmenspraxis gering.

Die hier aufgezeigten Ungereimtheiten wurden zum Anlaß genommen, ein Forschungsprojekt durchzuführen, das sich mit der (Ir-)Relevanz der Kapitalstruktur von Auslandsgesellschaften und den Gestaltungszielen hinsichtlich der Kapitalstrukturgestaltung von Auslandsgesellschaften empirisch auseinandersetzt. Ein Teilziel dieses Forschungsprojektes war unter anderem zur Klärung der Frage beizutragen, ob die Gestaltungsziele hinsichtlich der Kapitalstrukturgestaltung von Auslandsgesellschaften in Abhängigkeit vom Stammland internationaler Unternehmen differieren - eine Überlegung, die die oben skizzierten Ungereimtheiten auflösen könnte. Denn während die theoretische Argumentation zur Kapitalstrukturgestaltung von Auslandsgesellschaften vorwiegend in der US-amerikanischen Literatur zum internationalen Finanzmanagement beheimatet ist, sind die empirischen Untersuchungen zur Ausprägung der Kapitalstruktur von Auslandsgesellschaften vorwiegend deutschen Ursprungs. Demzufolge lag auch nahe, als Vergleichsländer Deutschland und die USA zur Analyse heranzuziehen.

3 Theoretischer Bezugsrahmen und empirische Vorgehensweise

Der theoretischen Argumentation diente als Bezugsrahmen bislang der in der finanzwirtschaftlichen Theorie als "traditioneller Ansatz" bezeichnete U-förmige Zusammenhang zwischen Verschuldungsgrad und Kapitalkosten (vgl. bspw. Kappler/Rehkugler 1991, 1015 ff.). Das modellspezifisch exogen vorgegebene Gestaltungsziel war in diesem Bezugsrahmen die Minimierung der Kapitalkosten. Zielvariationen waren damit a priori ausgeschlossen. Aus diesem Grund erwies sich dieser für die vorliegende Untersuchung von vornherein als untauglich.

Als Vorleistung für die durchzuführende Untersuchung war folglich ein neuer Bezugsrahmen zu konzeptionieren, der die Ziele hinsichtlich der Kapitalstrukturgestaltung von Auslandsgesellschaften modelltechnisch endogenisierte und Zielvariationen gestattete. Einige, für die weitere Argumentation wichtige Fragmente dieses Bezugsrahmens sollen im weiteren dargestellt werden (eine ausführliche Darstellung findet sich in Eckert 1997, 68 ff.).

Die Kapitalstruktur von Auslandsgesellschaften ist als Entscheidungsobjekt im Zentrum des Bezugsrahmens angesiedelt (vgl. Abb. 1). Traditionell wird der Terminus "Kapitalstruktur" in der einschlägigen Literatur mit der Relation von Eigen- und Fremdkapital gleichgesetzt. Wenngleich im Rahmen der Neukonzeptionierung des Bezugsrahmens eine wesentlich weitgefaßtere Kapitalstrukturdefinition zugrunde gelegt wurde (vgl. hierzu Eckert 1997, 69 ff.), soll sich die folgende Argumentation auf die Eigen-/Fremdkapitalrelation sowie die Fristigkeitsstruktur der zur Verfügung stehenden Finanzmittel beschränken.

Unternehmenspolitische Entscheidungen, welche die Kapitalstruktur von Auslandsgesellschaften betreffen, werden in zwei Entscheidungskategorien unterteilt, nämlich Kapitalstrukturentscheidungen und Finanzierungsentscheidungen. Folgt man der in der traditionellen Finanzierungstheorie implizit vorgenommenen Interpretation des Terminus "Kapitalstrukturentscheidung", so sind alle Entscheidungen, welche die Finanzierung von Unternehmen betreffen, gleichzeitig auch Kapitalstrukturentscheidungen (vgl. bspw. Breuer 1995, 609 ff., Wosnitza 1995, 6 ff.). Zu kritisieren ist an dieser weitgefaßten Begrifflichkeit allerdings, daß dort selbst dann von "Kapitalstrukturentscheidungen" gesprochen würde, wenn ein Unternehmen sämtliche Entscheidungen hinsichtlich der Unternehmensfinanzierung träfe, ohne deren Wirkungen auf die Kapitalstruktur zu berücksichtigen, die Kapitalstruktur also eher als Zufallsprodukt denn als geplantes Resultat unternehmenspolitischer Entscheidungen zu charakterisieren wäre (vgl. die Pecking-order-theory von Myers 1984, 575 ff. sowie auch Baskin 1989, 26 ff.). Dieser Begriffsauffassung soll in dieser Untersuchung nicht gefolgt werden, da der Begriff "Kapitalstrukturentscheidung" implizit den Eindruck eines bewußten planerischen Gestaltungsprozesses erweckt.

Eine engere Definition grenzt demgegenüber Kapitalstrukturentscheidungen auf unternehmenspolitische Entscheidungen ein, bei denen Kapitalrelationen bewußt geplant werden, die dann im Rahmen der vorzunehmenden Finanzierungsmaßnahmen einzuhalten bzw. anzustreben sind (vgl. Jansen 1978, 8 sowie 80). Durch diese definitorische Einschränkung werden Kapitalstrukturentscheidungen als Komponenten innerhalb des finanzwirtschaftlichen Entscheidungsprozesses präziser definiert, aber die Summe an finanzwirtschaftlichen Entscheidungen, die unter diese Kategorie subsumierbar ist, wird auch rigide dezimiert. Als Konsequenz folgt, daß abgesehen von Kapitalstrukturentscheidungen eine weitere Entscheidungskategorie im Kontext finanzwirtschaftlicher Entscheidungsprozesse vorliegt, nämlich Entscheidungen, die innerhalb des durch Kapitalstrukturentscheidungen vorgelegten Strukturrahmens die Ausgestaltung jeweils akuter Finanzierungsmaßnahmen festlegen und im weiteren als Finanzierungsentscheidungen bezeichnet werden sollen (vgl. hierzu auch Kornbluth/Vinso 1982, 147 ff.).

Die Entscheidungen beider Kategorien sind - so die hier vertretene Auffassung - zielgeleitet. Die maßgeblichen Gestaltungsziele können - in Anlehnung an portfoliotheoretische Überlegungen - innerhalb eines Zielfeldes eingeordnet werden, dessen Eckpunkte die Zielgrößen "Ertragssteigerung" und "Risikoreduktion" sind.

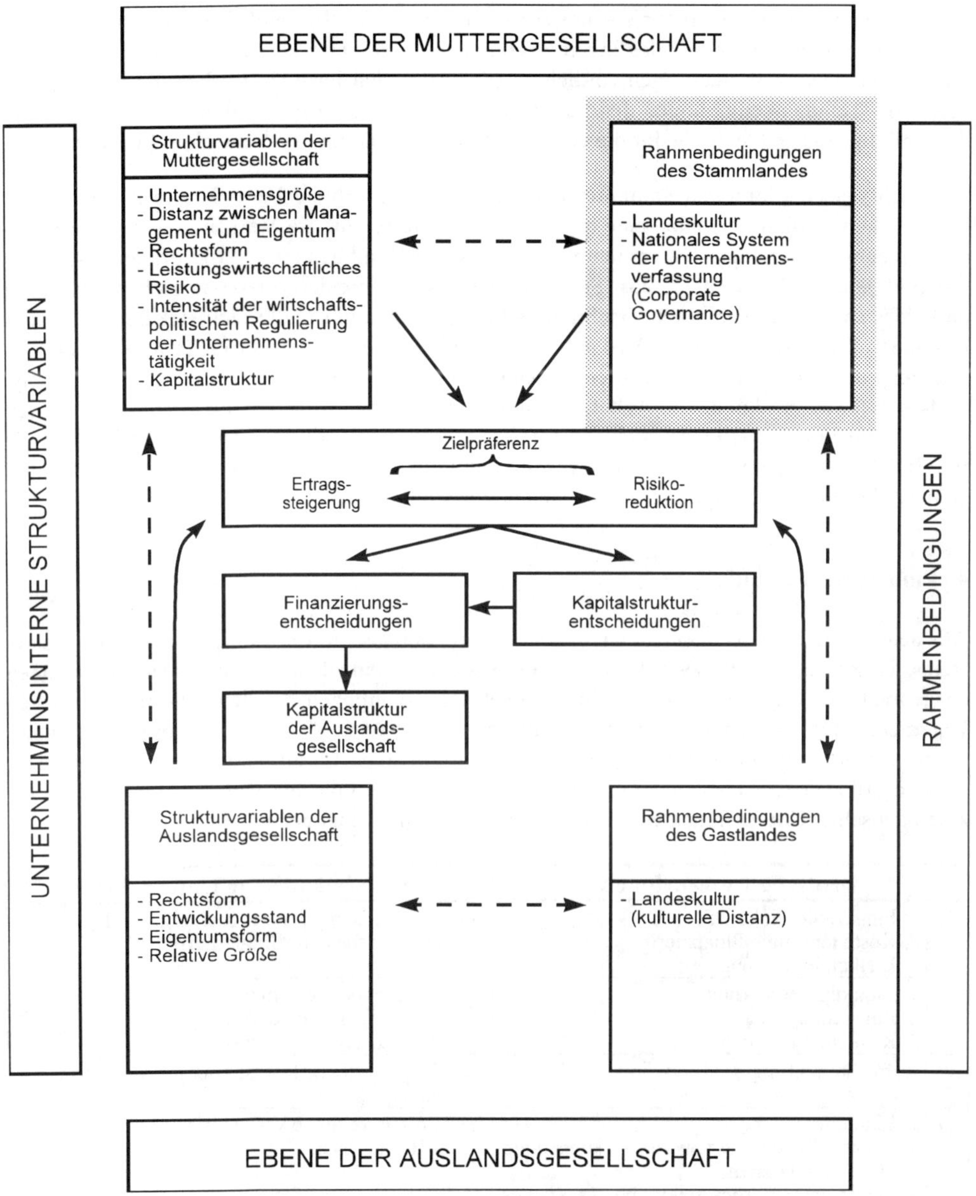

Abb. 1: Einflußfaktoren auf die Zielpräferenz hinsichtlich der Kapitalstrukturgestaltung von Auslandsgesellschaften

Die als Aggregat der Ausprägungen der einzelnen Gestaltungsziele insgesamt jeweils resultierende unternehmenspolitische Zielpräferenz hinsichtlich der Kapitalstrukturgestaltung von Auslandsgesellschaften kann somit abhängig von den situationsspezifischen Ausprägungen von Organisations- und Kontextfaktoren unterschiedlich ausfallen. Bezüglich potentieller Einflußfaktoren wurden die Ergebnisse der Auswertung empirischer und theoretischer Literatur sowie eigene Plausibilitätsüberlegungen zusammengetragen und zu den in Abb. 1 dargestellten Zusammenhangsvermutungen verdichtet. (Die grauschattierte Hervorhebung der Einflußkategorie "Rahmenbedingungen des Stammlandes" soll verdeutlichen, daß es sich hierbei um die Einflußgrößen handelt, die für die vorliegende Untersuchung von zentralem Interesse sind).

Angesichts des explorativen Stadiums, in dem sich der Forschungsbereich zum Zeitpunkt der Untersuchung befand, erschien eine quantitativ orientierte, auf die Versendung standardisierter Fragebögen angelegte Untersuchung nicht als in befriedigendem Maße erkenntnisförderlich (vgl. auch Kubicek 1977, 26). Stattdessen wurden Tiefeninterviews in sieben deutschen und sieben US-amerikanischen Großunternehmen durchgeführt, die sich mit der Frage der Kapitalstrukturgestaltung von Auslandsgesellschaften auseinandersetzten (zur genauen Begründung der Auswahl der Untersuchungseinheiten, vgl. Eckert 1997, 127 ff.). Die Ergebnisse dieser Befragung können in Anbetracht der geringen Stichprobengröße keinerlei Anspruch auf Repräsentativität erheben, nichtsdestotrotz vermitteln sie allerdings einen Einblick in die Praxis der Finanzierung von Auslandsgesellschaften und liefern auf diese Weise die Grundlage bzw. den Anstoß für spätere, breiter angelegte Studien.

4 Empirische Befunde

Aus den empirisch gewonnenen Daten läßt sich im Hinblick auf die Charakteristik des Zielsystems feststellen, daß dieses im Fall der untersuchten deutschen Unternehmen durch einen ausgeprägteren Zielpluralismus gekennzeichnet ist, wohingegen bei den US-amerikanischen Unternehmen vorwiegend ein Zielmonismus anzutreffen ist (vgl. Tab. 1). Während bei nahezu allen deutschen Unternehmen (Ausnahme: Unternehmen C) zumindest zwei, wenn nicht sogar drei Finanzierungsoberziele genannt wurden, wurde von den Repräsentanten der US-amerikanischen Unternehmen zumeist nur ein Finanzierungsziel genannt.

Deutsche Unternehmen		**US-amerikanische Unternehmen**	
A	1. Finanzielle Sicherheit 2. Kostenoptimale Finanzierung 3. Risikominimierung	***H***	To realize the lowest cost of capital (after tax) for the consolidated group
B	1. Liquiditätssicherung 2. Zinsminimierung 3. Risikominimierung	***I***	To finance the company on a solid basis: 1. Flexibility to continue investment ... 2. ... at reasonable costs of financing
C	Aufrechterhaltung der Liquidität	***J***	To provide the lowest cost of capital to the company
D	1. Liquidität ... 2. ... unter Beachtung von Auswirkungen auf die Kapitalkosten... 3. ... und unter Berücksichtigung des Risikos	***K***	To secure the lowest cost of capital on an after-tax basis
E	1. Vermeidung finanzieller Risiken 2. Kostengünstige Finanzierung der Gruppe	***L***	Provide funding for the business at a certain level of cost of capital
F	1. Aufrechterhaltung von Liquidität 2. Minimierung von Kapitalkosten	***M***	1. Securing liquidity 2. Providing funding for the company
G	1. Unabhängigkeit des Unternehmens 2. Sicherung der Eigenkapitalquote 3. Steigerung der Umsatzrendite	***N***	To provide funding for the growth of the business

Tab. 1: Finanzierungsziele der untersuchten Unternehmen[1]

Und auch bezüglich der präferenzbezogenen Ausrichtung der Finanzierungsoberziele liegen tendenzielle Unterschiede zwischen den untersuchten deutschen und US-amerikanischen Unternehmen vor. So ist bei den analysierten deutschen Unternehmen innerhalb der Zielsysteme zumeist eine Superiorität von Zielen zu verzeichnen, die auf Risikoreduktion ausgerichtet sind, bzw. das alleinige Finanzierungsziel ist auf Risikoreduktion gerichtet (C). Im Gegensatz dazu ist bei den untersuchten US-amerikanischen Unternehmen das alleinige Finanzierungsziel zumeist auf die Verringerung/Minimierung der Kapitalkosten und damit auf eine Verbesserung der Ertragssituation ausgerichtet.

Deutliche Unterschiede zwischen deutschen und US-amerikanischen Unternehmen zeigen sich auch im Hinblick auf die Existenz von Planvorgaben für die Eigenkapitalausstattung von Auslandsgesellschaften. Alle untersuchten deutschen Unternehmen weisen spezifische Grundsätze für die Eigenkapitalquote von Auslandsgesellschaften auf (vgl. Tab. 2). Dabei gilt es mit Bezug auf den anfangs skizzierten wissenschaftlichen Diskurs allerdings deutlich hervorzuheben, daß diese Grundsätze nicht auf die Anpassung der Eigenkapitalquoten von Auslandsgesellschaften an im Gastland übliche Strukturen abzielen. Teilweise war der Eindruck nicht von der Hand zu weisen, daß die jeweils interviewten Führungskräfte überhaupt keine klare Vorstellung davon hatten, was die "landesübliche Kapitalstruktur" sei. Vielmehr wird offensichtlich eine unternehmensinterne Konformität der Kapitalstrukturen von Auslandsgesellschaften angestrebt.

Deutsche Unternehmen		**US-amerikanische Unternehmen**	
A	Orientierungsgröße für die Eigenkapitalquote von Teileinheiten: 25%	*H*	(Keine Richtlinie, entscheidungsrelevant ist nur das Finanzierungsoberziel)
B	Soll-Eigenkapitalquote: 30% für Vertriebsgesellschaften, 40% für Produktionsgesellschaften	*I*	Branchenübliche Fremdkapital/Eigenkapitalrelation bei Tochtergesellschaften
C	Für Teileinheiten des Konzerns ist eine Eigenkapitalquote von 30% ausreichend	*J*	(Keine Richtlinie, entscheidungsrelevant ist nur das Finanzierungsoberziel)
D	Soll-Eigenkapitalquote: 20% für Vertriebsgesellschaften, 30% für Produktionsgesellschaften	*K*	"Minimum equity is always best" (allerdings unter Berücksichtigung des Finanzierungsoberziels)
E	Soll-Eigenkapitalquote: 15-20% für Vertriebsgesellschaften, 30-40% für Produktionsgesellschaften	*L*	(Keine Richtlinie, entscheidungsrelevant ist nur das Finanzierungsoberziel)
F	Verbundweit einheitliche Eigenkapitalquote Auslandsgesellschaften (wobei nach Vertriebs- und Produktionsgesellschaften differenziert wird, keine Angabe über konkrete Ausprägung)	*M*	(Keine Richtlinie, aber Bedeutung der finanziellen Eigenständigkeit von Auslandsgesellschaften wird betont)
G	Soll-Eigenkapitalquote für Auslandsgesellschaften: 30%	*N*	"Subsidiaries should be financed with minimum equity"

Tab. 2: Finanzierungspolitische Grundsätze bezüglich der Eigenkapitalquote von Auslandsgesellschaften[1]

Im Unterschied dazu sind bei den analysierten US-amerikanischen Unternehmen derartige Planvorgaben hinsichtlich der Eigen-/Fremdkapitalrelation von Auslandsgesellschaften in wesentlich geringerem Umfang vorzufinden. Im Gegenteil betonten die Vertreter dieser Unternehmen im Verlauf der Gespräche des häufigeren, daß die Eigenkapitalquoten ihrer Auslandsgesellschaften stark unterschiedlich ausgeprägt wären, wobei landesüblichen Gepflogenheiten keine Beachtung geschenkt werde.

Und auch hinsichtlich der Gestaltung der Fristigkeitsstruktur von Auslandsgesellschaften sind bei den untersuchten Unternehmen stammlandspezifisch unterschiedliche Strategien vorzufinden. Während die deutschen Muttergesellschaften unmißverständlich die Notwendigkeit der fristenkongruenten Finanzierung von Auslandsgesellschaften hervorheben, wird bei den untersuchten US-amerikanischen Unternehmen wesentlich stärker die Attraktivität kurzfristiger Fremdfinanzierung bei Auslandsgesellschaften betont (vgl. Tab. 3).

	Deutsche Unternehmen		US-amerikanische Unternehmen
A	Auslandsgesellschaften sind stärker mit kurzfristigem [Fremd-]Kapital zu finanzieren	*H*	Auslandsgesellschaften sind stärker mit kurzfristigem Fremdkapital zu finanzieren
B	Fristenkongruente Finanzierung der Auslandsgesellschaften wird angestrebt	*I*	Fristenkongruente Finanzierung von Teileinheiten ist anzustreben
C	Anlagevermögen soll langfristig finanziert sein, Umlaufvermögen sollte nicht mit Eigenkapital finanziert sein	*J*	Auslandsgesellschaften sind verstärkt mit kurzfristigen Krediten zu finanzieren
D	Langfristiges Kapital soll mindestens das Anlagevermögen decken	*K*	Tochtergesellschaften sind verstärkt mit kurzfristigem [Fremd-]Kapital zu finanzieren
E	Anlagevermögen sollte langfristig finanziert sein	*L*	(keine Angabe)
F	Anlagevermögen sollte langfristig finanziert sein	*M*	Teileinheiten sollen fristenkongruent finanziert sein
G	Langfristiges Vermögen soll durch langfristiges Kapital gedeckt sein	*N*	(keine Angabe)

Tab. 3: Finanzierungspolitische Grundsätze bezüglich der Fristigkeitsstruktur des Kapitals von Auslandsgesellschaften[1]

So berichtete bspw. der Vertreter von B über die Finanzierung einer Auslandsgesellschaft in Österreich, wo kostengünstige kurzfristige Finanzierungsmöglichkeiten nicht in Anspruch genommen wurden, da ansonsten die Fristenkongruenz von Vermögen und Kapital bei der Tochtergesellschaft nicht gewährleistet gewesen wäre. Im Unterschied dazu hebt der Gesprächspartner von K hervor, daß die Kapitalstrukturen der europäischen Tochtergesellschaften weitestgehend mit kurzfristigem Fremdkapital ausgestattet seien - langfristiges Fremdkapital bei Auslandsgesellschaften die Ausnahme darstellen würde - und erklärt weiter, daß die aus dieser Strategie resultierenden Strukturen für ein eigenständiges Unternehmen undenkbar wären.

5 Zusammenfassung der empirischen Befunde und Schlußfolgerungen

Die empirische Relevanz der Strategie der Anpassung der Kapitalstruktur von Auslandsgesellschaften an gastlandtypische Kapitalstrukturen konnte in der vorliegenden Untersuchung nicht bekräftigt werden. Damit stehen die Ergebnisse dieser Untersuchung klar im Widerspruch zu den Erkenntnissen bisheriger Studien bezüglich der Kapitalstruktur von Auslandsgesellschaften, die vorwiegend aus dem deutschsprachigen Raum stammen. Es ließe sich darüber spekulieren, ob in bezug auf die Kapitalstrukturgestaltung von Auslandsgesellschaften bei deutschen internationalen Unternehmen im Zeitverlauf möglicherweise ein Strategiewechsel stattgefunden hat; wobei die Gestaltungsstrategie sich von einer umweltexternen Anpassung auf eine organisationsinterne Anpassung verlagert hat.

Unter Bezugnahme auf das von SHAPIRO formulierte zu Anfang skizzierte Theorem wird deutlich, daß die praktische Umsetzung dieser normativen Gestaltungsanweisung stammlandspezifisch sehr unterschiedlich ausfällt. Während die untersuchten US-amerikanischen Unternehmen sich tendenziell an seinen Gestaltungvorschlag halten, also der Kapitalstruktur von Auslandsgesellschaften hinsichtlich ihrer isolierten Außenwirkung wenig Beachtung schenken, wenden deutsche Unternehmen die von SHAPIRO ohne Hinweis auf etwaige Einschränkungen formulierte und daher als universalistisch intendiert zu interpretierende Gestaltungsanweisung nicht an.

Ursächlich für die festgestellten Verhaltensunterschiede dürften wohl die vorgefundenen Unterschiede in der Zielpräferenz hinsichtlich der Kapitalstrukturgestaltung von Auslandsgesellschaften sein, die als Aggregat der Zielausprägungen von Finanzierungszielen und den Gestaltungszielen der einschlägigen Kapitalstrukturentscheidungen zu verstehen ist.

Pluralistische Zielsysteme, deren Oberziel auf Risikoreduktion ausgerichtet ist und klare, standardisierte Planvorgaben für die Kapitalstruktur von Auslandsgesellschaften, welche zumindest teilweise ebenfalls risikoreduzierende Wirkung ausüben sollen (vgl. hierzu ausführlich Eckert 1997, 138 ff.) kennzeichnen die untersuchten deutschen Unternehmen. Die Strategien bezüglich der Kapitalstrukturgestaltung von Auslandsgesellschaften der untersuchten deutschen Unternehmen sind demnach durchaus als tendenziell risikoavers zu charakterisieren. Hingegen läßt sich die Strategie der US-amerikanischen Unternehmen durch ein einziges, auf Ertragssteigerung ausgerichtetes Gestaltungsziel charakterisieren, das zumeist in der Form "Minimierung der Kapitalkosten" präzisiert ist; gleichzeitig werden Planvorgaben für die Gestaltung der Kapitalstruktur von Auslandsgesellschaften bewußt vermieden, womit die Realisierung des Finanzierungsoberziels nicht durch Kapitalstruktur-Restriktionen beschnitten wird. Insgesamt sind damit die Strategien der analysierten US-amerikanischen Unternehmen im Hinblick auf die Kapitalstrukturgestaltung von Auslandsgesellschaften als tendenziell weniger risikoavers - im hier verwendeten "Bezugsrahmenjargon": "stärker ertragsorientiert" - zu beschreiben.

Während sich allerdings bei den deutschen Unternehmen ein relativ homogenes Bild abzeichnet (schwache Abweichungen bei A und G), erscheint die US-amerikanische Teilgesamtheit bezüglich der Strategien für die Kapitalstrukturgestaltung von Auslandsgesellschaften heterogener. So sind die Finanzierungsoberziele bei I, N und M eher auf Risikoreduktion ausgerichtet als bei H, J, K oder L. Und bei M wird im Zusammenhang mit Planvorgaben für die Kapitalstruktur von Auslandsgesellschaften auf die Notwendigkeit der finanziellen Eigenständigkeit von Auslandsgesellschaften hingewiesen - ein Faktor der die Realisierung der gesamtunternehmensbezogenen kostenoptimalen Kapitalstruktur von Auslandsgesellschaften zusätzlich einschränkt. (Im Zusammenhang mit der Frage der Gestaltung der Fristigkeitsstruktur von Auslandsgesellschaften wird dieser Aspekt auch bei I betont). Dennoch sind die Strategien dieser Unternehmen bezüglich der Kapitalstrukturgestaltung von Auslandsgesellschaften insgesamt als tendenziell weniger risikoavers einzustufen als die der analysierten deutschen Unternehmen. Zudem zeigen gerade die anderen befragten US-amerikanischen Unternehmen eine ausgesprochene "Aggressivität" in bezug auf die Kapitalstrukturgestaltung von Auslandsgesellschaften. So erläuterte etwa der Interviewpartner von K, daß die Auslandsgesellschaften seines Unternehmens teilweise mit 80% Eigenkapital ausgestattet und teilweise "... technically bankrupt ..." seien und äußerte weiter: "We look for financial opportunities in any country, regardless where the investment opportunities are". Summa summarum liegen somit unverkennbare stammlandspezifische Unterschiede bezüglich der Strategien hinsichtlich der Kapitalstrukturgestaltung von Auslandsgesellschaften vor, wobei die untersuchten deutschen Unternehmen ein tendenziell risikoaverseres Verhalten an den Tag legen als die analysierten US-amerikanischen Unternehmen (vgl. hierzu auch die Ergebnisse von Scharrer/Krägenau 1990, 45).

Unter der Voraussetzung, daß es sich bei den hier vorgefundenen Verhaltensweisen jeweils um ein stammlandweit generalisierbares Phänomen handelt, stellt sich die Frage, ob dieses stammlandspezifisch unterschiedliche Verhalten temporärer oder dauerhafter Natur ist. Ist im Zeitablauf eine Konvergenz bezüglich der Strategie hinsichtlich der Kapitalstruktur von Auslandsgesellschaften bei US-amerikanischen und deutschen Unternehmen zu erwarten oder etwa sogar eine Divergenz? Für die Beantwortung dieser Frage erscheint eine analytische Auseinandersetzung mit den potentiellen Ursachen des vorgefundenen Verhaltens unerläßlich.

6 Ansätze zur Erklärung stammlandspezifischer Verhaltensunterschiede

Zum einen könnten die vorgefundenen Unterschiede bezüglich der Kapitalstrukturstrategien der untersuchten Unternehmen Konsequenzen der unterschiedlichen Landeskulturen der Stammländer Deutschland und USA sein (Ohne ausführlich auf die unterschiedlichen Definitionen des Kulturbegriffs in der Literatur näher einzugehen, vgl. hierzu bspw. Holzmüller 1995, 28 ff., soll im weiteren unter dem Terminus "Kultur" die Summe der innerhalb eines Kollektivs gemeinsam getragenen Werte und Einstellungen verstanden werden).

Hinweise auf diesbezügliche Unterschiede zwischen den USA und Deutschland sind bspw. aus Studien von HOFSTEDE und CUMMINGS/HARNETT/STEVENS zu gewinnen. Der Uncertainty avoidance-Index der HOFSTEDE-Studie (vgl. bspw. Hofstede 1993, 127 ff.), der für eine spezifische Landeskultur das Maß bestimmt, in dem Individuen der jeweiligen Landeskultur sich in unsicheren Situationen unwohl fühlen, läßt Rückschlüsse auf das Risikoverhalten von dieser Landeskultur zugehörigen Individuen zu. Als Ausprägung des Uncertainty avoidance-Index wurde von HOFSTEDE für die USA ein Wert von 46 ermittelt, wohingegen Deutschland einen Wert von 65 erreicht, was dafür spricht, daß deutsche Entscheidungsträger ein risikoaverseres Entscheidungsverhalten zeigen als US-amerikanische Entscheidungsträger (vgl. Abb. 2).

Untermauert werden diese Vermutungen zudem durch eine ältere Studie von CUMMINGS/HARNETT/STEVENS, die die Risikoneigung von Entscheidungsträgern aus unterschiedlichen Landeskulturen vergleichen (vgl. Cummings/Harnett/Stevens 1971, 285 ff.). Die Ergebnisse ihrer Untersuchung erweisen sich als stimmig mit denen der HOFSTEDE-Studie. Zentraleuropäische (und damit auch deutsche) Entscheidungsträger verhalten sich risikoscheuer als US-amerikanische Entscheidungsträger (Zusätzliche Unterstützung erhalten diese empirischen Befunde auch durch die Ergebnisse von Untersuchungen, die das Anlageverhalten von privaten Haushalten in den Ländern USA und Deutschland empirisch miteinander vergleichen, vgl. diesbezüglich bspw. Rehkugler/Voigt/Wolff 1993, 320 ff., Frey/Löwe 1991, 19 ff.).

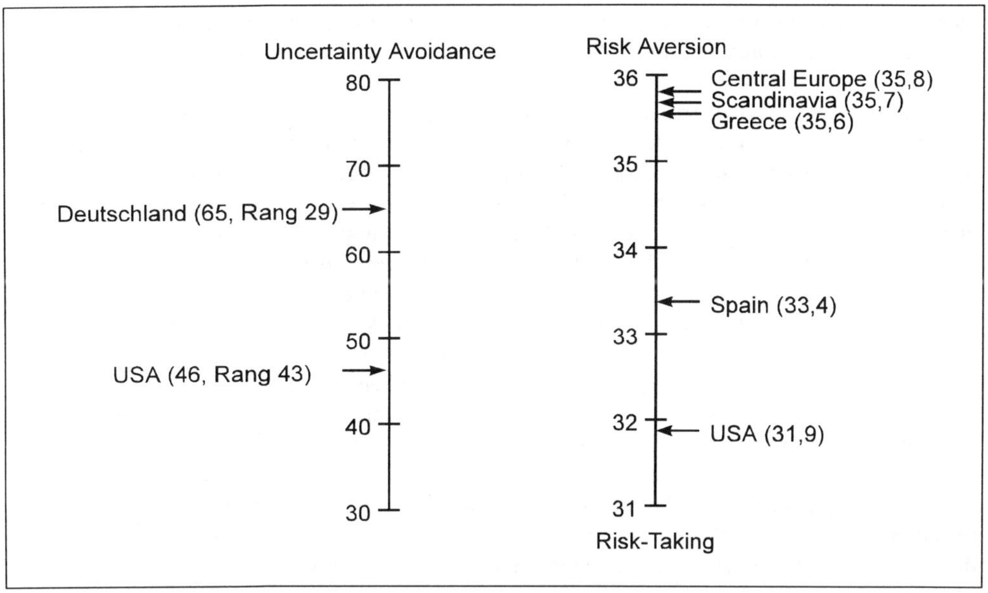

Abb. 2: Landeskulturelle Unterschiede in der Risikoneigung von Entscheidungsträgern (Eigene Darstellung, in Anlehnung an Cummings/Harnett/Stevens) Quellen: Hofstede 1993, 135 f., Cummings/Harnett/Stevens 1971, 293

Als weitere Erklärungsmöglichkeit sind stammlandspezifische Unterschiede im jeweiligen nationalen System der Unternehmensverfassung heranzuziehen. So ist bei deutschen Großunternehmen ein stärkerer Einfluß tendenziell risikoaverser Bezugsgruppen, im einzelnen Banken, Arbeitnehmer (und - aufgrund der Kontraktbeziehungen zum Unternehmen - auch des Management selbst) auf die unternehmenspolitische Entscheidungsfindung festzustellen (vgl. bspw. Papenheim-Tockhorn 1995, 136 ff., Baums/Fraune 1994, 1 ff., Adams 1990, 250). Der hohe Einfluß von Banken und Arbeitnehmern im Rahmen der deutschen Unternehmensverfassung trägt maßgeblich zu einer tendenziell höheren Autarkisierung des Management deutscher Unternehmen gegenüber den Interessen außenstehender Anteilseigner bei (vgl. bspw. Adams 1994, 148 ff.). Diese Autarkisierung erfordert zwar einerseits eine tendenziell stärkere Berücksichtigung der eher als risikoavers einzuordnenden Interessen von Banken und Arbeitnehmern, ermöglicht aber andererseits, daß das Management deutscher Unternehmen bei der Entwicklung unternehmenspolitischer Ziele und Entscheidungen in vergleichsweise höherem Ausmaß eigene (ebenfalls eher risikoavers ausgerichtete) Interessen einbringt.

Hingegen zeigt sich bei US-amerikanischen Unternehmen ein nachhaltiger Einfluß institutioneller Anleger wie Pensionsfonds (vgl. Wiendieck 1992, 198, Schneider 1990, 319), deren Risikohaltung aufgrund des im Rahmen ihrer Investitionspolitik realisierten Diversifikationsgrades in bezug auf ein einzelnes Unternehmen eher als risikoneutral charakterisiert werden kann (vgl. Coffee 1988, 80). Der beträchtliche Einfluß dieser institutionellen Anleger führt dazu, daß deren Erwartungen bei der Entwicklung unternehmenspolitischer Ziele, mithin auch der Zielpräferenz hinsichtlich der Kapitalstrukturgestaltung von Auslandsgesellschaften entsprechend stark berücksichtigt werden. Die allzu starke Transformation der eigenen Interessen des Management wird hingegen durch die Bedrohung durch den in den USA wirksamen Markt für Unternehmenskontrolle verhindert (vgl. Krüger/Uhen 1995, 29).

Zur empirischen Untermauerung der Bedeutung der diskutierten potentiellen Einflußfaktoren lassen sich die Ergebnisse der durchgeführten empirischen Studie heranziehen, wobei der isolierte Einfluß der einzelnen diskutierten Einflußfaktoren indessen - mangels Möglichkeit zur Durchführung einer ceteris paribus-Analyse - strittig und spekulativ bleiben muß. Zum einen zeigt sich bei Unternehmen N, dessen Führungsspitze angesichts deutschstämmiger Führungskräfte durch die deutsche Landeskultur beeinflußt sein dürfte, zumindest für den Finanzierungsbereich eine ausgeprägtere Risikoscheu als bei anderen analysierten US-amerikanischen Unternehmen. Diese konkretisiert sich in Form des proklamierten Finanzierungsziels (vgl. Tab. 1). Damit wird nahegelegt, der jeweiligen Landeskultur einen dominanten Beitrag zur Erklärung des Entscheidungsverhaltens zuzuschreiben. Andererseits war ein weiterer deutschstämmiger Interviewpartner (H), der erst als Erwachsener in die USA übersiedelte, hinsichtlich der für sein Unternehmen formulierten (und seinerseits unterstützten) Kapitalstrukturstrategie nicht von anderen US-amerikanischen Teilnehmern zu unterscheiden, was - sieht man von dem Einwand ab, Akkulturationsprozesse wären verantwortlich für die gezeigte Haltung - Anlaß dafür liefert, den unmittelbaren Einfluß der Landeskultur auf das Entscheidungsverhalten tendenziell zu relativieren. Als alleiniger Erklärungsfaktor reicht diese wohl kaum aus.

Zudem bietet insbesondere das Phänomen, daß gerade das größte der an der Untersuchung beteiligten US-amerikanischen Unternehmen (M) sich reichlich "un-amerikanisch" verhält, Anreiz zu Spekulationen. Da möglicherweise gerade bei diesem Unternehmen angesichts dessen Größe das Erreichen einer für das Management mit nachhaltigem Einfluß verbundenen Beteiligung aufgrund des enormen hierfür notwendigen Kapitalaufwands eher unwahrscheinlich erscheint, könnte es sein, daß eine streng "ertragsorientierte" Ausrichtung der Unternehmensführung nicht in der Stringenz durchgreift wie bei anderen an der Untersuchung beteiligten US-amerikanischen Unternehmen (bspw. H, J, K, L).

Auch bei den untersuchten deutschen Unternehmen scheint der Einfluß spezifischer Interessengruppen nachhaltig die Unternehmenspolitik zu beeinflussen. So ist von allen untersuchten Unternehmen die Distanz zwischen Management und Eigentum, ausgedrückt durch die Konzentration des stimmberechtigten Kapitals, bei G am geringsten (80% des stimmberechtigten Kapitals befindet sich in der Hand weniger Privatpersonen), gleichzeitig erscheint G hinsichtlich seiner Kapitalstrukturstrategie als weniger ausgeprägt risikoavers verglichen mit den anderen analysierten deutschen Unternehmen. Das oberste Finanzierungsziel ist dort - anders wie bei den anderen befragten deutschen Unternehmen - nicht eindeutig auf Risikoreduktion ausgerichtet. Von den insgesamt drei genannten Finanzierungszielen kann lediglich eines (Sicherung der Eigenkapitalquote) tendenziell als "risikoorientiert" eingeordnet werden. Der Interviewpartner von D erklärt die risikoscheue unternehmenspolitische Haltung seines Unternehmens auch damit, daß der einflußreichste Anteilseigner ein Holding-Unternehmen ist, über das andere (risikoavers orientierte) deutsche Großunternehmen und deutsche Bankinstitute an D beteiligt sind, wobei dieses Holding-Unternehmen nach Aussage des Interviewpartners zur Verhinderung feindlicher Unternehmensübernahmen eingesetzt wurde. Auf die konkrete Frage, worauf er die Divergenz zwischen deutschen und US-amerikanischen Unternehmen im Bereich der Kapitalstrukturstrategie zurückführen würde, antwortete der deutschstämmige US-amerikanische Interviewpartner von Unternehmen H: "... because they [German companies] don't have any shareholders that knock them on their heads ...".

7 Strategien hinsichtlich der Kapitalstrukturgestaltung von Auslandsgesellschaften - Versuch einer Entwicklungsprognose

Auf der Grundlage der Befunde lassen sich in Anbetracht des geringen Stichprobenumfangs keine Ergebnisse ableiten, die eine Beendigung der Forschungsbemühungen erlauben. Festzuhalten bleibt die angesichts der vorliegenden Ergebnisse nicht zu widerlegende Vermutung, daß sowohl Unterschiede in der Landeskultur als auch Unterschiede im jeweiligen stammlandspezifischen System der Unternehmensverfassung zu den vorgefundenen Unterschieden in den Kapitalstrukturstrategien deutscher und US-amerikanischer Unternehmen beitragen. Es ist kaum davon auszugehen, daß einer der beiden Einflußfaktoren allein maßgeblich ist, vielmehr dürfte gerade deren Zusammenspiel zu dem vorgefundenen Phänomen führen (wobei weitere Organisations- und Kontextfaktoren zu berücksichtigen sind, vgl. hierzu ausführlich Eckert 1997, 191 ff.).

Um eine Aussage über eine mögliche zeitliche Veränderung der Kapitalstrukturstrategien deutscher und US-amerikanischer Unternehmen vornehmen zu können, sind in Anbetracht der gewonnenen Erkenntnisse die Entwicklungstendenzen für die einzelnen identifizierten Einflußfaktoren zu prognostizieren. Hinsichtlich der Landeskulturen der USA und Deutschlands ist anzunehmen, daß diese sich im Zeitverlauf relativ stabil verhalten, wobei allerdings langfristig - aufgrund der akkulturalisierenden Wirkung, die von den modernen Kommunikationsmedien ausgeht, eine Konvergenz der Landeskulturen zu erwarten ist (vgl. o. V. 1996, 32, Levitt 1986, 72 ff.). Dabei ist gerade eine Annäherung der deutschen Landeskultur an die US-amerikanische Landeskultur zu erwarten.

Darüber hinaus ist einzuräumen, daß Entwicklungstendenzen, wie die Liberalisierung von Kapitalmärkten, die internationale Harmonisierung nationaler Rechnungslegungssysteme, wobei sich dort eine Annäherung an die US-amerikanischen Vorschriften abzeichnet (vgl. Liener 1995, 746 ff., Kleber 1993, 380 ff., Küting/Hayn 1992, 42 f.), die Internationalisierung der Aktionärsstruktur deutscher Unternehmen, die gerade auch mit einem zunehmendem Einfluß US-amerikanischer institutioneller Anlagegesellschaften einhergeht (vgl. Engelen 1995, 21, Schneider 1990, 318 ff.), und der Versuch des Abbaus des Einflusses von deutschen Banken auf deutsche Industrieunternehmen (vgl. o. V. 1994, 10) zu der Vermutung leiten, daß die nationalen Systeme der Unternehmensverfassung Deutschlands und der USA sich in einem Konvergenzprozeß befinden, der insbesondere durch eine Annäherung von deutscher Seite gekennzeichnet ist.

Zusammenfassend verdichten die vorgefundenen Entwicklungstendenzen sich damit zu der Hypothese, daß es mithin zu einer Konvergenz hinsichtlich der Strategien für die Kapitalstrukturgestaltung von Auslandsgesellschaften bei deutschstämmigen und US-amerikanischen internationalen Unternehmen kommt.

Die hier vorgetragenen Überlegungen basieren allerdings bislang auf einer empirischen Untersuchung mit einer kleinen Anzahl von Untersuchungseinheiten. Entsprechend behutsam sind die hier vorgetragenen Ergebnisse zu interpretieren. Um die zuletzt formulierte Hypothese ebenso wie auch die anderen Befunde nachhaltig zu untermauern und die Erkenntnis bezüglich des Forschungsbereichs der Kapitalstrukturgestaltung von Auslandsgesellschaften zu vertiefen, sind weitere empirische Studien unerläßlich.

Anmerkung

1 Eine Aufzeichnung der geführten Interviews mittels Diktiergeräts wurde seitens der Interviewpartner nicht gestattet. Dennoch wurde versucht, die Antworten der Interviewpartner möglichst wortgetreu zu protokollieren und auch entsprechend hier abzubilden.

Literaturverzeichnis

Abdullah, F. A. (1987): Financial Management for the Multinational Firm, Englewood Cliffs 1987.

Aburachis, A. T. (1993): International Financial Market Integration - An Overview, in: Stansell, S. R. (ed.), International Financial Market Integration, Oxford-Cambridge 1993, S. 26-41.

Adams, M. (1990): Was spricht gegen eine unbehinderte Übertragbarkeit der in Unternehmen gebundenen Ressourcen durch ihre Eigentümer?, in: Die Aktiengesellschaft, 35. Jg., 6/1990, S. 243- 252.

Adams, M. (1994): Die Usurpation von Aktionärsbefugnissen mittels Ringverflechtung in der "Deutschland AG", in: Die Aktiengesellschaft, 39. Jg., 4/1994, S. 148-158.

Adler, M. (1974): The Cost of Capital and Valuation of a Two-Country-Firm, in: Journal of Finance, Vol. 29, 1/1974, S. 119-132.

Adler, M./Dumas, B. (1983): International Portfolio Choice and Corporation Finance - A Synthesis, in: Journal of Finance, Vol. 38, 3/1983, S. 925-984.

Aggarwal, R. (1993): An Overview of Japanese Finance - Uniqueness in an Age of Global Integration, in: Stansell, S. R. (ed.), International Financial Market Integration, Oxford-Cambridge 1993, S. 42-56.

Baldwin, C. Y. (1987): Competing for Capital in a Global Environment, in: Midland Corporate Finance Journal, Vol. 4, 1/1987, S. 43-64.

Baskin, J. (1989): An Empirical Investigation of the Pecking Order Hypothesis, in: Financial Management, Vol. 18, 1/1989, S. 26-35.

Baums, T./Fraune, C. (1994): Institutionelle Anleger und Publikumsgesellschaft - Eine empirische Untersuchung, Institut für Handels- und Wirtschaftsrecht, Universität Osnabrück, Arbeitspapier 6/94, Osnabrück 1994.

Breuer, W. (1995): Optimale Kapitalstrukturentscheidungen von Unternehmen bei groben Informationsstrukturen, in: Zeitschrift für Betriebswirtschaft, 65. Jg., 6/1995, S. 609-631.

Brooke, M. Z./Remmers, H. L. (1973): The Strategy of Multinational Enterprise - Organisation and Finance, 4th ed., London 1973.

Choi, J. J./ Severn, A. K. (1991): On the Effects of International Risk, Segmentation and Diversification on the Cost of Equity Capital - A Critical Review and Synthesis, in: Journal of Multinational Financial Management, Vol. 1, 3/1991, 1-19.

Coffee, J. C. Jr. (1988): Shareholders Versus Managers - The Strain in the Corporate Web, in: Coffee, J. C. Jr./Lowenstein, L./Rose-Ackerman, S. (eds.), Knights, Raiders, and Targets - The Impact of the Hostile Takeover, New York-Oxford 1988, S. 77-134.

Cummings, L. L./Harnett, D. L./Stevens, O. J. (1971): Risk, Fate, Conciliation and Trust - An International Study of Attitudinal Differences among Executives, in: Academy of Management Journal, Vol. 14, 3/1971, S. 285-304.

Davidson, W. H. (1982): Global Strategic Management, New York et al. 1982.

Duerr, M. G./Roach, J. M. (1973): Organization and Control of International Operations, Conference Board Research Report, San Francisco 1973.

Eckert, S. (1997): Kapitalstrukturgestaltung von Auslandsgesellschaften - Relevanz-Ziele-Strategien, Wiesbaden 1997.

Eiteman, D. K./ Stonehill, A. I./Moffett, M. H. (1995): Multinational Business Finance, 7th. ed., Reading et al. 1995.

Engelen, K. C. (1995): US-Pensionsfonds als Anwalt der Aktionäre, in: Handelsblatt vom 7.8.1995, Nr. 150, S. 121.

Errunza, V. R. (1979): Financing MNC Subsidiaries in Central America, in: Journal of International Business Studies, Vol. 10, 2/1979, S. 88-96.

Errunza, V. R./Losq, E. (1989): Capital Flow Controls, International Asset Pricing, and Investor's Welfare , in: Journal of Finance, Vol. 44, 4/1989, S. 849-870.

Freeman, A. (1995): Other People´s Money, in: The Economist, Vol. 335, 7910/1995 (15.04.1995), Special Survey.

Frey, D./Löwe, S. (1991): Die Angst der Deutschen vor dem Kapitalmarkt, in: Demuth, A. (Hrsg.), Imageprofile '91 - Das Deutsche Image-Jahrbuch, Düsseldorf-Wien-New York 1991, S. 19-28.

Fukao, M. (1993): International Integration of Financial Markets and the Cost of Capital, in: Journal of International Securities Markets, Vol. 7, 1-2/1993, S. 75-90.

Gates, S. R./Egelhoff, W. G. (1986): Centralization in Headquarters-Subsidiary Relationships, in: Journal of International Business Studies, Vol. 17, 2/1986, S. 71-92.

Giesel, F. (1982): Kapitalstrukturen internationaler Unternehmungen, Gießen 1982.

Goehle, D. G. (1980): Decision Making in Multinational Corporations, Ann Arbor 1980.

Goodwin, B. K./Grennes, T. J. (1994): Real Interest Rate Equalization and the Integration of International Financial Markets, in: Journal of International Money and Finance, Vol. 13, 1/1994, S. 107-124.

Grant, J. H. (1993): Managing Multi-Unit American Corporations, in: Hoffmann, F. (Hrsg.), Konzernhandbuch - Recht, Steuern, Rechnungslegung, Führung, Organisation, Praxisfälle, Wiesbaden 1993, S. 693-708.

Hedlund, G. (1981): Autonomy of Subsidiaries and Formalization of Headquarters-Subsidiary Relationships in Swedish MNCs, in: Otterbeck, L. (ed.), The Management of Headquarters-Subsidiary Relationships in MNC, Hampshire 1981, S. 25-78.

Heston, S. L./Rouwenhorst, G. K./Wessels, R. E. (1995): The Structure of International Stock Returns and the Integration of Capital Markets, in: Journal of Empirical Finance, Vol. 2, 3/1995, S. 173-197.

Hofstede, G. (1993): Die Bedeutung von Kultur und ihren Dimensionen im Internationalen Management, in: Haller et al. (Hrsg.), Globalisierung der Wirtschaft - Einwirkungen auf die Betriebswirtschaftslehre, Bern-Stuttgart-Wien 1993, S. 127-148.

Holzmüller, H. H. (1995): Konzeptionelle und methodische Probleme in der interkulturellen Management- und Marketingforschung, Stuttgart 1995.

Jansen, H. (1978): Kapitalstrukturentscheidungen bei bilanzorientierter Finanzplanung, Wiesbaden 1978.

Kappler, E./Rehkugler, H. (1991): Kapitalwirtschaft, in: Heinen, E. (Hrsg.), Industriebetriebslehre - Entscheidungen im Industriebetrieb, 9. Aufl., Wiesbaden 1991, S. 897-1068.

Kimber, J. C. S. (1976): Financial Planning in Multinational Corporations - The Impact of Strategy on Structure, Unpublished MBA Dissertation, Manchester Business School 1976 (zit. in: Channon/Jalland (1979) S. 130 ff.).

Kleber, H. (1993): Amerikanische Rechnungslegungsgrundsätze - Vorbild für Europa, in: Betriebswirtschaftliche Forschung und Praxis, 45. Jg., 4/1993, S. 380-399.

Kornbluth, J. S. H./Vinso, J. D. (1982): Capital Structure and the Financing of the Multinational Corporation - A Fractional Multiobjective Approach, in: Journal of Financial and Quantitative Analysis, Vol. 17, 2/1982, S. 147-178.

Krüger, H./Uhen, L. (1995): Stimmung wird aggressiver, in: Handelsblatt vom 2.5.1995, Nr. 84, S. 29.

Kubicek, H. (1977): Heuristische Bezugsrahmen und heuristisch angelegte Forschungsdesigns als Elemente einer Konstruktionsstrategie empirischer Forschung, in: Köhler, R. (Hrsg.), Empirische und handlungstheoretische Forschungskonzeptionen in der Betriebswirtschaftslehre (Bericht über die Tagung der Kommission Wissenschaftstheorie im Verband der Hochschullehrer für Betriebswirtschaft e.V. in Aachen, März 1976), Stuttgart 1977, S. 3-36.

Küting, K./Hayn, S. (1992): Internationale Rechnungslegung im Spiegel der Börseneinführungsmodalitäten unterschiedlicher Kapitalmärkte, in: Internationales Steuerrecht, 2. Jg., 1/1992, S. 38-43.

Lessard, D. R./Shapiro , A. C.(1983): Guidelines for Global Financing Choices, in: Midland Corporate Finance Journal, Vol. 1, 4/1983, S. 68-80.

Levitt, T. (1986): The Globalization of Markets, in: Jain, S. C./Tucker, L. R. (eds.), International Marketing - Managerial Perspectives, 2nd ed., Boston 1986, S. 72-89.

Liener, G. (1995): Accounting Standards Required of Global Corporations by the International Capital Markets, in: Zeitschrift für Betriebswirtschaft, 65. Jg., 7/1995, S. 741-751.

Meister, I. W. (1970): Managing the International Finance Function, National Industrial Conference Board, Studies in Business Policy No. 133, New York 1970.

Myers, S. C. (1984): The Capital Structure Puzzle, in: Journal of Finance, Vol. 39, 3/1984, S. 575-592.

Naumann-Etienne, R. (1974): A Framework for Financial Decisions in Multinational Corporations - Summary of Recent Research, in: Journal of Financial and Quantitative Analysis, 1974 Proceedings, Vol. 9, November 1974, S. 859-874.

o. V. (1979): Debt/Equity Ratios II - Four Multinationals Explain their Policies, in: Business International Money Report, vom 28.9.1979, o. Nr., S. 328-329.

o. V. (1994): Banken unter Druck, in: Handelsblatt vom 15.2.1994, Nr. 32, S. 10.

o. V. (1996): The Man in the Baghdad Café, in: The Economist, Vol. 341, 7791/1996, S. 25-32.

Papenheim-Tockhorn, H. (1995): Der Aufbau von Kooperationsbeziehungen als strategisches Instrument - Eine Längsschnittuntersuchung zur Kooptationspolitik deutscher Unternehmen, Heidelberg 1995.

Pausenberger, E. (1981): Finanzpolitik internationaler Unternehmungen - Notwendigkeit und Grenzen der Zentralisierung, in: Wacker, W./Haussman, H./Kumar, B. (Hrsg.), Internationale Unternehmensführung - Managementprobleme international tätiger Unternehmen, Berlin 1981, S. 177-190.

Pausenberger, E./Völker, H. (1985): Praxis des internationalen Finanzmanagements - Eine empirische Untersuchung von Finanzierung, Kapitalstrukturgestaltung und Cash Management in internationalen Unternehmen, Wiesbaden 1985.

Rehkugler, H./Voigt, M./Wolff, H. (1993): Anlageverhalten der privaten Haushalte international, in: Die Bank, o. Jg., 6/1993, S. 316-322.

Remmers, L. H. (1977): An Examination of Financial Structures in Foreign Subsidiaries, Working Paper (Zit. in: Giesel (1982) S. XXXVI).

Robbins, S. M./Stobaugh, R. B. (1972): Financing Foreign Affiliates, in: Financial Management, Vol. 1, 4/1972, S. 56-65.

Robock, S. H./Simmonds, K. (1989): International Business and the Multinational Enterprise, 4th ed., Homewood et al. 1989.

Scharrer, H.-E. (1989): Finanzierung deutscher Direktinvestitionen und Tochtergesellschaften im Ausland, in: Jokisch, J. (Hrsg.), Finanz-, Bank- und Kooperationsmanagement - Beiträge zur Betriebswirtschaftslehre nationaler und internationaler Unternehmen, Frankfurt a. M. 1989, S. 81-102.

Scharrer, H.-E./Krägenau, H. (1990): Die Finanzierung deutscher Direktinvestitionen im Ausland, in: Wirtschaftsdienst - Zeitschrift für Wirtschaftspolitik, 70. Jg., 1/1990, S. 43-50.

Schneider, U. H. (1990): Auf dem Weg in den Pensionskassenkorporatismus, in: Die Aktiengesellschaft, 35. Jg., 8/1990, S. 317- 326.

Shapiro, A. C. (1978): Financial Structure and Cost of Capital in the Multinational Corporation, in: Journal of Financial and Quantitative Analysis, Vol. 13, June 1978, S. 211-226.

Shapiro, A. C. (1992): Multinational Financial Management, 4th ed., Boston et al. 1992.

Sim, A. B. (1977): Decentralized Management of Subsidiaries and Their Performance - A Comparative Study of American, British and Japanese Subsidiaries in Malaysia, in: Management International Review, Vol. 17, 2/1977, S. 45-51.

Stanley, M. T. (1981): Capital Structure and Cost-of-Capital for the Multinational Firm, in: Journal of International Business Studies, Vol. 12, 1/1981, S. 103-120.

Stonehill, A./Stitzel, T. (1969): Financial Structure and Multinational Corporations, in: California Management Review, Vol. 12, 1/1969, S. 91-96.

Wheatley, S. (1988): Some Tests of International Equity Integration, in: Journal of Financial Economics, Vol. 21, 2/1988, S. 177-212.

Wiendieck, M. (1992): Unternehmensfinanzierung und Kontrolle durch Banken - Deutschland - Japan - USA, Wiesbaden 1992.

Wosnitza, M. (1995): Kapitalstrukturentscheidungen in Publikumsgesellschaften - Ein informationsökonomischer Ansatz, Wiesbaden 1995.

Young, S./Hood, N./Hamill, J. (1985): Decision-making in Foreign-owned Multinational Subsidiaries in the United Kingdom, International Labour Office, Working Paper No. 35 1985.

Regulierung der Rechnungslegung - Ökonomische 'Zwänge' und kulturelle Unterschiede*

Prof. Dr. Dieter Ordelheide

Professur für Internationales Rechnungswesen,
Universität Frankfurt/Main

* Überarbeitete Fassung eines 1995 auf der Jahrestagung des Verbandes der Hochschullehrer für Betriebswirtschaft e.V. in Trier und 1996 auf Einladung der Kommission „Internationales Management" dieses Verbandes in Bamberg gehaltenen Vortrages.

1 Problemstellung

Gegenstand der nachfolgenden Analyse ist die Regulierung der Rechnungslegung. Während die Inhalte der Rechnungslegungsvorschriften, insbesondere die Bilanzierung und Gewinnermittlung, in Deutschland gründlich erforscht werden, sind die Prozesse, die zu den Vorschriften führen, bisher so gut wie nicht analysiert worden[1]. In anglo-amerikanischen Ländern umfaßt dagegen das Rechnungswesen als Forschungsobjekt traditionellerweise auch die Regulierung der Rechnungslegung.[2] Besonders zahlreich sind die Arbeiten zum sog. „standard setting" in den USA, in Großbritannien und in Australien.[3]

In diesen Ländern werden Fachgremien - sog. „standard setting bodies" - offiziell beauftragt, Rechnungslegungsregeln zu entwickeln. In der nachfolgenden Analyse wird diese Form der Regulierung mit der gesetzlichen Regulierung in Deutschland verglichen. In den bisherigen vergleichenden Analysen wurden vor allem die Unterschiede in der formalen Organisation zwischen dem anglo-amerikanischen Modell und dem legalistischen Modell der Regulierung in Kontinentaleuropa herausgestellt.[4] Demgegenüber zielt der nachfolgende Vergleich vor allem auf Gemeinsamkeiten in den informellen Organisationsstrukturen. Im einzelnen sollen mit Hilfe der Neuen Institutionenökonomik[5] Hypothesen über

- die Bedeutung von Experten bei der Regulierung der Rechnungslegung,
- die an der Regulierung beteiligten Interessengruppen,
- das Ausmaß ihres Engagements und
- ihren Einfluß auf die Rechnungslegungsregeln

entwickelt werden. Ferner sollen die Hypothesen anhand von empirischem Material für die USA und einer eigenen empirischen Untersuchung für Deutschland wenigstens ansatzweise überprüft werden.

---

1 Zu den wenigen Arbeiten gehören Laßmann, Gert: Ziele und Grenzen von betriebswirtschaftlichen Stellungnahmen zu wirtschaftsbezogenen Gesetzesentwürfen, in: Zum Vorentwurf eines Bilanzrichtlinie-Gesetzes gemäß 4. EG-Richtlinie, hrsg. von Walther Busse von Colbe und Gert Laßmann, Stuttgart 1981, S. 1-6; ferner die Analyse der Stellungnahmen zur Umsetzung der 4. EU-Richtlinie durch Federmann, Rudolf: Die Memoranden zur Anpassung der deutschen Rechnungslegungsvorschriften nach Maßgabe der 4. EG-Richtlinie, in: Betriebs-Berater 1980, S. 425-437, und die Arbeiten, die sich mit der Rolle der Kommission Rechnungswesen befassen, insbesondere Hartle, Rudolf: Die Politikberatung durch die Kommission Rechnungswesen im Verband der Hochschullehrer für Betriebswirtschaft e.V., Frankfurt am Main 1986, und Chmielewicz, Klaus: Die Kommission Rechnungswesen und das Bilanzrichtlinien-Gesetz, in: Michel Domsch, Franz Eisenführ, Dieter Ordelheide und Manfred Perlitz (Hrsg.): Der Unternehmungserfolg, Walther Busse von Colbe zum 60. Geburtstag, Wiesbaden 1988, S. 53-87; sowie die Dissertation von Feldhoff, Michael: Die Regulierung der Rechnungslegung, Frankfurt 1992.

2 Vgl. z.B. die von Gary John Previts, Larry Parker und Robert K. Eskew herausgegebene Sammlung „Research in Accounting Regulation" , in der bisher sechs Reader mit Forschungsbeiträgen erschienen sind; ferner Bromwich, Michael und Hopwood, Anthony (Hrsg.): Accounting Standard Setting: An International Perspective, London 1983.

3 Vgl. auch den Überblick bei Ordelheide, Dieter: Regulation of Financial Reporting in Germany, in: Flower, John und McLeay, Stuart: Politics and Regulation of Financial Reporting in Europe, London 1997 (im Druck).

4 Vgl. z.B. Bloom, Robert und Naciri, M.A.: Accounting Standard Setting and Culture: A Comparative Analysis of the United States, Canada, England, West Germany, Australia, New Zealand, Sweden, Japan, and Switzerland, in: The International Journal of Accounting, 1989, S. 70-97.

5 Vgl. dazu stellvertretend Richter, Rudolf und Furubotn, Eirik: Neue Institutionenökonomik, Tübingen 1996.

2 Ein erster Eindruck aufgrund von Beschreibungen nationaler Regulierungsprozesse

Wenn man die einschlägigen Beschreibungen[6] der Regulierungsprozesse vergleicht, fallen einem zunächst vor allem Unterschiede auf. Es mag in der Natur der menschlichen Wahrnehmung liegen, daß Unterschiede ansprechender sind als Gemeinsamkeiten. Aber selbst wenn man dafür einen Abschlag macht, unterscheiden sich die Organisationsformen für die Regulierung der Rechnungslegung international immer noch erheblich und dauerhaft. Beispielsweise ist die Rechnungslegung in Deutschland gesetzlich geregelt, eingebettet in das Gesellschaftsrecht. Dagegen hat das Parlament der USA diese Verantwortung einer Regierungsbehörde zur Regulierung und Überwachung von Börsen, der Securities Exchange Commission, übertragen, die ihrerseits die Entwicklung und Verabschiedung der Bilanzierungsregeln weitgehend an ein Gremium von Fachleuten, den Financial Accounting Standards Board, delegiert hat. In Kanada wird die Rechnungslegung überwiegend privatwirtschaftlich reguliert. Gesetzlich ist nur geregelt, welche Abschlüsse unter welchen Bedingungen aufzustellen und zu publizieren sind. Es gibt auch keine nationale Börsenaufsichtsbehörde, da das Börsenwesen Sache der einzelnen Provinzen ist.[7] Die Rechnungslegungsregeln werden vom Accounting Standards Board einer Kommission des Canadian Institute of Chartered Accountants entwickelt. Analysiert man die Prozesse in weiteren Ländern, so gewinnt man den Eindruck, daß jedes Land mit einer längeren marktwirtschaftlichen Tradition seinen eigenen Regulierungsstil entwickelt hat. Der jeweilige Mix staatlicher, quasi-staatlicher und privater Organisation ist unterschiedlich und die den einzelnen Organisationen übertragenen Verfügungsrechte sind ebenfalls verschieden.

Daß es sich dabei zudem um recht stabile Unterschiede handelt, konnte man gut beobachten, als die Mitgliedsländer die 4. und 7. EG-Richtlinie in ihre nationalen Rechtsordnungen transformierten. Die EG-Richtlinien implizieren eine legalistische Form der Regulierung, so wie sie in Kontinentaleuropa üblich ist. In jenen Ländern jedoch, in denen gesetzliche Rechnungslegungsregeln traditionellerweise keine große Bedeutung haben, wie in Großbritannien, hat man Wege gefunden, die traditionellen Prozesse der Regulierung durch ein Gremium von Fachleuten („Accounting Standards Board") im wesentlichen beizubehalten. Die Unterschiede haben sich also selbst gegen solch massive Harmonisierungsbemühungen, wie sie EG-Richtlinien darstellen, weitgehend behauptet.

Es ist diese in der Realität sich behauptende Vielfalt in der Organisation identischer oder doch sehr ähnlicher „Produktionen", die Tullock resignierend anmerken läßt: The „existence of this vast number of organizations presents a puzzle. The simple solution is that organizational form does not matter very much. If this is true there are a considerable number of professors in business and public administration who should be encouraged to seek out more constructive activity. On the assumption that it is not true, there is an alternative explanation which is that certain details of the various problems met by these organizations dictate one

6 Für Europa z.B. die von Stuart McLeay und Simon Archer herausgegebene Reihe „European Financial Reporting", London 1992 bis 1994, mit je einem Band für 12 Mitgliedsländer der EU; oder für 14 europäische und außereuropäische Länder das von Dieter Ordelheide und KPMG herausgegebene Sammelwerk „Transnational Accounting", London 1995.

7 Vgl. Beechy, Thomas H.: Canada. Individual Accounts, in: Ordelheide/KPMG (Hrsg.), FN 6, S. 578 ff.

particular structural form as most efficient. That seems to me the most likely explanation, but as the reader has discovered, I have been unable to put my finger on those detailed reasons.“[8]

Nachfolgend wird nicht nach solchen effizienzverursachenden Details gesucht. Vielmehr wird argumentiert, daß die ins Auge springenden Unterschiede in der formalen Organisation der Regulierung teilweise durch historische und sozio-kulturelle Eigenarten geprägt werden, die im Rahmen der ökonomischen Theorie der Organisation schwierig zu thematisieren sind. Demgegenüber sind die informellen Strukturen der Regulierungsprozesse ökonomischen Erklärungen eher zugänglich. Es spricht sogar einiges dafür, eine von der formalen Organisation abweichende informelle Organisation als Reaktion auf ökonomische Probleme zu erklären, die mit Hilfe der formalen Organisation nicht bewältigt werden können.

3 Entwicklung der Rechnungslegungsregeln als Verhandlung zwischen Experten

Blickt man durch die organisatorische Form auf die agierenden Personen und die Interessen, die sie vertreten, dann entdeckt man international Ähnlichkeiten. In allen Industriestaaten wirken Experten bei der Entwicklung der Rechnungslegungsregeln entscheidend mit. Die Rechnungslegung ist kein Thema für eine breite politische Öffentlichkeit; die Regulierung der Rechnungslegung ist Expertenangelegenheit. Das schließt nicht aus, daß einzelne Fragen der Rechnungslegung auch einmal über den engen Kreis der Experten hinaus die Gemüter erregen können, so z.B. in den USA die Bilanzierung von „stock options“.[9] Aber solche Fälle sind Ausnahmen. Normalerweise bleiben die Experten bei der Entwicklung der Vorschriften unter sich, was nicht bedeutet, daß ihr Meinungsaustausch nicht öffentlich zugänglich ist.

In anglo-amerikanischen Ländern schlägt sich die praktische Bedeutung der Experten auch in der organisatorischen Form nieder: es werden Expertengremien, sog. „standard setting bodies“, eingerichtet, die den Auftrag haben, Rechnungslegungsstandards zu entwickeln. Obwohl der äußere Anschein dagegen spricht, wirken jedoch auch in Deutschland Experten entscheidend mit. Authorisierte und sichtbare Entscheidungsträger sind zwar die Parlamentarier; die Experten scheinen bestenfalls beratende Funktion zu haben. Die Rechnungslegung gehört jedoch zu jener großen Zahl von Gesetzesvorhaben, die im Parlament kaum kontrovers diskutiert werden. Die wesentlichen Entscheidungen sind bereits vor der formellen Beschlußfassung im Parlament im zuständigen Parlamentsausschuß gefallen, und auch dieser entwickelt die Entscheidungsalternativen in der Regel nicht selbst. Die gesetzlichen Vorschriften werden vielmehr im parlamentarischen Vorfeld zwischen einzelnen Experten der Legislative und der Exekutive sowie den Experten bestimmter gesellschaftlicher Gruppen ausgehandelt. Für die Mehrzahl der Einzelfragen wird auch den Ausschüssen nur noch eine kleine Auswahl der zuvor diskutierten Lösungen oder nur noch eine Lösung vorgelegt, d.h. wesentliche Entscheidungen fallen häufig bereits im parlamentarischen Vorfeld. Das bedeutet nicht, daß das Parlament bedeutungslos wäre. Vielmehr werden, sofern es sich um politisch wesentliche und nicht nur um mehr technische Rechnungslegungsfragen handelt, die parlamentarischen Machtverhältnisse im Vorfeld reflektiert. Bei der Entwicklung des Bilanzrichtlinien-Gesetzes konn-

---

8 Tullock, Gordon: Economic Hierarchies, Organization and the Structure of Production, Boston 1992, S. 186.

9 Vgl. dazu Zeff, Stephen: Playing the Congressional Card on Employee Stock Options: A Fearful Escalation in the Impact of Economic Consequences Lobbying on Standard Setting, 1996 (unpublished paper).

te man dies gut beobachten. Der Wechsel von der sozial-liberalen zur christ-liberalen Koalition im Jahre 1983 fiel in die Zeit der Entwicklung des Bilanzrichtlinien-Gesetzes. Bis zum Wechsel der Regierung waren die Verhandlungen über das Gesetz im Vorfeld bereits vergleichsweise weit gediehen.[10] Dennoch wurde der Gesetzesentwurf nach dem Wechsel grundlegend überarbeitet, und man verrät kein Geheimnis, wenn man feststellt, daß der neue Entwurf den Wünschen der Wirtschaft weitgehender entsprach als der alte.

Das Phänomen einer solchen Expertendemokratie kann man ökonomisch erklären. Die Fachleute des Rechnungswesens benutzen, wie andere Experten auch, einen Code, der es Nicht-Experten praktisch unmöglich macht, in den Kernfragen des Rechnungswesens mit zu diskutieren. Die Schwierigkeiten erhöhen sich noch bei bestimmten Einzelregelungen wie der Bilanzierung von Pensionsverpflichtungen, Leasingverträgen, latenten Steuern oder Finanzinstrumenten oder bei der gesamten Konzernrechnungslegung. Der Aufbau und die Pflege dieses Wissens erfordern erhebliche Ressourcen. Der Zeitbedarf und die Kosten, die dem Parlament entstünden, wenn es sich dieses Wissen selbst aneignen würde oder wenn die Parlamentarier dafür besondere Spezialisten einstellen würden, wäre zu hoch, zumal die Rechnungslegung nur eines von zahlreichen inhaltlich komplexen Regulierungsfeldern ist. Ferner hat der Parlamentarier, von mehr zufälligen Ausnahmen abgesehen, selbst keinen unmittelbaren Vor- oder Nachteil von unterschiedlichen Rechnungslegungsregeln. Folglich wird faktisch ein erheblicher Teil der parlamentarischen Entscheidungsfindung auf die Exekutive und die im parlamentarischen Vorfeld agierenden Experten delegiert. Wie in großen Unternehmen Entscheidungen auf die unteren Hierarchieebenen delegiert werden müssen, müssen Parlamente Entscheidungskompetenzen, die ihnen von der Gesellschaft übertragen worden sind, faktisch in erheblichem Umfang an die Gesellschaft zurückgeben. Allerdings verbleibt beim Parlament das Drohpotential, die Delegation rückgängig machen zu können. So liegt es im gemeinsamen Interesse aller im Vorfeld agierenden Experten, parlamentarisch akzeptable Lösungen zu entwickeln.

Diese ökonomischen Ursachen sind international ähnlich, und folglich ähneln sich die Regulierungen insoweit. In allen Ländern entstehen die Regeln durch Verhandlungen zwischen Experten. Die beobachtbaren Unterschiede zwischen dem sog. legalistischen Regulierungsmodell der Rechnungslegung und dem anglo-amerikanischen Regulierungsmodell betreffen im wesentlichen nur die formale Organisation. Während sich in Deutschland formale und informale Organisation des politischen Entscheidungsprozesses deutlich unterscheiden, ist in den genannten anglo-amerikanischen Staaten mit der Schaffung von Fachgeremien zur Regulierung der Rechnungslegung und der Übertragung von Regelungskompetenz auf diese Gremien die formale Organisation weitgehender an die informelle angepaßt worden.

4 Experten als Agenten für Gruppeninteressen

Die Unterschiede in den Regulierungskosten erklären zwar, daß die Delegation auf Experten besonders kostengünstig ist, sie erklären aber nicht, warum Experten überhaupt aktiv werden. Ökonomisch betrachtet sind Lobbyisten - und Experten agieren als solche - rational handelnde Individuen, die ihre Entscheidungen darüber, ob überhaupt, in welcher Form und wo-

10 Vgl. die Übersicht über die verschiedenen Entwürfe in der Anlage.

für sie im Gesetzgebungsprozeß agieren, an Nutzen-/Kostenkalkülen ausrichten.[11] Die Interessengruppe, die sie vertreten, setzt Ressourcen - letztendlich Geld - ein, um die Wahrscheinlichkeit einer für ihre Interessen möglichst förderlichen Regelung zu erhöhen.

Institutionen der Rechnungslegung generieren dadurch ökonomische Vorteile, daß sie zur Lösung von Konflikten beitragen, die entstehen können, wenn Verträge ex ante unvollständig im Hinblick auf die anzuwendenden Rechnungslegungsgrundsätze vereinbart wurden.[12] Der Vertragsbegriff umfaßt nicht nur Verträge im juristischen Sinne, sondern auch darüber hinausgehende Vereinbarungen zwischen Wirtschaftssubjekten und kollektive Vereinbarungen in Form von Gesetzen. Solche Vereinbarungen bestehen insbesondere zwischen dem Management von Unternehmungen und deren Eignern, den Unternehmungen und ihren Kreditgebern, den Unternehmungen bzw. entsprechenden Verbänden und den Arbeitnehmern bzw. deren Gewerkschaften sowie zwischen den Eigentümern bzw. Aufsichtsorganen der Unternehmungen und den Wirtschaftsprüfern.

Die Vereinbarungen zwischen dem Management und den Eignern von Unternehmen stützen sich an verschiedenen Stellen auf Regeln der Rechnungslegung, z.B. bei der Verpflichtung des Managements zur Rechenschaftslegung gegenüber dem Aufsichtsrat und gegenüber den Gesellschaftern durch Veröffentlichung von Jahresabschlüssen und Zwischenberichten, bei der Unterbreitung von Gewinnverteilungsvorschlägen durch das Management und bei erfolgsabhängigen Entlohnungsverträgen des Managements. Kreditverträge enthalten Klauseln über die Bereitstellung von Rechnungslegungsinformationen an den Kreditgeber und über die Einhaltung von ausschüttungsbeschränkenden Regeln der Bilanzierung und Gewinnermittlung. Statt in Kreditverträgen können diese Regeln, wie z.B. in Deutschland, auch in Gesetzen festgelegt sein.[13] In Tarifverhandlungen zwischen Arbeitnehmern und Arbeitgebern, aber auch in unternehmungsspezifischen Vereinbarungen sind die Forderungen der Arbeitnehmerseite und die Angebote der Arbeitgeberseite u.a. von der ökonomischen Situation der Unternehmungen abhängig. Diese wird mit Hilfe der Rechnungslegung festgestellt. Darüber hinaus schließen Wirtschaftsprüfer mit bestimmten Organen des Unternehmens Verträge, in denen sie sich verpflichten, die Einhaltung der Rechnungslegungsvorschriften durch das Management zu überprüfen und in besonderen Fällen darüber hinaus die wirtschaftliche Situation des Unternehmens mit Hilfe der Rechnungslegungsdaten zu beurteilen.

All diese Vereinbarungen beziehen sich zwar auf Zielgrößen des Rechnungswesens, wie den Periodenerfolg, das Eigenkapital oder den Cash Flow, sie sind aber in dem Sinne unvollständig als die Bilanzierungs- und Bewertungsregeln im einzelnen in den Vereinbarungen selbst überhaupt nicht oder nicht vollständig spezifiziert werden. Statt dessen wird pauschal auf die von zuständigen Gremien erlassenen oder noch zu erlassenden Regeln, z.B. in Deutschland auf die Vorschriften des HGB, verwiesen. Solche geplanten Unvollständigkeiten senken die Kosten der Vereinbarung zwischen den Wirtschaftssubjekten und ersparen spätere Neuverhandlungen, die sonst notwendig würden, weil Rechnungslegungsregeln aufgrund der Dynamik der wirtschaftlichen Entwicklung von Zeit zu Zeit an diese angepaßt werden müssen.

11 Sutton, Timothy G.: Lobbying of Accounting Standard-Setting Bodies in the U.K. and the U.S.A.: A Downsian Analysis , in: Accounting, Organization and Society, 1984, S. 81-95.

12 Vgl. King, Ronald und Waymire, Gregory: Accounting Standard-Setting Institutions and the Governance of Incomplete Contracts, in: Journal of Accounting, Auditing and Finance, 1994, S. 570-605.

13 Vgl. stellvertretend Pfaff, Dieter: Gewinnverwendungsregeln als Instrument zur Lösung von Agency-Problemen, Frankfurt 1988; Leuz, Christian: Rechnungslegung und Kreditfinanzierung, Frankfurt 1996.

Fragt man jetzt danach, wer ein Interesse daran hat, Experten zu finanzieren, die im Prozeß der Regulierung der Rechnungslegung agieren, dann legen die vertragsökonomischen Argumente die Vermutung nahe, daß dies jene Wirtschaftssubjekte sind, die Verträge geschlossen haben, in denen solch unvollständige Regeln eine wesentliche Rolle spielen - also kapitalaufnehmende Unternehmen, speziell das Management, Kapitalgeber (Eigentümer und Gläubiger), Arbeitnehmer und Wirtschaftsprüfer. Die nachvertragliche Festlegung von Rechnungslegungsregeln wirkt sich auf ihre aus dem Vertrag resultierende Einkommensrisikoposition aus. Folglich besteht ein Anreiz, die Vereinbarung von Rechnungslegungsregeln zu beeinflussen. Der Prozeß der Regulierung der Rechnungslegung stellt sich so als kollektive Nachverhandlung der erwähnten Verträge dar.

Diese Hypothesen werden für Deutschland durch eine Untersuchung der Aktivitäten von Interessengruppen bei der Entwicklung des Bilanzrichtlinien-Gesetzes gestützt. In der Tabelle 1 sind jene Organisationen aufgelistet, die vom Justizministerium eingeladen wurden, Entwürfe des Bilanzrichtlinien-Gesetzes zu kommentieren. Folgende Organisationen haben versucht, durch schriftliche Vorschläge Einfluß zu nehmen:

Gruppen	**Eingeladen zu Hearing**	**Aktive Gruppe**	**Sehr aktive Gruppe**
Spitzenverbände der deutschen Wirtschaft			x
GEFIU			x
Arbeitsgemeinschaft selbständiger Unternehmer	x	x	
Bundesverband der deutschen Industrie	x		
Deutscher Industrie- und Handelstag	x		
Bundesverband des deutschen Groß- und Einzelhandels	x		
Deutscher Arbeitgeberverband	x		
Centrale für GmbH	x	x	
Gesamtverband gemeinnütziger Wohnungsunternehmen	x		
Arbeitsgemeinschaft für betriebliche Altersversorgung		x	
Arbeitsgemeinschaft für wirtschaftliche Verwaltung		x	
Verband kommunaler Unternehmen		x	
Vereinigung deutscher Elektrizitätswerke		x	
Zentralverband des deutschen Handwerks		x	
Bundesverband deutscher Banken	x		
Bundesverband der Volks- und Raiffeisenbanken	x		
Deutscher Genossenschafts- und Raiffeisenverband	x		
Deutscher Raiffeisenverband	x		
Deutscher Sparkassen- und Giroverband	x		
Gesamtverband der deutschen Versicherungswirtschaft	x		
Deutsche Schutzvereinigung für Wertpapierbesitz	x	x	
Bundesverband gemeinwirtschaftlicher Unternehmen	x		
Freier Ausschuß deutscher Genossenschaftsverbände		x	
Zentraler Kreditausschuß		x	

Bundesrechtsanwaltskammer	x		
Deutscher Anwaltsverein	x	x	
Bundesnotarkammer	x	x	
Wirtschaftsprüferkammer	x		x
Institut der Wirtschaftsprüfer	x		x
Bundesverband der Bilanzbuchhalter		x	
Bundessteuerberaterkammer	x	x	
Bundesverband der Steuerberater	x	x	
Deutscher Steuerberaterverband	x		
Deutscher Gewerkschaftsbund		x	
Deutsche Angestellten-Gewerkschaft	x	x	
Wirtschafts- und Sozialwissenschaftliches Institut der Gewerkschaften	x		
Kommission Rechnungswesen im Verband der Hochschullehrer für Betriebswirtschaft	x		x

Tabelle 1: Gesellschaftliche Organisationen im Gesetzgebungsprozeß in Deutschland

- für die Industrie die GEFIU - eine Vereinigung der Finanzvorstände großer Unternehmen - und die Spitzenverbände der deutschen Wirtschaft, eine Dachorganisation, in der in diesem Fall der Bundesverband der Deutschen Industrie, der Deutsche Industrie- und Handelstag, der Bundesverband Deutscher Banken, die Bundesvereinigung der deutschen Arbeitgeberverbände, der Gesamtverband der deutschen Versicherungswirtschaft, die Hauptgemeinschaft des deutschen Einzelhandels, der Zentralverband des deutschen Handwerks, der Deutsche Hotel- und Gaststättenverband und der Zentralverband der genossenschaftlichen Großhandels- und Dienstleistungsunternehmen vereint waren. Daneben haben noch Vereinigungen, die kleinere selbständige Unternehmen repräsentieren - die Arbeitsgemeinschaft selbständiger Unternehmer, die Centrale für GmbH und der Zentralverband des Deutschen Handwerks - sowie einige Verbände, die Unternehmensgruppen mit Spezialproblemen bei der Bilanzierung vertreten (Stromwirtschaft, kommunale Unternehmen), Vorschläge unterbreitet.
- für die Nutzer der Jahresabschlüsse die Schutzvereinigung für Wertpapierbesitz und der Zentrale Kreditausschuß - ein Gremium der Spitzenverbände der Banken, in dem Probleme beraten werden, die alle Institute betreffen.
- für die in diesem Bereich tätigen prüfenden und beratenden Berufe insbesondere die Wirtschaftsprüferkammer und das Institut der Wirtschaftsprüfer, aber auch die Verbände der Steuerberater, der Bilanzbuchhalter, der Anwälte und der Notare.
- für die Arbeitnehmer der DGB als Dachorganisation der Gewerkschaften und die Deutsche Angestelltengewerkschaft.

Die vertragsökonomischen Hypothesen werden auch durch empirische Untersuchungen für die USA tendenziell bestätigt. Tandy/Wilburn[14] haben ca. 13.000 Briefe, in denen zu den Ent-

14 Tandy, Paulette R. und Wilburn, Nacy L.: Constituent Participation in Standard Setting: The FASB's First 100 Statements, in: Accounting Horizons, June 1992, S. 47-58.

würfen der ersten 100 Standards des FASB Stellung genommen wurde, ausgewertet (Tabelle 2). Die einflußnehmenden Gruppen ähneln denen in Deutschland. Auffällig ist dabei, daß neben verbandsähnlichen Organisationen („representational organizations") auch eine große Zahl von einzelnen Unternehmungen, Wirtschaftsprüfern etc. Stellung genommen haben. In Deutschland kommen Einzelaktionen zwar ebenfalls vor[15] - typisch sind hier jedoch Verbandsaktivitäten. Zwar sind auch in den USA, wie ersichtlich, Verbände aktiv. Ferner sind in den entsprechenden Gremien, insbesondere im FASB, bestimmte Interessengruppen durch Repräsentanten von Vereinigungen vertreten, die jenen ähneln, welche in Deutschland im parlamentarischen Vorfeld agieren. Dennoch bleibt der Unterschied zwischen dem großen individuellen Engagement in den USA und der fast völligen Kanalisierung individueller Interessen durch Verbände und berufständische Organisationen in Deutschland frappierend. Ökonomisch ist er schwierig zu erklären. Geht man davon aus, daß auch in den USA einzelne Unternehmen, Banken oder Wirtschaftsprüfer ähnliche Interessen haben, dann wäre es für sie ökonomischer, diese zu bündeln und wie in Deutschland im wesentlichen nur gemeinsam durch Experten vertreten zu lassen.

Möglicherweise versagen hier rein ökonomische Erklärungen. In Deutschland sind Verbände, berufsständische Vereinigungen und Vereine allgegenwärtig. Der manchmal spöttisch als sog. „Vereinsmeierei" bezeichneten Ausdrucksform sozialen Zusammenlebens begegnet man nicht nur im Privatleben, sondern auch im Wirtschaftsleben. A high degree of collectivism seems to be a cultural fixed term in Germany.[16] So betrachtet, kann man das Agieren durch Verbände und deren Aktivitäten im Regulierungsprozeß als sich gegenseitig stützende Phänomene verstehen. Die Verbandsaktivitäten sind funktional in bezug auf die Kosten des „Lobbying" und das „Lobbying" hat die Funktion der Stabilisierung der Gruppe. Es erfordert einen gruppeninternen Diskurs, durch den sich die Mitglieder als Gruppe bestätigen. Als „Kosten" dieses Korporatismus kann man den Verzicht auf die Durchsetzung individueller Vorstellungen durch die einzelnen Gruppenmitglieder ansehen, der mit einer so weitgehenden Unterordnung unter eine Verbandsmeinung zwangsläufig verbunden ist. Auf die USA übertragen würde das bedeuten, daß die individuelle Einflußnahme auf den Regulierungsprozeß der Stabilierung des Individualismus als eines Grundelements der amerikanischen Kultur dient. Nach Hofstede rangieren die USA in Hinblick auf die Bedeutung des Individualismus von allen untersuchten Staaten an erster Stelle.[17] Der „Preis" dafür sind die insgesamt vergleichsweise hohen Kosten des individuellen Lobbying im Regulierungsprozeß.

Die Untersuchungen für Deutschland und die USA belegen zudem, daß sich auch Hochschullehrer bzw. „academics" bei der Entwicklung von Rechnungslegungsstandards engagieren. Im Unterschied zu den anderen Gruppen erscheint jedoch eine vertragsökonomische oder eine andere Form der einkommensorientierten Erklärung ihres Engagements nicht möglich. Auch das Argument, daß der Hochschullehrer auf diesem Wege durch Aufbau von Reputa-

15 Siehe den Abdruck einzelner Briefe an das Justizministerium in: Deutscher Bundestag, 10. Wahlperiode 1983, 6. Ausschuß, Unterausschuß „Bilanzrichtlinien-Gesetz": Stenographisches Protokoll über die 17. Sitzung des Unterschausschusses „Bilanzrichtlinien-Gesetz" am Donnerstag den 9. Mai 1985.

16 Hofstede, Geert: Culture's Consequences, International Differences in Work Related Values, Beverly Hills/London 1980, Kapitel 5.

17 Hofstede, FN 16, S. 315; vgl. aber Bryce, James: The American Commenwealth, 4th ed., New York 1910, S. 281-282, ferner Beard, Charles A. und Beard, Mary, R.: The Rise of American Civilization, rev. ed., New York 1949, S. 761-762 und Bell, Daniel: The end of Ideology, Glencoe, Ill. 1960, S. 30, zitiert nach Olson, Mancur jr.: The Logic of collective Action, New York 1965, S. 16.

tion die eigene ökonomische Position indirekt zu verbessern sucht, wirkt wenig überzeugend. Dann hätten z.B. in Deutschland individuelle Stellungnahmen näher gelegen als die Einbindung der eigenen Position in Stellungnahmen der Kommission Rechnungswesen des Verbandes.

Group	Number of Comment Letters					**Relative Participation**
	Individuals		Representational Organizations		Total	
Industry	7,232	60.7 %	508	34.9 %	7,740	0.002 %
Public Accounting	1,447	12.1 %	654	44.9 %	2,101	0.060 %
Securities	185	1.6 %	54	3.7 %	239	0.016 %
Banking	1,564	13.1 %	136	9.3 %	1,700	0.077 %
Academe	313	2.6 %	22	1.5 %	335	0.043 %
Government	316	2.7 %	54	3.7 %	370	**
Law	62	0.5 %	12	0.8 %	74	0.001 %
Other	795	6.7 %	15	1.0 %	810	**
Total	11,914		1,455		13,369	

* On the joint ED for SFAS Nos. 90 and 92, 503 respondents were classified as „other" by the FASB. No other information is available as to the constituent group of these respondents. The Index to Submissions, maintained by the FASB, simply lists these participants as individuals.

** No population measures were available for these constituent groups.

Tab. 2: Participation by Constituent Groups

5 Intensität des Guppenengagements

Bisher wurde nur untersucht, welche Gruppen im Prozeß der Rechnungslegung aktiv werden und warum sie es werden. Die Untersuchungsergebnisse (s. Tabellen 1 und 2) legen darüber hinaus nahe, die Intensität des Engagements zu analysieren.

The „lobbyist votes with money. ...., the only upper bond on the number of ´votes´ he casts is that imposed by his wealth."[18] Danach werden sich solche Gruppen besonders aktiv im Prozeß des Lobbying engagieren, für die die Nutzen-/Kostendifferenz der Mitwirkung vergleichsweise groß ist, und die über ausreichende Ressourcen verfügen, um am Entwicklungsprozeß teilzunehmen. Die Nutzen-/Kostendifferenz für den Einzelnen wächst bei gegebenem Nutzen für eine Gruppe, wenn die Kosten der Mitwirkung auf die Gruppenmitglieder verteilt werden, z.B. über Mitgliedsbeiträge. Der Nutzen kommt dem einzelnen Mitglied ungeteilt zu Gute, während es die Kosten nur anteilig trägt. Dies erhöht den Anreiz, seine Gruppe darin zu unterstützen, aktiv zu werden. Der Anreiz ist desto größer je mehr Mitglieder die einzelne Gruppe hat.

Die Anreizstruktur ist differenzierter, wenn ein Teil der Kosten unmittelbar von einzelnen Mitgliedern der Gruppe getragen wird und sie dafür nicht oder nicht vollständig, z.B. nur in Hinblick auf die variablen Kosten, von den anderen Mitgliedern entschädigt werden (Fixko-

18 Vgl. Sutton, FN 11, S. 84.

sten-free riding der anderen Mitglieder). Dies ist bei allen Gruppen zu erwarten, bei denen zumindest einige Mitglieder für die Erfüllung ihrer unmittelbaren Aufgaben bereits Experten beschäftigen, die dann für die Gruppe im Regulierungsprozeß so zu sagen ehrenamtlich tätig werden, z.B. der Leiter des Rechnungswesens eines Großunternehmens, der Leiter der Fachabteilung einer großen Wirtschaftsprüfungsgesellschaft oder der von der Universität finanzierte Hochschullehrer. In diesem Fall entsteht in Höhe der Kapazitätskosten ein Kostenteilungseffekt innerhalb der Organisation, die ihren Experten zur Verfügung stellt. Der Nutzen aus der Regulierung und der Nutzen aus der Haupttätigkeit müssen dann die Fixkosten der Beschäftigung des Experten nur gemeinsam tragen.

Der Nutzen resultiert bei vertragsökonomischer Erklärung, wie oben ausgeführt, aus der Veränderung der Einkommensrisikopositionen der Guppenmitglieder, die durch die Nachverhandlung der unvollständigen Verträge verursacht wird. Der Nutzen ist tendenziell desto größer, je unmittelbarer und ausschließlicher das Einkommen und andere persönliche Nutzenkomponenten von den Ergebnissen der Regulierung abhängen. Die Auswirkungen sind jedoch wegen der Vielzahl der Gruppen und möglicher Interdependenzen zwischen ihnen sowie der zum Teil unterschiedlichen Situation einzelner Gruppenmitglieder schwierig abzuschätzen.

Trotz dieser Unsicherheiten in der Einschätzung der Nutzenkomponente spricht vieles dafür, daß die **Manager der Unternehmungen** besonders große Vorteile von einer Teilnahme am Regulierungsprozeß haben. Zum einen hängt das aktuelle Einkommen von den Rechnungslegungsvorschriften ab - je erfolgsabhängiger die Unternehmungsleitungen honoriert werden, umso größer ist der Vorteil. Zum anderen ist aber auch das zukünftige Einkommen betroffen. Rechnungslegungsregeln erlauben in mehr oder weniger großem Umfang wirtschaftliche Erfolge besonders herauszustellen oder Verluste zu verschleiern. Damit beeinflussen sie über die Reputation und die Arbeitsplatzsicherheit des Managements die Zukunftseinkommen. Zudem sind die Kosten der Einflußnahme auf die Regulierung deshalb vergleichsweise niedrig, weil die Experten in den Unternehmen auch unabhängig von der Regulierung laufend im Rechnungswesen des Unternehmens benötigt werden. Schließlich ist die Zahl der betroffenen Unternehmen groß, so daß bei Teilung von Kosten die auf das einzelne Unternehmen entfallenden Beträge vernachlässigbar gering sind. Da es vor allem die großen Unternehmen sind, die über entsprechende Fachabteilungen mit ausreichender Kapazität verfügen, ist zudem zu erwarten, daß innerhalb der Gruppe der Unternehmen sich die großen Unternehmen besonders hervortun.[19]

Für die **Anteilseigner** sind die Kosten der Teilnahme am Regulierungsprozeß normalerweise prohibitiv. Sie verfügen in der Regel nicht über das notwendige Fachwissen. Zwar besteht prinzipiell die Möglichkeit, sich zusammenzuschließen und Experten zu beschäftigen, die im Regulierungsprozeß ihre Interessen wahrnehmen. Die Koordinationskosten sind dafür jedoch vergleichsweise hoch. Hinzu kommt, daß ihre Interessen traditionellerweise von der Regierung selbst verreten werden, z.B. in den USA von der SEC oder in Deutschland durch den das Justizministerium. Die Rechnungslegungs- und Publizitätspflichten sind den Unterneh-

19 Vgl. Kessler, Martin/Peter, Michael/Sauga, Michael/Berschens, Ruth: Kleines Kunststück. Unternehmenschefs und Firmenlobbyisten übernehmen mehr und mehr den Part der einst mächtigen Verbände, in: Wirtschaftswoche, Nr. 46 v. 7.11.1996, S. 34-49.

mungen, wenn auch nicht ausschließlich, so aber doch wesentlich im Interesse der gegenwärtigen und potentiellen Anteilseigner abgerungen worden. Insgesamt gesehen ist deshalb der Anreiz für diese Gruppe, am Regulierungsprozeß teilzunehmen, vergleichweise gering.

Dies gilt auch für die **kleineren Gläubiger**. Sie sind in einer ähnlichen Situation wie die Anteilseigner - kaum eigenes Expertenwissen, hohe Kosten der Gruppenbildung und -vertretung sowie geringer Zusatznutzen, wenn, wie in Deutschland Gläubigerschutz vorrangiges Ziel des Gesetzgebers ist. Für **Banken** als Gläubiger gelten die Kostenargumente nicht. Sie verfügen über Expertenwissen zur Rechnungslegung ihrer Schuldner, wenn auch nicht in dem Maße wie die Schuldner selbst. Asymmetrische Informationsverteilung besteht besonders in Hinblick auf einzelne Erfolgsrisiken und -chancen der Unternehmen und die Möglichkeiten, diese mehr oder weniger erwartungstreu im Rechnungswesen abzubilden. Der Nutzen ist für Banken dann weniger eindeutig, wenn es sich um eine Bilanzierungsregelung handelt, die die Banken auch für ihre eigene Bilanzierung anwenden müssen. Es können dann z.B. Konflikte zwischen dem Wunsch der Bankmanager nach Spielräumen für die eigene Bilanzierung und den Interessen der Analysten in den Banken nach Beschränkung der Spielräume für die Bilanzierung der Kreditnehmer entstehen. Insbesondere, wenn Banken Zugang zu anderen Informationsquellen haben, darf erwartet werden, daß ihr Engagement im Regulierungsprozeß wesentlich durch die Ziele des Managements in Hinblick auf die eigene Bilanzierung bestimmt wird.

Nach Sutton ist der Nutzen der Lobby-Tätigkeit für „producer" der Rechnungslegung größer als für die „user": „The producer of financial statements (diversified companies excepted) draws income from few sources; the large user from many. ....Lack of diversification renders the producer more vulnerable to any adverse economic effects associated with a proposed standard."[20] Dieses Argument erscheint zumindest für große Reformvorhaben in einem legalistischen System der Regulierung nicht besonders tragfähig, da dort das gesamte Portfolio der Unternehmen von einer Gesetzesreform weitgehend ähnlich beeinflußt werden kann.

Arbeitnehmer haben zwar, wie die Anteilseigner, individuell ebenfalls nicht das notwendige Fachwissen, um im Regulierungsprozeß agieren zu können, die Kosten einer kollektiven Vertretung sind jedoch dann deutlich niedriger, wenn bereits eine Gewerkschaftsorganisation existiert, die die Arbeitnehmer im Regulierungsprozeß repräsentieren kann. Anders als bei den Anteilseignern müssen dann die Kosten der Teilnahme im Regulierungsprozeß nicht nur vom Regulierungsnutzen getragen werden. Im Unterschied zu den Managern benötigen Gewerkschaften das Fachwissen auf dem Gebiet der Rechnungslegung jedoch nur sporadisch zur Vorbereitung von Tarifverhandlungen und zudem auch nicht so tiefgehend. Da ferner die Arbeitnehmer mit ihren Einkommen nicht so unmittelbar von den Rechnungslegungsregeln abhängen wie das Management, ist von den Gewerkschaften ein vergleichsweise geringeres Engagement im Regulierungsprozeß zu erwarten.

Die **Wirtschaftsprüfer** oder „auditors" verfügen wie das Management über das notwendige Fachwissen. Zudem ist die Gruppe in beiden Ländern so groß, daß die Kostenbelastung für den einzelnen durch die Teilnahme seiner Gruppe am Regulierungsprozeß vergleichsweise gering gehalten werden kann. Ähnlich wie bei den Unternehmen sprechen auch hier ökono-

20 Vgl. Sutton, FN 11, S. 86.

mische Gründe dafür, daß vor allem die Fachleute der großen Gesellschaften als Experten im Regulierungsprozeß auftreten werden. Ferner ist die ökonomische Position in hohem Maße von den Rechnungslegungsregeln abhängig. Wenn der Wirtschaftsprüfer den Auftrag hat, ein der tatsächlichen Lage entsprechendes Bild oder eine „fair presentation" zu geben, dann wird die Möglichkeit dazu wesentlich von der Qualität der Rechnungslegungsvorschriften beeinflußt. Vorschriften, die den Unternehmen große Spielräume lassen, erhöhen tendenziell die Risiken von Fehleinschätzungen durch den Wirtschaftsprüfer. Aber selbst wenn er nur die Einhaltung der Bilanzierungsregeln bestätigen muß, wirken wirtschaftliche Fehleinschätzungen über den Verlust der Reputation auf ihn zurück. Insgesamt sprechen die ökonomischen Faktoren für ein starkes Engagement der Wirtschaftsprüfer im Regulierungsprozeß.

Kostenmäßig sind **Hochschullehrer** oder „academics" ähnlich gestellt wie die Manager und die Wirtschaftsprüfer. Das notwendige Fachwissen besteht bereits weitgehend; es braucht für die Aktivitäten im Regulierungsprozeß nicht speziell aufgebaut zu werden. Ein persönlicher Nutzen ist dagegen nur schwer zu begründen, so daß die Stärke des Engagements der Hochschullehrer mit dem hier gewählten Ansatz nur unvollkommen zu erklären ist.[21]

Wenn man die Intensität des Gruppenengagements an der Zahl und dem Umfang der Stellungnahmen mißt, dann ergibt sich für Deutschland ein deutlicher Unterschied zwischen vier Gruppen, die zu fast allen Gesetzesentwürfen und jeweils zu zahlreichen verschiedenen Regeln Stellung genommen haben (s. Tabelle 1 und Anhang), und allen anderen Gruppen.

Besonders aktiv waren erwartungsgemäß die Unternehmen. Sie wurden gleich durch zwei Verbände vertreten - die Großunternehmen durch die GEFIU und alle Unternehmen nochmals durch ihre Verbände, die unter dem Dach der Spitzenverbände der Wirtschaft agiert haben. Wenn man jedoch die Stellungnahmen der beiden Gruppen im einzelnen analysiert, so ergibt sich praktisch kein nennenswerter Fall, in dem die beiden Verbände einander widersprechende Vorschläge gemacht haben. Für die nachfolgenden Analysen der relativen politischen Macht der Gruppen werden die beiden Unternehmensverbände daher zu einer Interessengruppe zusammengefaßt.

Zu den besonders aktiven Gruppen gehören erwartungsgemäß auch die Wirtschaftprüfer. Die Kammer und das Institut werden hier zu einer Gruppe zusammengefaßt. Nach anfänglich getrennten Stellungnahmen haben sie später nur noch gemeinsam agiert. Zu den besonders aktiven Grupen gehören auch die Hochschullehrer, was - wie bereits begründet - mit dem hier gewählten ökonomischen Ansatz kaum zu erklären ist.

Vergleicht man diese Ergebnisse mit denen für die USA von Tandy/Wilburn, dann sind auch dort die Unternehmen und die Wirtschaftsprüfer (public accounting) besonders aktiv. Die „academics" haben sich ebenfalls stark engagiert. Im Unterschied zu Deutschland sind jedoch die Finanzintermediäre ähnlich aktiv wie die Wirtschaftsprüfer. Bei detaillierterer Analyse ihrer Stellungnahmen relativiert sich dieser Unterschied jedoch. „The banking constituent group may respond to EDs (exposure drafts) from a user and/or preparer view point. As previously noted, however the high level of participation for this group results primarily from

21 Vgl. dazu jedoch die besondere Analyse von Power, Michael: German Academics and the Regulation of Financial Reporting, in: Flower, John und McLeay, Stuart: FN 3, (im Druck).

unusual high response rates for two particular EDs. An interesting point is that, in both of the situations adressed by these two EDs, banking entities were responding as preparers of their own financial statements, rather than as users of others statements. A review of the SFAS that elicited more than 20 comment letters from banking entities suggest that banking constituents participate in the standard setting process more as preparers than as users."[22] Dies entspricht dann aber weitgehend dem Verhalten der Banken in Deutschland, mit dem Unterschied, daß sie in Deutschland im wesentlichen gemeinsam mit der Industrie unter dem Dach der Spitzenverbände agiert und sich damit in die Gruppe der Bilanzaufsteller integriert haben, während sie in den USA gesondert aufgetreten sind.

6 Politischer Erfolg der Interessengruppen

6.1 Das Erklärungsmodell

Abschließend wird versucht, den politischen Erfolg der Interessengruppen zu messen und zu erklären. Dazu benötigen wir eine Meßvorschrift für den politischen Erfolg und ein Modell, das den Erfolg als Ergebnis des Zusammenwirkens der Interessengruppen und des Gremiums abbildet, das über die Rechnungslegungsvorschriften entscheidet.

Politischen Erfolg hat, wer eine von ihm präferierten Regelung durchsetzt.

- Bezieht man den Erfolgsbegriff auf eine einzelne Reglung und eine bestimmte Gruppe, dann wird der Erfolg gemessen, in dem die in der Rechnungslegungsvorschrift letztlich realisierte mit der von der Gruppe präferierten Regelung verglichen wird.
- Bezieht man den Erfolg auf eine umfassende Rechnungslegungsreform oder einen längeren Zeitraum mit mehreren unabhängigen Einzelregelungen, so kann der Erfolg der Gruppe am Anteil der durchgesetzten an der Gesamtzahl aller Regelungen gemessen werden. Bei unterschiedlichem politischen Gewicht der einzelnen Regelungen sollte man die einfachen Erfolge ggf. mit einem Index gewichten, der die unterschiedliche Bedeutung der einzelnen Rechnungslegungsregeln repräsentiert.
- Dieses Erfolgsmaß kann auch auf Koalitionen von Gruppen bezogen werden, die gleiche Rechnungslegungsregeln präferieren.

Der voraussichtliche politische Erfolg einer Lösung wächst mit dem politischen Einsatz der Interessengruppen für diese Lösung. Der politische Einsatz wächst c.p.

1. mit der Größe der Nutzen-/Kostendifferenz, den eine Gruppe hat, die diese Regelung im politischen Prozeß vertritt,
2. mit der Zahl der Gruppen, die die Lösung unterstützen,
3. mit den Ressourcen, die diese Gruppe(n) zur Verfügung hat (haben), um im Regulierungsprozeß mitzuwirken, und mit den Ressourcen, über die sie darüber hinaus verfügt (en), um auf den Prozeß der politischen Entscheidungsfindung Einfluß zu nehmen.

22 Tandy/Wilburn, FN 14, S. 54.

4. Die Opposition gegen eine Lösung wird indirekt dadurch modelliert, daß Gruppen einander widersprechende Lösungen vertreten können. Der politische Erfolg einer Lösung hängt damit auch davon ab, ob Alternativen vorgeschlagen werden und welche Gruppen dahinter stehen.

ad 1.: In der nachfolgenden Untersuchung wird für Deutschland davon ausgegangen, daß für die drei untersuchten Gruppen (Unternehmen, Wirtschaftsprüfer und Hochschullehrer) der Anreiz, sich bei der Transformation der 4. EG-Richtlinie zu engagieren, gleich groß war. Diese Annahme kann nicht durch unmittelbare Messung gestützt werden, da der Nutzen und die Kosten der Gruppen konkret kaum quantifiziert werden können und der Nutzen für die Hochschullehrer nicht einmal ausreichend qualifiziert werden konnte. Trotzdem hat die Annahme eine gewisse Berechtigung, weil - gemessen an Zahl und Umfang der Stellungnahmen - das Engagement aller drei Gruppen etwa gleich stark war.

ad 2.: Ferner wird davon ausgegangen, daß die Gruppe der Unternehmen über mehr Ressourcen als die Wirtschaftsprüfer und diese wiederum über mehr Ressourcen als die Hochschullehrer verfügt. Die Gruppen unterscheiden sich zwar nur unwesentlich in ihren Mitwirkungsmöglichkeiten im Regulierungsprozeß selbst (Fachwissen, Ressourcen zur Entwicklung von Stellungnahmen), wohl aber in ihren Möglichkeiten, auf den Prozeß der politischen Willensbildung Einfluß auszuüben. Wir leben in einer Wirtschaftsgesellschaft, deren Ressourcen wesentlich von den Managern der Unternehmen kontrolliert werden. Investitionen zur Stärkung des politischen Einflusses sind bei großen Konzernen Teil der Unternehmenspolitik. Zusätzlich investiert der Unternehmenssektor insgesamt über die Verbände in politischen Einfluß. Auf die vielfältigen Formen braucht hier nicht im einzelnen eingegangen zu werden. Die beiden anderen Gruppen verfügen über deutlich weniger Ressourcen. Die Hochschullehrer bringen als Gruppe im wesentlichen nur ihr Fachpotential ein.

ad 3.: Wird eine Regelung von mehr als einer Gruppe unterstützt, dann ist ihre Erfolgswahrscheinlichkeit c.p. größer, als wenn nur eine der Gruppen sie unterstützt.

ad 4.: Werden einander widersprechende Lösungen vorgeschlagen, dann setzt sich jene durch, die die stärkste politische Unterstützung erfährt.

Nachfolgend sollen einige Hypothesen, die aus diesem Modell abgleitet werden, für die Entwicklung des Bilanzrichtlinien-Gesetzes überpüft werden - für die USA steht vergleichbares Datenmaterial nicht zur Verfügung.

6.2 Abhängigkeit des politischen Erfolges vom sozialen Konsens

Wenn der politische Erfolg, wie angenommen, vom politischen Einsatz der Interessengruppen abhängt und mit der Zahl der engagierten Interessengruppen steigt, dann muß gelten, daß für alle Vorschläge, für die es keine Alternativvorschläge gibt, der politische Erfolg am geringsten ist, wenn er nur von einer Interessengruppe unterstützt wird. Er sollte größer sein, wenn zu dieser eine weitere Gruppe hinzutritt. Wenn alle Gruppen einen Vorschlag unterstützen, sollte der politische Erfolg am größten sein.

Um diese Hypothese überprüfen zu können, wurden die in der Anlage aufgelisteten Stellungnahmen in Hinblick auf die vorgeschlagenen Rechnungslegungsregeln analysiert. Es wurden neben vier konzeptionellen Problemen, auf die später eingegangen werden soll, 167 Einzelprobleme identifiziert, z.B. Aktivierung selbsterstellter immaterieller Anlagegenstände, explizite Regelung zur Auflösung von Rücklagen oder der Ausweis ausstehender Einlagen.[23] Für die Einzelprobleme wurde, um die Komplexität der Analyse zu reduzieren, für jede der drei Gruppen nur der erste Vorschlag berücksichtigt. Er wurde mit der im Gesetz realisierten Lösung verglichen. Der Kommunikationsprozeß, der sich zwischen den Gruppen abgespielt hat, und etwaige Meinungsänderungen während dieses Prozesses können folglich nicht modelliert werden. Die Ergebnisse für die 167 Einzelprobleme sind in Tabelle 3 zusammengefaßt.

In der ersten Spalte sind die möglichen Koalitionen und Oppositionen zwischen den drei Gruppen aufgelistet. In jeder Zeile ist angegeben, wieviele Fälle dieser Konstellation insgesamt vorkommen (Spalte 2), wie häufig die Kostellation erfolgreich war (Spalte 3) und wie häufig sie sich nicht hat durchsetzen können (Spalte 4).

(u,w,p) bedeutet, gleiche oder sehr ähnliche Vorschläge von Unternehmen, Wirtschaftsprüfern und Professoren. In neun Fällen konnte sich die große Koalition sieben mal durchsetzen.

Vorschläge von	Anzahl der Fälle	Anzahl der Erfolge	Anzahl der Mißerfolge
(u,w,p)	9	7	2
(u,w)←→p	9	(u,w)=8 p=1	0
(u,p)←→w	1	(u,p)=1	0
(w,p)←→u	11	(w,p)=3 u=8	0
u←→w←→p	0	-	-
(u,w)	14	10	4
u←→w	4	u=3 w=1	0
(u,p)	5	5	0
u←→p	16	u=10 p=6	0
(w,p)	5	3	2
w←→p	0	-	-
u	44	23	21
w	23	11	12
p	26	7	19
	167	107 (64%)	60

Tab. 3: Politischer Erfolg der Interessengruppen bei der Transformation der 4. EU-Bilanzrichtlinie

u : Unternehmen **w** : Wirtschaftsprüfer **p** : Professoren
(,) : gleiche oder sehr ähnliche Vorschläge
←→ : einander widersprechende Vorschläge

23 Die Liste der Einzelprobleme und die Stellungnahmen der drei Gruppen dazu sind abgedruckt in Ordelheide, D.: FN 3, Appendix 1.

(u,w)←→p Bei neun Rechnungslegungsproblemen, bei denen die Koalition aus Unternehmen und Wirtschaftsprüfern einer Opposition der Hochschullehrer gegenüber stand, setzte sich die Koalition achtmal und die Opposition einmal durch.

i←→p In 16 Fällen, in denen die Wirtschaftsprüfer sich nicht engagierten, machten die Unternehmen und die Professoren einander widersprechende Vorschläge. Die Unternehmen setzten sich zehnmal und die Professoren sechsmal durch.

u Nur die Unternehmen haben einen Vorschlag unterbreitet. Wirtschaftsprüfer und Hochschullehrer haben geschwiegen. (44 Fälle, 23 Erfolge).

Vorschläge, die von nur einer Gruppe unterstützt wurden, waren in 44 % der Fälle erfolgreich (41 von 93). Dabei ist die Erfolgsquote für die Unternehmen mit 52% (23 von 44) größer als für die Wirtschaftprüfer mit 48% (11 von 23). Für die Hochschullehrer ist sie mit 27% (7 von 26) am geringsten. Kommt ein Koalitationspartner hinzu, erhöht sich die Erfolgsquote deutlich für die Unternehmen auf 79% (10 von 14), für die Wirtschaftsprüfer auf 68% (13 von 19) und für die Hochschullehrer auf 80% (8 von 10), für alle Gruppen insgesamt auf 75% (18 von 24). Die Erfolgsquote steigt auf 78% (7 von 9), wenn alle drei Gruppen hinter den Vorschlägen stehen.

Diese Ergebnisse sind auf den ersten Blick mit der aus dem obigen Modell abgleiteten Hypothese kompatibel, daß der politische Erfolg von Vorschlägen aus dem parlamentarischen Vorfeld mit dem sozialen Konsens wächst. Sie bedürfen allerdings noch einer statistischen Überprüfung.[24]

6.3 Die Bedeutung der politischen Macht bei sozialem Konflikt

Politischer Konflikt besteht dann, wenn von den Gruppen einander widersprechende Vorschläge unterstützt werden. Dies kam in 25% (41 von 167) der Fälle vor. Politischer Konflikt führte nicht zu einer Stärkung der Stellung des Gesetzgebers in dem Sinne, daß sich dann Lösungen durchgesetzt hätten, die keine der Gruppen vorgeschlagen hat. Vielmehr wurden in allen 41 Fällen Lösungen realisiert, die eine der Gruppen vertreten hatte.

Folgt man dem obigen Erklärungsmodell, dann sollte sich in Konfliktfällen die Industrie durchsetzen, gefolgt von den Wirtschaftsprüfern und den Hochschullehrern. Bei Koalitionen sollte jene mit den Unternehmen als Koalitionspartner erfolgreicher sein als Koalitionen der Wirtschaftsprüfer und Hochschullehrer gegen die Unternehmen.

Bei den obigen Modellannahmen wurde die Nutzen-/Kostendifferenz für alle drei Gruppen vereinfachend als gleich groß angenommen. Wenn man diese Annahme aufgibt, dann wohl zu Gunsten der Unternehmen. Die Rechnungslegungsregeln sind für die Manager der Unternehmen von besonders großer Bedeutung. Zudem sind die Kosten je Mitglied aufgrund der dargestellten Kostenteilungseffekte vergleichsweise gering. Eine solche Änderung der Modellannahmen würde aber die Hypothese, daß in Konfliktfällen die Unternehmen durchsetzungskräftiger sind als die beiden anderen Gruppen, nicht verändern.

---

24 Vgl. dazu McLeay, Stuart/Ordelheide, Dieter/Young, Steven: The Development of Financial Reporting Standards: Evidence from Germany, 1996 (Manuskript).

Konfliktfälle bestehen in 88% der Fälle (36 von 41 Fällen) zwischen den Unternehmen und den Hochschullehrern, jede Seiten teilweise unterstützt durch die Wirtschaftsprüfer. (Unternehmen neunmal; Professoren elfmal). Die Fälle, in denen die Wirtschaftsprüfer gegen eine Koalition von Unternehmen und Hochschullehrern antraten, sind vergleichsweise selten (fünf Fälle), besonders im Vergleich zur Opposition der Professoren (25 Fälle).

Wie erwartet waren die Unternehmen besonders erfolgreich. In 73% (30 von 41) der Konfliktfälle mit einer oder beiden anderen Gruppen setzten sie sich durch. Die Wirtschaftsprüfer waren in 48% (12 von 25) und die Hochschullehrer nur in 30% (11 von 37) der Fälle erfolgreich. Die vergleichsweise hohe Erfolgsrate der Wirtschaftsprüfer resultiert zu 67% (8 von 12) aus einer Koalition mit den Unternehmen, während die Hochschullehrer ihre Erfolge zu 91% (10 von 11) gegen die Vorschläge der Industrie machten.

Die Koalition der Unternehmen mit den Wirtschaftsprüfern oder den Hochschullehrer gegen die jeweils andere Gruppe war in 90% der Fälle (9 von 10) und die Koalition gegen die Unternehmen nur in 27% der Fälle (3 von 11) erfolgreich.

Damit werden auch die Konflikthypothesen durch die Daten gestützt. Aber auch dieses Ergebnis ist bis zur statistischen Absicherung nur vorläufig.

6.4 Politischer Erfolg bei konzeptionellen Vorschlägen

Im Rahmen der Entwicklung des BiRiLiG wurden neben den Einzelproblemen, die der vorangegangenen Analyse zugrunde lagen, auch konzeptionelle Änderungen des Rechnungslegungsrechts empfohlen.

Zentrales Rechnungslegungsgesetz: Die Kommission Rechnungswesen schlug schon frühzeitig vor, an Stelle des auf zahlreiche Gesetze verteilten Bilanzrechts alle Regelungen in einem zentralen Rechnungslegungsgesetz zusammenzufassen.[25] Dies würde die Zahl der Einzelregelungen reduzieren und die Klarheit fördern. Zudem seien die Regelungen des AktG 1965 in der Zwischenzeit GoB geworden. Demgegenüber argumentierten die Spitzenverbände[26] und die GEFIU[27], daß die Rechnungslegungsanforderungen für verschiedene Rechtsformen unterschiedlich hoch sein sollten und daß dies am besten durch die gegenwärtige rechtsformenspezifische gesetzliche Regelung zu erreichen wäre. Die Spitzenverbände wandten sich auch gegen die Vorstellung, daß die Regelungen des AktG 1965 mittlerweile GoB geworden seien. Realisiert wurde ein Kompromiß. Es wurde zwar kein besonderes Rechnungslegungsgesetz geschaffen. Die Vorschriften wurden jedoch im Dritten Buch des HGB zusammengezogen. Solange die sozial-liberale Regierung im Amt war, wurden die Regeln rechtsformenunabhängig formuliert; die Ausnahmen für Nicht-Kapitalgesellschaften wurden in die entsprechenden Einzelregelungen aufgenommen. Dagegen argumentierten die Spitzenverbände[28], daß dies das Übergreifen der Regeln für Kapitalgesellschaften auf Unternehmen anderer

25 Vgl. KRW, s. Anlage, 1979, S. 5.

26 Vgl. SPVdW, s. Anlage, 1979, S. 1093.

27 Vgl. GEFIU, s. Anlage, 1980, S. 2.

28 Vgl. SPVdW, s. Anlage, 1984, S. 3.

Rechtsformen erleichtern würde. Daraufhin wurde unter der christ-liberalen Regierung die jetzige Lösung geboren und durchgesetzt, mit einem allgemeinen Teil, der für alle Kaufleute gültig ist (HGB §§ 238-263) und mit besonderen Vorschriften für Kapitalgesellschaften (HGB §§ 264-335). Diese Lösung wurde von den Spitzenverbänden und der GEFIU im abschließenden Hearing begrüßt.[29] Die Wirtschaftsprüfer haben sich in dieser Diskussion nicht besonders exponiert, aber letztendlich der gefundenen Lösung zugestimmt.[30]

Anwendung des neuen Rechts auf die GmbH&Co. KG: Dem Geist der 4. EU-Richtlinie entsprechend wurden in den Entwürfen unter der sozial-liberalen Regierung Personenhandelsgesellschaften mit Kapitalgesellschaften als persönlich haftenden Gesellschaftern wie Kapitalgesellschaften behandelt. Diese Lösung wurde gegen den Willen der FDP-Minister in der Regierung verfolgt.[31] Die Befürworter dieser Lösung argumentierten, daß die Behandlung der GmbH&Co.KG als Kapitalgesellschaft wegen der Überrepräsentation dieser Rechtsform in der Insolvenzstatistik geboten sei.[32] Das Gegenargument von Tenhof[33], daß eine solche Regelung mittelstandsfeindlich sei, wurde zuvor bereits von den Spitzenverbänden vorgebracht.[34] Im Hearing im Mai 1985 wurde diese Einstellung auch von der GEFIU unterstützt.[35] Die Kommission Rechnungswesen war gegen die Aufweichung.[36] Das IdW gab keine konkrete Empfehlung. Schließlich setzten sich die Unternehmen durch.

Transformation des true and fair view-Grundsatzes: Auch in diesem Fall stand der Vorschlag der Kommission Rechnungswesen gegen den der Unternehmen. Die Kommission Rechnungswesen forderte eine uneingeschränkte Anwendung des true and fair view-Grundsatzes.[37] Es wurde argumentiert, daß dies die Funktion des Abschlusses, nützliche Informationen bereitzustellen, fördern würde. Möglichen Verletzungen der Gläubigerinteressen sollte durch ein Verpflichtung vorgebeugt werden, unrealisierte Gewinne in eine ausschüttungsgesperrte Rücklage einzustellen. Aber auch in diesem Fall setzt sich die restriktiveren Lösungen der Spitzenverbände[38] und der GEFIU[39] durch, die in ihrer Tendenz auch von den Wirtschaftsprüfern gestützt wurden[40]. Der Konflikt wurde dadurch abgemildert, daß die eingeschränkte Anwendung des true and fair view-Grundsatzes in der Bilanz und Gewinn- und Verlustrechnung durch besondere Berichtspflichten im Anhang ergänzt wurde.

Gründung eines Rechnungslegungsrates: Auch diese konzeptionelle Wende wurde von der Kommission Rechnungswesen vorgeschlagen.[41] Der Rat sollte durch ein Gesetz einge-

29 Vgl. Deutscher Bundestag, FN 15, S. 2-16.

30 Vgl. IdW, s. Anlage, 1985, S. 349.

31 Vgl. Tenhof, D.: Die GmbH&Co. KG ist keine Kapitalgesellschaft, Betriebswirtschaftliche Forschung und Praxis 1985, S. 93.

32 Vgl. Bundesratsdrucksache 61/82, 1982, 63-64.

33 Vgl. FN 31.

34 Vgl. SPVdW, s. Anlage, 1981, S. 2449-2450.

35 Vgl. GEFIU, s. Anlage, 1985, 111.

36 Vgl. KRW, s. Anlage, 1985, S. 104.

37 Vgl. KRW, s. Anlage, 1979, S. 11.

38 Vgl. SPVdW, s. Anlage, 1979, S. 1094.

39 Vgl. GEFIU, s. Anlage, 1979, S. 2.

40 Vgl. IdW, s. Anlage, 1979, S. 1237.

41 Vgl. KRW, s. Anlage, 1979, S. 6.

setzt und den von ihm verabschiedeten Regeln sollte durch den Gesetzgeber rechtsverordnungsähnliche Verbindlichkeit verliehen werden. Dieser Vorschlag ging in den ersten Vorentwurf immerhin als Option ein (§§ 289, 290). Aber schon im zweiten Vorentwurf folgte das BMJ den Argumenten der Spitzenverbände sowie einflußreicher Wirtschaftsprüfer und Praktiker und beseitigte diese Option.

Die Analyse dieser konzeptionellen Probleme entspricht der Tendenz, die sich bereits bei der Analyse der Einzelprobleme abgezeichnet hat. Die Vorschläge der Industrie setzen sich gegen die der Hochschullehrer durch. Die Wirtschaftsprüfer schlagen sich, sofern sie sich engagieren, eher auf die Seite der Unternehmen.

7 Zusammenfassung

Auf den ersten Blick unterscheiden sich die organisatorischen Formen der Regulierung der Rechnungslegung international erheblich. Demgegenüber wird im vorliegenden Beitrag ausgehend von einem ökonomischen Ansatz begründet und empirisch überprüft, daß sowohl unter einem sog. legalistischen System der Regulierung (Deutschland), als auch bei der Regulierung durch Fachgremien (USA)

- Rechnungslegungsregeln im wesentlichen von Experten entwickelt werden,
- diese Experten als Lobbyisten für Interessengruppen agieren, insbesondere für Unternehmen, Wirtschaftsprüfer, Kapitalgeber und Hochschullehrer und
- die Intensität des Engagements bei den Unternehmensvertretern und den Wirtschaftsprüfern besonders groß ist.

Mit dem hier gewählten ökonomischen Ansatz konnte das in beiden Ländern zu beobachtende starke Engagement der Hochschullehrer allerdings nicht erklärt werden.

Darüber hinaus wurde ökonomisch begründet und für Deutschland auch empirisch überprüft, daß die Realisierung von Gesetzesempfehlungen mit der Zahl der Interessengruppen zunimmt, die die Empfehlung unterstützen, und daß bei einander widersprechenden Vorschlägen der Interessengruppen die Industrie politisch deutlich erfolgreicher ist als die Wirtschaftsprüfer und die Hochschullehrer.

Anhang

Entwürfe des BiRiLiG und Stellungnahmen der besonders aktiven Interessengruppen

Stellungnahmen nach der 4. EU-Richtlinie und vor dem ersten Referentenentwurf

GEFIU (1978a), Hauptthesen zur Übernahme der 4. EG-Richtlinie in das deutsche Aktiengesetz, Der Betrieb, S. 1464-1466.

GEFIU (1979), Vorschlag zur Umsetzung der 4. EG-Richtlinie in deutsches Aktienrecht, Der Betrieb, Beilage 3, S. 1-8.

IdW (1979), Zur Transformation der 4. EG-(Bilanz-)Richtlinie in nationales Recht, Der Betrieb, S. 1237-1242 und S. 1296-1300.

KRW (1978), Reformvorschläge zur handelsrechtlichen Rechnungslegung, Die Betriebswirtschaft, S. 453-455.

KRW (1979), Reformvorschläge zur handelsrechtlichen Rechnungslegung, Die Betriebswirtschaft, S. 1-70.

SPVdW (1979), Zur Durchführung der 4. EG-(Bilanz-)Richtlinie, Der Betrieb, S. 1093-1097.

Bundesminister der Justiz: Erster Vorentwurf eines Gesetzes zur Durchführung der Vierten Richtlinie des Rates der Europäischen Gemeinschaften zur Koordinierung des Gesellschaftsrechts vom 5.2.1980 (mit Begründung), Az 9522/1-3-1a SH3.

Stellungnahmen:

GEFIU (1980), Stellungnahme zum Vorentwurf eines Gesetzes zur Durchführung der 4. EG-(Bilanz-) Richtlinie zur Koordinierung des Gesellschaftsrechts (Bilanzrichtlinie-Gesetz) vom 5.2.1980, Der Betrieb, Beilage 12, S. 1-12.

IDW/WPK (1980), Gemeinsame Stellungnahme der Wirtschaftsprüferkammer und des Instituts der Wirtschaftsprüfer zum Vorentwurf eines Bilanzrichtlinie-Gesetzes, Die Wirtschaftsprüfung, S. 501-523.

KRW (1980), Stellungnahme zum Vorentwurf eines Bilanzrichtlinie-Gesetzes vom 5.2.1980, Die Betriebswirtschaft, S. 589-597.

SPVdW (1980), Erste Stellungnahme zum Vorentwurf eines Bilanzrichtlinie-Gesetzes, Betriebsberater, Beilage zu Heft 28, S. 1-12.

Bundesminister der Justiz: Entwurf eines Gesetzes zur Durchführung der Vierten Richtlinie des Rates der Europäischen Gemeinschaften zur Koordinierung des Gesellschaftsrechts (Bilanzrichtlinie-Gesetz) vom 18.5.1981, Az 3507/8-30784/81.

Stellungnahmen:

IdW/WPK (1981), Gemeinsame Stellungnahme der Wirtschaftsprüferkammer und des Instituts der Wirtschaftsprüfer zum Entwurf eines Bilanzrichtlinie-Gesetzes, Die Wirtschaftsprüfung, S. 609-621.

SPVdW (1981), Stellungnahme zum Entwurf eines Bilanzrichtlinie-Gesetzes - Stand 18.5. 1981/30.6.1981, Der Betrieb, S. 2448-2462.

Regierungsentwurf eines Gesetzes zur Durchführung der Vierten Richtlinie des Rates der Europäischen Gemeinschaften zur Koordinierung des Gesellschaftsrechts (Bilanzrichtlinie-Gesetz) vom 10.2.1982, BR-Drucksache 61/82 vom19.3.1982 (BT-Drucksache 9/1878 vom 27.7.1982).

Stellungnahmen:

KRW (1983), Stellungnahme zum Regierungsentwurf eines Bilanzrichtlinie-Gesetzes, Die Betriebswirtschaft, S. 5-15.

SpVdW (1982), Stellungnahme zum Regierungsentwurf eines Bilanzrichtlinie-Gesetzes, Maschinenschrift (vom 12.10.1982), S. 1-47.

Regierungsentwurf eines Gesetzes zur Durchführung der Vierten Richtlinie des Rates der Europäischen Gemeinschaften zur Koordinierung des Gesellschaftsrechts (Bilanzrichtlinie-Gesetz) vom 3.6.1983, BR-Drucksache 257/83, BT-Drucksache 10/317 vom 26.8.1983

Stellungnahmen:

IdW (1984), Stellungnahme zum Regierungsentwurf eines Bilanzrichtlinie-Gesetzes, Die Wirtschaftsprüfung, S. 125-140.

SPVdW (1984), Stellungnahme der Spitzenverbände zum Bilanzrichtlinie-Gesetz, Der Betrieb, Beilage 7, S. 1-12.

Unterausschuß „Bilanzrichtlinie-Gesetz": Entwurf einer geänd. Konzeption von Vorschriften des Bilanzrichtlinie-Gesetzes vom 29.3.1985, in: Stenographisches Protokoll über die 17. Sitzung des Unterausschusses Bilanzrichtlinie-Gesetz vom 9.5.1985, Anlage 2, S. 1-53.

Stellungnahmen:

GEFIU (1985), Stellungnahme zum Entwurf einer geänderten Konzeption von Vorschriften des Bilanzrichtlinie-Gesetzes vom 29.3.1985, in: Stenographisches Protokoll...., Anlage 1, S. 101-120.

IdW/WPK (1985), Gemeinsame Stellungnahme zur geänderten Konzeption des Bilanzrichtlinie-Gesetzes,. Die Wirtschaftsprüfung, S.349-353.

KRW (1985) Stellungnahme zum Neuentwurf eines Bilanzrichtlinie-Gesetzes vom 15.5.1985, Stenographisches Protokoll ....., Anlage 1, S. 136-152.

SPVdW (1985), Entwurf einer geänderten Konzeption von Vorschriften des Bilanzrichtlinie-Gesetzes (BT-Drucksache 10/317), soweit sie im dritten Buch des HGB enthalten sind., Stenographisches Protokoll ....., Anlage 1, S. 57-87.

Entwurf eines Gesetzes zur Durchführung der Vierten Richtlinie des Rates der Europäischen Gemeinschaften zur Koordinierung des Gesellschaftsrechts (Bilanzrichtlinie-Gesetz) vom 1.8. 1985, in: Stenographisches Protokoll über die 18./19. Sitzung des Unterausschusses Bilanzrichtlinie-Gesetz, vom 23./24.9.1985, Anlage 2, S. 1-121.

Stellungnahmen:

GEFIU (1985), Stellungnahme zum Entwurf eines Gesetzes zur Durchführung der 4., 7. und 8. EG-Richtlinie zur Koordinierung des Gesellschaftsrechts vom 1.8.1985, in: Stenographisches Protokoll...., S. 134-155.

IdW/WPK (1985), Gemeinsame Stellungnahme zum Entwurf eines Bilanzrichtlinie-Gesetzes, Die Wirtschaftsprüfung, S. 537-553.

KRW (1986), Stellungnahme zur Umsetzung der 4. und 7. EG-Richtlinie (Bilanzrichtlinie-Gesetz) vom 17.9.1985, DBW, S. 85 (Kontaktadresse).

Entwurf eines Gesetzes zur Durchführung der Vierten Richtlinie des Rates der Europäischen Gemeinschaften zur Koordinierung des Gesellschaftsrechts (Bilanzrichtlinie-Gesetz) vom 18.11.1985, BT-Drucksache 10/4268.

Gesetz zur Durchführung der Vierten Richtlinie des Rates der Europäischen Gemeinschaften zur Koordinierung des Gesellschaftsrechts (Bilanzrichtlinie-Gesetz) vom 19.12.1985, BGBl. I, 1985, 2355 ff.

Stellungnahmen:

GEFIU (1986), Thesen zu ausgewählten Problemen bei der Anwendung des Bilanzrichtlinien-Gesetzes, Der Betrieb, S. 1985-1988 und S. 2553-2556.

Literaturverzeichnis

Beechy, Thomas H.: Canada. Individual Accounts, in: Ordelheide, Dieter/KPMG (Hrsg.): Transnational Accounting, Müchnen 1995, S. 578 ff.

Beard, Charles A./Beard, Mary, R.: The Rise of American Civilization, rev. ed., New York 1949.

Bell, Daniel: The End of Ideology, Glencoe, Ill. 1960.

Bryce, James: The American Commenwealth, 4th ed., New York 1910.

Bloom, Robert/Naciri, M.A.: Accounting Standard Setting and Culture: A Comparative Analysis of the United States, Canada, England, West Germany, Australia, New Zealand, Sweden, Japan, and Switzerland, in: The International Journal of Accounting 1989, S. 70-97.

Bromwich, Michael/Hopwood, Anthony (Hrsg.): Accounting Standard Setting: An International Perspective, London 1983.

Buchanan, James M./Tullock Gordon, (1965), The Calculus of Consent, Ann Arbor 1965.

Chmielewicz, Klaus: Die Kommission Rechnungswesen und das Bilanzrichtlinien-Gesetz, in: Michel Domsch/Franz Eisenführ/Dieter Ordelheide/Manfred Perlitz (Hrsg.): Der Unternehmungserfolg, Walther Busse von Colbe zum 60. Geburtstag, Wiesbaden 1988, S. 53-87.

Deutscher Bundestag, 10. Wahlperiode 1983, 6. Ausschuß, Unterausschuß „Bilanzrichtlinie-Gesetz“: Stenographisches Protokoll über die 17. Sitzung des Unterschausschusses „Bilanzrichtlinie-Gesetz“ am Donnerstag den 9. Mai 1985.

Federmann, Rudolf: Die Memoranden zur Anpassung der deutschen Rechnungslegungsvorschriften nach Maßgabe der 4. EG-Richtlinie, in: Betriebs-Berater 1980, S. 425-437.

Feldhoff, Michael: Die Regulierung der Rechnungslegung, Frankfurt 1992.

Hartle, Rudolf: Die Politikberatung durch die Kommission Rechnungswesen im Verband der Hochschullehrer für Betriebswirtschaft e.V., Frankfurt am Main 1986.

Hofstede, Geert: Culture's Consequences, International Differences in Work Related Values, Beverly Hills/London 1980.

Laßmann, Gert: Ziele und Grenzen von betriebswirtschaftlichen Stellungnahmen zu wirtschaftsbezogenen Gesetzesentwürfen, in: Zum Vorentwurf eines Bilanzrichtlinie-Gesetzes gemäß 4. EG-Richtlinie, hrsg. von Walther Busse von Colbe/Gert Laßmann, Stuttgart 1981, S. 1-6.

Leuz, Christian: Rechnungslegung und Kreditfinanzierung, Fankfurt 1996.

McLeay, Stuart/Archer, Simon (Hrsg.): European Financial Reporting, 12 Bände, London 1992 bis 1994.

McLeay, Stuart/Ordelheide, Dieter/Young, Steven: The Development of Financial Reporting Standards: Evidence from Germany, 1996 (Manuskript).

Olson, Mancur jr.: The Logic of collective Action, New York 1965.

Ordelheide, Dieter/KPMG (Hrsg.) Transnational Accounting, London 1995.

Ordelheide, Dieter: Regulation of Financial Reporting in Germany, in: Flower, John/McLeay, Stuart: Politics and Regulation of Financial Reporting in Europe, 1997 (im Druck).

Pfaff, Dieter: Gewinnverwendungsregeln als Instrument zur Lösung von Agency-Problemen, Frankfurt 1988.

Power, Michael: German Academics and the Regulation of Financial Reporting, in: Flower, John/McLeay, Stuart: Politics and Regulation of Financial Reporting in Europe, 1997 (im Druck).

Previts, Gerry John/ Parker, Larry/Eskew, Robert, K. (eds.): Research in Accounting Regulation, Vol. 1 1987 bis Vol. 6 1992.

Richter, Rudolf/Furubotn, Eirik: Neue Institutionenökonomik, Tübingen 1996.

Sutton, Thimothy G.: Lobbying of Accounting Standard-Setting Bodies in the UK and the U.S.A.: A Downsian Analysis, in: Accounting, Organization and Society, 1984, S. 81-95.

Tandy, Paulette R./Wilburn, Nancy L.: Constituent Participation in Standard-Setting: The FASB´s First 100 Statements, in: Accounting Horizons 1992, June S. 47-58.

Tenhof, D.: Die GmbH&Co. KG ist keine Kapitalgesellschaft, in: Betriebswirtschaftliche Forschung Praxis 1985, S. 93-101.

Tullock, Gordon: Economic Hierarchies, Organization and the Structure of Production, Boston 1992, S. 186.

Zeff, Stephen A.: Playing the Congressional Card on Employee Stock Options: A Fearful Escalation in the Impact of Economic Consequences Lobbying on Standard Setting, 1996 (unpublished paper).

Führung in kleinen und mittleren Unternehmen in Deutschland und Frankreich - Eine kulturvergleichende empirische Untersuchung

Prof. Dr. Hans-Chr. Pfohl/Dipl.-Wirt.-Ing. Hans P. Buse

Institut für Betriebswirtschaftslehre, FG Unternehmensführung,
Universität Darmstadt

1 Führung in kleinen und mittleren Unternehmen: Geprägt durch die regionale Kultur oder die Werthaltungen und Ziele des Unternehmers?

Im Zuge zunehmender grenzüberschreitender Wirtschaftstätigkeit tritt das interkulturelle Management verstärkt in den Vordergrund des betriebswirtschaftlichen Interesses (vgl. Kumar 1995, 684). Ein zentrales Thema in der einschlägigen Forschung ist die These der Kulturgebundenheit des Managements, wonach Ausprägung, Gestaltung und Praxis des Managements kulturspezifisch determiniert sind und somit von Kultur zu Kultur Unterschiede aufweisen (vgl. stellvertretend für viele Kumar 1988, 389; Fischer 1996, 6ff.). In dem Maße, wie dies für das Management im allgemeinen gilt, trifft es auch auf die einzelnen Managementfunktionen zu. Dabei liegt es nahe, daß kulturelle Einflüsse besonders jene Funktionen betreffen, in denen personen- oder verhaltensbezogenen Aspekte im Mittelpunkt stehen (vgl. Thomas 1996, 39). Folglich ist gerade in bezug auf die Führungsfunktion der Aspekt der Kulturgebundenheit von besonderem Interesse (vgl. Keller 1995).

Grundsätzlich können alle Unternehmen, unabhängig davon, ob sie regional, national oder international tätig sind und welche Größe sie haben, mit Problemen des interkulturellen Managements und hier speziell auch der kulturspezifischen Gestaltung der Führung konfrontiert werden (vgl. Kumar 1995, 684). Im Mittelpunkt des Forschungsinteresses stehen jedoch zumeist große, international operierende Unternehmen (vgl. Early/Singh 1995, 327-329; Hentze/Kammel 1994; Schmeisser, 1991), da dort in größerem Umfang Mitarbeiter aus unterschiedlichen Kulturen, die ein jeweils kulturspezifisch geprägtes Führungsverhalten aufweisen, direkt aufeinandertreffen. Erkenntnisse, die aus der Untersuchung großer Unternehmen gewonnen werden, können jedoch nicht ohne weiteres auf kleine und mittlere Unternehmen (KMU) übertragen werden (vgl. z.B. Pfohl/Kellerwessel 1990, 2). Wenn sich auch Probleme des interkulturellen Managements für KMU seltener stellen, so erscheint es doch sinnvoll, ihre Besonderheiten im Rahmen der interkulturellen Managementforschung zu berücksichtigen. Hierfür spricht eine Reihe von Argumenten: Erstens ist in Europa durch das Zusammenwachsen der Staaten eine zunehmende Internationalisierung auch kleiner und mittlerer Unternehmen zu erwarten (vgl. Pleitner 1994; Schoenenberger 1994). Zweitens stellt sich die Frage, inwieweit Konzepte zur Förderung der KMU über kulturelle Grenzen hinweg übertragbar sind (vgl. McGrath/MacMillan/Scheinberg 1992, 132). Drittens ist die Bedeutung persönlicher Beziehungen in und für KMU (vgl. Mugler 1995, 18f.) sehr hoch und gerade diese Beziehungen werden stark durch kulturelle Einflüsse geprägt. Dennoch hat die Bedeutung kultureller Einflüsse auf die Führung in KMU bislang in der Forschung - abgesehen von wenigen Ausnahmen (vgl. Kumar 1984) - eher geringe Beachtung erfahren.

Größere Aufmerksamkeit als der regionalen Kultur wurde in den Untersuchungen zur (Unternehmens-)Führung in KMU der Persönlichkeit des Unternehmers zuteil. So stellt beispielsweise Pleitner fest, daß „Unternehmensstrategien, Unternehmenskultur und Führungskonzepte [...] entscheidend durch starke Unternehmerpersönlichkeiten geprägt" (Pleitner 1995, 371) werden und bezeichnet den Unternehmer als wichtigsten Erfolgsfaktor eines KMU. In ähnlicher Weise betont Hamer den Einfluß persönlicher Eigenschaften des Unternehmers auf die Führung in KMU (vgl. Hamer 1990, S. 52ff.). Damit verbunden ist auch die These, daß in diesen Unternehmen viel eher die Möglichkeit besteht, das Führungsverhalten durch persönliche Werte und Ziele zu prägen, als dies in einem großen Unternehmen möglich ist. Große Bedeutung wird den persönlichen Eigenschaften, Werthaltungen und Zielen des Unternehmers auch in den Untersuchungen der STRATOS-Forschungsgruppe beigemessen (vgl. Fröhlich/Pichler 1988; Haake 1987). Kulturelle Einflüsse auf die Führung in KMU werden in den genannten Arbeiten nicht explizit berücksichtigt, wenngleich die Werte der Unternehmer durchaus von der jeweiligen regionalen oder nationalen Kultur beeinflußt werden können (vgl. Davis/Rasool 1988). Einige Autoren schätzen diesen Einfluß aber als eher gering ein und vertreten die Ansicht, daß Unternehmer, besonders Entrepreneure, sich durch bestimmte, charakteristische Werthaltungen auszeichnen, die unabhängig von regionalen oder nationalen Kulturen sind (vgl. McGrath/MacMillan/Scheinberg 1992, McGrath/MacMillan 1992). Folgt man dieser Ansicht, so ist anzunehmen, daß die Führung in KMU und die ihr zugrundeliegenden Werthaltungen der Unternehmer einen eher transkulturellen bzw. universalistischen Charakter aufweisen (vgl. Fackeldey 1996, 59ff.).

Eine Gegenüberstellung der zwei beschriebenen, grundlegenden Positionen führt auf die eingangs dieses Kapitels genannte Fragestellung zurück. Enthält diese Frage auch eine bewußte Polarisierung, so bietet sie doch einen geeigneten Ausgangspunkt, um zu betrachten, inwiefern das Führungsverhalten in KMU tatsächlich die - möglicherweise kulturübergreifenden - Werte und Ziele der Unternehmer reflektiert, oder eben doch vorwiegend kulturabhängig ist.

Zur Untersuchung dieser Fragestellung bietet sich ein kulturvergleichender Forschungsansatz an, der gleichermaßen die Betrachtung kultureller Differenzen als auch übergreifender Gemeinsamkeiten ermöglicht. Dazu wurde eine empirische Untersuchung in Deutschland und Frankreich durchgeführt.

2 Einflüsse auf das Führungsverhalten in kleinen und mittleren Unternehmen

Die Wahl kleiner und mittlerer Unternehmen als Untersuchungsobjekt einer kulturvergleichenden Studie erfordert zunächst eine Abgrenzung dieser Unternehmen gegenüber großen Unternehmen. Ferner ist das hier zugrundegelegte Führungsverständnis zu erläutern, bevor die Werthaltungen und Ziele des Unternehmers einerseits und die Kultur andererseits als wesentliche Einflußgrößen auf die Führung in KMU beschrieben werden.

2.1 Abgrenzung kleiner und mittlerer Unternehmen

Die Unterscheidung von kleinen, mittleren und großen Unternehmen resultiert aus einer Gruppierung der Unternehmen anhand der Unternehmens- oder Betriebsgröße (vgl. hierzu und zum folgenden Pfohl/Kellerwessel 1990, 2ff und Haake 1987, 12ff). Zur Beschreibung der Betriebsgröße können sowohl quantitative als auch qualitative Merkmale verwendet werden.

Häufig genutzte quantitative Unterscheidungskriterien sind Leistungswerte (z.B. Umsatz) und die Anzahl der Beschäftigten. Welche quantitativen Merkmale zur Unterscheidung herangezogen wird, hängt von aussagebezogenen und erhebungsbezogenen Kriterien ab. Wichtigstes aussagebezogenes Kriterium ist der behandelte Problembereich. Für Untersuchungen, die sich mit Fragen der Organisation und Führung auseinandersetzen, eignet sich die Anzahl der Beschäftigten als Größenmaßstab (vgl. Pfohl/Kellerwessel 1990, 7). Sie weist auch unter erhebungsbezogenen Gesichtspunkten Vorteile auf, so beispielsweise, daß sie leicht ermittelt werden kann. Typische Klassengrenzen sind 50 (kleine Unternehmen) und 500 (mittlere Unternehmen) Beschäftigte im Falle von Industrieunternehmen oder 3 und 50 Beschäftige im Handwerk (vgl. Pfohl/Kellerwessel 1990, 10).

Qualitative Merkmale eignen sich für den Zweck einer Stichprobenauswahl für statistische Erhebungen nur begrenzt, sind jedoch gut zur Beschreibung kleiner und mittlerer Unternehmen und ihrer Besonderheiten geeignet (vgl. Abb.1).

Merkmale der Unternehmensführung / Organisation	
in kleinen und mittleren Unternehmen	**in großen Unternehmen**
Eigentümer-Unternehmer	Manager
Unmittelbare Teilnahme am Betriebsgeschehen	Ferne zum Betriebsgeschehen
Führungspotential nicht austauschbar	Führungspotential austauschbar
Auf den Unternehmer ausgerichtetes Einliniensystem	Personenunabhängige, komplexe Organisationsstruktur
Kurze direkte Informationswege	Vorgeschriebene Informationswege
Starke persönliche Bindungen	Geringe persönliche Bindungen
Weisungen und Kontrolle im direkten personenbezogenen Kontakt	Formalisierte unpersönliche Weisungs- und Kontrollbeziehungen
Geringer Formalisierungsgrad	Hoher Formalisierungsgrad

Abb. 1: Charakterisierung der kleiner und mittlerer Unternehmen anhand qualitativer Merkmale. Quelle: Pfohl/Kellerwessel 1990, S. 18-20.

Die Leitung eines kleinen und mittleren Unternehmens kann grundsätzlich entweder durch den oder die Eigentümer selbst oder von ihm/ihnen angestellte Manager wahrgenommen werden, wobei die erste Möglichkeit als der typische Fall angesehen wird. Damit eng verbunden ist der Begriff des (Eigentümer-)Unternehmers: Dieser führt ein Unternehmen, dessen Eigenkapital ganz oder teilweise ihm selbst gehört. Das Unternehmen ist in der Regel seine Haupteinkommensquelle und er sieht in der Unternehmertätigkeit eine Möglichkeit, seine persönlichen Ziele zu realisieren. (vgl. Carland et al. 1984, 358). Das Unternehmen und sein Privatleben sind eng verknüpft. Als Entrepreneur werden Unternehmer bezeichnet, die ein Unternehmen gegründet haben (vgl. McGrath/MacMillan 1992), sehr innovativ und wachstumsorientiert sind (vgl. Carland et al. 1984, 358).

Obwohl die Leitung durch angestellte Manager nicht typisch für KMU ist, darf diese Möglichkeit nicht vernachlässigt werden. Denn auch in KMU erfordern immer komplexere Aufgabenstellungen eine zunehmende Professionalisierung des Managements, woraus durchaus die Notwendigkeit resultieren kann, angestellte Manager in die Unternehmensleitung einzubeziehen. Diese können in KMU eine ähnliche zentrale Position wie der Eigentümer einnehmen, da Organisation und Führung zumeist ganz auf die Geschäftsleitung zugeschnitten sind und auch in „managergeführten" KMU die Leitung meist in den Händen Weniger, oft nur einer Person liegt. Entsprechend kann ein solcher Manager seine persönlichen Zielsetzungen bei der Leitung des Unternehmens in großem Umfang berücksichtigen und umsetzen. Anders als beim

Eigentümer bleibt aber sein Privatleben, insbesondere der familiäre Bereich, vom Unternehmen getrennt.

Trotzt der bestehenden Unterschiede zwischen Unternehmern und angestellten Managern (Geschäftsführern) wird für die hier vorgestellte Untersuchung davon ausgegangen, daß aufgrund der Ähnlichkeit ihrer Position im Unternehmen - im Hinblick auf die untersuchte Fragestellung - eine Gleichbehandlung vertretbar erscheint. Sie werden daher im weiteren zusammenfassend als Unternehmensleiter bezeichnet.

2.2 Führung

Unter Führung wird von Staehle (1994, 308) „die Beeinflussung der Einstellungen und des Verhaltens von Einzelpersonen sowie der Interaktionen in und zwischen Gruppen, mit dem Zweck, bestimmte Ziele zu erreichen" verstanden. Die zielgerichtete Verhaltensbeeinflussung kann einerseits durch unmittelbare Interaktion zwischen Führungskraft und Mitarbeiter (direkte oder interaktionelle Führung genannt) und andererseits auf unpersönliche Weise erfolgen (indirekte, strukturelle Führung) (vgl. Macharzina 1995, 430; Staehle, 1994, 308; Wunderer 1993, 113).

Ein wichtiger Aspekt der Führung, der in der Literatur oft vernachlässigt wird, ist die Interaktion zwischen Unternehmen und Umwelt. Auch dort wird versucht, Interaktionspartner, beispielsweise Kunden oder Lieferanten, zu beeinflussen, um bestimmte Ziele zu erreichen. Macharzina (1995, 430) führt daher die Verhandlungsführung als weiteren Führungsbereich ein. Wesentliche Unterschiede gegenüber der (Personal-) Führung bestehen darin, daß hier kein Über-/Unterordnungsverhältnis, sondern eher eine Gleichordnung besteht und keine formale Abhängigkeit der Interaktionspartner vorliegt (vgl. Macharzina 1995, 466). Der Gedanke, die Führungsfunktion auch auf die Unternehmens-Umwelt-Interaktion, auszudehnen, harmoniert mit dem derzeit viel diskutierten Konzept des Beziehungs-Marketings (vgl. Diller 1995). Dieses sieht vor, möglichst intensive und direkte Kontakte zum Beziehungspartner herzustellen. Im Rahmen dieser Kontakte erscheint eine Verhaltensbeeinflussung im Sinne des beschriebenen Führungsverständnisses durchaus möglich. Wir werden im weiteren anstelle von Verhandlungsführung auch von externer Führung sprechen und diesen Begriff etwas weiter fassen, indem neben der eigentlichen Verhandlungsführung auch die Art der Kommunikation mit Geschäftspartnern, Kriterien für ihre Auswahl und das Verhalten bei Störungen der Geschäftsbeziehungen berücksichtigt wird.

Wichtige Einflüsse auf die Führungssituation und damit auch das Führungsverhalten in KMU resultieren aus den genannten quantitativen und qualitativen Merkmalen dieser Unternehmenstypen. So ist die Führungssituation in KMU u.a. dadurch geprägt, daß der Unternehmensleiter über relativ große Macht und - in der Regel auch Autorität - verfügt, aufgrund der hohen Entscheidungszentralisation weitreichende Beeinflussungsmöglichkeiten hat, intensive persönliche Kontakte zwischen ihm und seinen Mitarbeitern möglich sind und Führungsrichtlinien zumeist weder vorhanden noch notwendig sind.

Auch die externe Führung wird in kleinen und mittleren Unternehmen durch die Persönlichkeit des Unternehmensleiters beeinflußt. Dieser führt oftmals selbst die Verhandlungen mit

Geschäftspartnern und „pflegt" die Beziehungen zu ihnen, so daß enge persönliche Kontakte entstehen (vgl. Pfohl 1990, 147). Der Freiraum für Führungsverhalten wird dadurch eingeschränkt, daß KMU nur über geringe Marktmacht verfügen und von der Gefahr wirtschaftlicher Abhängigkeit von großen Kunden oder Lieferanten bedroht sind.

2.3 Werthaltungen und Ziele des Unternehmensleiters als Einflußfaktoren

In dem Maße, wie Werte, Werthaltungen (Einstellungen) und Ziele allgemein einen Einfluß auf das Verhalten von Individuen ausüben (vgl. z.B. Staehle 1994; 157ff, Davis/Rasool 1988, 3; Haake, 1987, 85 und die dort zitierte Literatur), bestimmen sie auch das Führungsverhalten im Unternehmen (vgl. Bamberger/Pleitner 1988, 9f.). Hierbei sind sowohl die Einstellungen der „Geführten", als auch des „Führenden" von Bedeutung. Aufgrund der besonderen Position des Unternehmensleiters in KMU ist zu erwarten, daß seine Werthaltungen einen prägenden Einfluß auf das gesamte Unternehmen haben.

Ein Wert wird gemäß einer weithin verwendeten Definition von Kluckhohn verstanden als „eine Auffassung [...], die ein Individuum oder eine Gruppe vom Wünschenswerten hegt, und welche die Wahl möglicher Verhaltensweisen, Handlungsalternativen und -ziele beeinflußt" (zitiert nach Staehle 1994, 157). Werte haben eine Orientierungsfunktion und ermöglichen es, Handlungen zu beurteilen. Sie sind aber nicht objekt- oder situationsbezogen und daher nicht unmittelbar handlungsbestimmend (Macharzina 1995, 96).

Werthaltungen bzw. Einstellungen (diese Begriffe werden synonym verwendet) ordnen abstrakte Werte konkreten Sachverhalten zu (Ulrich/Probst/Studer 1985, 7). Sie sind somit objekt-, personen- oder situationsspezifisch und weniger dauerhaft als Werte. Einstellungen weisen eine unmittelbare Verhaltenswirksamkeit auf, ohne jedoch das Verhalten allein bestimmen zu können, denn Handlungen werden natürlich auch durch die äußeren Umstände, beispielsweise die gegebenen Handlungsalternativen, bestimmt.(vgl. Staehle 1994, 162; Beerman/Stengel 1996, 10). Werthaltungen und Werte sind das Ergebnis von Lernprozessen, die im Rahmen der Erziehung und Ausbildung, aber auch am Arbeitsplatz stattfinden.

Eine noch stärkere Sach- oder Handlungsbezogenheit als Werte und Werthaltungen weisen Ziele auf. Sie beschreiben einen erwünschten zukünftigen Zustand, der von einem Entscheidungsträger angestrebt wird (vgl. Hauschildt 1977, 9), sind in der Regel operational formuliert und beeinflussen das tatsächliche Handeln unmittelbar. Bezogen auf die Situation in einem Unternehmen kann das Zielsystem einer Person in Individualziele und Ziele für das Unternehmen untergliedert werden, wobei aus letzteren durch eine Festlegung seitens des Managements Ziele des Unternehmens werden können (vgl. Staehle 1994, 413). In KMU besteht, besonders im Fall der Leitung durch einen Eigentümer-Unternehmer, eine sehr enge Verknüpfung zwischen Unternehmenszielen und den Individualzielen des Unternehmensleiters (vgl. Hamer 1990, 47). Ausgehend von einem Idealbild des Unternehmers ist eine weitgehende Zielharmonie zwischen Unternehmens- und Individualzielen anzunehmen. Andererseits können persönliche Ziele des Unternehmensleiters, etwa die Befriedigung seines Bedürfnisses nach Macht und Anerkennung, in Konflikt zu klassischen Zielen des Unternehmens, z.B. Überlebensfähigkeit, stehen (vgl. Pümpin 1994, 275f.). In solchen Fällen ist zu erwarten, daß persönlichen Zielen der Vorrang gegeben wird und der Unternehmensleiter seine Tätigkeit - und die des gesamten Unternehmens - dafür nutzt, diese Ziele zu erreichen. Damit werden Individualziele zu Unternehmenszielen gemacht, auch wenn dies den Interessen anderer Anspruchsgruppen zuwider läuft.

2.4 Kultur als Einflußfaktor

Zur Annäherung an das Phänomen der Kultur wird im Rahmen der hier vorgestellten Untersuchung das Konzept der Kultur als Ideensystem, speziell der kognitive Ansatz, aufgegriffen: Kultur wird als ein System sozialen Wissens, erlernter Standards (Grundmuster) der Realitätswahrnehmung und -bewertung sowie von Handlungsvorschriften einer Gruppe, Organisation oder Gesellschaft verstanden (vgl. Dormayer /Kettern 1987, 61f.; Holzmüller 1995, 34f.; Thomas 1993, 380f.). Werte sind beispielsweise eine Ausprägung solcher Standards, die sich auch in den Einstellungen und Verhaltensweisen der Mehrzahl der Mitglieder der betreffenden Gruppe reflektieren. Die individuelle Ausprägung der Standards kann durchaus - innerhalb eines Toleranzbereiches (vgl. Thomas 1993, 381) - variieren. Dieses Kulturkonzept entspricht auch im wesentlichen der Definition von Hofstede, der Kultur als mentale Programmierung des Menschen versteht (vgl. Hofstede 1993, 18ff.), welche die Mitglieder einer Gruppe von Mitgliedern einer anderen unterscheidet.

Nun gehört aber jeder Mensch in der Regel vielen Gruppen gleichzeitig an. Er ist z.B. Einwohner eines Nationalstaats bzw. einer bestimmten Region darin, er ist Mitglied einer Religionsgemeinschaft, gehört einer bestimmten Berufsgruppe an und ist in einem Unternehmen einer bestimmten Branche beschäftigt. In dem Maße, wie diese Gruppen eigenständige Kulturen aufweisen, kann dies zu sehr unterschiedlichen, auch gegensätzlichen Einflüssen auf das Individuum führen. Häufig wird in diesem Zusammenhang nur das Verhältnis der Unternehmens- zur Landeskultur betrachtet. Aber auch die Unterschiede zwischen Landeskultur und regionaler Kultur dürfen nicht übersehen werden. Als eines von vielen Beispielen seien hier die Südtiroler in Italien genannt, die mit der übrigen italienischen Bevölkerung sehr wenig kulturelle Gemeinsamkeiten haben.

Kultur im oben definierten Sinne stellt ein Konstrukt dar, das es zu operationalisieren gilt (vgl. Müller/Kornmeier 1995, 147f.). Ein sehr bekannter Ansatz zur Operationalisierung ist das Konzept von Hofstede (1984; 1993), das von vier, bzw. in einer leicht veränderten Form (vgl. Franke/Hofstede/Bond 1991) von fünf Kulturdimensionen ausgeht: (1) Machtdistanz, (2) Individualismus versus Kollektivismus, (3) Maskulinität versus Feminität, (4) Unsicherheitsvermeidung und (5) langfristige versus kurzfristige Orientierung. Sie weisen je nach betrachteter Kultur - in diesem Zusammenhang meist als nationale Kultur verstanden - unterschiedliche Ausprägungen auf. Diese Dimensionen können nun genutzt werden, um das Führungsverhalten in verschiedenen Kulturen zu beschreiben (vgl. Keller 1995, 1398), bzw. um kulturelle Einflüsse auf das Führungsverhalten zu erklären.

Besondere Bedeutung kommt dabei der Machtdistanz zu: So ist ein autokratischer Führungsstil kennzeichnend für Gesellschaften mit großer Machtdistanz, während ein partizipativer Führungsstil charakteristisch für Gesellschaften mit geringer Machtdistanz ist. Große Machtdistanz geht oft mit Zentralisation, ausgeprägten, steilen Hierarchien und einem geringen Ausmaß an Entscheidungsdelegation einher. Kennzeichnend für große Machtdistanz ist auch das Streben nach sozialem Status und nach alleiniger, ungeteilter Macht. Auch bei den externen Beziehungen wird versucht, Machtstellungen auszunutzen; andererseits wird auch erwartet und akzeptiert, daß mächtigere Geschäftspartner ihre Position ausnutzen (vgl. Fackeldey 1996, 41). Individualismus manifestiert sich in der Führung darin, daß Anreizsysteme in der Regel individuell orientiert sind, Entlohnung und Beförderung somit in Abhängigkeit der individuellen Leistung erfolgen. Die Erfüllung der Aufgabe ist wichtiger als die Pflege von Beziehungen. In kollektivistischen Kulturen erfolgt eine Orientierung am Gruppenerfolg und die Pflege von Beziehungen wird hoch eingeschätzt. Die Maskulinität führt zu einer Betonung von Leistungsorientierung und Wettbewerbsdenken, was sich wiederum im Verhalten des Führenden gegenüber den unterstellten Mitarbeiter und auch Geschäftspartnern niederschlägt. Starke Unsicherheitsvermeidung führt im Unternehmen dazu, daß ein System von Regeln, oft in schriftlicher Form, geschaffen wird.

Für die hier vorgestellte Untersuchungen ist es besonders von Interesse, zu betrachten, welche unterschiedlichen Ausprägungen diese Dimensionen für Deutschland und Frankreich aufweisen: Obwohl die beiden Staaten geographische Nachbarn sind, unterscheidet sich ihre Kultur, gemessen an den vier Dimensionen, teilweise ganz erheblich (siehe Abb. 2). Frankreich gehört zu den romanischen Ländern des Mittelmeerraums, Deutschland hingegen zur Gruppe der germanischen Länder Mitteleuropas (vgl. Müller/Kornmeier 1995, 153).

	Machtabstand [11-104]	**Individualismus** [6-91]	**Maskulinität** [5-95]	**Unsicherheits-vermeidung** [8-112]
Frankreich	68	71	43	86
Deutschland	35	67	66	65

Die Zahlen in eckigen Klammern geben den Wertebereich an, in dem alle Länder der Studie liegen.

Abb. 2: Indexwerte Frankreichs und Deutschlands für die einzelnen Dimensionen.
Quelle: Hofstede 1993.

Frankreich hat den höchsten Machtdistanzindex aller europäischen Länder, während Deutschland, wie andere germanische Länder auch, einen niedrigen Wert des Machtdistanzindizes aufweist. Bei der Dimension Individualismus liegen sowohl Frankreich als auch Deutschland, ebenso wie alle anderen westlichen Industrieländer im oberen Drittel der untersuchten Länder. Hinsichtlich der Unsicherheitsvermeidung haben beide Staaten im Vergleich zu nordeuropäischen und anglo-amerikanischen Staaten recht hohe Indexwerte.

2.5 Ergebnisse relevanter empirischer Untersuchungen

Neben Hofstedes Studien, die sich im Prinzip auf arbeitsbezogene Werthaltungen richteten, dann aber erheblich ausgeweitet wurden, existiert eine Vielzahl weiterer Studien, die überwiegend (kultur-)vergleichenden Charakter haben und einen Bezug zur betrachteten Fragestellung aufweisen.

Die weite Verbreitung des Führungsstilkonzepts und die Frage nach der Auswahl des richtigen, d.h. effizienten Führungstils in unterschiedlichen Kulturen führte dazu, daß kulturvergleichende Studien dieser Thematik große Aufmerksamkeit widmeten (vgl. hierzu und zum folgenden die zusammenfassenden Darstellungen von Thomas 1996, 41f.; Hentze/Kammel 1994, 268f.; Keller 1995 und Keller 1982, 519ff.). Die Untersuchungen zeigen, daß in hochindustrialisierten Ländern ein eher partizipativer Führungsstil praktiziert wird, wohingegen in Schwellen- und Entwicklungsländern eher autoritäre oder paternalistische Stile vorherrschen. Aber auch innerhalb Europas zeigen sich Unterschiede: So ist England ein ausgeprägt partizipativer Führungsstil typisch, während in Deutschland und Frankreich ein zwischen autoritär und partizipativ angesiedelter Stil zu finden ist. Hinsichtlich der Führungsstileffizienz wird allgemein davon ausgegangen, daß sie dann besonders hoch ist, wenn eine möglichst weitgehende Übereinstimmung zwischen den Partizipationserwartungen der Untergebenen und dem Partizipationsangebot des Vorgesetzten, das sich in der gewählten Ausprägung des Führungsstils manifestiert, herrscht. Die Partizipationserwartungen sind das Ergebnis des individuellen Sozialisationsprozesses der Mitarbeiter und sind folglich auch kulturell geprägt. Gemäß diesen Ergebnissen ist zu folgern, daß das Führungsverhalten, zumindest der Führungsstil, also in der Tat wesentlich durch die nationale oder regionale Kultur bestimmt wird. Ergebnisse anderer Untersuchungen zeigen jedoch, daß Verhaltensstile - darin inbegriffen der Führungsstil - vorwiegend durch personennahe Faktoren (z.B. objektive und wahrgenommene fachliche Kompetenz von Untergebenen und Vorgesetzten) und das jeweilige Entscheidungs- oder Führungsproblem selbst beeinflußt werden (vgl. Wilpert 1993, 366). Wilpert interpretiert diese Ergebnisse dahingehend, daß der Einfluß situativer, personennäherer Faktoren damit deutlich bestätigt ist, während der Einfluß der Kultur geringer ist. Diese Aussagen unterstützen die These, daß das Führungsverhalten in KMU doch stärker durch die Person des Unternehmensleiters und die Besonderheiten des Unternehmenstyps und weniger durch die nationale Kultur geprägt ist.

Einen Bezug zur hier untersuchten Fragestellung weisen auch jene Studien auf, die sich mit Werten und Einstellungen von Führungskräften befassen. Eine sehr bekannte Untersuchung stammt von Haire/Ghiselli/Porter (1966). Sie ergab, daß die Einstellungsprofile der Manager in den 14 untersuchten Ländern erhebliche Ähnlichkeiten aufweisen, auch wenn nationale Unterschiede erkennbar sind. Demnach ist nur ca. ein Drittel der Gesamtvariation der führungsrelevanten Einstellungen nationalen Ursprungs, also letztlich kulturbedingt. Als Folgerung aus diesen Ergebnissen findet sich häufig die Aussage, daß Werthaltungen von Individuen gleicher Berufe in verschiedenen Ländern größere Gemeinsamkeiten aufweisen, als jene von Individuen mit unterschiedlichen Berufen in demselben Land (vgl. Hentze 1987, 176; Keller 1982, 316). Diese Ergebnisse stützen die These, daß Unternehmensleiter in KMU in verschiedenen Ländern ähnliche Werthaltungen haben und diese sich möglicherweise auch im Führungsverhalten widerspiegeln. Die genannte Untersuchung wird jedoch auch kritisiert: So zeigt Keller (1982, 351ff.) erhebliche methodische Mängel auf und Davis/Rasool (1988) weisen darauf hin, daß die in der genannten Studie betrachteten Werthaltungen nur bedingt verhaltensrelevant sind. Ferner müssen die Einstellungen des Vorgesetzten zur Führung nicht mit dem tatsächlich praktizierten Führungsverhalten übereinstimmen (vgl. Thomas 1996, 43). Insgesamt läßt sich aus diesen Studien kein klares Bild darüber gewinnen, ob eher kulturelle Einflüsse oder eher universelle Werthaltungen der Unternehmensleiter das Führungsverhalten in KMU bestimmten.

Eine transkulturelle, universalistische Position nehmen McGrath/MacMillan/Scheinberg (1992) in ihrer vergleichenden Untersuchung der Werthaltungen von Entrepreneuren in neun

Ländern ein. Sie verwenden dabei die Kultur-Dimensionen Hofstedes als Bezugsrahmen der Analyse und kommen zu dem Ergebnis, daß sich Entrepreneure im Vergleich zu Nicht-Entrepreneuren durch charakteristische, kulturübergreifende Merkmale auszeichnen: Sie weisen eine größere Machtdistanz, einen ausgeprägteren Individualismus, maskulinere Werte und geringere Unsicherheitsvermeidung auf.

Die empirischen Untersuchungen der STRATOS-Gruppe, der Forscher aus acht europäischen Ländern angehörten (vgl. Fröhlich/Pichler 1988; Haake 1987; Bamberger/Pleitner 1988), stellen ebenfalls übergreifende Gemeinsamkeiten von Unternehmern bzw. KMU in den Vordergrund. Fröhlich/Pichler (1988, 59ff.) ermittelten anhand der erhobenen Daten vier länderübergreifende Unternehmertypen (Allrounder, Pioniere, Organisatoren und Routiniers), die sich bezüglich ihrer Werthaltungen voneinander unterscheiden, aber in allen untersuchten Ländern (mit Ausnahme Finnlands) in einer ähnlichen Häufigkeitsverteilung zu finden sind. Zu ähnlichen Ergebnissen kommt auch Haake (1987, 90ff.), der allerdings nur 3 Typen unterscheidet: Den traditionellen Familienunternehmer, den Professional und den hemdsärmligen Gründer-/Pionierunternehmer. Diese Untersuchungen zeigen, daß sich länderübergreifende Typen von Unternehmensleitern nachweisen lassen, also auch ähnliche, charakteristische Werthaltungen in den unterschiedlichen Ländern auftreten. Aussagen zum Führungsverhalten in KMU können aus diesen Ergebnissen jedoch nur bedingt abgeleitet werden.

3 Der Positionierungsansatz: Ausrichtung des Führungsverhaltens auf kulturelle Einflüsse und Werthaltungen des Unternehmensleiters

Der Grundgedanke dieses Ansatzes ist es, den Einfluß der Kultur zu berücksichtigen, gleichzeitig aber von einer aktiven Rolle des Individuums auszugehen: Es wird angenommen, daß ein Individuum die Möglichkeit hat, eine bestimmte, von ihm bevorzugte Position gegenüber der Kultur einer Gesellschaft oder Gruppe, in der es Mitglied ist, einzunehmen. Diese voluntaristische Perspektive betont, daß ein Individuum eigene Werte und Einstellungen entwickeln und daraus Ziele ableiten kann, die nicht notwendigerweise mit jenen Werten übereinstimmen, die charakteristisch für die jeweilige Kultur sind. Wenngleich diese Möglichkeit, d.h. der Freiraum des Individuums, grundsätzlich in nahezu allen Konzepten von Kultur vorgesehen ist (so betont z.B. auch Hofstede 1993, 20, die Bedeutung der Persönlichkeit des Individuums und seiner eigenen Erfahrungen), so wird sie im Rahmen der Untersuchung kultureller Einflüsse oft vernachlässigt. Aufgrund der besonderen Stellung des Unternehmensleiters in KMU scheint es jedoch sinnvoll, die Möglichkeit der persönlichen Positionierung und die daraus resultierenden Einflüsse auf das Führungsverhalten in gleichem Maße wie den Einfluß der Kultur zu betrachten. In diesen gedanklichen Rahmen fügen sich auch die Ergebnisse zu den länder- und auch kulturübergreifenden Ähnlichkeiten der Werte und Einstellungen von Unternehmern ein. Es bleibt allerdings noch zu zeigen, inwiefern das Einnehmen einer bestimmten Position gegenüber der jeweils relevanten Kultur Auswirkungen auf das tatsächliche Führungsverhalten im Unternehmen hat. So ist es durchaus vorstellbar, daß Unternehmensleiter von KMU in verschiedenen Ländern bestimmte typische Werthaltungen vertreten, ihr Führungsverhalten aber dennoch - bewußt oder unbewußt - eher an der Landeskultur, d.h. den darin enthaltenen Verhaltensstandards, orientieren. Das Zusammenspiel von Positionierung und Ausrichtung des Führungsverhaltens bezeichnet Fackeldey (1996, 87) als „kulturelle Strategie" des Unternehmensleiters, die nicht unbedingt intendiert sein muß, sondern auch nur das Ergebnis eines längerfristigen Entwicklungsprozesses sein kann. Die kulturelle Strategie kann nun unterschiedliche Ausprägungen aufweisen.

Einen Ansatz zur Strukturierung dieser Ausprägungen bietet Golden (1992, 17f.): Sie untersucht das Verhalten von Individuen in Unternehmen, die eine „starke“ Unternehmenskultur aufweisen und betrachtet, in welchem Umfang Manager ihr Verhalten an die in der Kultur beinhalteten Regeln oder Verhaltensstandards anpassen, davon abweichen oder diese Regeln sogar offen in Frage stellen. Sie unterscheidet vier mögliche Verhaltensmuster: Das unbedingte Befolgen von kulturellen Verhaltensstandards, das eingeschränkte oder „halbherzige“ Befolgen, das verdeckte oder heimliche Nicht-Befolgen und schließlich das offen Nicht-Befolgen bzw. Abweichen. Nur im ersten Falle ist eine enge Übereinstimmung von Verhalten und Unternehmenskultur gegeben, während in den zwei letzten Fällen das individuelle Verhalten von den kulturell bestimmten Verhaltensstandards abweicht (vgl. Golden 1992, 18). Wenngleich dieser Ansatz nicht in vollem Umfang übertragbar scheint, da doch wesentliche Unterschiede zwischen Unternehmens- und nationaler oder regionaler Kultur bestehen (Unternehmenskultur ist leichter zu verändern und prägt die Individuen in geringerem Ausmaß, vgl. Hofstede 1993, 204ff.), so bietet er doch ein nützliches Orientierungsmuster für die hier untersuchte Problemstellung.

Auf Grundlage dieser Überlegungen können vier mögliche Positionen, die ein Unternehmensleiter gegenüber der regionalen Kultur einnehmen kann, und vier entsprechende kulturelle Strategien, welche die Beziehung zu seinem Führungsverhalten herstellen, unterschieden werden (vgl. Fackeldey 1996, 95). Die Strategien können anhand von zwei Dimensionen, der Ausrichtung des Führungsverhaltens an den Werthaltungen und Zielen des Unternehmensleiters einerseits und der Anpassung an die regionale oder nationale Kultur andererseits, charakterisiert werden (siehe Abb. 3).

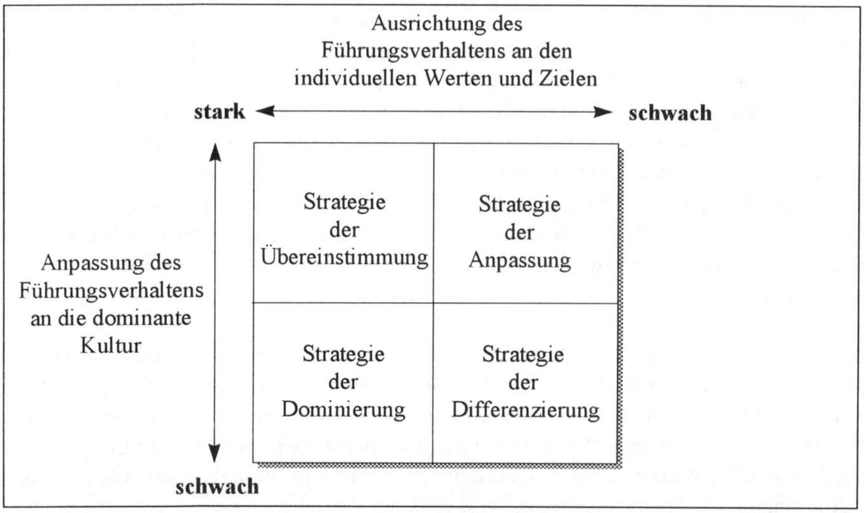

Abb. 3: Möglichkeiten der Positionierung und Ausrichtung des Führungsverhalten in Abhängigkeit der dominanten Kultur und individueller Einstellungen und Ziele.
Quelle: Fackeldey (1996), S. 96.

Die Strategie der Übereinstimmung wird von denjenigen Unternehmensleitern verfolgt, welche die dominante Kultur ihrer Region vollkommen akzeptieren und sich die entsprechenden Werte, Einstellungen und Verhaltensstandards gänzlich zu eigen gemacht haben. Sie sind gleichsam typische Vertreter dieser Kultur. Diese Strategie hat den Vorteil, daß sie eine Integration des Unternehmensleiters in seine Umwelt erleichtert. Beziehungen zwischen Menschen, die die gleichen Werte und Einstellungen teilen, können leichter aufgebaut werden und sind stabiler. Dies betrifft sowohl die Beziehungen zu Mitarbeitern als auch zu Kunden und Lieferanten. Ein potentieller Nachteil besteht darin, daß aus der Übereinstimmung eine Form des Ethnozentrismus werden kann, also die eigenen, kulturbedingten Werte nicht nur positiv gesehen, sondern als überlegen im Vergleich zu denen anderer Gruppen beurteilt werden. Dadurch können Beziehungen zu Angehörigen von Gruppen mit anderer Kultur erschwert werden.

Die Strategie der Anpassung bedeutet eine Ausrichtung des Führungsverhaltens an der dominanten Kultur und nicht an den eigenen, individuellen Werten und Zielen. Sie ist eine Strategie der Integration und der Konfliktvermeidung. Sie kann notwendig sein, wenn ein erheblicher sozialer Anpassungsdruck besteht und Beziehungen ohne die Anpassung kaum aufgebaut werden können. Anpassung ist aber nicht nur für Fremde, die nicht aus der betreffenden Region stammen, sondern auch für Menschen, die sich einfach aufgrund ihrer Persönlichkeit von der dominanten Kultur unterscheiden, eine mögliche Strategie. Der Nachteil dieser Strategie besteht darin, daß innovative Konzepte unterdrückt und Veränderungen behindert werden können. Es ist deshalb unter Umständen sinnvoll, sich nur in Teilbereichen anzupassen, nämlich dort, wo der Anpassungsdruck besonders hoch ist - beispielsweise hinsichtlich externer Beziehungen. (vgl. Fackeldey 1996, 103). Diese Strategie entspricht weitestgehend dem Gedanken der Kulturabhängigkeit der Führung.

Wählt ein Unternehmensleiter die Strategie der Dominierung, entscheidet er sich für ein von der dominanten Kultur abweichendes Führungsverhalten. Er ist bestrebt, seine individuellen Einstellungen und Ziele, die sich von den Standards der dominanten Kultur unterscheidet, in seinem Verhalten umzusetzen. Er hat die Möglichkeit, z.B. durch die Auswahl seiner Beziehungen (Mitarbeiterauswahl, Wahl der Geschäftspartner), sein Umfeld so zu gestalten, daß er seine eigenen Vorstellungen durchsetzen kann. Dies erfordert die Fähigkeit, sozialem Anpassungsdruck zu widerstehen. Dazu ist eine Machtbasis notwendig, die z.B. in besonderen Fähigkeiten (Fachkompetenz, Charisma) des Unternehmensführers liegen kann. Die Strategie der Dominierung entspricht der These, daß Unternehmer charakteristische Werte und Einstellungen haben, die unabhängig von kulturellen Einflüssen sind und die sich in ihrem Führungsverhalten ausdrücken.

Kennzeichnend für die Strategie der Differenzierung ist, daß sie weder eng am Werte- und Zielsystem des Unternehmensleiters, noch strikt an der dominanten Kultur ausgerichtet ist und sich das Führungsverhalten überwiegend an den Werten und Einstellungen der Mitarbeiter des Unternehmens orientiert. Diese Strategieausprägung ist allerdings nur dann von Bedeutung, wenn die Mitarbeiter nicht mehrheitlich Werte und Verhaltensmuster der dominanten Kultur zeigen.

Ziel der im folgenden beschriebenen Überprüfung des Ansatzes ist es vor allem, zu untersuchen, ob sich eine Positionierung seitens der Unternehmensleiter erkennen läßt und die beschriebenen kulturellen Strategien nachgewiesen werden können. Ferner ist von Interesse, ob es unterschiedliche Strategien hinsichtlich der Führung der Mitarbeiter und der externen Führung gibt. Da im externen Bereich vermutlich ein größerer Anpassungsdruck herrscht, sind hier Dominierungsstrategien seltener zu erwarten, als innerhalb des Unternehmens.

4 Konzeption und Durchführung einer kulturvergleichenden empirischen Untersuchung auf Basis des Positionierungsansatzes

Die empirische Untersuchung in Frankreich und Deutschland wurde als Gemeinschaftsprojekt der Université de Montpellier I und der Technischen Hochschule Darmstadt durchgeführt. Die Forschungskonzeption wurde maßgeblich durch den französischen Forschungspartner beeinflußt wurde und schließt sich an dort durchgeführte Arbeiten, die sich mit der Untersuchung von KMU im Mittelmeerraum befassen, an.

Die Entscheidung, die kulturvergleichende Untersuchung auf die Länder Frankreich und Deutschland zu beziehen, hatte mehrere Gründe: Erstens unterscheiden sich die nationalen Kulturen beider Länder erheblich. Dies wird beispielsweise durch die Ergebnisse Hofstedes, aber auch anderer Autoren hinreichend belegt. Sind es vor allem die Einflüsse der nationalen Kultur, die das Führungsverhalten bestimmten, sollten hier Unterschiede zu Tage treten. Gleichzeitig sind sich aber beide Länder hinsichtlich ihrer wirtschaftlichen Situation recht ähnlich, so daß Einflüsse aufgrund unterschiedlicher wirtschaftlicher Entwicklungsstände kaum vorhanden sein sollten. Zweitens haben KMU in beiden Ländern eine erhebliche wirtschaftliche Bedeutung (vgl. Zeitel 1990; Murat 1984), so daß eine vergleichende Untersuchung durchaus angezeigt erscheint.

4.1 Untersuchungskonzeption

Die Daten wurden im Jahre 1994 mittels einer schriftlichen Befragung, der eine Anzahl persönlicher Interviews zur Überprüfung des gewählten Ansatzes vorausging, erhoben. Es wurde ein einheitlicher Fragebogen verwendet, der aus dem Französischen in das Deutsche übersetzt wurde. Als Übersetzungsmethode wurde eine Parallelübersetzung gewählt (vgl. Holzmüller 1995, 229).

Zur Abgrenzung des Untersuchungsgegenstandes „kleine und mittlere Unternehmen“ wurde, nach Berücksichtigung aussage- und erhebungsbezogener Kriterien, die Anzahl der Beschäftigten als Abgrenzungskriterium verwendet. Für die gewählte Branche wurde die Grenze zu großen Unternehmen bei einer Gesamtzahl von 100 Beschäftigten gezogen. Diese Festlegung berücksichtigt, daß in dieser Branche sowohl Handwerks- als auch Industriebetriebe zu finden sind.

Die Stichprobenauswahl erfolgte vor allem unter dem Ziel einer hohen Vergleichbarkeit (vgl. Keller 1982, 290ff.), während Repräsentativität als nachrangiges Ziel behandelt wurde. Entsprechend wurde versucht, den Einfluß von Fremdvariablen möglichst gering zu halten, indem eine Beschränkung auf eine bestimmte Branche (Nahrungs- und Genußmittel) erfolgte und das räumliche Untersuchungsgebiet eng eingegrenzt wurde. In Frankreich wurden ausschließlich Unternehmen aus dem Mittelmeerraum befragt. In Deutschland wurde die Untersuchung auf die Bundesländer Bayern, Baden-Württemberg, Hessen und Rheinland-Pfalz beschränkt. Ziel war es, regionale Kulturunterschiede innerhalb eines Landes möglichst gering zu halten. In Deutschland wurden 80 vollständig beantwortete Fragebögen zurückgesandt (Rücklaufquote 14,3%), in Frankreich 52.

Der Fragebogen, der sich an Unternehmensleiter richtete, besteht aus zwei Teilen. Der erste enthält Fragen zum Unternehmen und der ausfüllenden Person. Der zweite Teil besteht aus 185 geschlossenen Fragen, für die jeweils eine fünfstufige Likertskala zur Beantwortung zur Verfügung steht. Die Fragen gliedern sich in 17 Blöcke, in denen jeweils Fragen zu einem bestimmten Themenbereich zusammengefaßt sind (siehe Abb. 4). Die Blöcke A bis G decken den Bereich des Führungsverhaltens im Unternehmen ab, die Blöcke H bis N enthalten Fragen zur externen Führung und Block O betrifft Werthaltungen und Ziele der befragten Person. Die Blöcke P und Q behandeln das Ausmaß der Zielerreichung.

	Thema	Anzahl Fragen		Thema	Anzahl Fragen
A	Anforderungen an Mitarbeiter	16	J	Aufbau von Geschäftsbezieh.	9
B	Einstellung neuer Mitarbeiter	5	K	Wettbewerbern	7
C	Entlohnung	7	L	Kommunikationsstil	7
D	Motivation	11	M	Abbruch von Kundenbezieh.	15
E	Entlassungsgründe	6	N	Abbruch von Lieferantenbezieh.	16
F	Sanktionen	6	O	Werthaltungen und Zielsystem	21
G	Mitarbeiterführung	13	P	Zufriedenheit	9
H	Beziehungen zu Geschäftspartnern	18	Q	Bedeutung von Mitarbeitern, Kunden u. Lieferanten	10
I	Vertragsverletzungen	9		*Gesamtanzahl der Fragen*	*185*

Abb. 4: Aufbau des Fragebogens

4.2 Analysemethodik

Die Analyse der erhobenen Daten gliedert sich in zwei wesentliche Schritte, die pankulturelle und die intrakulturelle Analyse, in denen jeweils die Bestimmung von Taxonomien anhand von Variablenprofilen erfolgt. Diese Ausrichtung auf die Betrachtung von Profilen anstelle einzelner Variablen ist ein wesentliches Merkmal des vorgestellten Ansatzes (vgl. Fackeldey 1996, 149ff.), der sich damit an den Gedanken des Gestaltansatzes und den in diesem Zusammenhang vorgebrachten Argumenten orientiert (vgl. Meyer/Tsu/Hinings 1993; Auer-Rizzi 1996). Die ermittelten Profile werden unter Bezugnahme auf den vorgestellten Positionierungsansatz beschrieben und interpretiert. Die Bestimmung der Taxonomien erfolgt jeweils getrennt für die Bereiche Werthaltungen und Ziele des Unternehmensleiters (Fragen FO01-FO21), Führung der Mitarbeiter (Fragen FA01-FG13) und externe Führung (Fragen FH01-FN16). In einem letzten Teilschritt werden schließlich integrierte Profile gebildet, die alle drei Bereiche abdecken.

Pankulturelle Analyse

Der erste Analyseschritt ist die Bildung pankultureller, länderübergreifender Gruppen (vgl. Fackeldey 1996, 153). Dabei wird die Gesamtheit der deutschen und französischen Unternehmen in die Analyse einbezogen, ohne eine länderbezogene Unterteilung vorzunehmen. Die Bildung einer Taxonomie erfolgt mittels des Verfahrens der Clusteranalyse (vgl. Backhaus et al. 1996) und wird durch eine Diskriminanzanalyse überprüft (vgl. z.B. Raffée/Effenberger/Fritz 1994, S. 386). Zweck dieses Schrittes ist die Ermittlung länderübergreifend auftretender Typen von Unternehmensleitern und Ausprägungen des Führungsverhaltens. Aus der unterschiedlichen Häufigkeit des Auftretens der Typen in den beiden Ländern können Aussagen über die dominante Kultur abgeleitet werden. Der Begriff der dominanten Kultur bezeichnet hier jene Standards der Realitätswahrnehmung und des Verhaltens, die von der Mehrheit der Individuen in der betrachteten Gruppe, hier der Unternehmensleiter aus einer Region, geteilt werden. Die ermittelte dominante Kultur kann natürlich auch in gewissem Umfang Elemente der Branchenkultur der befragten Unternehmensleiter enthalten. Deshalb ist es sinnvoll, hier eine begriffliche Unterscheidung zur regionalen Kultur zu treffen - dieser Begriff wird im weiteren verwendet, um die in der Literatur zu findenden Aussagen über die Kultur einer Region zu bezeichnen.

Um die ermittelten Gruppen bzw. Typen analysieren zu können, sind zunächst die Merkmale des jeweiligen Clusters zu beschreiben. Da aufgrund der Verwendung einer fünfstufigen Likert-Skala lediglich ordinalskalierte Merkmalsausprägungen vorliegen, wird der Median als Lageparameter verwendet. Für die gebildeten Typen werden auf Basis der Medianwerte grafische Antwortprofile erstellt. Zur Überprüfung, ob überhaupt signifikante Unterschiede hinsichtlich des Medians zwischen den Gruppen bestehen, wird der Kruskal-Wallis H-Test verwendet (vgl. Sachs 1978, S. 238ff.). Um festzustellen, ob bestimmte Typen in einem Land besonders häufig auftreten, also ein Zusammenhang zwischen den Merkmalen Land und Clusterzugehörigkeit besteht, werden Kreuztabellen aus Clusterzugehörigkeit und Landeszugehörigkeit gebildet.

Intrakulturelle Analyse

In diese Analyse werden jeweils nur die Unternehmen eines Landes einbezogen. Ziel ist es, in bezug auf jeden der drei Bereiche Werthaltungen und Ziele, Mitarbeiterführung und externe Führung Gruppen von Unternehmensleitern zu bilden, die sich möglich stark unterscheiden, also gleichsam gegensätzliche Pole innerhalb eines Landes bilden. Diese werden dann zur Bestimmung der integrierten Profile verwendet, die in Beziehung zu der zuvor ermittelten dominanten Kultur gesetzt werden, um daraus Hinweise auf Positionierung und kulturelle Strategien zu gewinnen.

Fackeldey (1996, 68f.) schlägt vor, die zwei gegensätzlichen Typen von Unternehmensleitern als Traditionalisten und Modernisten zu bezeichnen, wobei dies keine Wertung beeinhaltet. Traditionalistische Unternehmensführer haben ein Werte- und Zielsystem, das weitgehend die Grundmuster der dominanten Kultur reflektiert. Sie orientieren sich an der Vergangenheit und leiten ihre Werthaltungen daraus ab. Dadurch sind auch partielle Abweichungen von der dominanten Kultur bedingt, da Traditionalisten an Veränderungen in ihrem Umfeld nicht oder nur zeitverzögert partizipieren. Demgegenüber stellen die modernistischen Unternehmensfüh-

von den traditionellen Werten ab, orientieren sich an der Zukunft und richten ihre Ziele und Werthaltungen danach aus. Wenn die Zahl der Modernisten groß genug ist, üben sie natürlich auch einen gewissen Einfluß auf die dominante Kultur aus.

Bei der Anwendung der Clusteranalyse werden Lösungen mit zwei Clustern angestrebt, um die beiden - möglichst unterschiedlichen - Pole gut voneinander abgrenzen zu können. Nur wenn dies zu unbefriedigenden Ergebnissen führt, können Lösungen mit drei oder mehr Clustern verwendet werden. Die Beschreibung der Typen erfolgt auch hier anhand der grafischer Profildarstellungen der Medianwerte.

<u>Beschreibung der dominanten Kultur</u>

Auf Grundlage der Ergebnisse der ersten beiden Schritte werden nun Merkmale der dominanten Kultur in den zwei betrachteten Regionen beschrieben. Zunächst wird aus der Kreuztabellierung der pankulturellen Typen ermittelt, welcher Typ im jeweiligen Land vorherrscht. Aus dessen Profil ergeben sich die wesentlichen Anhaltspunkte, die im weiteren durch die Analyse von Gemeinsamkeiten der übrigen Cluster und Ergebnisse der intrakulturellen Analyse ergänzt werden.

<u>Ermittlung integrierter Profile</u>

Um Zusammenhänge zwischen Werthaltungen und Zielsystem des Unternehmensleiters und Führungsverhalten aufzudecken, wird wiederum das Verfahren der Kreuztabellierung angewendet. Dabei werden die Ergebnisse der intrakulturellen Clusterung für die drei Bereiche (Werte- und Zielsystem, Führung der Mitarbeiter und externe Führung) einander gegenübergestellt. Ziel ist, hier direkt zu erkennen, ob ein Typ von Unternehmensleitern, der sich durch bestimmte Werthaltungen auszeichnet (z.B. der oben genannte „Modernist") auch ein Führungsverhalten in seinem Unternehmen zeigt, das ebenso modernistisch ist, oder ob er ein eher traditionalistisches Verhalten offenbart.

Um die Ergebnisse der Analyse mittels Kreuztabellen zu verifizieren, wird ein zusätzlicher Analyseschritt durchgeführt, bestehend aus einer Faktoranalyse der Ergebnisse der intrakulturellen Analyse und einer anschließenden Clusteranalyse. Ergebnis dieses Schrittes ist die Zuordnung von Typen aus dem Bereich Werte- und Zielsystem zu Typen aus den Bereichen internes/externes Führungsverhalten, um die integrierten Profile, die bei der Analyse der Kreuztabellen gefunden werden, zu bestätigen.

5 Empirische Befunde und Interpretation

5.1 Pankulturelle Analyse

<u>Werthaltungen und Ziele</u>

In diesem Bereich werden vier Gruppen unterschieden:

Gruppe 1 (P_Ziel_1): Für diesen Unternehmensleiter spielt die Familientradition eine große Rolle, das Unternehmen soll an Angehörige weitergegeben werden. Die Heimatverbundenheit ist relativ hoch. Reichtum und sozialem Status dagegen wird keine Bedeutung beigemessen. Er strebt nicht nach Macht und wendet sich nicht entschieden gegen eine gemeinschaftliche Unternehmensleitung. Der Verkauf des Unternehmens wird nicht erwogen. Der Befriedigung des Arbeitswillens und der Entwicklung seiner persönlichen Fähigkeiten wird hier - relativ zu den anderen Typ - kein hoher Stellenwert eingeräumt.

Gruppe 2 (P_Ziel_2): Die Familientradition ist sehr wichtig und das Unternehmen soll unbedingt an Familienangehörige weitergegeben werden. Die Heimatverbundenheit ist stark. Sozialer Status und Reichtum werden hoch bewertet. Auch das Wachstum des Unternehmens ist wichtig. Eine gemeinschaftliche Unternehmensleitung wird abgelehnt. Im Vergleich zu Typ 1 fällt aber sein Streben nach Macht auf. Es drückt sich sowohl im Anspruch auf alleinige Geschäftsführung, als auch im Streben nach sozialem Status und Reichtum aus.

Gruppe 3 (P_Ziel_3): Für diesen Unternehmensleiter spielt die Familientradition keine Rolle. Er möchte seine persönlichen Fähigkeiten nutzen und entwickeln. Gegen eine gemeinschaftliche Unternehmensleitung hat er keine Einwände. Reichtum und sozialer Status sind von untergeordneter Bedeutung für ihn. Auch das Wachstum des Unternehmens ist ihm weniger wichtig. Er zeigt somit insgesamt eher eine ablehnende Haltung gegenüber traditionellen Werte (z.B. Familientradition) und mißt Macht, Reichtum und Status keine Bedeutung bei.

Gruppe 4 (P_Ziel_4): Diese Unternehmensleiter respektieren zwar die Familientradition, legen aber wenig Wert darauf, das Unternehmen an ihre Angehörigen weiterzugeben. Hierin unterscheidet sich Typ von den Gruppen 1 und 2. Gemeinschaftliche Leitung des Unternehmens lehnen sie nicht ab. Sie sind heimatverbunden. Auf sozialen Status wird relativ großer Wert gelegt.

Gemeinsamkeiten aller Typen: Neben den teils sehr unterschiedlichen Werthaltungen, welche die Klassifizierung ermöglichen, gibt es aber auch ein Reihe von gemeinsamen Zielen. Auffällig ist, daß es sich dabei vorwiegend um typische unternehmensbezogene Ziele handelt, wie hohe Rentabilität, hoher Marktanteil, geringe Bereitschaft zur Verschuldung und die Sicherung der Fortbestandes des Unternehmens.

Die Ergebnisse zeigen, daß in der Tat länderübergreifende Typen von Unternehmensleitern festzustellen sind, die trotzt unterschiedlicher nationaler Kulturen ähnliche Einstellungen aufweisen. Dies stimmt mit Ergebnissen des STRATOS-Projektes, besonders den Unternehmertypen von Haake weitgehend überein: So deckt sich Gruppe 2 weitgehend mit dem traditionellen Familienunternehmer, Gruppe 3 entspricht dem Professional und Gruppe 4 zeigt Gemeinsamkeiten mit dem hemdsärmeligen Gründer-/Pionierunternehmer (vgl. Haake 1987, 99ff.).

Die folgende Darstellung der relativen Häufigkeiten der jeweiligen Typen in Deutschland und Frankreich zeigt, daß alle vier Typen in beiden Ländern anzutreffen sind, wobei sich die Verteilungen jedoch deutlich unterscheiden (vgl. Abb. 5). In Deutschland ist Typ 1 am häufigsten vertreten, gefolgt von Typ 2 und Typ 4. Allen gemeinsam ist die Bewahrung der Familientradition als wichtiges Ziel. In Frankreich dominiert ebenfalls ein traditionell geprägter Typ.

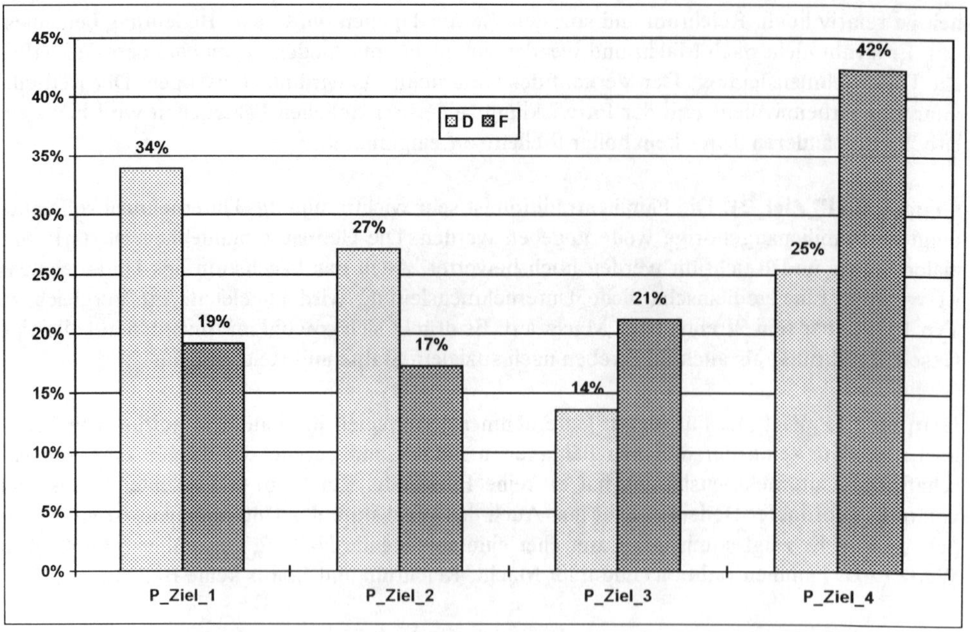

Abb. 5: Relative Häufigkeiten der Typen im Bereich Werthaltungen und Ziele

Führung

Bezüglich des Führungsverhaltens im Unternehmen sind drei Gruppen unterscheidbar:

Gruppe 1 (P_Int_1): Dieser Unternehmensleiter erwartet Kreativität und Selbständigkeit von seinen Mitarbeitern. Seine Entscheidungen dürfen in Frage gestellt werden. Er trifft seine Entscheidungen nicht alleine und ist bereit, Entscheidungsbefugnisse an Mitarbeiter zu übertragen. Dies entspricht einem eher partizipativen Führungsstil. Gruppenorientierte Entlohnung wird ebenso abgelehnt wie die Förderung internen Wettbewerbs zwischen den Mitarbeitern. Entlassungen und Lohnkürzungen werden als Sanktionen nicht eingesetzt, wohl aber Verweise, Abmahnungen oder auch Versetzungen. Das Privatleben der Mitarbeiter soll nicht unter ihrem beruflichen Engagement leiden.

Gruppe 2 (P_Int_2): Anweisungen des Unternehmensleiters dürfen nicht in Frage gestellt werden. Kreativität, Eigenständigkeit und Risikobereitschaft werden von den Mitarbeitern nicht erwartet. Wichtig ist die genaue Beachtung der Unternehmensvorschriften, Mißachtung wird u. U. mit Entlassung bestraft. Entscheidungsbefugnisse werden nicht an Mitarbeiter übertragen. In dieser Gruppe zeigt sich ein autoritärer Führungsstils.

Gruppe 3 (P_Int_3): Der Unternehmensleiter erwartet von seinen Mitarbeitern Risikobereitschaft, Kreativität und die Bereitschaft sich Herausforderungen zu stellen. Seine Entscheidungen dürfen in Frage gestellt werden. Delegation wird praktiziert. Er akzeptiert, daß das Privatleben der Mitarbeiter unter ihrem Engagement im Unternehmen leidet. Die Entlohnung richtet sich vorwiegend nach der Stelle, die der Mitarbeiter bekleidet. Motivation wird durch

Beförderung und Zielvorgaben an die Gruppe angestrebt. Interner Wettbewerb wird nicht entschieden abgelehnt. Sanktionsmaßnahmen können Lohnkürzung, Versetzung und Herabstufung sein. Der Führungsstil ist partizipativ. Von Typ 1 unterscheidet sich dieser Typ durch die noch höheren Anforderungen, die er an Engagement und Einsatzbereitschaft der Mitarbeiter stellt.

Gemeinsamkeiten aller Typen: Engem persönlichen Kontakt zwischen Unternehmensleiter und Mitarbeitern und der Aufrechterhaltung eines guten Betriebsklimas wird große Bedeutung beigemessen. Gerade letzteres ist sicher ein charakteristisches Merkmal der KMU. Kennzeichnend ist auch, daß die Auswahl neuer Mitarbeiter ausschließlich durch die Unternehmensleitung erfolgt - auf diese Weise kann der Unternehmensleiter Mitarbeiter wählen, die seinen persönlichen Präferenzen weitgehend entsprechend. Auf generelle Ablehnung stößt die Bevorzugung von Freunden und Verwandten bei der Personalauswahl. Gleiches gilt für die Bevorzugung von Männern gegenüber Frauen.

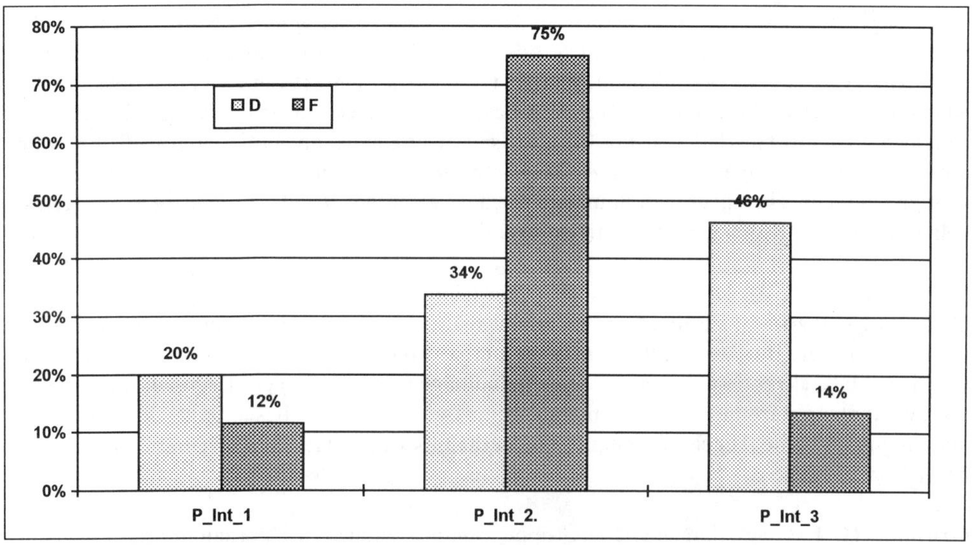

Abb. 6: Relative Häufigkeiten der Typen im Bereich interne Führung

In Frankreich überwiegt Typ 2 mit einem autoritären Führungsverhalten.. In Deutschland ist am häufigsten Typ 3 mit einem leistungsorientierten, partizipativen Führungsstil anzutreffen. Immerhin ein Drittel der deutschen Unternehmensführer bevorzugen aber auch den autoritären Stil des Typ 2 (vgl. Abb. 6).

Externe Führung

Die Analyse der Fragen zur externen Führung resultiert in der Bildung von fünf Clustern.

Gruppe 1 (P_Ext_1): Der Unternehmensleiter legt Wert auf eine enge Kundenbindung. Er ist dafür bereit, Rücksicht auf Probleme und Interessen seiner Geschäftspartner zu nehmen.

Regionale Handelsbräuche werden respektiert. Die Nichteinhaltung von Vereinbarungen führt zum Abbruch von Geschäftsbeziehungen. Sein Kommunikationsstil ist eher indirekt. Dennoch ist er bestrebt, in Gesprächen und Verhandlungen seine Standpunkte durchsetzen.

Gruppe 2 (P_Ext_2): Es wird stark differenziert zwischen Kunden und Lieferanten: Während es abgelehnt wird, von abhängigen Kunden höhere Preise zu verlangen, wird von abhängigen Lieferanten jedoch erwartet, daß sie günstigere Konditionen einräumen. Die Nichteinhaltung von Verträgen führt nicht zum Abbruch von Geschäftsbeziehungen mit Kunden, wohl aber mit Lieferanten. Eine enge Kundenbindung wird angestrebt, wobei nicht alle Kunden gleich behandelt werden. Insgesamt besteht Bereitschaft, Rücksicht auf die Interessen der Geschäftspartner zu nehmen. Mitgliedschaft in Verbänden wird als wichtiges Mittel zur Kontaktpflege gesehen. Die Kommunikation mit Geschäftspartnern ist direkt, es wird ohne Umschweife auf die anliegenden (geschäftlichen) Angelegenheiten eingegangen.

Gruppe 3 (P_Ext_3): Der Unternehmensleiter macht Unterschiede im Umgang mit guten und schlechten Kunden, lehnt es jedoch ab, Kunden oder Lieferanten zu bevorzugen, die ihm persönlich nahestehen. Die Persönlichkeit des Geschäftspartners ist unbedeutend für ihn. Entsprechend bevorzugt er es auch nicht, mit Männern anstatt mit Frauen zu verhandeln. Soziale Kontakte zur Unterstützung der Geschäftsbeziehungen, beispielsweise Mitgliedschaften in Vereinen, in denen Geschäftspartner Mitglied sind, werden als unwichtig eingestuft. Er ist bereit, das Risiko einzugehen, große Aufträge von neuen Kunden anzunehmen. Andererseits werden Kundenbeziehungen von ihm abgebrochen, wenn der Kunde in finanzielle Schwierigkeiten gerät. Sein Kommunikationsstil ist direkt.

Gruppe 4 (P_Ext_4): Der Unternehmensleiter lehnt es generell ab, Machtpositionen gegenüber Geschäftspartnern auszunutzen. Er nimmt Rücksicht auf Probleme und Interessen seiner Geschäftspartner. Bei Verhandlungen ist er bereit, von eigenen Standpunkten abzurücken. Gegebenenfalls akzeptiert er sogar Nachverhandlungen von Verträgen. Er bevorzugt Männer als Verhandlungspartner. Seine Kommunikation ist zwar direkt, beschränkt sich aber nicht nur auf geschäftliche Angelegenheiten. Sein Verhältnis zu den Geschäftspartnern kann als eng bezeichnet werden.

Gruppe 5 (P_Ext_5): Ähnlich wie in Gruppe 2 wird bezüglich des Verhaltens stark differenziert zwischen Kunden und Lieferanten. Die Kunden werden gleich behandelt, allein die Menge bestimmt den Verkaufspreis, eine Bevorzugung nahestehender, befreundeter Geschäftspartner wird abgelehnt. Rücksicht auf Probleme der Geschäftspartner wird nicht genommen. Der Unternehmensleiter bevorzugt Männer als Verhandlungspartner. Regionale Bräuche spielen keine Rolle für ihn. Er meidet das Risiko großer Aufträge mit neuen Kunden. Bei Verhandlungen möchte er seine Standpunkte durchsetzen. Die Persönlichkeit seines Geschäftspartners interessiert ihn dabei nicht. Insgesamt hat er ein recht distanziertes Verhältnis zu seinen Kunden und Lieferanten.

Gemeinsamkeiten aller Typen: Alle Unternehmensleiter haben ein hohes Preisbewußtsein beim Einkauf. Die Bereitschaft den Lieferanten zu wechseln, wenn sich ein günstigeres Angebot findet, ist deshalb recht hoch. Obwohl sich auch hier in allen Clustern deutsche und französische Unternehmensleiter finden, sind die Verteilungen auf die einzelnen Cluster sehr unterschiedlich (vgl. Abb. 7).

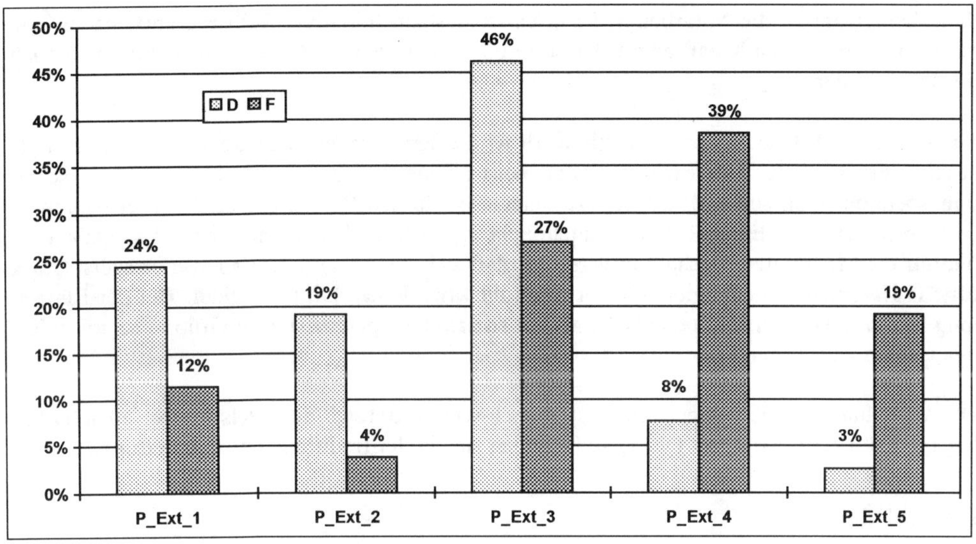

Abb. 7: Relative Häufigkeiten der Typen im Bereich externe Führung

5.2 Intrakulturelle Analysen, dominante Kultur und integrierte Profile

5.2.1 Deutschland

Werthaltungen und Ziele

Gruppe 1 (D_Ziel_1): In diesem Cluster befinden sich die modernistischen Unternehmensleiter. Sie stellen die unternehmensbezogenen Ziele klar in den Vordergrund. Persönliche Zielsetzungen, Familientraditionen und Heimatverbundenheit spielen nur eine untergeordnete Rolle. Sie haben keine Vorbehalte gegen eine gemeinschaftliche Unternehmensleitung. Reichtum und sozialer Status sind für sie von nachrangiger Bedeutung und auch der gewinnbringende Verkauf des Unternehmens wird nicht erwogen. Wichtig sind für sie vor allem Rentabilität und Fortdauer des Unternehmens.

Gruppe 2 (D_Ziel_2): Für diese Unternehmensleiter stehen persönliche Ziele gleichrangig neben den unternehmensbezogenen Zielen. Die Familie hat sehr große Bedeutung, ebenso wie die Heimatverbundenheit. Sozialer Status und Reichtum werden von ihm hoch bewertet. Das Wachstum des Unternehmens ist wichtig. Eine gemeinschaftliche Unternehmensleitung wird entschieden abgelehnt.

Der Anteil der Gruppe 1 in der Stichprobe beträgt 61%, der der Gruppe 2 beträgt 39%.

Führung

Gruppe 1 (D_Int_1): Dieser Unternehmensleiter lehnt internen Wettbewerb zwischen den Mitarbeitern strikt ab. Er trifft seine Entscheidungen nicht alleine und überträgt Entscheidungsbefugnisse an die Mitarbeiter. Er erwartet deshalb Initiative, Selbstverantwortung und Kreativität von seinen Mitarbeitern. Diese Gruppe stellt den modernistischen Pol im Bereich der Führung dar.

Gruppe 2 (D_Int_2): Interner Wettbewerb wird toleriert, aber nicht gezielt gefördert. Entscheidungen trifft der Unternehmensleiter meist alleine, ist aber bereit, bestimmte Entscheidungsbefugnisse an seine Mitarbeiter zu delegieren. In den Bereichen, in denen er dies nicht tut, möchte er seine Entscheidungen auch nicht in Frage stellen lassen. Er sieht sich als Vorbild für die Mitarbeiter. Deshalb erwartet er, daß sich die Mitarbeiter, so wie er selbst, stark für das Unternehmen engagieren, auch wenn ihr Privatleben darunter leidet. Bei der Einstellung legt er mehr Wert auf technische als auf soziale Kompetenz. Diese Gruppe repräsentiert den traditionalistischen Pol.

Die Verteilung auf die beiden Typen ist ähnlich wie im Bereich des Zielsystems. 60% entfallen auf den modernistischen Typ 1, 40 % finden sich in der traditionalistischen Gruppe 2.

<u>Externe Führung</u>

Gruppe 1 (D_Ext_1): Der Unternehmensleiter bricht Beziehungen zu Geschäftspartnern nicht leicht ab, sondern erhält sich auch bei Problem aufrecht. Es erfolgt keine strenge Selektion der Geschäftspartner. Er macht jedoch Unterschiede im Verhalten gegenüber den Partnern; so werden beispielsweise die Preise nicht nur in Abhängigkeit der Verkaufsmenge festgelegt. Sein Kommunikationsstil ist direkt und offen.

Gruppe 2 (D_Ext_2): Es werden keine Unterschiede in der Behandlung der Kunden gemacht, der Preis der Produkte richtet sich allein nach der abgenommenen Menge. Die Geschäftspartner werden sorgfältig ausgewählt, bei Problemen wird die Geschäftsbeziehung schnell beendet. Der Kommunikationsstil ist weniger direkt.

Rund 90% der deutschen Unternehmensleiter finden sich in der Gruppe 1, die übrigen 10% in Gruppe 2.

<u>Dominante Kultur</u>

Die deutliche Betonung der Wahrung von Traditionen, der Weitergabe des Unternehmens an Angehörige und der Heimatverbundenheit zeigt ein ausgeprägtes Streben nach Stabilität und Harmonie.

Nicht so eindeutig sind die Ergebnisse bezüglich des sozialen Status und des Reichtums. Obwohl die größte Gruppe (P_Ziel_1: 33,9%) nicht nach einem hohen sozialen Status strebt, zeigen andere Ergebnisse, unter anderem aus der intrakulturellen Analyse, daß doch vielen der soziale Status wichtig ist. So wird in Deutschland dieses Ziel deutlich höher bewertet als in Frankreich. Dies korrespondiert mit dem relativ hohen Wert den Deutschland bei der Dimension Maskulinität aufweist (vgl. Hofstede 1993, 100). Schnell reich zu werden ist für die Mehrheit der Befragten ein Ziel mit geringem Stellenwert, wenngleich eine recht große Gruppe (P_Ziel_2: 27,1%) dieses Ziel verfolgt.

Das Führungsverhalten ist grundsätzlich durch einen partizipativen Führungsstil des Unternehmensleiters geprägt. Es besteht eine große Bereitschaft zur Delegation von Entscheidungsbefugnissen. Dies geht einher mit großen Erwartungen an die Fähigkeiten und die Leistungsbereitschaft der Mitarbeiter. Die Leistungsorientierung zeigt sich auch darin, daß interner Wettbewerb durchaus akzeptiert wird und daß das Engagement am Arbeitsplatz auch das Privatleben beeinflussen darf. Diese Befunde zeigen, daß die Ausprägung der dominanten Kultur, soweit dies aus der Analyse hergeleitet werden kann, weitgehend mit der nationalen Kultur in Deutschland, wie sie beispielsweise von Hofstede charakterisiert wird, übereinstimmt. So zeigt sich die geringe Machtdistanz in der großen Bereitschaft, Mitarbeiter in die Entscheidungen einzubeziehen. Maskuline Werte zeigen sich dagegen in der großen Leistungsorientierung. Auch die STRATOS-Studie kommt zu ähnlichen Ergebnissen. So befürworten 91% der dort befragten Deutschen eine Mitarbeiterbeteiligung bei der Entscheidungsfindung und 55% (Durchschnitt aller Länder 44%) sind bereit Freizeit für das Unternehmen einzusetzen (vgl. Fröhlich/Pichler 1988, 44ff.).

Bei den Beziehungen zu Kunden und Lieferanten bevorzugen deutsche Unternehmensleiter eine direkte und offene Kommunikation. Sie halten es für sehr wichtig, vertragliche Vereinbarungen detailliert schriftlich festzuhalten und legen großen Wert auf die Einhaltung der Verträge. Dies korrespondiert mit der recht ausgeprägten Unsicherheitsvermeidung. Bei Verhandlungen möchten sie ihre eigenen Standpunkte durchsetzen und Nachverhandlungen werden abgelehnt. In dieser Unnachgiebigkeit zeigen sich wiederum maskuline Werte.

Integrierte Profile

Die Bildung integrierter Profile läßt einen Zusammenhang zwischen den Werthaltungen und Zielen des Unternehmers und dem Führunsgsverhalten erkennen. Es ergeben sich folgende Profile:

D_Ziel_1 → D_Int_1 und
D_Ziel_2 → D_Int_2.

Ein modernistisches Werte- und Zielsystem wird offenbar auch im Führungsverhalten umgesetzt. Unternehmensleiter, die den unternehmensbezogenen Zielen höchste Priorität einräumen, bevorzugen eher einen partizipativen Führungsstil. Hingegen zeigen die traditionalistischen Unternehmensleiter, die persönlichen Zielen höheren Stellenwert geben, ein Führungsverhalten, das eher einem autoritären oder paternalistischen Stil entspricht.

Die Zuordnung eines bestimmten Verhaltens in externen Beziehungen zu einem bestimmten Zielsystem gelingt nicht. Offenbar wird also das Führungsverhalten in externen Beziehungen weniger von den individuellen Einstellungen und Zielen des Unternehmensleiters als vielmehr von der jeweiligen Kultur bestimmt.

5.2.2 Frankreich

Werthaltungen und Ziele

Gruppe 1 (F_Ziel_1): Dieses Cluster entspricht dem modernistischen Pol. Für den Unternehmensleiter ist die Familientradition von nachrangiger Bedeutung. Er hat keine Vorbehalte gegen eine gemeinschaftliche Unternehmensleitung. Heimatverbundenheit, sozialer Status und Reichtum sind nicht wichtig, der Verkauf des Unternehmens wird nicht erwogen. Wichtig hingegen sind Marktanteil, Fortbestand des Unternehmens sowie die Nutzung und Entwicklung der persönlichen Fähigkeiten. Unternehmensbezogene Ziele haben größere Priorität als persönliche Ziele.

Gruppe 2 (F_Ziel_2): Die Unternehmensleiter in dieser Gruppe halten an traditionalistischen Werten und Einstellungen fest. Die Bewahrung der Familientradition und die Weitergabe des Unternehmens an Angehörige ist wichtig. Sie sind sehr heimatverbunden. Gute Arbeitsbedingungen und die Befriedigung des Arbeitswillens werden hoch bewertet. Persönliche Ziele stehen gleichrangig neben den Zielen für das Unternehmen.

Beide Cluster sind etwa gleich besetzt. 46% der Unternehmensführer werden Typ 1 und 54% Typ 2 zugeordnet.

<u>Führung</u>

Auch hinsichtlich des Führungsverhaltens im Unternehmen kann zwischen einem modernistischen und traditionalistischen Pol unterschieden werden. Allerdings ist es notwendig, drei Cluster zu bilden, wobei eines der Cluster eine kleine Gruppe von „Außenseitern" repräsentiert, die Fragen zur Entlassung von Mitarbeitern völlig anders als alle anderen beantwortet haben, sich sonst aber nicht wesentlich von den anderen zwei Gruppen unterscheiden.

Gruppe 1 (F_Int_1): Fachkompetenz wird höher bewertet als Sozialkompetenz. Die Bezahlung richtet sich nach der individuellen Leistung und dem Unternehmenserfolg. Beförderung als Instrument der Motivation wird abgelehnt; hingegen wird finanziellen Anreizen große Bedeutung beigemessen. Selbständiges Handeln der Mitarbeiter wird erwartet, aber Entscheidungsdelegation erfolgt kaum. Der Unternehmensleiter sieht sich nicht als Vorbild für seine Mitarbeiter und erwartet nicht, daß sich die Mitarbeiter mit dem Unternehmen identifizieren. Das Gesamtbild dieses Clusters ist eher modernistisch geprägt.

Gruppe 2 (F_Int_2): Interner Wettbewerb wird akzeptiert. Auf Selbständigkeit der Mitarbeiter wird wenig Wert gelegt; Entscheidungen des Unternehmensleiters sind nicht in Frage zu stellen und Weisungen unbedingt zu befolgen. Entscheidungsdelegation erfolgt nicht. Mitarbeiter verbleiben lange im Unternehmen, wobei dem Vertrauen zwischen Mitarbeiter und Vorgesetzen hohe Bedeutung zukommt. Beförderungen stellen ein wichtiges Motivationsinstrument dar. Es werden bevorzugt Männer beschäftigt. Der Unternehmensleiter selbst sieht sich in einer Vorbildfunktion für seine Mitarbeiter. Das Führungsverhalten wird durch einen autoritären bzw. patriarchalischen Stil geprägt. Entsprechend repräsentiert die Gruppe den traditionalistischen Pol.

Gruppe 3 (F_Int_3): Entlassungen als Sanktionsmaßnahme werden grundsätzlich ablehnt. Im übrigen ist diese Gruppe eher modernistisch, ähnlich wie Gruppe 1, geprägt.

Der Gruppe 1 werden 60%, der Gruppe 2 werden 31% und Gruppe 3 werden 9% der Befragten zugeordnet.

Externe Führung

Gruppe 1 (F_Ext_1): Der traditionalistische Unternehmensleiter bricht Beziehungen zu Geschäftspartnern ab, wenn Probleme auftreten bzw. ihr Verhalten ihm nicht zusagt. Mit den ausgewählten Kunden und Lieferanten pflegt er enge Beziehungen, die auch über die rein geschäftlichen Kontakte hinausgehen. Entsprechend ist der Aufbau neuer Beziehungen unbedingt Aufgabe des Unternehmensleiters und nicht anderer Mitarbeiter. Von den Geschäftspartnern wird Loyalität erwartet. Die Kunden werden - besonders hinsichtlich der Preisfestlegung - gleich behandelt, es erfolgt keine Bevorzugung.

Gruppe 2 (F_Ext_2): Der Modernist zeigt differenziertes Verhalten im Umgang mit unterschiedlichen Geschaftspartnern, eine Gleichbehandlung wird nicht angestrebt. Entsprechend wird von den Geschäftspartnern keine Loyalität erwartet. Die Selektion der Geschäftspartner ist weniger streng und die Beziehungen werden nicht so schnell abgebrochen.

Hier ist, anders als in Deutschland, eine Unterscheidung in Traditionalisten und Modernisten möglich. Die Verteilung auf die beiden Typen ist sehr gleichmäßig: 44% entfallen auf Typ 1 und 56% auf Typ 2.

Dominante Kultur

Die pankulturelle Analyse des Bereiches Werthaltungen und Ziele zeigt, basierend auf den Charakteristika der Gruppe P_Ziel_4, daß auch in Frankreich der Familientradition und der Heimatverbundenheit hohe Bedeutung zukommt, wobei allerdings die Weitergabe des Unternehmens an Angehörige kein wichtiges Ziel darstellt.

Das Führungsverhalten im Unternehmen wird durch einen autoritären Führungsstil des Unternehmensleiters geprägt (75% der französischen Unternehmen werden in der pankulturellen Analyse der Gruppe P_Int_2 zugeordnet). Dieses Resultat stimmt mit dem von Hofstede für Frankreich bestimmten hohen Machtdistanzindex überein. Auch in der STRATOS Studie zeigten sich hinsichtlich der französischen Unternehmensleiter ähnliche Ergebnisse: 92% stimmen der Aussage „Unternehmer sollten Macht ausüben" zu (zum Vergleich: Deutschland 51%, ∅ aller Länder 73%), 93% sind der Meinung der Chef solle „wesentlich mehr verdienen als Mitarbeiter" (D 74%, ∅ 68%) und 97% legen Wert darauf respektiert zu werden (D 77%, ∅ 74%). (vgl. Fröhlich/Pichler 1988, 44).

Im Bereich der externen Führung zeigt die pankulturelle Analyse die Dominanz des Gruppe P_Ext_4, der 39% der in Frankreich befragten Unternehmensleiter zugeordnet werden. Sie lehnen es ab, Machtpositionen im Verhältnis zu Geschäftspartnern auszunutzen und beharren bei Verhandlungen beharren nicht auf ihren eigenen Standpunkten, sondern berücksichtigen auch die Interessen ihres Gegenübers. Anders als in Deutschland geht man davon aus, daß sich dabei beide Seiten aufeinander zu bewegen müssen. In gewisser Hinsicht reflektiert das externe Führungsverhalten, darunter der Verzicht auf die Ausübung von Macht in den Beziehungen, auch kollektivistische Werte, die in Südfrankreich Teil der regionalen Kultur sind (vgl. Fackeldey 1996, 252f.).

Dies deckt sich, bis auf den Aspekt des Kollektivismus, mit den Ergebnissen Hofstedes. In eher femininen Kulturen ist man weniger auf die Durchsetzung der eigenen Standpunkte als auf ein gutes Verhältnis zwischen Geschäftspartnern bedacht (vgl. Hofstede 1993, 100ff.). Die femininen Werte stehen scheinbar im Widerspruch zu dem Befund, daß die Unternehmensleiter in Gruppe P_Ext_4 wichtige Verhandlungen lieber mit Männern als mit Frauen führen. Eine Erklärung hierfür ist, daß die femininen Werte sich vor allem auf die Einstellung zur Arbeit beziehen, während ansonsten gerade in Südfrankreich durchaus maskuline Werte gelten.

Integrierte Profile

In der französischen Stichprobe ist eine Zuordnung des Führungsverhaltens zu einem bestimmten Werte- und Zielsystem möglich. Ferner kann hier im Gegensatz zur deutschen Stichprobe auch das externe Führungsverhalten eindeutig zugeordnet werden. Es ergeben sich die Profile:

F_Ziel_1 → F_Int_1 → F_Ext_2 und
F_Ziel_2 → F_Int_2 → F_Ext_1.

Es zeigt sich ein deutlicher Zusammenhang zwischen modernistischen Einstellungen und einem entsprechenden Führungsverhalten. Im Bereich der externen Führung äußert sich die modernistische Ausrichtung in einem weniger kollektivistischen Verhalten.

5.3 Überprüfung des Positionierungsansatzes

5.3.1 Positionierung der deutschen Unternehmensleiter

Die Einstellungen und Ziele der Unternehmensleiter, die dem traditionalistischen Typ zugeordnet werden, stimmen mit der dominanten Kultur weitgehend überein. Dies zeigt sich vor allem an der Familienorientierung und der Heimatverbundenheit. In bezug auf das Führungsverhalten ergibt sich ein differenzierteres Bild: Sowohl die Traditionalisten als auch die Modernisten weisen einerseits Übereinstimmungen mit der dominanten Kultur auf und weichen andererseits davon ab. So zeigt sich bei den Traditionalisten eine ausgeprägte Leistungsorientierung, die mit der Maskulinität als Merkmal der dominanten Kultur im Einklang steht. Dagegen weisen sie im Vergleich zur dominanten Kultur eine höhere Machtdistanz auf. Hier sind es die Modernisten, deren Führungsverhalten, das durch einen partizipativen Führungsstil gekennzeichnet ist, eher der dominanten Kultur mit geringer Machtdistanz entspricht. Andererseits kann die geringere Leistungsorientierung als Anzeichen femininer Werte gesehen werden, so daß die Modernisten bezüglich der Dimension Maskulinität von den dominanten Grundmustern abweichen. Aufgrund dieser Ergebnisse erscheint es zweckmäßig, die Positionierung für die Dimensionen Machtdistanz und Maskulinität getrennt zu betrachten.

Traditionalisten wählen hinsichtlich der Dimension Machtdistanz eine Strategie der Dominierung, da ihre Werthaltungen und Ziele eine größere Machtdistanz offenbaren und sie diese auch in ihrem Führungsverhalten, entgegen der von geringer Machtdistanz gekennzeichneten dominanten Kultur, umsetzen. Ihre starke Leistungsorientierung entspricht dagegen dem maskulinen Charakter der dominanten Kultur.

Modernisten entsprechen hinsichtlich der Machtdistanz sowohl in ihren Einstellungen und Zielen als auch in ihrem Führungsverhalten der dominanten Kultur. Man kann folglich von einer Position der Übereinstimmung sprechen. Eine Strategie der Dominierung zeigt sich bei den Modernisten in bezug auf die Dimension Maskulinität: Sie sind weniger leistungsorientiert und setzen dies auch in ihrem Führungsverhalten um (vgl. Abb. 8).

	Traditionalisten	Dominante Kultur	Modernisten
Maskulinität	↑ Übereinstimmung	↑	↓ Dominierung
Machtdistanz	↑ Dominierung	↓	↓ Übereinstimmung

Zeichenerklärung: ↑= hoher Wert bei der angeg. Dim.; ↓= niedriger Wert bei der angeg. Dim.

Abb. 8: Positionierung der deutschen Unternehmensführer

Für das externe Führungsverhalten können hingegen keine eindeutigen Aussagen über die Positionierung und die kulturellen Strategien der Unternehmensleiter getroffen werden.

Betrachtet man das Gesamtbild, das sich für Traditionalisten und Modernisten ergibt, so kann man bei beiden Typen vom Vorliegen einer Strategie der Übereinstimmung sprechen. Die individuellen Werte und Einstellungen der Unternehmensleiter in den untersuchten Regionen Deutschlands sind offenbar vorwiegend durch die dominante Kultur, im weiteren Sinne also die jeweilige regionale oder nationale Kultur geprägt. Das Führungsverhalten scheint gleichermaßen durch diese Einflüsse geprägt, so daß sich hier der in der einleitenden Frage angedeutete Gegensatz zwischen kulturellen Einflüssen und Persönlichkeit des Unternehmensleiters nicht ergibt. Allerdings zeigt sich, daß auch die individuellen Werte- und Zielsysteme der Unternehmensleiter Einfluß auf das Führungsverhalten haben, denn sowohl Traditionalisten als auch Modernisten weichen zumindest in Teilbereichen von der dominanten Kultur ab.

5.3.2 Positionierung der französischen Unternehmensleiter

In Südfrankreich entsprechen, ähnlich wie in Deutschland, die Werte und Einstellungen der traditionalistischen Unternehmensleiter weitgehend der dominanten Kultur, wobei diese eher die regionale, mediterrane Kultur denn die nationale französische repräsentiert. Diese Übereinstimmung äußert sich auch im Führungsverhalten der Traditionalisten, das durch einen autoritären Führungsstil geprägt ist. Den Modernisten, deren Werthaltungen eine geringere Machtdistanz offenbaren, gelingt es im Gegensatz dazu nicht, ihre von der dominanten Kultur abweichenden Erthaltungen in einen partizipativen Führungsstil umzusetzen. Sie passen sich der dominanten Kultur mit hoher Machtdistanz an (Strategie der Anpassung). Hinsichtlich der Dimension Maskulinität weisen sowohl Modernisten als auch Traditionalisten eher feminine Merkmale auf, was sich in ihrer Nachgiebigkeit in externen Beziehungen und der geringeren Leistungsorientierung im Vergleich zu Deutschland ausdrückt. Hier kann für beide Typen von einer Strategie der Übereinstimmung gesprochen werden.

Im Bereich der externen Führung unterscheiden sich Traditionalisten und Modernisten vor allem durch die Auswahl der Geschäftspartner. Traditionalisten tendieren zu einer sorgfältigen

Selektion ihrer Geschäftspartner. Sie neigen dazu, problematische Beziehungen abzubrechen, da sie großen Wert auf gute Beziehungen legen. Dieses Verhalten ist typisch für kollektivistische Kulturen (vgl. Hofstede 1993, 83). Dem gegenüber verhalten sich die Modernisten eher individualistisch. Sie halten auch problembehaftete Beziehungen aufrecht, da die Qualität einer Beziehung für sie weniger bedeutsam ist. Da die regionale - und hier als dominant bestimmte - Kultur in Südfrankreich eher kollektivistisch ist, abweichend von der nationalen Kultur, die stark individualistisch ist, ist die Strategie der Modernisten also eher eine Strategie der Dominierung. Denn sie setzen ihre individualistischen Einstellungen und Ziele in einer kollektivistisch geprägten regionalen Kultur durch. Die Traditionalisten hingegen zeigen eine Übereinstimmung mit der kollektivistischen Kultur. (vgl. Abb. 9). Interessant ist hier, daß die Traditionalisten bezüglich der drei betrachteten Dimensionen mit der dominanten Kultur übereinstimmen, während die Modernisten deutlich abweichen.

	Traditionalisten	**Dominante Kultur**	**Modernisten**
Maskulinität	↓ Übereinstimmung	↓	↓ Übereinstimmung
Machtdistanz	↑ Übereinstimmung	↑	↑ Anpassung
Individualismus	↓ Übereinstimmung	↓ *(Südfrankreich)*	↑ Dominierung

Zeichenerklärung: ↑= hoher Wert bei der angeg. Dim.; ↓= niedriger Wert bei der angeg. Dim.

Abb. 9: Positionierung der französischen Unternehmensführer

6 Zusammenfassung

Zentrales Anliegen dieser Untersuchung war es, der Frage nachzugehen, ob das Führungsverhalten in kleinen und mittleren Unternehmen vorwiegend durch die nationale bzw. regionale Kultur oder die Persönlichkeit des Unternehmensleiters, besonders dessen Werthaltungen und Ziele, beeinflußt wird. Diese Fragestellung reflektiert einerseits die in der interkulturellen Managementforschung vertretene These der Kulturabhängigkeit der Führung und andererseits den eher universalistischen Ansatz, der häufig in der KMU-Forschung verfolgt wird. Die Ergebnisse der Studie zeigen, daß beide Einflüsse wirken, es also sowohl übergreifende Gemeinsamkeiten als auch kulturspezifische Unterschiede gibt.

Konzeptionelle Grundlage der Untersuchung ist der Positionierungsansatz: Unternehmensleiter in KMU haben die Möglichkeit, sich bezüglich ihrer individuellen Werte und Einstellungen sowie ihres Führungsverhaltens gegenüber der jeweiligen Kultur zu positionieren. Das bedeutet, daß ihre Werthaltungen von den in der Kultur verankerten Grundmustern abweichen können und sie auch ihr Führungsverhalten entsprechend gestalten können. Diesem Gedanken folgend können vier Positionierungsmöglichkeiten oder kulturelle Strategien definiert werden, die sich hinsichtlich der Ausrichtung an individuellen oder kulturellen Einflüssen unterscheiden. Die getrennte Analyse von Werthaltungen und Zielen einerseits und Führungsverhalten andererseits und die anschließende Bildung integrierter Profile zeigt, daß ein Zusammenhang zwischen den individuellen Werthaltungen des Unternehmensleiters und dem realisierten Führungsverhalten besteht. Während dieser Einfluß bezüglich der Führung im Unternehmen klar erkennbar ist, wird das Führungsverhalten in externen Beziehungen, zu Kunden und Lieferanten, stärker durch die Kultur beeinflußt.

Erkennbar wird diese Positionierung, wenn man innerhalb eines Landes bzw. einer Kultur zwischen Modernisten und Traditionalisten unterscheidet, die zwei Typen von Unternehmensleitern unterschiedlicher Werthaltungen repräsentieren. Die französischen Traditionalisten weisen eine weitgehende Übereinstimmung mit der regionalen Kultur in Südfrankreich auf, sowohl bezüglich ihrer Werthaltungen als auch hinsichtlich des Führungsverhalten. Die Modernisten hingegen weichen bezüglich der Dimensionen Machtdistanz und Individualismus von der dominanten, regionalen Kultur ab. Sie zeichnen sich durch eine geringere Machtdistanz aus, setzen dies aber im Führungsverhalten im Unternehmen nicht um (kulturelle Strategie der Anpassung) und sind individualistischer, was sie im Verhalten gegenüber Kunden und Lieferanten auch umsetzen (kulturelle Strategie der Dominierung). In Deutschland ergibt sich kein so deutliches Bild, denn hier weichen sowohl Traditionalisten als auch Modernisten von der dominanten Kultur ab.

Die Untersuchungen belegen ferner, daß länder- bzw. kulturübergreifende Gemeinsamkeiten der KMU bestehen, so beispielsweise hinsichtlich der engen persönlichen Beziehungen zwischen Unternehmensleiter und Mitarbeitern sowie der Betonung familiärer Traditionen. Ebenso werden aber auch offenbar kulturbedingte Unterschiede deutlich, etwa hinsichtlich der Delegation und der Leistungsorientierung.

Diese Ergebnisse bestätigen, daß es durchaus sinnvoll ist, eine Zwischenposition zwischen den beiden eingangs genannten Ansätzen einzunehmen und gerade bei kleinen und mittleren Unternehmen nicht von einem kulturellen Determinismus bezüglich der Führung der Mitarbeiter auszugehen. Der Positionierungsansatz hat sich dabei als zweckmäßige Vorgehensweise zur Analyse der verschiedenen Einflüsse auf das Führungsverhalten gezeigt.

Eine Schwäche der vorgestellten Untersuchung ist zweifellos, daß durch die ausschließliche Befragung der Unternehmensleiter die Beschreibung des tatsächlichen Führungsstils auch durch die Wahrnehmung und Absichten derselben beeinflußt werden. Es fehlt ferner an Aussagen, inwiefern die Positionierung bzw. die Wahl einer kulturellen Strategie Einfluß auf die Führungseffizienz und letztlich auch den Erfolg des Unternehmens hat.

Literaturverzeichnis

Auer-Rizzi, W. (1996): Organisationale Gestalt, in: DBW, 56. Jg., Nr.1/1996, S. 127-130.

Backhaus, K. et al. (1996): Multivariate Analysemethoden: Eine anwendungsorientierte Einführung. 8., verb. Aufl., Berlin u. a. 1996.

Bamberger, I./Pleitner, H.J. (Hrsg.) (1988): Strategische Ausrichtung kleiner und mittlerer Unternehmen, Berlin u. a. 1988.

Beermann, L./Stengel, M. (1996): Werte im interkulturellen Vergleich, in: Bergemann, N./ Sourisseaux, A.L.J. (Hrsg.): Interkulturelles Management, 2., überarbeitete Auflage, Heidelberg 1996, S. 7-34.

Carland, J. W. et al. (1984): Differentiating Entrepreneurs from Small Business Owners: A Conceptualization, in: Academy of Management Review Vol. 9, No. 2/1984, S. 354-59.

Davis, H. J./Rasool, S. A. (1988): Values Research and Managerial Behavior: Implications for Devising Culturally Consistent Managerial Styles, in: Management International Review Vol. 28, No.3/1988, S. 11- 20.

Diller, H. (1995): Beziehungs-Marketing, in: WiSt, 24. Jg. Nr. 9/1995, S. 442-447.

Dormayer, H. J./Kettern, T. (1987): Kulturkonzepte in der allgemeinen Kulturforschung - Grundlage konzeptioneller Überlegungen zur Unternehmenskultur, in: Heinen, E. (Hrsg .): Unternehmenskultur - Perspektiven für Wissenschaft und Praxis, München 1987.

Earley, P. C./Singh, H. (1995): International and Intercultural Management Research: What's next? in: Academy of Management Journal Vol. 38, No. 2/1995, S. 327-340.

Fackeldey, E. (1996): Le Management Interculturel de la P.M.E.: Contribution à une Etude Comparée en Europe, Dissertation, Montpellier 1996.

Fischer, M. (1996): Interkulturelle Herausforderungen im Frankreichgeschäft, Kulturanalyse und Interkulturelles Management, Wiesbaden 1996.

Franke, R. H./Hofstede G./Bond, M. H. (1991): Cultural Roots of Economic Performance, in: Strategic Management Journal, Vol. 12, Special Issue Summer/1991, S. 165-173.

Fröhlich, E./Pichler, J. H. (1988): Werte und Typen mittelständischer Unternehmer, Berlin 1988.

Golden, K. A. (1992): The Individual and Organizational Culture, Strategies for Action in Highly-Ordered Contexts, in: Journal of Management Studies Vol. 29, No. 1/1992, S. 1-21.

Haake, K. (1987): Strategisches Verhalten in europäischen Klein- und Mittelunternehmen, Berlin/München/St. Gallen 1987.

Haire, M./Ghiselli, E. E./Porter, L.W. (1966): Managerial Thinking - An International Study, New York, 1966.

Hamer, E. (1990): Unternehmensführung, in: Pfohl, H.-Chr. (Hrsg.): Betriebswirtschaftslehre der Mittel- und Kleinbetriebe: Größenspezifische Probleme und Möglichkeiten zu ihrer Lösung, 2., neubearb. Aufl., Berlin 1990, S. 43-73.

Hausschildt, J. (1977): Entscheidungsziele, Tübingen 1977.

Hentze, J. (1987): Kulturvergleichende Managementforschung: Ausgewählte Ansätze, in: Die Unternehmung 41. Jg., Nr.3/1987, S. 170-185.

Hentze, J./Kammel, A. (1994): Erfolgsfaktoren im internationalen Management: Zur Bedeutung der interkulturellen Personalführung in der multinationalen Unternehmung, in: Die Unternehmung, 48. Jg., Nr. 4/1994, S. 265-275.

Hofstede, G. (1984): Culture's Consequences: International Differences in Work-Related Values, Abridged Editon, Newbury Park/London/New Delhi 1984.

Hofstede, G. (1993): Interkulturelle Zusammenarbeit: Kulturen - Organisationen - Management, Wiesbaden 1993.

Holzmüller, H. H. (1995): Konzeptionelle und methodische Probleme in der interkulturellen Management- und Marketingforschung. Stuttgart 1995.

Keller, E. von (1982): Management in fremden Kulturen: Ziele, Ergebnisse und methodische Probleme der kulturvergleichenden Managementforschung, Bern/Stuttgart 1982.

Keller, E. von (1995): Kulturabhängigkeit der Führung, in: Kieser, A. et al. (Hrsg.): Handwörterbuch der Führung. 2., neugestaltete Auflage., Stuttgart 1995, Sp. 1397-1406.

Kumar, B. N. (1984): Klein- und Mittelbetriebe in der Dritten Welt: Ansatzpunkt für entwicklungsbezogenes Management, in: Albach, H./Held, T. (Hrsg.): Betriebswirtschaftslehre mittelständischer Unternehmen, Stuttgart 1984, S. 627-641.

Kumar, B.N. (1988): Interkulturelle Managementforschung, Ein Überblick über Ansätze und Probleme, in: WiSt, 17 Jg., Nr. 8/1988, S. 389-394.

Kumar, B. N. (1995): Interkulturelles Management, in: Corsten, H./Reiß, M. (Hrsg.): Handbuch Unternehmensführung, Konzepte - Instrumente - Schnittstellen, Wiesbaden 1995, S. 683-692.

Macharzina, K. (1995): Unternehmensführung: Das internationale Managementwissen, Konzepte - Methoden - Praxis, 2., aktualisierte u. erw. Aufl., Wiesbaden 1995.

McGrath, R. G./MacMillan, I. C. (1992): More Like Each Other Than Anyone Else? A Cross-Cultural Study of Entrepreneurial Perceptions, in: Journal of Business Venturing Vol. 7, 1992, S. 419-429.

McGrath, R. G./MacMillan, I. C./Scheinberg, S. (1992): Elitists, Risk-Takers and rugged Individualists? An Exploratory Analysis of Cultural Differences between Entrepreneurs and Non-Entrepreneurs, in: Journal of Business Venturing Vol.7, 1992, S. 115-135.

Meyer, A. D./Tsui, A. S./Hinings C. R. (1993): Configurational Approaches to Organizational Analysis. in: Academy of Management Journal 36 (1993) 6, S. 1175-1195.

Mugler, J. (1995): Betriebswirtschaftliche der Klein- und Mittelbetriebe, 2., neubearbeitete Auflage, Wien/New York 1995.

Müller, S./Kornmeier, M. (1995): Internationales Marketing im Spannungsfeld kultureller Einflußfaktoren. In: Der Markt, 34. Jg., Nr.3/1995, S. 147-159.

Murat, J. (1984): Les Petites et Moyennes Entreprises dans l'Enseignement de l'Economie d'Entreprise en France, in: Albach, H. et al. (Hrsg.): Betriebswirtschaftslehre mittelständischer Unternehmen, Stuttgart 1984, S. 799-819.

Pfohl, H.-Chr. (1990): Marketing, in: Pfohl, H.-Chr. (Hrsg.): Betriebswirtschaftslehre der Mittel- und Kleinbetriebe: Größenspezifische Probleme und Möglichkeiten zu ihrer Lösung, 2., neubearb. Aufl., Berlin 1990, S. 129-156.

Pfohl, H.-Chr./Kellerwessel, P. (1990): Abgrenzung der Klein- und Mittelbetriebe von Großbetrieben, in: Pfohl, H.-Chr. (Hrsg.): Betriebswirtschaftslehre der Mittel- und Kleinbetriebe: Größenspezifische Probleme und Möglichkeiten zu ihrer Lösung, 2., neubearb. Aufl., Berlin 1990, S. 1-23.

Pleitner, H. J. (1994): Mittelständische Unternehmenspolitik im Zeichen der Internationalisierung am Beispiel der Schweiz, in: Pleitner, H. J. (Hrsg.): Strukturen und Strategien in Klein- und Mittelunternehmen als Wegbereiter des Aufschwungs, Beiträge zu den „Rencontres de St-Gall", St. Gallen 1994, S. 213-224.

Pleitner, H.J. (1995): Künftige Erfolgsfaktoren für das Gewerbe, in: Mugler, J./Schmidt, K.-H. (Hrsg.): Klein- und Mittelunternehmen in einer dynamischen Wirtschaft, Berlin 1995, S. 363-373.

Pümpin, C. (1994): Unternehmenseigner und Unternehmensentwicklung, in: Gomez, P. et al. (Hrsg.): Unternehmerischer Wandel: Konzepte zur organischen Erneuerung, Wiesbaden 1994.

Raffée, H./Effenberger, J./Fritz, W. (1994): Strategieprofile als Faktoren des Unternehmenserfolgs: Eine empirische Analyse. In: Die DBW, 54. Jg., Nr. 3/1994, S. 383-396.

Sachs, L. (1978): Angewandte Statistik: Statistische Methoden und ihre Anwendung, 5., neubearb. u. erw. Aufl., Berlin u. a. 1978.

Schmeisser, W. (1991): Personalführung in unterschiedlichen Kulturen - Eine Herausforderung für internationale Unternehmen, in: Zeitschrift für Organisation, 60. Jg., Nr. 3/1991, S. 159-165.

Schoenenberger, A. M. (1994): Internationalisierung der Schweizer KMU und Auswirkungen auf den Arbeitsmarkt, in: Pleitner, H. J. (Hrsg.): Strukturen und Strategien in Klein- und Mittelunternehmen als Wegbereiter des Aufschwungs, Beiträge zu den „Rencontres de St-Gall", St. Gallen 1994, S. 249-264.

Staehle, W. (1994): Management - Eine verhaltenswissenschaftliche Perspektive, München 1994.

Thomas, A. (1993): Psychologie interkulturellen Lernens und Handelns in: Thomas, A (Hrsg.): Kulturvergleichende Psychologie - Eine Einführung, Göttingen u. a., 1993, S. 372-424.

Thomas, A. (1996): Aspekte interkulturellen Führungsverhaltens, in: Bergemann, N./Sourisseaux, A.L.J. (Hrsg.): Interkulturelles Management, zweite, überarbeitete Auflage, Heidelberg 1996, S. 35-58.

Ulrich, H./Probst, G. J. W./Studer, H.-P. (1985): Konstanz und Wandel in den Werthaltungen schweizerischer Führungskräfte, Bern/Stuttgart 1985.

Wilpert, B. (1993): Führung und Partizipation im interkulturellen Vergleich, in: Thomas, A.: Kulturvergleichende Psychologie - Eine Einführung, Göttingen u. a., 1993, S. 359-375.

Wunderer, R. (1993): Führung und Zusammenarbeit: Beiträge zu einer Führungslehre. Stuttgart 1993.

Zeitel, G. (1990): Volkswirtschaftliche Bedeutung von Klein- und Mittelbetrieben, in: Pfohl, H.-Chr. (Hrsg.): Betriebswirtschaftslehre der Mittel- und Kleinbetriebe: Größenspezifische Probleme und Möglichkeiten zu ihrer Lösung, 2., neubearb. Aufl., Berlin 1990, S. 24-42.

Autorenverzeichnis

Dipl.-Wirt.-Ing. **Hans P. Buse**
Institut für Betriebswirtschaftslehre, FG Unternehmensführung, TH-Darmstadt, Hochschulstr. 1, D-64289 Darmstadt, Tel.: (06151) 16-4299, Fax: (06151) 16-6503, E-Mail: buse@bwl.bwl.th-darmstadt.de

Prof. Dr. **Gunter Dufey**
Lehrstuhl für BWL, insbes. Internationale Unternehmensfinanzierung, Wissenschaftliche Hochschule für Unternehmensführung (WHU), Heerstr. 61, D-56179 Vallendar, Tel.: (0261) 6509-251, Fax: (0261) 61753, E-Mail: gdufey@whu-koblenz.de

Dr. **Stefan Eckert**,
Lehrstuhl für Betriebswirtschaftslehre, insbes. Europäisches Management, Kirschäckerstr. 39, D-96045 Bamberg, Tel.: (0951) 863-2667, Fax: (0951) 863-5667, E-Mail: stefan.eckert@sowi.uni-bamberg.de

Ass. Prof. Dr. **Hartmut H. Holzmüller**,
Institut für Absatzwirtschaft, Wirtschafts-Universität Wien, Augasse 2-6, A-1090 Wien, Tel.: (1) 31336-4609, Fax: (1) 31336-732, E-Mail: hartmut.holzmueller@wu-wien.ac.at

Ulrich Hommel, A. M., Ph. D.
Lehrstuhl für BWL, insbes. Internationale Unternehmensfinanzierung, Wissenschaftliche Hochschule für Unternehmensführung (WHU), Burgplatz 2, D-56179 Vallendar, Tel.: (0261) 6509-252, Fax: (0261) 61753, E-Mail: uhommel@whu-koblenz.de

Prof. Dr. **Brij N. Kumar**
Lehrstuhl für Betriebswirtschaftslehre und Internationales Management, Universität Erlangen-Nürnberg, Postfach 3931, D-90020 Nürnberg, Tel.: (0911) 5302-452, Fax: (0911) 5302-470

Prof. Dr. **Hans G. Meissner**,
Lehrstuhl für Marketing, Universität Dortmund, D-44221 Dortmund, Tel.: (0231) 755-1/3270, Fax: (0231) 755-3271

Prof. Dr. **Dieter Ordelheide**,
Professur für Internationales Rechnungswesen, Universität Frankfurt/Main, Postfach 111932, D-60054 Frankfurt/Main, Tel.: (069) 798-22426, Fax: (069) 798-23457

Prof. Dr. **Hans-C. Pfohl**,
Institut für Betriebswirtschaftslehre, FG Unternehmensführung, TH-Darmstadt, Hochschulstr. 1, D-64289 Darmstadt, Tel.: (06151) 16-5423, Fax: (06151) 16-6503, E-Mail: pfohl@bwl.bwl.th-darmstadt.de

Dr. **Heinrich von Pierer**,
Siemens AG, 80312 München, Tel.: (089) 234-3816, Fax: (089) 234-4770

Dr. **Andreas G. Scherer**
Lehrstuhl für Allgemeine BWL und Unternehmensführung, Universität Erlangen-Nürnberg, Lange Gasse 20, D-90403 Nürnberg, Tel.: (0911) 5302-372, Fax: (0911) 5302-474, E-Mail: scherer@wiso.uni-erlangen.de

Dr. **Arnold Schuh**,
Institut für Absatzwirtschaft, Wirtschafts-Universität Wien, Augasse 2-6, A-1090 Wien, Tel.: (1) 31336-4608, Fax: (1) 31336-732, E-Mail: arnold.schuh@wu-wien.ac.at

Prof. Dr. **Horst Steinmann**,
Lehrstuhl für Allgemeine BWL und Unternehmensführung, Universität Erlangen-Nürnberg, Lange Gasse 20, D-90403 Nürnberg, Tel.: (0911) 5302-314, Fax: (0911) 5302-474, E-Mail: steinmann@wiso.uni-erlangen.de

Dipl.-Kfm. **Libor Studnicka**
Lehrstuhl für Betriebswirtschaftslehre und Internationales Management, Universität Erlangen-Nürnberg, Postfach 3931, D-90020 Nürnberg, Tel.: (0911) 5302-241, Fax: (0911) 5302-470

Prof. Dr. **Alexander Thomas**
Institut für Psychologie, Universität Regensburg, Universitätsstr. 31, D-93040 Regensburg, Tel.: (0941) 943-3777/3812, Fax: (0941) 943-1977, E-Mail: alexander.thomas@alf4.ngate.uni-regensburg.de

Prof. Dr. **Sabine Urban**,
Ecole de Management Europeen, Université Robert Schuman, 47, av. de la Forêt-Noire, F-67082 Strasbourg Cedex, France, Tel.: 88417745, Fax: 88417701

Dr. **Joachim Wolf**
Lehrstuhl für Unternehmensführung, Organisation und Personalwesen, Universität Hohenheim, D-70593 Stuttgart, Tel.: (0711) 459-3153, Fax: (0711) 459-3288, E-Mail: jowowolf@uni-hohenheim.de